| 3차 개정증보판 |

사회보장론

- 원리와 실제 -

김 태 진 저

대구대학교출판부

□ 저자 소개

김 태 진

대구대학교 사회복지학과(문학사)/ 동 대학원 사회복지학과(문학석사)/
동 대학원 사회복지학과 박사학위과정 수료(철학박사)/
대구대학교(학부, 대학원, 사회복지대학원) 사회복지학과장/
대구대학교 신문사 주간/ 사회과학대학학장/ 사회복지대학원장/
한국사회정책학회 대구경북지부장/ 동 대구· 경북포럼위원장
한국사회복지정책학회 편집 및 논문심사분과위원회 위원/
한국사회복지학회 이사/ 대구·경북사회복지협회장/
경상북도 사회복지공동모금회 부회장/ 경북사회복지협의회 부회장/
대구광역시 시정연구위원회 위원/ 대구광역시 여성정책위원회 위원/
대구광역시 건강산업추진위원회 위원/ 대구경북개발연구원 연구자문위원/
21세기 경북발전위원회 환경·복지분과 위원/
여성부 성희롱예방교육 강사은행 운영협의회 위원 등 역임

(현재) 대구대학교 사회복지학과 교수
경북사회복지사협회장/ 한국사회복지사협회 이사
미래경북 전략위원회 위원
경상북도 사회복지위원회 위원

〈저서·논문〉
사회복지개론(공저)/ 사회복지의 역사와 사상/ 사회보장론/ 여성복지론/
한국 근로자사회보험제도의 통합방안/
부녀복지의 서비스체계에 관한 연구 외 다수

발행 | 2010년 8월 30일
지은이 | 김태진
펴낸이 | 홍덕률
펴낸곳 | 대구대학교출판부
경북 경산시 진량읍 대구대로 201
전화 053) 850-5661~3 | 팩스 053) 850-5669
http://press.daegu.ac.kr/
찍은곳 | 남경기획
ISBN 978-89-7794-550-0-93370
정가 | 15,000원

머리말 Preface

사회보장은 사회복지정책의 중심 제도로서 복지국가를 지탱하는 지주로 존재해 왔으며, 시대상황의 변화에 따라 그 범위가 확대되고 내용의 수정도 계속되어 왔다. 특히 21세기를 맞이하여 전세계적으로 확대되고 있는 경제위기는 사회안전망으로서의 사회보장제도의 역할을 중시하고 있다. 우리나라는 사회보장정책의 지속적인 추진으로 4대 사회보험제도를 구축하여 전국민개보험시대를 열었고, 공공부조 및 사회복지 서비스체계 구축을 병행하여 복지국가의 기초를 다져왔다. 그러나 IMF 관리체제 이후 폭발적으로 증대하는 사회복지 수요를 충족시키기 위한 사회안전망 구축이 국정의 최우선 과제 중의 하나로 자리잡게 되었다.

그동안 제1, 2차에 이어 제3차 사회보장장기발전계획을 수립하여 정책방향을 사회통합과 경제성장을 함께 이뤄가는 능동적 복지 구현에 두고 사회보장정책의 확충에 노력한 결과 산재보험, 고용보험의 당연적용대상에서 제외되었던 5인 미만의 영세사업자 근로자, 시간제 · 임시적 근로자를 포함하여 모든 사업장근로자까지 적용받는 전국민 사회보험체계를 확립하여 외형상으로는 선진화된 구조를 형성하고 있다. 또 노인인구의 증가에 따른 노인성질병에 대처하는 노인장기요양보험제도가 도입되었으며, 퇴직금제도의 노후 소득보장 기능의 미흡함을 보완하기 위해 퇴직연금제도도 도입하였다. 또한 장애인요양보장제도 도입을 위한 시범사업도 진행 중에 있다.

공공부조제도는 국민기초생활보장제도의 확대와 더불어 기초노령연금제도와 장애인연금제도가 연이어 도입 · 시행되어 제도 정착을 위한 제반 여건은 조성되고 있으나 아직도 상당수 저소득계층이 사회안전망의 사각지대에 놓여 있다.

우리나라 사회보장체계는 이와 같은 외형상의 확대에도 불구하고 여전히 적용대상의 한계, 분립적 체계, 제도간의 상호 연계성 미흡, 사회보장재정의 불안정, 사회보장전달체계의 비효율성 등의 문제는 해결되지 않은 채 유지되고 있다.

앞으로 우리사회는 인구의 고령화, 가족구조의 변화 및 경제·사회구조의 개편 등 외적 환경 변화에 따라 다양한 사회보장욕구가 분출될 것이므로 이러한 상황변화에 대처할 수 있는 사회보장장기발전계획의 보완에 필요한 시점에 와있다.

이러한 시점에서 기존의 출판된 교재의 내용이 부족함이 많아 이를 보충하기 위해 개정증보판을 준비하게 되었다. 본 개정증보판의 구성 내용은 제1편에서 사회보장 기초 이론으로 사회보장의 개념적 기초, 사회보장정책, 사회보장제도의 운영, 사회보장제도의 발전과정을 다루었고, 제2편에서 사회보험 각론으로 사회보험론, 국민연금제도, 국민건강보험제도, 노인장기요양보험제도, 산업재해보상보험제도, 고용보험제도를 다루었고, 제3편에서 공공부조 각론으로 공공부조론, 국민기초생활보장제도, 기초노령연금제도, 장애인연금제도, 의료급여제도를 다루었으며, 제4편에서 사회보장제도의 전망과 과제를 다루었다. 제3차 개정증보판은 그동안의 미흡함을 보안하기 위한 노력의 결과이나 여전히 부족함을 느낀다.

아무튼 개정증보판이 출판될 수 있도록 자료수집 및 편집을 도와준 후학들의 노후에 감사를 표하며 본교 출판부의 성원에 감사를 표한다. 이 책을 통해 사회복지학도들의 사회보장에 대한 관심이 확대되어 학문적 발전과 더불어 우리나라 사회보장제도의 획기적인 발전이 있기를 기대한다.

2010년 8월

진량벌 연구실에서

저 자 김 태 진

차례 Contents

제 II 편 사회보험 각론

제 III 편 공공부조 각론

제 Ⅳ 편 사회보장제도의 전망과 과제

제 I 편 사회보장 기초 이론

1장 사회보장의 개념적 기초

제1절 사회보장의 정의

1. 사회보장의 의미

인류역사 이래 사회복지는 다양한 형태로 변화·발전되어 왔다. 고대사회에서 유래된 상호부조, 중세의 자선·박애사업, 근세의 구빈사업 및 산업화의 진전으로 생성된 사회문제 해결 차원의 사회보험 등은 20세기에 들어와 사회보장, 종합적인 사회복지로 발전되어 왔다. 서구 선진국은 오랫동안 구빈사업의 역사를 가지고 있다. 이러한 구빈대책은 국가 경제력이 취약한 상태에서는 구빈법적 수준과 내용에 머물렀지만 경제력이 크게 증대된 산업국가에 이르러서는 인간의 기본적 사회권을 보호하기 위한 사회보장(社會保障)의 개념으로 변화되어 왔다.

사회보장이란 영어의 social security를 번역한 말로서, 보장(security)의 어원은 라틴어 SE(without) CURA(care)이다. 따라서 영어의 security는 개념적으로 괴로움이나 근심, 걱정을 없앤다는 의미가 핵심적인 내용이다.

현대적 사회보장이 사회복지제도로서 정착된 것은 100여 년에 이르고 있으나 사회보장이라는 용어가 표현되고 사용하기 시작한 것은 1935년 미국의 사회보장법(Social Security Law)의 제정에서 비롯된다. 사회보장이란 용어가 세계 각국에서 널리 사용하게 된 것은 제2차 세계대전 후의 일로서 이 용어가 일반화하게 된 계기는 국제노동기구(ILO)의 「사회보장에의 길(Approaches to Social Security)」과 영국의 「Beveridge 보고서」 및 프랑스의 「Laroque 계획」 등에서 찾을 수 있다(김동희, 1980).

오늘날 167개국에 달하는 대다수의 국가가 어떤 형태든 사회보장 프로그램을 제도화하고 있으나 사회보장 프로그램의 범주에 포함되는 것으로 간주되는 제도적 형태는 국가에 따라 차이가 있다. 사회보장제도는 오늘날 선진국은 물론 개발도상국가에까지 보급되어 있으나 그 개념은 정설로 정착되지 못하고 있다. 그 이유는 첫째로 역사적·사회적 배경이 다른 각국의 사정에 따라 사회보장제도의 체계나 그 의미와 내용이 다르기 때문이며, 둘째로 각국의 사회보장 발전과정이 사회·경제적 사정의 변화에 대응하여 각국의 사회보장제도가 크게 변화하고 있다는 점이며. 셋째로는 사회보장을 정의하는 입장의 차이가 크다는 점이다.

여기에서는 오늘날 대표적인 것으로 간주되는 사회보장의 정의를 소개하고자 한다.

2. 사회보장의 개념

1) 사회보장의 개념

(1) E.M.Burns

"사회보장은 제1차적으로는 소득보장 계획에 관련하는 것이다. 즉 국민의 일부 또는 전부에게 일정의 최저소득을 보장하는 것을 목적으로 하는 공적 제도이다. 제1차적으로 강조하지 않으면 안 되는 것은 그것이 최저한도의 보장을, 현금지불의 방법에 의하여 달성코자 하는 제 계획이라는 점에 있다" (Everline M,Burns, The American Social Security System (Boston : Houghton Co, 1951).

(2) Beveridge 보고서

"사회보장이란 실업, 질병 또는 부상으로 인하여 수입이 중단된 환경에 대처하여, 또 노령에 의한 퇴직이나 본인 이외의 자의 사망으로 인한 부양의 상실에 대비하고, 나아가서는 출생, 사망 및 결혼 등에 관련하는 특별한 지출을 보충하기 위한 소득의 보장을 의미한다. 여기에서는 최저생활수준까지의 소득보장(security of income up to the minimum standard)을 의미한다" (W.Beveridge, Social Insurance and Allied Services, 1942).

(3) Pierre Laroque

프랑스에서는 국제노동기구의 사회보장 개념이나 베버리지(Beveridge)안과 마찬가지로 사회보장을 생활보장이라고 하는 목적의식에 투철하도록 종합적으로 체계화된 제도로서 파악하고 있다.

“사회보장은 근로자 대중에 대한 생활수단의 영속성의 보장이며, 적어도 모든 경우에 있어서 적당한 최저생활(Um minimum d’existenced’ ecent)의 보장이다. 나아가서는 국민적인 연대책임하에 전체 사회에 의한 모든 사회구성원에 대한 보장을 말하는 것이다”(P.Laroque, Social Security and Social Development, Bulletin of I.S.S, Vol.19, No 3～4, March～April, 1996).

또 “사회보장의 구성요소로서 취업의 보장, 소득의 보장 및 노동능력의 보장 등 세 가지를 들고 사회보장은 이들 모든 정책의 결합이며, 이들의 통일 및 정합(整合)으로서 성립되는 것으로 보고 있다”(P.Laroque, From Social Insurance and Social Security, International Labour Review, Vol.57, No.6, June, 1948). 즉 완전고용을 위한 경제정책, 의료정책, 소득재분배정책이 통합됨으로써 사회보장이 확립된다고 하였다.

(4) Maurice Stack

“현대생활에 있어서의 예측지 못한 문제, 즉 개인이 그의 능력이나 선견(先見)으로는 그 자신과 그의 가족을 보호할 수 없는 질병, 실업, 노령자부양, 산업재해 및 병약(病弱) 등에 대하여 사회가 제공하는 보호의 프로그램이다”(“The Meaning of Social Security”, in William Harber and Wilbur. Cohen (eds), Reading in Social Security, Englewood Cliffs, N. J. : Prentice-Hall, Inc., 1948).

(5) 국제노동기구(ILO)

국제노동기구는 1942년 「사회보장에의 길(Approachs to Social Security)보고서」에서 사회보장이란 “사회가 적절한 조직을 통하여 그 성원이 직면하는 일정한 사고에 대하여 제공하는 보장”이라고 하였고, 나아가 「사회보장의 최저기준에 관한 조약」에서는 “국가의 일반적 책임하에서 그 사회에서 노동하는 자 혹은 생활하는 자에 대하여 그들이 일상 중의 어떠한 일정한 사태의 발생에 의하여 일어나는 욕구에 대처하기 위하여 법률에서 규정한 급여를 권리로서 제공해 줌으로써 건강하며 문화적인 생활수준을 보장하기 위한 조직적인 체계이다"라고 규정하고 있다(ILO조약 제102조). 여기에서 사회보장의 내용을 구체적으로 제시하고 있으며, 이념적인 복지국가 측면에서의 사회보장이 아니라 법적 제도로서의 사회보장의 영역을 시사하고 있다.

(6) 제3의 길

기든스(Anthony Giddens)는 사회주의의 경직성과 자본주의의 불평등을 극복하려는 새로운 사회보장방안인 '제3의 길(The Third Way)'을 주장하고 있다. 제1의 길은 사회민주주의적 복지국가 노선으로서, 고복지－고부담－저효율상태를 말한다. 제2의 길은 신자유주의적 시장경제 노선으로, 고효율－저부담－불평등상태를 말한다. 그리고 제3의 길은 국민의 사회경제생활보장과 시장활력을 높이자는 전략이다. 따라서 제1의 길인 사회민주주의적 복지국가 노선과 제2의 길인 신자유주의적 시장경제 노선을 통합한 새로운 정책 노선이며, 적극적 복지를 대안으로 하고 있다.

적극적 복지의 내용은 3가지이다. 첫째로 사회투자국가로서 국민에게 경제혜택보다는 인적 자원에 투자하는 것이고, 둘째로 복지다원주의로서 사회복지공급주체를 국가 이외에 지방정부, 비영리부문, 기업으로 다원화하는 것, 셋째로 의식전환으로서 자원제공보다는 위험성을 공동 부담하는 것을 말한다.

2) 관련 용어

(1) 사회적 보호

사회보장과 관련된 용어로서 유럽연합국가들은 더 넓은 사회보장 개념으로서 사회적 보호(social protection)라는 용어를 사용하고 있는 데, 사회적 보호에는 법에 의하지 않은 민간영역도 포함된다.

(2) 사회안전망

사회안전망(social safety net)도 사회보장의 의미로 쓰이고 있다. 사회안전망은 사회보장제도가 갖는 사회적 안전장치로서의 기능을 좀 더 강조하여 지칭하는 것으로 사용되었는 데, 이러한 시각에서 보면 사회안전망이란 넓은 의미로 사회구성원들이 삶의 주기에서 겪을 수 있는 다양한 위험들에 대하여 사회적으로 보호해주는 제도적 장치라고 정의할 수 있다.

국제통화기금(IMF)이나 세계은행(World Bank)과 관련된 신자유주의 경제학자들은 사회보장이란 용어대신 사회안전망이라는 용어를 선호한다. 이들은 사회안전망을 구조조정을 위한 경제개혁조치가 사회적 취약계층에게 미치는 역효과를 최소화하기 위한 조치(주로 단기적 사회복지정책)라고 정의한다(원석조, 2002).

(3) 국민복지기본선

국민복지기본선(national welfare standards)이라 함은 한 사회가 공적 제도를 통해 개별 사회구성원에게 경제·사회적 발전수준에 부합되게 제공하는 제반 사회복지수준이다(변재관 외, 1998). 이와 같은 개념을 갖고 있는 국민복지기본선은 역사적 산물로서 시대와 공간을 초월하는 절대적 의미가 아니라 보편적 의미에서 각국의 경제·사회적 발전정도와 정치적 특성에 따라 변화하는 상대적 성격을 지니고 있다.

국민복지기본선은 두 가지 유형으로 구분해 볼 수 있는 데, 그 하나는 공적 사회복지제도를 통해 국민에게 최저수준(minimum level)의 복지를 보장해주는 것이고, 다른 하나는 최저수준 이상의 적정수준(adequate level)의 복지를 제공하는 것이다.

이와 같은 견해와 관련 용어들을 종합해보면 사회보장이란 생활상의 사고(事故)와 기복(起伏)에 대하여 개개인의 능력만으로는 대처할 수 없게 되었다는 전제(前提)와 또한 이러한 사고와 기복은 사회성에 기초를 두었다는 점을 명백히 하여 국민의 생존권을 확인하고 그 생활을 보장하기 위한 사회정책의 일부문으로서 전체 국민의 최저생활을 확보하기 위해 국가가 행하는 종합적·체계적인 시책·제도로 이해할 수 있다. 또한 사회보장 개념의 공통된 원리는 국가책임하에서 국민의 생활유지 및 확보를 위한 바람직한 새로운 제도를 확립하고자 하는 점이다.

이와 같은 의미의 사회보장은 인간존중 사상에서 유래된 새로운 생활보장제도로서 근대사회의 평등화·민주화의 사상, 즉 복지 이념을 배경으로 요구되어 국가가 제도화된 것으로서 오늘날 이에 대한 이념이나 목표는 종전의 소득보장수준에서 생활보장의 영역으로 이행하는 경향과 단순히 생활을 보장하는 것에서 향상된 생활수준을 유지하는 것이라는 사회복지 증진의 방향으로, 또한 인간성의 발전이라는 정신적 차원으로 전개되고 있는 추세이며, 이에 따라 사회보장에 대한 국민적 요구도 그만큼 고도화·다양화되고 있다.

사회보장의 개념은 경제보장, 정치적 프로그램, 사회정책적 프로그램, 사회정책적 제도로 발전하면서 다양한 사회문제에 대처하는 제도로서 발전해 왔다. 이와 같이 사회보장의 개념이 변하는 것과 마찬가지로 사회보장의 목적도 더 다차원적인 방향으로 바뀌어 갈 것으로 예상된다.

한편 우리나라 사회보장기본법에서는 “사회보장을 질병·장애·노령·실업·사망 등의 사회적 위험으로부터 모든 국민을 보호하고 빈곤을 해소하며 국민생활의 질을 향상시키기 위하여 제공되는 사회보험·공공부조·사회복지 서비스 및 관련 복지제도를 말한다”고 규정하고 있다. 여기에서 관련 복지제도라 함은 보건·주거·교육·고용 등의 분야에서 인간다운 생활이 보장될 수 있도록 지원하는 각종 복지제도를 말한다(사회보장기본법 제3조).

그러나 사회적 위험으로서 질병·장애·노령·실업·사망 등 5가지로 구체화시켜 놓고 있지만 선진 각국의 사회보장체계와 국제적인 조약에서 제시하고 있는 사회보장급여와 비교해 볼 때 사회적 위험 혹은 사고의 범위가 매우 제한적으로 규정되어 있다.

3. 사회복지와 사회보장간의 관계

사회복지와 사회보장의 관계성을 살펴보면 사회보장을 좁게 보는 경우도 있고 넓게 보는 경우도 있으며, 사회복지와 사회보장을 대등하게 보는 입장도 있다.

첫째, 사회복지를 광의로 보면서 사회보장의 상위개념으로 보는 입장으로, 사회복지는 사회보장, 보건, 노동, 주택 등으로 구성되어 있다고 보고 이에 따라 사회보장은 사회복지의 한 부문으로 구성된다고 보는 견해이다.

둘째, 사회복지를 협의로 보면서 사회보장을 상위개념으로 보는 입장으로, 우리나라 사회보장기본법에서는 사회보장의 범위를 사회보험, 공공부조, 사회복지 서비스, 관련 복지제도 등으로 나누어 사회복지 서비스를 사회복지로 보고, 사회복지를 사회보장에 포함되는 하위개념으로 이해하고 있다.

셋째, 사회복지와 사회보장은 서로 분리되어 있어 대등하다고 보는 입장으로, 헌법상의 규정을 들어 사회복지와 사회보장을 구별하여 서로 다른 별개의 영역이라고 보는 관점이다. 그러나 양자는 상호 밀접하게 관련되어 있다. 즉 사회문제를 해결하는 대상영역이나 그 해결방안 그리고 이념 면에서도 공통성을 발견하게 된다.

사회복지와 사회보장의 특성을 비교해보면 양자는 공통적으로 대상자들에 대한 사회적 차원의 보호나 원조를 의미한다. 사회보장은 경제적 보호나 경제적 원조의 측면만을 강조하는 데 반해서 사회복지는 이와 함께 비물질적이고 비경제적인 보호와 원조 등의 제반서비스를 포괄하는 개념이다. 따라서 사회복지와 사회보장은 빈곤의 예방, 사회통합, 사회적 불평등의 완화, 소득재분배 등 지향하는 목표가 같고, 사회보험과 공공부조를 핵심 구성체계로 한다는 점에서도 동일하다.

특히 양자의 관계를 목적과 수단의 관계에서 보면 사회복지를 실현하려는 목적을 달성하기 위해서는 사회보장이라는 정책적 매개가 동원되고 전제되어야 한다고 볼 수 있다. 또한 광의의 사회복지에는 사회보장이 그 속에 포함될 수 있으나 사회보장제도라는 개념 속에는 사적 사회복지 활동은 포함되지 않는다.

4. 사회보장의 이념

오늘날의 복지국가는 인간다운 생활을 국가가 주체가 되어 실현하고 보장하는 국가를 말한다(김만두, 1985). 즉 현대국가는 복지국가를 지향하고 있으며 따라서 당면하고 있는 과제 중의 하나는 모든 국민으로 하여금 인간으로서의 존엄과 가치를 가지고 인간다운 생활을 누릴 수 있도록 하는 것이다. 이러한 과제를 해결하기 위한 대책의 일환으로 등장한 것이 생존권 개념이다.

생존권의 법 원리는 시민사회의 자유권 사상을 수정함으로써 국민의 현실적인 생존의 확보를 도모하기 위한 것이다. 따라서 사회보장법은 전국민의 생존권 실현을 위한 법체계이다. 생존권 실현이 주 내용인 사회보장의 시책을 실현해야 할 국가로서 이른바 복지국가가 등장하게 되었다.

복지국가에 있어서 최소한의 정책 원리는 국민의 최저생활보장과 기회균등의 실현이다. 한편 복지사회 이념은 완전히 평등한 분배에 있는 것이 아니고 모든 개인의 잠재적 능력이 최대한 개발되고 실현될 수 있도록 기회구조를 평등히 하는 사회적 정의의 구현에 있다(임희섭, 1984).

이와 같은 의미에서 생존권의 실현은 정책적으로는 사회정책, 경제정책과 연결되고, 법적으로는 각종 사회입법의 계기를 이루게 되는 것이므로 생존권이 사회보장의 구체화만을 그 실현수단으로 삼을 수 없다는 것도 이러한 맥락에서 이해될 수 있다. 그러나 문제의 초점은 사회보장법이 어떠한 방법으로 어떠한 원리에 입각하여 생존권을 실현하느냐하는 것이다.

사회보장의 기본 이념은 두 가지로 나누어 볼 수 있다. 그 하나는 모든 국민의 사회적 최저생활(national minimum)의 보장이며, 다른 하나는 모든 근로자를 위한 소득의 보장이다(나병균, 2005). 사회보장은 궁극적으로 이상의 두 가지 기본 이념을 구현시키는 것을 목적으로 한다. 이 두 가지는 각각 그 적용상의 장점과 단점을 동시에 가지고 있다. 베버리지(Beveridge)의 최대 관심사는 전국민을 위한 사회적 최저생활의 실현이었는 데, 이것은 바로 앵글로색슨 문화권에 속하는 국가에서 사회보장제도의 중요한 목표인 동시에 기본 원리이자 영국 사회보장제도의 기본 취지가 되었다. 반면 근로자와 그 가족의 실질소득을 보장함은 주로 유럽 대륙국가들의 사회보장제도의 기본 원리가 되어 있다. 이들 국가의 사회보장제도는 공제조합 전통을 계승한 것이 특징이며, 보호의 수단으로 동원되는 집단적 연대성은 지역적이라기보다는 직업적, 기능적인 것이 특색이다(나병균, 2005).

한편 우리나라 사회보장기본법에서는 모든 국민이 인간다운 생활을 할 수 있도록 최저생활을 보장하고 국민 개개인이 생활의 수준을 향상시킬 수 있도록 제도와 여건을 조성하여, 그 시행에 있어 형평과 효율의 조화를 기함으로써 복지사회를 실현하는 것을 사회보장의 기본 이념으로 하고 있다.

제2절 사회보장의 범위와 구성

1. 사회보장의 범위

사회보장의 범위에 대한 규정은 역사적 형성체로서의 사회보장제도를 사회보장이라는 정책목표의 달성을 위하여 어떻게 통일적이면서 종합적으로 파악하느냐가 중요하다.

사회보장이 갖는 의미가 각국의 역사적 배경과 경제 및 사회적 발전단계 그리고 각국의 여러 가지 사정에 따라 다양하듯이 사회보장의 범위와 구조도 국가에 따라 다르며, 더욱이 한 국가의 사회보장제도도 시대에 따라 변화하고 있다.

각국에서 규정하고 있는 사회보장제도의 범위와 구성을 살펴보면, 먼저 미국은 사회보장의 기본적 제도로서 퇴직 · 유족 · 폐질 · 건강보험(Retirement, Survivors, Disability and Health Insurance), 실업보험(Unemployment Insurance), 노동자 보상 · 산업재해보험(Workmen's Compensation or Industrial Accident Insurance), 일시적 폐질보험 · 질병 현금급여보험(Temporary Disability Insurance or Cash Sickness Insurance) 및 공공부조(Public Assistance)와 특수집단을 위한 제도로서 철도원사회보험(Railroad Social Insurance), 공무원급여제도(Public Employee Programs) 및 퇴역군인급여제도(Veterans's Benefits) 그리고 사적 제도(Privately Organized Programs)와 아울러 아동복지, 모자보건 및 공중위생 등의 모든 서비스 등으로 되어 있다.

영국의 베버리지보고서에서는 사회보장의 범위를 사회보험을 기본으로 첫째, 기본적 필요에 대한 사회보험 둘째, 특별한 조치로서의 국가부조 셋째, 기본적 필요 이상의 임의보험을 사회보장의 3대 지주로 하며, 그 밖에 완전고용, 아동수당 및 국민보건 서비스를 그 전제조건으로 하고 있어 사회보장의 본질이 소득보장제도임을 알 수 있다.

북구 제국은 사회보장의 범위와 구성을 보건, 노동재해 및 노동자보호, 실업, 노령 및 폐질, 가정복지, 일반부조, 군인 및 전쟁희생자원호 그리고 아동을 위한 조세대책 등의 8개 부문으로 대별하고 있으나, 이들 5개국의 사회보장은 일반적인 의미의 사회보장급여보다 광범위한 영역을 커버하고 있다.

일본은 사회보장의 범위를 협의와 광의 그리고 관련 제도로 나누어 협의의 사회보장은 공적부조, 사회복지, 사회보험, 공중위생 및 의료를 포함하며, 광의의 사회보장은 협의의 사회보장과 은급(恩給) 및 전쟁희생자원호 등으로 구성되고, 관련 제도로서는 주택대책과 고용대책을 그 내용으로 하고 있다.

이와 같이 사회보장의 범위는 한 국가에 있어서도 시대와 산업사회의 배경에 따라 다르고 그 국가의 독자적인 경제·사회적 조건을 바탕으로 성립·발달하고 있어 국가간에 다소의 차이가 있기는 하지만 전반적으로 확대되어 가는 경향을 나타내고 있으며, 그 지주(支柱)는 사회보험과 공공부조를 구성요소로 하는 소득보장과 의료보장으로 볼 수 있다.

사회보장의 범위와 구성의 논의에 있어서 사회보장의 범위를 포괄적으로 볼 경우 사회보장은 소득보장 또는 경제보장이라는 설과 소득보장과 더불어 의료보장으로 구성된다는 설 등의 두 가지 이론이 제기되고 있다.

경제보장 또는 소득보장설은 사회보장을 소득의 중단, 상실 및 감소에 따르는 생활의 불안에 대한 대응책으로 파악하고 소득보장을 위해 사회보험이 그 중핵(中核)이 되며, 공공부조가 이를 보완하는 것으로 보아 의료보장도 소득보장의 일환으로서 일원적으로 파악한다. 즉 의료비를 지급하는 의료보험은 사회보험이지만 질병 그 자체를 치료하는 의료사업이나 건강을 유지하기 위한 보건 서비스는 사회보장이 아니라고 보고 있다. 사회보장의 목적은 어디까지나 빈곤으로부터의 해방에 있기 때문에 그 자체를 축출하는 것은 사회보장이 아니라고 보고 있다. 이와 같은 경제보장설은 사회보장의 범위를 협의로 보는 관점으로서, 이러한 견해는 전통적으로 구빈(救貧)과 방빈(防貧)대책이 중심이 되어 온 영국 사회보장의 영향을 받은 것이다.

한편 사회보장은 소득보장과 의료보장의 양자로 구성된다는 설은 의료보장은 인간의 생명에 대한 것이기 때문에 의료비의 보장뿐만 아니라 의료를 필요로 하는 한 전국민에게 보장하지 않으면 안 된다는 것이다. 이 이론은 사회보장의 범위로서 소득보장과 의료보장을 중요한 지주로 삼고 있으며, 빈곤과 질병은 상관관계에 있기 때문에 사회보장에서 양자를 분리시켜 논의할 수 없다는 주장이다.

사회보장의 범위를 이와 같이 소득보장에 의료보장을 포함시킬 경우 그 개념 정의를 이원적으로 규정해야 하는 어려움이 있으나 사회보장이 생존 내지 생활의 기본적 조건이라면 소득과 의료 두 가지가 포함되는 것이 마땅하다.

사회보장을 광의로 혹은 협의로 해석하느냐에 따라 그 범위와 구체적인 내용도 달라질 수 있다. 국제노동기구의 「사회보장에 관한 조약」에서 제시하고 있는 사회보장의 영역은 소득보장, 의료보장, 노동력보장으로 간주할 수 있다.

반면 라로끄(Laroque)는 사회보장을 근로대중에 대한 생활수단의 지속적인 보장이고 모든 경우에 있어서 적어도 적당한 최저생활의 보장이라고 하였으며, 사회보장의 구성요소로서 취업의 보장과 소득의 보장 및 노동능력의 보장 등 세 가지로 지적하고 사회보장은 이러한 모든 정책의 통합이라고 하였다.

한편 1961년의 「세계노동조합대회의 헌장」 전문에 따르면 "사회보장은 근로자계층의 기본적 권리이다. 사회보장의 목적은 노동능력의 제한 혹은 일시적 또는 항구적 상실 등 모든 경우에 근로자의 완전한 생활을 보장하며, 예기치 못한 사회적 재해에 대하여 근로자를 보호하고 예방조치를 강구하는 것"이라고 하였다.

사회보장의 전개방식으로 소득보장과 의료보장의 어느 부문에 중점을 둘 것인가 하는 문제는 국가마다 차이가 있다.

이상에서와 같이 사회보장의 범위와 구성은 일반적으로 사회보험, 공공부조, 사회복지 서비스(사회복지사업) 그리고 그 밖의 관련 정책 또는 제도 등의 4개 부문으로 분류할 수 있다.

2. 사회보장의 구성체계

사회보장의 구성체계는 사회보험과 공공부조의 2대 지주로 구성되고, 부가적으로 사회복지 서비스와 관련 공공정책이 있다.

1) 사회보험

사회보험(社會保險: social insurance)은 사회보장의 가장 큰 주류를 형성하고 있다는 점에서 흔히 이 두 용어를 동일시 또는 혼용하고 있기도 하다.

사회보험의 개념은 아직 통일되어 있지 않지만 일반적으로 보험기술을 이용하여 사회정책을 실현하려는 사회 · 경제제도로서, 일반적으로 사회구성원에 대하여 생활을 위협하는 사고가 발생하였을 때에 정형화된 급여를 행하여 경제적 손실에 대한 소득보장을 하는 보험이다. 즉 사회보험은 소득의 중단, 상실 또는 감소에 대한 제1차적 방위로서의 역할을 담당하고 있다. 또한 사회정책을 위한 보험으로서 국가가 사회정책을 수행하기 위해서 민영보험의 원리와 방식을 도입하여 만든 사회·경제제도라고 할 수 있다.

그러나 개념 정립이 불명확한 것은 사회보험제도가 시대적으로 그 성격을 달리하면서 전개된 역사적 형성체이며 사회보험이 갖고 있는 이중적 성격, 즉 사회정책으로서의 사회보험과 보험으로서의 사회보험이 갖는 본질론의 다양성 때문으로 볼 수 있다.

우리나라 사회보장기본법에서는 "사회보험이라 함은 국민에게 발생하는 사회적 위험을 보험방식에 의하여 대처함으로써 국민건강과 소득을 보장하는 제도를 말한다"고 규정하고 있다(동법 제3조 2항).

이와 같은 사회보험의 성립은 역사적으로 상호부조조직인 공제조합(共濟組合), 법적으로는 무과실책임주의로부터 사용자책임 원칙의 승인이라는 두 가지 측면이 중요한 의의를 갖는다.

2) 공공부조

공공부조(公共扶助: public assistance)는 사회보험과 더불어 사회보장의 2대 지주를 형성하고 있다. 이 용어의 표현은 public assistance(미국), national assistance(영국), social hilfe(독일), aide sociale(프랑스), 공적부조(일본) 등과 같이 여러 가지로 사용되고 있다.

공공부조는 자력으로 생계를 영위할 수 없는 자들의 생활을 그들이 자력으로 생활할 수 있을 때까지 국가가 재정자금으로 보호하여 주는 일종의 구빈제도이다. 또한 현재 생활불능 또는 생활곤궁상태에 있는 자에 대하여 국가 또는 공공단체에서 사회보장제도상의 최종적인 생활보장 수단으로 갹출(醵出: contribution)을 요건으로 하지 않고 최저생활에 필요한 급여를 행하는 제도로서 자본주의사회의 공적인 최후의 안전망(the last public safety net)이다.

공공부조는 사회보험의 보충적 기능을 수행하면서 동시에 사회적인 생활보장의 최종적인 구제 수단이므로 그 쟁점은 급여의 수준에 있으며 그 권리성의 확립이 과제 중의 하나가 되고 있다. 한편 공공부조의 목표는 충분성(adequacy), 근로유인

(work incentives), 경제성(economy), 효율성(efficiency), 사회적 형평성(equity), 가족구조의 안정(stability of family structure)을 들 수 있다.

반면 공공부조는 저소득층의 최저생활을 보장해주는 긍정적인 측면이 있으나 서비스 전달과정에서의 낙인화(stigmatization), 근로의욕 상실, 복지의존성(welfare dependency), 공공재원 확보, 조세부담 등과 관련된 문제가 제기되기도 한다.

우리나라 사회보장기본법에서는 "공공부조라 함은 국가 및 지방자치단체의 책임 하에 생활유지 능력이 없거나 생활이 어려운 국민의 최저생활을 보장하고 자립을 지원하는 제도를 말한다"고 규정하고 있다(동법 제3조 3항).

공공부조의 역사는 1601년 엘리자베드구빈법에서 출발하였으며, 미국은 1935년 사회보장법의 public assistance, 영국은 1908년 국민부조법과 1945년 가족수당법의 보충급여 (supplementary benefit) 등으로 발전하였다.

3) 사회복지 서비스

사회보장의 부가적 구성체계로서 사회복지 서비스(social welfare service)를 거론할 수 있는 데 이는 사회적으로 불우하고 열세한 위치에 있는 아동, 노인, 여성, 장애인 등을 대상으로 전문적 지식과 기술을 활용하여 그들이 생활상의 제반 문제를 해결하여 정상적인 사회인으로 복귀하도록 하는 데 목적을 두고 있는 것으로서, 사회복지(social welfare)와는 다른 개념으로 이해되어야 할 것이다.

따라서 사회복지 서비스는 대상자에게 금전적인 급여를 그 본래의 목적으로 하는 것이 아니라 인적・시설적・전문기술적 서비스를 제공하는 제도적 독자성을 갖고 있으며, 비권리성이며 시행자의 자유재량에 위임되는 부분이 많은 특징을 가지고 있다. 또한 그 대상에 있어서도 사회보험이나 공공부조가 생활장애를 발생시킨 계기를 전제로 생활위험급여를 행하는 데 비해 사회복지 서비스는 현실화된 생활상의 장애를 대상으로 한다는 등의 차이점을 발견할 수 있다.

다시 말하면 사회복지 서비스는 노동능력이 불완전한 계층에 대하여 생활상의 장애를 경감하고 아울러 소득능력의 창출을 꾀하는 기능을 기대할 수 있으며, 그 전형적인 예는 재활사업(rehabilitation)이다(장훈, 1984).

이와 같은 사회복지 서비스는 사회보장 구성요소로서 사회보험과 공공부조와의 대등한 구성체계라기보다는 양 체계의 보완적 기능으로 보아야 할 것이며, 성격적으로는 공공부조와 접근성을 갖고 있다고 볼 수 있다.

우리나라 사회보장기본법에서는 "사회복지 서비스라 함은 국가·지방자치단체 및 민간부문의 도움을 필요로 하는 모든 국민에게 상담·재활·직업소개 및 지도·사회복지시설 이용 등을 제공하여 정상적인 사회생활이 가능하도록 하는 제도를 말한다"고 규정하고 있다.

4) 사회수당

사회수당(social allowance)이란 일정한 인구학적 조건만 갖추면 기여금을 납부하지 않으며 소득조사나 재산조사과정을 거치지 않고 급여를 받는 제도이다.

미국사회사업가협회는 사회수당을 "욕구에 관계없이 특별한 집단 예를 들면 아동, 모, 노인, 기타 시민에게 제공하는 급여"로 정의하고 있으며, 마카로브는 이 용어는 가족수당과 아동수당을 포함하는 포괄적 방식으로 자주 사용된다고 했다. 즉 사회수당은 귀속적 욕구라는 규범적 기준을 할당에 기초하여 조세를 재원으로 하는 보다 보편주의적인 현금급여제도라고 보았다(Macarov, 1995).

사회수당은 사회복지가 발달된 국가에서 널리 이용하는 방법으로 대상 혹은 수급자격을 소득 등의 자력에 의해 제한하는 것을 말하며, 자력을 조건으로 하지 않고 무차별적으로 평등한 급여를 행하는 것을 인구학적 급여(demogrant)라고 한다.

인구학적 급여란 인구학적 기준에 의해서 동일집단으로 간주되는 사람들(예컨대, 아동이나 노인)에게 주어지는 단일한 급여를 말한다(Burns, 1965). 사회수당 프로그램은 늦게 도입된 제도이나 가장 발전된 제도라 할 수 있다. 전세계적으로 80개국 이상의 국가들이 그들 복지제도의 필수적인 일부로서 어떤 형태로든 아동수당제도를 실시하고 있다. 사회수당에는 인구학적 기준에 따라 가족수당, 아동수당, 노령수당 또는 장애수당 등으로 구분할 수 있고, 특정 목적에 따라 지원하는 주택수당, 양육수당 등이 있다. 또한 사회수당에 해당하는 프로그램들로는 가족수당, 보편적 연금, 국민보건 서비스 등이 있다.

첫째, 가족수당(family allowance)은 가족의 경제적 욕구와는 무관하게 일정한 자격을 갖춘 가족에게 제공하는 일정한 현금급여를 말한다. 이 제도의 효시는 1795년 영국의 스핀햄랜드(speenhamland)제도이며, 제1차 세계대전 이후 뉴질랜드(1926년), 벨기에(1930년), 프랑스(1932년) 등에서 처음 시작한 것으로 그 당시 물가급등에 대한 가족부양자의 곤궁을 완화시켜주기 위한 목적을 갖고 있었다.

가족수당제도의 특징은 첫째, 가족수당제도 태동 초기에는 근로자를 대상으로 했으나, 현재 많은 국가에서는 모든 국민을 대상으로 하고 있다. 둘째, 적용조건과 급여는 아동을 양육하고 있는 자에 대해서 자동적으로 가족수당이 지급된다. 셋째, 가족수당제도에 소요되는 비용은 국가와 사업주가 부담하며, 대상자에 대한 갹출은 이루어지지 않는다. 넷째, 급여기간은 유한하나 장기간에 걸쳐 지급된다.

둘째, 보편적 연금(universal pension)은 노령에 대비한 연금으로 모든 사회구성원이 노령으로 말미암아 계층적 지위와는 무관하게 소비욕구 증대와 더불어 생활수준 저하를 초래한다는 점에서 일정액의 경제적 지원을 통해 노후의 최저생활을 영위하도록 마련된 제도이다.

또한 정부재정을 통해 자산조사나 기여에 의존하지 않고 모든 사회구성원이 의료 서비스를 받도록 하는 영국의 국민보건 서비스 등이 사회수당제도의 원리에 입각한 의료보장제도이다.

사회수당의 기본 원리는 첫째, 소득 및 재산과는 관계없이 부가적인 소득욕구가 있는 사람들을 원조한다. 둘째, 사회수당은 공공부조와 마찬가지로 국가책임의 원칙에 입각하고 있다. 셋째, 무갹출, 비자산조사의 원칙이 적용된다.

사회보장의 본질적 측면에서 보면 가족수당은 사회보장을 구성하는 중요한 요소 중의 하나이지만 사회보험이나 공공부조와는 다른 독자적인 성격을 갖고 있다. 가족수당의 기능은 사회보험과 마찬가지로 방빈 · 예방이며, 적용대상은 근로자계층이 중심이 되고 있으며, 비용부담은 사용자와 국고에 의존하고 수급자는 부담하지 않는다는 점에서 공공부조와 같다. 또한 급여수준의 균일화 및 수급요건의 한정에서 볼 때에는 사회보험과 유사하다. 사회수당은 경제적 비용효과보다 사회적 통합효과를 우선하는 가치선택에 기초하고 있다.

이와 같이 사회수당은 보편적 무갹출급여이다. 즉 인생기복 또는 생활위험에 대해 사회보험에 의하지 않고 수익자의 갹출부담없이 지급되는 수당을 말한다. 사회수당은 공공부조와 마찬가지로 정부기금에서 재정을 충당하며, 특정 사회적 위험과 관련된다. 따라서 제도적으로 사회수당은 소득보장책으로서 사회보험과 공공부조의 중간에 위치하고 있다고 할 수 있다(신수식, 2002).

이 제도의 장점으로는 첫째, 모든 국민이 인간다운 생활을 누릴 수 있도록 사회보장의 권리, 즉 사회권으로 가질 수 있고 둘째, 이로 인해 모든 국민이 인간의 존엄성을 향유할 수 있으며, 셋째, 누구나 급여를 받을 수 있기 때문에 국민연대의식을 향상시켜 사회통합의 목적을 달성할 수 있다는 점이다. 이 제도가 갖는 단점으로는 대상효율성이 낮고, 소득재분배 효과가 낮으며, 재정소요가 많고 재정확보가 어렵다는 점 등이 있다.

우리나라는 이 제도를 도입하고 있지 않으나 공공부조 성격의 노령수당(경로연금)과 장애인수당이 한정된 대상자에게 시행되어 오다가 경로연금은 2008년부터 기초노령연금으로 바뀌었으며, 장애인수당은 장애인연금으로 2010년 7월부터 바뀌어 도입되었다.

3. 사회보장 구성체계간의 관련성

사회보장 구성체계는 갹출에 의거한 사회보험과 무갹출에 의한 공공부조가 주된 구성요소로서, 양 구성체계를 비교해보면 <표 1>과 같다.

<표 1> 사회보험과 공공부조의 비교

구 분	사 회 보 험	공 공 부 조
이념	능력주의, 보편성	평등주의, 선별성
발전근거	근로자의 자조적 공제활동	구빈사업(relief work)
대상	전국민(소득계층)	생활무능력자, 저소득계층
급여요건	정형적 사고(법정적)	생활곤궁
급여수준	정형적(보호수준의 하한선이 최저생활보장)	최저한도의 필요범위(보호수준의 상한선이 최저생활보장)
급여기간	장기적 생활보장	자활할 때까지의 단기적 보조
자산조사	미실시	실시
재원	갹출(피보험자, 사용자)등	국고(일반조세)
목적	빈곤화 방지의 사전조치(예방적 전략)	최저생활의 확보(완화적 전략)
특성	수지상등의 원칙, 가입의 강제성	급여의 보충성, 자립조장의 원칙
권리성	구체적인 권리성이 강함	시혜적(추상적 권리)
급여의 양	예상 가능	예상 불가능

사회보험과 공공부조를 비교해보면 <표 1>에 나타난 바와 같이 이념, 발전근거, 대상, 급여 등에 있어 차이점을 가지고 있다. 사회보험은 전체 국민 혹은 대다수의 사회구성원이 제도의 대상으로 포함되는 보편적·예방적 성격을 지니고 항상 공공부조가 필요 없는 상태를 표방하고 있으며, 사회보험의 대상을 점차 확대해 나가는 동시에 그 급여수준을 공공부조 이상으로 유지하려고 노력하기 때문에 공공부조는 사회보장 전체의 최저수준이며, 또한 최종적 보장책이 되고 있다. 이상과 같은 차이점을 갖고 있는 양자는 공통적으로 최저생활을 보장하기 위하여 마련된 제도이며, 실제에서는 상호 보충적 기능을 갖고 있다.

제3절 사회보장의 목적과 기능

1. 사회보장의 목적

사회보장의 개념이 정형화되지 못했듯이 사회보장의 목적도 다양하게 제시되고 있다. 이러한 견해들을 종합해보면 사회보장은 최저생활의 보장, 소득의 재분배 그리고 사회통합 등에 목적이 있다고 볼 수 있다.

로빈슨(Robison, 1976)은 사회보장의 목적을 (1)모든 개인 및 가족의 소득보장 (2)위험의 분산을 통하여 소득의 급격한 변화로 인한 곤란을 최소화하고 (3)시민의 사회적 · 경제적 지위를 향상시키는 데 있다고 하였으며, 머피(Murphy, 1979)는 (1)질병 · 장애 · 노령 · 실업과 같은 사회적 위험에 대처하고 (2)강제저축으로 각 개인의 위험에 대비하며 (3)소득재분배로 사회의 평등을 지향하고 (4)개인의 손실을 보상하는 데 있다고 하였다. 레자(Rejda, 1999)는 사회보장의 경제적 목적으로 (1)사망 · 노령 · 질병 · 장애 · 실업 등 여러 사회적 위험에 처한 국민에게 최저한의 경제적 보장을 제공하는 것 (2)빈곤의 예방 (3)시민의 소비, 저축, 투자 등에 긍정적 영향을 미쳐 경제 안정화에 기여하는 것 (4)근로유인, 솔선수범, 근검절약 등 사회적으로 바람직한 가치들을 진작시키는 데 있다고 하였다.

이와 같이 사회보장의 목적은 모든 국민의 최저생활을 확보하며, 국민생활의 안정을 도모하는 것을 목적으로 하고 있다. 따라서 국민의 최저생활 확보가 제1차적 목적이 되고 그 위에 생활불안을 없애려고 하는 데 기본적인 목적이 있으며, 궁극적인 목적은 건강하고 문화적인 생활수준의 확보에 있다. 그러나 최저생활 확보에 중점을 두는가 아니면 생활불안 해소에 중점을 두는가에 따라 제도 자체의 차이가 생긴다. 즉 전자에 중점을 두면 공공부조가 주가 되고 후자에 중점을 두게 되면 사회보험이 주가 된다. 그리하여 사회보험을 중시하는 독일, 프랑스, 이탈리아 등의 유럽국가와 공공부조를 중시하는 영국과 북유럽제국이 있다(변시민, 1982).

국제노동기구는 사회보장의 목적을 좁은 의미와 넓은 의미의 두 가지로 나누어 보고 있다. 첫째, 좁은 의미의 목적은 빈곤방지 또는 빈곤구제(prevention or relief of poverty)이다. 둘째, 넓은 의미의 목적은 안정욕구와 관련되어 있다. 즉 사회적,

경제적 위험이 발생할 때 욕구를 충족시키는 것, 이러한 위험이 생기는 것을 방지하는 것, 개인과 가족이 막을 수 없었던 장애와 어려움에 직면하였을 때 가장 잘 적응하도록 도와주는 것이라고 보고 있다(ILO, 1984; 노병일, 1999, 재인용).

또한 국제노동회의 「제45차 총회의 보고서」에서는 사회 전체가 근로자뿐만 아니라 모든 국민에게 소득유지와 의료의 포괄적인 체제를 마련해준다는 책무를 나타내는 복지국가의 개념에 입각하여 오늘날 사회보장이 갖는 목적을 다음의 네 가지로 나누어 제시하고 있다. 즉 오늘날의 사회보장이 갖는 목적은 첫째로 의료와 가족수당의 제공은 물론 본인의 과오없이 질병, 상해, 실업, 폐질, 노령 및 사망으로 인하여 일시적 또는 영구적인 소득의 상실을 야기하는 모든 위험을 포괄적이며 균형적으로 커버하는 것이며, 둘째로 이러한 보호조치를 필요로 하는 모든 성인과 그 부양가족에게 확장하는 것이고, 셋째로 사회적으로 수락할 수 있는 생활수준을 유지하기에 족하며, 또한 일정한 법적 권리로서 부여받는 여러 가지 급여의 보증이며, 넷째로 피보호자들의 마음 속에 그들이 받는 모든 급여의 비용으로서 정당하다는 생각을 갖게 하는 방법으로 재원을 조달하며, 따라서 빈부간, 활동인구간 그리고 건강한 자와 병약자간에 사회연대책임 원칙의 광범위한 적용을 유발하는 것 등이다.

사회보장제도는 소득상실의 위험에 노출된 사람들에게 사회적 연대감을 느끼게 하는 제도적 장치이기도 하다. 사회적 위험에 노출된 수많은 사람들에게 기본적 생활을 보장하는 사회보장제도는 사회연대감 내지 사회통합의 중요한 기제로 작용하며, 반대로 사회보장제도는 자본주의사회에서 내재화된 불평등을 완화시키며 사회적 연대감을 증진시킨다는 중요한 목적을 가지고 있다(나병균, 1986). 그러나 사회보장제도를 통한 소득재분배는 사회보장의 목적이라기보다는 수단으로 보아야 할 것이다.

이와 같은 강조점의 차이에도 불구하고 사회보장은 사회적 사고에 대하여 미리 대비책을 마련함으로써 사회구성원의 최저생활을 확보하고 궁극적으로 국민생활의 안정을 꾀하는 것이 그 목적이라고 할 수 있다.

오늘날 사회보장의 목표는 욕구의 다양화·고도화에 따라 적극적인 사회복지 증진의 방향으로 상향되어질 수밖에 없는 것이다. 그러나 사회보장은 항상 목표일 뿐 종착점은 아니다(Derthick, 1979). 왜냐하면 인간의 본성이 불완전하게 완성되어질 수 있는 것처럼 인간의 욕망 또한 불완전하게 확산되어지기 때문이다.

우리나라 사회보장기본법에서는 사회보장의 목적을 질병 · 장애 · 노령 · 실업 · 사망 등의 사회적 위험으로부터 모든 국민을 보호하고 빈곤을 해소하며, 국민생활의 질을 향상시키는 데 둔다고 규정하고 있다.

2. 사회보장의 기능

사회보장은 최저생활 보장을 1차적 목적으로 하고 있는 데, 그 이상의 생활은 각자의 노력에 의하여 해결되어야 한다는 것이다. 만약 국가가 최저생활 이상의 생활까지도 보장한다면 국민들은 자구적(自救的) 노력과 근로의욕까지도 상실하게 될 것이기 때문이다. 사회보장의 기능이나 역할 내지 목적은 국민의 최저생활을 보장하는 데 있지만 그 최저생활의 정도는 시대와 국가에 따라 큰 차이를 보이고 있다. 사회보장은 이와 같이 국민생활을 안정시키는 정책목표를 실현시키는 동시에 국민생활에 대한 각종 요구나 이해를 조정하는 기능까지도 가지고 있다.

사회보장의 기능은 크게 경제적 기능, 정치적 기능, 사회적 기능으로 나누어 살펴보면 다음과 같다.

1) 경제적 기능

사회보장의 경제적 기능을 소득재분배 측면과 경제제도 안정의 측면으로 나누어 볼 수 있다.

(1) 소득재분배 기능

소득재분배란 한 개인 또는 한 집단으로부터 다른 개인이나 집단으로 이전(移轉)되는 소득 또는 소득으로 간주되는 급여를 말한다(Webb, 1971).

사회보장이 저소득층에 대하여 생활급여를 행하며, 또한 노령, 상병, 실업 등의 생활상의 사고가 발생하였을 때 그에 필요한 소득급여를 행하여 소득의 불균형에 대하여 빈곤화의 예방과 실질적 소비수준의 안정을 위하여 재분배를 행하는 것이다. 또한 소득계층간의 재분배뿐만 아니라 한 개인에게 있어서는 시간적으로 소득을 재분배한다. 이러한 기능을 통해 계층간 및 시간적 소득격차를 감소시켜 경제적 불안을 줄이는 기능을 한다.

(2) 경기자동안정화 기능

급여를 통한 소득재분배는 유효수요를 창출시키는 효과를 갖는다. 사회보장제도에 의한 급여는 불황기에 많이 지급되고 호황기에 적게 지급되어 경기변동을 완화시키는 기능을 한다. 이것의 전형적인 것이 실업급여와 공공부조 부문이다. 즉 급여지출은 호경기일 때에는 그 수요가 감소하여 민간에서의 유효수요를 줄여줌으로써 경기과열을 방지하는 역할을 하며, 반대로 불경기일 때는 그 수요가 증대되어 사회적으로 필요한 유효수요를 증대시킨다. 이것을 통해 경기를 조절하는 효과도 갖게 되어 자본주의경제에 있어서 자동안정 기능을 수행하는 것이 되는 것이다. 특히 산업구조의 변화, 노동시장 구조의 변화는 기업도산, 노동력 방출, 고용불안정, 실업률의 상승과도 밀접하게 관련되어 있다.

(3) 자본축적 기능

사회보장기금은 재정투융자(財政投融資)부문의 경제발전자금으로 활용되어 자본축적의 기능을 갖는다. 이러한 기능은 사회보장제도 본래의 기능은 아니나 재정운영방식이 적립방식인 경우 자본축적의 효과가 나타난다. 그 결과 적립금 또는 기금이 형성되고 이 기금을 보통 재정투융자로 사용한다. 특히 재정투융자의 규모가 커지면 국민경제에 미치는 영향이 크며, 운영상의 문제도 제기된다.

이러한 경제적 기능 중에서 어느 것에 중점을 두고 제도를 발전 · 운용하느냐 하는 것이 사회보장정책의 방향을 결정하는 열쇠가 된다.

2) 정치 · 사회적 기능

사회보장의 정치적 기능은 자본주의체제하에서 자본주의경제체제를 유지하여 이를 합리화하려는 기능이다. 또한 국민생활에 대한 각종의 요구나 이해 대립을 조정하는 기능으로서의 사회적 기능 등이 있다.

사회보장정책의 전개과정에서 그 배후에 여러 이해관계를 가진 사회집단이 존재하게 된다. 사회보장제도의 이해관계자는 정부, 기업주, 노동자 및 노동조합, 일반국민, 의료기관 등이 있는 데, 이러한 이해관계자의 이해 대립을 조정하는 기능을 갖고 있다.

사회보험제도의 도입·개선과정에서 이해가 대립되는 계층과 집단 등의 갈등이 나타나게 된다. 이 때 국가는 특정계층이나 집단의 이해보다는 전체 국민의 복지 향상과 사회적 연대의식의 고취를 우선으로 삼아 제도를 개선·발전시켜 나가야 한다.

사회보장제도는 경제위기상황하에서 국민의 경제·사회적 위험으로부터 보호해 주는 사회적 안전장치 역할을 하게 된다. 사회보장제도가 사회안전망 역할을 제대로 수행하지 못하는 상황하에서 구조조정이 이루어질 경우 사회적 불안과 공동체 의식의 화해 등으로 사회적 비용이 증가하게 되어 국가경쟁력을 약화시키게 된다.

3) 사회보장의 순 기능과 역 기능

앞에서 살펴본 사회보장의 경제적, 정치·사회적 기능과는 달리 다른 측면에서 보면 긍정적인 측면과 부정적인 측면으로 살펴볼 수 있다.

사회보장의 순 기능은 (1) 각종의 사회적 위험에 대비함으로써 국민의 생활안정을 영위하게 된다. (2) 산업화에 따른 노사문제를 해소하며, 각종 생산성을 증진시킨다. (3) 국민경제의 조절능력을 갖게 하고, 사회·경제적 균형성장을 가능하게 한다. (4) 국민의 기본욕구와 수요를 충족시키고, 빈곤·질병·실업 등 사회적 제 문제들을 해소한다는 점을 들 수 있다.

반면 역 기능은 (1) 과도한 사회보장의 급여는 근로자의 근로의욕을 저하시키고, 이를 악용할 소지가 있다. (2) 저축행위에 다소 부정적인 효과가 나타난다. (3) 복지수요에 대처하기 위해 국민에게 사회보장 비용부담을 증가시키므로 조세저항을 초래한다. (4) 기존의 높은 급여수준을 하향 조정하기가 곤란하다. (5) 방대한 사회보장제도의 유지에 따른 국민경제 발전의 압력 요인이 증가한다는 점 등을 들 수 있다. 이러한 부정적인 효과는 사회보장제도가 추구하는 목적을 훼손할 만큼 큰 문제가 아닐 수도 있다. 따라서 이와 같은 부정적인 저해 요인 등을 최소화할 수 있는 제도적 장치가 마련되어야 하는 것이다.

3. 사회보장정책의 소득재분배 기능

1) 소득재분배의 의의

사회보장제도는 여러 가지 상이한 소득계층간의 소득을 재분배 또는 이전시키는 기구로서 중요한 의미가 있다. 개개인의 소득은 소유하는 경제적 자원의 가격과 수량에 따라 결정되지만, 소득의 분배에는 특정의 불평등도를 갖는 상태가 나타난다. 이러한 결과에 대해 국민소득의 분배의 평등화를 통하여 최저생활을 보장함으로써 빈곤화를 예방 또는 방지하고 국민의 경제생활과 심리적 안정을 도모하기 위하여 소득의 공정분배 내지 소득재분배의 문제가 제기된다.

소득재분배의 방법으로서는 발달된 사회보장제도와 누진과세를 주된 수단으로 하여 고소득층으로부터 저소득층으로의 소득의 이전에 의한 평준화 작용을 그 내용으로 한다.

재분배성(再分配性)은 사회적 불평등의 체계를 완화시키는 것을 목적으로 삼는다. 이러한 원리는 궁극적으로 재분배 지향적인 사회복지정책을 구성하는 데 영향을 미친다. 그러나 이러한 정책적 목표는 사회적 갈등을 내포하게 되는 데, 이는 무엇보다도 재분배성의 추구 자체가 자본주의적 질서의 경계선 위에 놓여 있다는 점에서 첨예한 논쟁의 대상이 된다.

급여의 대상과 관련하여 공공부조와 사회복지 서비스는 빈곤층과 사회적 취약계층—노인, 아동, 장애인—등을 대상으로 한 급여 및 서비스 제공체계이므로 수직적 재분배와 높은 관련성을 갖는다. 또한 두 제도의 재정에 누진세를 기초로 한 조세를 기본 재원으로 하고 있기 때문에 소득의 재분배에 직접적인 영향을 미칠 수 있다. 사회복지 서비스는 현물 내지 서비스 위주의 급여제공체계이므로 서비스 전달기관의 운영비 비중이 높다. 그러나 공공부조나 사회복지 서비스는 전국민을 대상으로 하는 제도가 아니므로 전체적 비중을 볼 때 복지국가에서 사회보험에 비해 미미한 영향력을 갖고 있으므로 재분배의 사회적 효과를 측정하는 핵심적 요소로 보기에는 무리가 있다.

사회보장제도에 의한 소득의 재분배가 사회보장의 목적인가 또는 수단인가는 논란의 대상이 되고 있다. 목적으로 볼 때는 소득재분배가 추구되지 않는 제도는 사회보장이 아니라는 이론이 성립되며, 또한 충분하게 실현되지 못할 때에는 후진적 사회보장제도로 평가되기 쉽다. 또한 사회보장 계획에서 어떠한 형태에 의하든지 소득재분배가 포함되지만 그것은 사회보장의 결과의 하나에 불과하고 주된 목적이 아니라는 주장도 있다.

사회보장정책은 소득재분배 기능을 행함으로써 국민소득분배의 공정화와 평등화에 기여한다. 즉 사회보장의 기능에는 그 중심적 기능으로서 이 기능이 없다면 사회보장의 존재 가치조차도 없다고 할 수 있는 사회보장의 경제적 기능으로서의 소득재분배 기능을 으뜸으로 하고 있다(신섭중, 1998).

소득재분배에 있어서 사회보장의 역할을 평가함에 있어서 고려해야 하는 것은 상이한 소득계층간의 소득재분배가 사회보장의 유일한 목적이거나 또는 주된 목적이 아니라는 점이다. 사회보장의 주 목적은 역시 각종 사회적 사고(contingencies)로부터 결과하는 곤궁을 완화시키는 것이고, 고소득층으로부터 저소득층으로의 소득재분배는 이러한 광범위한 목적의 일부에 지나지 않는 것이다.

2) 소득재분배의 형태와 방법

소득재분배는 국가의 재정정책이나 사회보장제도를 통해 나타나지만 사회보장제도에 의한 소득재분배의 형태를 기간과 세대를 중심으로 그리고 동일세대내에서 소득과 위험발생 여부별로 구분하면 다음과 같다.

첫째, 소득계층간의 재분배이다. 이것을 수직적 재분배라고도 하는 데, 고소득층의 소득이 저소득층으로 이전되는 효과가 나타나는 것으로 대표적인 것이 공공부조와 사회수당이다.

둘째, 계층내의 재분배이다. 이것을 수평적 재분배라고도 하는 데, 일반적으로 가득(稼得) 시의 소득과 비가득 시의 소득 간에 또는 건강 시의 소득과 질병 시의 소득간의 재분배를 의미하므로 그 효과는 충분하지 못하다. 이의 대표적인 것이 실업급여이다.

셋째, 시간적 재분배이다. 이것을 세대(世代)간의 재분배라고도 하는 데, 이는 동일인에 대해서 시기에 따른 소득 격차를 시정하는 것이며, 또한 근로세대의 비용부담에 의해 청소년층과 노령층이 부양을 받게 되어 세대 간의 비용부담과 급여가 연계되는 것이다. 이의 대표적인 것이 부과방식의 연금제도와 기초노령연금이다.

넷째, 공간적 재분배이다. 이것을 지역간의 재분배라고도 하는 데, 이는 장소간의 재분배로서 도시와 농촌, 상공지역과 농어촌지역간의 재분배이다.

이와 같은 형태의 소득재분배는 사회보장제도를 통해 이루어지는 것과 국가의 재정정책을 통하여 이루어지는 두 가지 방법이 있다. 전자는 보험료 부담과 급여간의 관계하에 사회보장 내부에서 이루어지는 직접 재분배이고, 후자는 사회보장제도의 외부에서 이루어지는 간접 재분배이다.

3) 소득재분배의 효과

사회보장제도를 통한 소득재분배의 효과는 제도의 형태와 내용 및 운영방식, 소득보장과 의료보장, 사회보험과 공공부조 등에 따라 다르게 나타나며 재분배의 형태와 방법 및 재분배의 정도에 따라 그 효과가 다르게 나타난다. 사회보장제도의 소득재분배 기능은 이론적으로는 충분히 입증될 수 있으나 실제로 측정하는 것은 어려운 과제이다.

사회보장제도를 부문별로 살펴보면, 공공부조나 각종 수당, 사회복지 서비스 등은 조세를 그 재원으로 하기 때문에 소득의 수직적 재분배의 정도는 세제(稅制)가 갖는 누진성에 의존한다.

공공부조제도는 고소득층으로부터 저소득계층으로의 직접적인 재분배가 이루어지기 때문에 수직적 재분배가 가장 크게 나타나며, 사회복지 서비스는 소득이전의 효과가 직접 발생하지 않으나 조세를 재원으로 하여 사회적 취약계층을 대상으로 하기 때문에 수직적 재분배효과가 나타날 수 있다.

사회보험제도는 상이한 소득계층간의 소득재분배 또는 소득을 이전시키는 기구로서 주요한 의미가 있다는 것은 기본적 이념이다. 따라서 의료보험 부문에 있어서는 건강한 사람으로부터 건강하지 못한 사람에게로 소득재분배가 발생하고, 실업보험의 경우에는 취업자로부터 실업자에게로 소득재분배가 발생한다. 이러한 점에서 보면 사회보험은 수직적 재분배보다는 수평적 재분배의 성격이 강하다고 볼 수 있다. 반면 연금은 다음 세대에 의한 노령퇴직자의 소득보장이므로 세대간의 재분배로 나타난다.

소득재분배 효과를 살펴보면 첫째, 급여지출이 국민소득에서 차지하는 비율이 크면 클수록 그 효과가 크게 나타날 수 있다. 둘째, 보호하고 있는 사회적 위험의 종류가 많을수록 그 효과는 증가할 것이다. 일반적으로 사회적 위험에 노출될 가능성이 높은 계층은 소득이 낮은 계층에 집중되어 있기 때문이다. 셋째, 적용범위에 따라 그 효과는 상이하게 나타날 것이다. 즉 제도의 적용범위를 산업별, 직종별, 계층별, 지역별 분립체계로 유지하면 그 효과는 다르게 나타날 것이다. 넷째, 재원조달방식 및 부담형태에 따라 소득재분배의 형태별로 그 효과가 다르게 나타난다(이인재 외, 2004).

사회보장 지출이 재분배 효과에 미치는 영향을 지출 이전과 이후의 빈곤율을 통해 비교해 본 결과 대부분의 국가에서 지출 이전보다 지출 이후의 빈곤율이 감소한 것으로 나타났다. 따라서 사회보장제도는 빈곤감소 내지 소득재분배에 있어 중요한 기능을 수행한다고 할 수 있다.

그러나 우리나라에서는 사회보장제도의 불비(不備) 및 보장수준의 저위성, 소득수준의 격차 그리고 재정정책에 의한 소득재분배 기능의 불충분 등으로 인하여 그 효과가 제대로 나타나지 못하고 있다.

제4절 사회보장의 원칙

1. 사회보장의 제 원칙

오늘날 사회보장제도는 선·후진국을 막론하고 대부분의 국가에서 실시되고 있지만 그 성격, 내용 및 정도에는 다소의 차이가 있다. 뿐만 아니라 이론 면에서도 우선 개념 규정상의 혼란에 직면하고 있다. 또한 제도의 원리 및 기본 원칙에 있어서는 국가에 따라 또는 논자에 따라 상이하다. 사회보장 선진국의 경우도 영국형, 북구형, 대륙형, 미국형 등이 저마다 다른 발전배경과 제도상의 특성을 갖고 있기 때문에 획일적으로 논할 수 없다.

사회보장제도의 기본 원칙에 대해서는 지금까지 세계인권선언의 원칙, 베버리지의 원칙, 국제노동기구의 원칙, 세계노동조합연맹의 원칙이 제시되어 있다. 이들 원칙론은 그것이 제기된 시기 및 각자의 이해관계에 따라 다소의 차이를 나타내고 있는 데, 그 내용을 살펴보면 다음과 같다.

1) 베버리지의 원칙

「베버리지 보고서 (Social Insurance and Allied Services, 1942)」에서는 사회보험을 사회보장의 중핵(中核)으로 보고 있으며, 사회보험에 대해서 다음과 같은 6가지 기본 원칙을 열거하고 있다.

(1) 균일율의 생활급여(flat rate of subsistence benefit)

균일율의 생활급여 원칙은 종전의 소득수준과 관계없이 모든 국민에 대하여 필요한 소득을 국민적 최저한 수준으로 동일하게 지급해야 한다는 것이다. 즉 실업이나 폐질로 중단되었거나 퇴직으로 종결된 노동소득액의 다과에 관계없이 균일율의 보험급여를 제공하는 것이다. 다만 업무상의 재해나 질병으로 인한 장기폐질의 경우에는 예외가 인정된다. 이 원칙은 사회보장에 있어서 임의보험의 위치와 중요성을 인정하는 데서 연유된 것이다.

(2) 균일한 갹출제도(flat rate of contribution)

수혜자의 부담은 자선적 요소를 배제하기 위하여 수입의 다소에 구애받지 않고 갹출액은 동액이어야 한다는 원칙이다. 이것은 급여 그 자체가 균일하므로 갹출도 동일해야 한다는 이론이다. 이와 같은 그의 견해는 사회보장의 재정 면에 영향을 미치게 되는 데, 여기에는 다액의 국고보조가 전제되고 있다.

(3) 관리책임의 단일화(unification of administrative responsibility)

사회보장의 실시에 있어서 효율성과 경제성을 고려하여 제도 상호간의 모순을 제거하고 경비절약을 위해서 운영기관을 통일해야 한다는 것이다.

(4) 급여의 충분성(adequacy of benefit)

모든 사회보장에 있어서 급여는 금액에 있어서나 또는 기간에 있어서 수혜자의 기본적 필요, 즉 최저생활을 보장하는 데 적정하고 충분한 것이어야 한다. 급여는 우발적 사고의 경우를 제외하고 근로소득과 직업중단의 장기화에 따라서 그 조건과 대책이 달라져야 하며, 그 필요가 계속되는 한 자산조사(means test)를 하지 않고 무제한으로 지급되어야 한다.

(5) 적용범위 및 사고의 포괄성(comprehensiveness)

사회보장에 의하여 보호될 사람과 그들의 필요는 두 가지 면에서 포괄적이어야 한다는 것이다. 사회보장의 대상은 신분이나 수입에 관계없이 전 국민을 대상으로 하여야 하고, 또한 사고의 포괄성이라는 점에서 볼 때 민영보험의 경우처럼 면책범위를 넓게 하거나 또는 면책조항을 엄격하게 제한적으로 해석해서는 안 된다는 것이다.

(6) 피보험자의 계층분류(classification)

원칙적으로 사회보험은 단일화되고 포괄적이어야 하는 데 반하여 사회 각 부문의 다양한 생활양식을 고려해야 한다. 여기서의 분류는 경제적 또는 사회적 계급에 의하여 구분한 것이 아니라 최저생활 유지비의 차이 또는 발생할 사고유형의 상위에 따라 피고용자, 무보수 서비스 종사자(가정주부), 취업연령 미달자, 정년퇴직자 등으로 구분하여 각 계층의 환경과 필요에 알맞도록 보험을 조정하여야 한다는 것이다.

2) 국제노동기구의 원칙

사회보장제도의 확장 및 보급을 위한 국제노동기구의 노력은 제2차 세계대전을 전후하여 활발하게 전개되었다. 사회보장의 기본 원칙에 대한 국제노동기구의 입장은 연대에 구애받지 않는 통일적인 원칙이 수립된 것은 아니다. 따라서 국제노동기구의 사회보장에 관한 원칙의 확인은 1936년 칠레에서 개최된 제1회 국제노동기구 미주가맹국회의에서 「사회보험의 기본 원칙에 관한 결의」가 채택된 바 있고, 그 후 1941년 제25차 총회의 「대서양 헌장의 지지에 관한 결의」 중에서 사회보장의 원칙 확인 및 1952년 「사회보장의 최저기준에 관한 조약」에서 원칙이 제기된 바 있다.

국제노동기구의 사회보장 원칙은 이상과 같은 수 차례의 국제회의에서 확인된 것으로서 그 가운데 세 가지 기본 원칙을 소개하면 다음과 같다.

(1) 적용대상의 보편성 원칙

사회보장이 사회보험을 근간으로 각국에서 처음 도입한 때에는 한동안 근로자계층의 전용으로 되어 왔지만 제2차 세계대전을 전후로 하여 전국민을 대상으로 하는 생활대비수단으로 변화되었다. 사회보장에 있어서 대상의 보편성 원칙은 각계각층을 망라하는 모든 국민을 포괄적 적용대상으로 하는 원칙을 말한다.

이 원칙의 적용은 개발도상국가의 경우 일시에 전국민을 대상으로 한다는 것은 불가능한 일이기 때문에 장기적인 기본 목표아래 점진적으로 확대되어야 하지만 이 경우도 대상의 보편성 원칙으로 이해할 수 있다.

(2) 비용부담의 공평성 원칙

비용부담과 관련된 기본 원칙은 다음과 같은 3개 항으로 구성되어 있다.

① 사회보장 비용은 공동부담 원칙을 채택하되, 그 방법은 보험분담금 또는 과세, 자산이 적은 자에게 과중한 부담이 되지 않도록 해야 하고, 피보험자의 경제적

상태를 고려하여 결정해야 한다.

② 보험분담금에 대한 피고용자의 부담한계는 피보험자계층(본인, 처, 자)의 보호를 위해서 할당되는 전체 재원의 50%를 초과해서는 안 된다. 그 나머지는 사용자부담, 특별세수입, 일반재정으로부터의 보조금, 자본수입 등으로 충당되어야 한다. 또한 여기서 보호에 할당되는 재원에는 갹출료에 관한 불가침 원칙이 적용되고 이 재원은 급여에만 소요되어야 하며, 관리비 등에 충당되어서는 안 된다는 것을 뜻한다.

③ 국가는 보험급여의 정당한 지급에 일반적 책임을 져야 하고 이를 위하여 재정의 수지상등 원칙이 지켜져야 한다. 동시에 재정적 균형에 관하여 필요한 보험수리적 연구 및 계산을 정기적으로 강구하여야 한다.

(3) 급여수준의 적절성 원칙

급여수준과 관련된 원칙은 다음과 같다.

① 급여비례 원칙 : 사회보장에 있어서 급여수준은 각 개인이 사회적으로 영위하는 생활의 정도가 모두 다르기 때문에 그것에 상응하는 정도의 급여수준을 제공하여야 한다. 그 방법으로 조약에서는 10가지 기준을 제시하고 있는 데, 그 가운데 특히 소득자의 전 수입이 중시되고 있다.

② 급여균일 원칙 : 보험급여는 어느 수급자에게도 동액을 지급한다는 원칙이다. 이것은 최저기준선까지는 동일하게 누구에게도 확보시켜주며 대상자의 직종, 숙련과 미숙련 등을 구분하지 아니한다.

③ 가족의 부양수준 원칙 : 보험급여의 총액과 수익자의 자력을 합하여 최저생활이 되도록 하려는 원칙이다. 이것은 사고의 종류와 기준가족의 수에 따라 다른 기준에 의거한다. 이 원칙만으로는 실제 급여가 충분한 것이 못되고 생계비의 변동에 따르는 급여조정이 필요하고, 물가와 임금의 변동에 따르는 자동연동장치도 필요하다.

3) 세계노동조합연맹의 원칙

사회보장의 이념이나 기본 원칙에 있어서 노동조합 측의 입장은 위에서 소개한 다른 원칙과 비교할 때 특이한 점이 있다. 1961년 세계노동조합연맹(the World

Federation of Trade Union: WFTU)의 대회에서 채택된 「사회보장헌장」에서는 사회보장에 대한 근로자의 무갹출, 사회적 권리와 국가와 자본가의 비용부담을 강조하고 있는 데, 다음과 같은 5가지 기본 원칙을 밝히고 있다(신섭중, 2003).

(1) 사회보장은 일시적 또는 영구적으로 노동능력을 상실한 자와 그 가족에 대해서 어떠한 재정부담없이 법률로서 보장된 기본적, 사회적 권리로서 보장되어야 한다 (근로자 무갹출의 원칙).

(2) 보장수준은 정당한 것으로서 재조정되어야 하고, 전액 무료의 의료제도가 확립되어야 한다 (의료의 사회화 원칙: 전액 무료의 의료제도 확립).

(3) 질병, 출산, 신체장해, 노령, 노동재해, 직업병, 가족수당, 실업, 사망 등의 사회적 재액(災厄)에 적용할 것. 또한 기본적인 전제로서 예방의료와 공중위생, 노동위생, 최저임금의 보장, 임금인하 없는 노동시간 단축, 유급휴가, 주택보장 등을 이행할 것 (사회적 위험의 포괄성 원칙).

(4) 사회보장의 적용계층과 비적용계층을 분명히 할 것. 적용대상 가운데는 농업근로자, 가사근로자, 계절 및 임시근로자, 견습공, 소농민 및 소작인, 자유직, 학생, 자영자 등을 포함할 것 (적용대상의 보편성 원칙).

(5) 일체의 차별없이 평등하게 적용해야 하는 원칙으로서, 인종·국적·종교·성별·직업 등에 관계없이 모든 사람에게 차별없이 적용되어야 한다. 특히 공적부문과 사적 부문 사이에 차별이 없어야 한다 (무차별 적용의 원칙).

4) 우리나라의 사회보장 원칙

사회보장기본법에서는 사회보장제도의 운영 원칙을 다음의 다섯 가지로 제시하고 있다.

(1) 보편성 : 국가 및 지방자치단체는 사회보장제도를 운영함에 있어서 이를 필요로 하는 모든 국민에게 적용하여야 한다.

(2) 형평성 : 국가 및 지방자치단체는 사회보장제도의 급여수준 및 비용부담 등에 있어서 형평성을 유지하여야 한다.

(3) 민주성 : 국가 및 지방자치단체는 사회보장제도의 정책결정 및 시행과정에 공익의 대표자 및 이해관계인 등을 참여시켜 민주성을 확보하여야 한다.

(4) 연계성·전문성 : 국가 및 지방자치단체는 사회보장제도를 운영함에 있어서

국민의 다양한 복지욕구를 효율적으로 충족시키기 위하여 연계성·전문성을 높여야 한다.

사회보장의 원칙은 여러 국면에 따라 달리 적용되고 있다. 즉 사회보장의 운영주체, 사회보장을 전달하는 방법과 수단, 사회보장을 통하여 전달되는 재화나 서비스, 급여대상자의 성향에 따라 달리 적용되고 있지만 이와 같은 조약과 원칙 등에서 찾아 볼 수 있는 사회보장 원칙의 공통점은 첫째, 적용대상이 보편적이고, 적용대상자들의 욕구가 포괄적으로 보호되어야 한다. 둘째, 급여는 사회적 적절성과 개인적 공평성이 고려되어야 한다. 셋째, 사회보장에 대한 비용은 사회구성원이 공동으로 부담하되 근로자의 부담은 최소화하도록 한다. 넷째, 사회보장의 행정체계는 업무의 효율성, 경제성, 적기성, 접근성, 전문성 등이 확보될 수 있도록 단일화하되, 다양한 욕구에 적절히 대응하도록 운영되어야 한다는 점 등이다. 이를 정리해 보면 (1) 적용대상의 보편성 (2) 보험급여의 적절성 (3) 비용부담의 공평성 (4)관리운영체계의 통일성 등으로 요약할 수 있다.

2. 사회보장에 있어서의 평등주의와 능력주의

사회보장정책이 대상으로 하는 적용범위를 결정하는 자격조건을 어떻게 결정하느냐에 따라서 보험급여의 양이 결정되고 이에 따라 재원조달의 방법이 선택된다. 사회보장의 기본 원칙을 앞에서와는 달리 평등주의와 능력주의 입장에서 논의할 수 있다. 즉 사회보장 혜택이 제공되는 대상을 어떻게 결정하는가에 따라 선별주의(selectivism), 즉 능력주의와 보편주의(univeralism), 즉 평등주의로 구분된다. 사회보장급여와 서비스가 선별적으로 제공되어야 하는가 또는 보편적으로 제공되어야 하는가의 문제는 사회복지정책에서 근본적인 논쟁거리의 하나였다. 보편성과 선별성의 개념은 사회보장급여를 필요한 모든 사람에게 제공해야 하는지 또는 어떤 정해진 조건을 충족시키는 사람에게만 제공해야 하는지의 문제와 관련된다.

1) 보편주의

보편주의는 급여가 모든 국민에게 사회적 권리로 제공되는 것을 의미하는 것으로 전국민을 대상으로 하며, 이외에 국내에 거주하고 있는 외국인도 포함하고, 넓게는 외국에 체류하고 있는 자국국민에게도 가입의 기회를 주는 폭넓은 대상을 포괄하는 제도이다. 이 제도의 대표적인 예로 무상교육, 노령연금 등이 있다.

보편주의에 입각한 공적연금제도는 대개 급여수준을 낮게 책정하고 있기 때문에 기본적인 생계를 보장하는 수준에 머물게 된다. 보편주의에 의한 공적연금체계는 소득재분배 효과가 크며, 국가가 재정의 일부를 부담하는 경향이 있다. 보편주의는 자산조사를 거치지 않고 욕구가 있으면 누구에게나 평등하게 제공하는 방식이다. 즉 보편주의는 급여가 모든 국민에게 사회적 권리로서 이용될 수 있다.

이와 같이 보편주의는 국가가 평등하게 모든 국민의 욕구를 충족시켜주는 것으로서, 복지 이념 중 제도적 모형은 보편주의에 입각하고 있다고 할 수 있으며, 인간의 존엄성 실현과 사회통합의 사회적 효과의 장점이 있다. 그러나 이 경우 보편주의가 타당성을 인정받기 위해서는 각자의 소득이 균등할 것과 각자의 필요도에 차이가 없어야 한다는 전제가 있다. 보편주의는 사회적 평등의 측면에서는 바람직하나 국가 책임의 과중 등이 문제점으로 제기되기도 한다.

2) 선별주의

선별주의는 전국민 중 일부 계층을 우선하여 가입시키고 단계적으로 그 범위를 확대하는 제도로 직업별, 직종별, 지역별로 그 범위를 한정하여 제도를 확립하는 방법이고, 사회복지 혜택이 제공되는 대상자의 선정요건을 엄격히 하여 매우 제한적으로 제도를 운영하는 방식이다. 즉 대상자가 될 수 있는 요건을 엄격하게 정하여 저소득층 등에 한정하여 재산·소득 등 이들이 가지고 있는 능력을 자산조사하여 대상자를 선정하는 방식으로 공공부조, 빈곤계층을 위한 공공주택 등이 이에 해당된다.

선별주의는 니드의 개인적, 사회적 정도에 따라 급여가 제공되어야 한다는 것으로서 또한 현실적으로 사회보장을 필요로 하지 않는 사람에게 급여가 제공되고 진실로 필요로 하는 사람에게 급여가 제공되지 않는 악평등주의가 나타날 수 있다. 이것은 비용이 많이 소요되고 사회복지정책에 의한 소득재분배 효과가 약해진다는 점이 있다. 소득에 비례하여 또는 사고위험의 정도에 따라 급여와 반대급여에 차이를 두는 것으로서 사회보장의 합리성이 그만큼 상실되는 결과가 된다.

선별주의는 개인의 복지문제는 능력에 따라 개인 책임으로 해결토록 하되 개인적으로 해결할 수 없는 부득이한 경우에 한하여 국가가 관여하되 그 책임을 극소화하고 한정된 자원을 효율적으로 이용할 수 있다는 것으로서 보완적 모형은 선별주의에 입각하고 있다고 할 수 있다. 그러나 선별주의는 대상자 선정과정에 자산조사를 실시함으로써 대상자에게 열등 낙인감(stigma)과 사회적 짐이라는 생각을 가지게 하는 등 사회적 평등 이념에 위배되는 점이 문제점으로 지적되기도 한다.

3) 보편주의와 선별주의의 조화

선별주의는 보편주의와 함께 그 이론적 타당성과 문제점을 동시에 지니고 있는데, 사회보장의 이념 차원에서 보면 보편주의가 합리적이지만 최근 들어 보편주의가 수정을 받고 선별주의를 가미하려는 경향이 나타나고 있다. 이와 같이 보편주의나 선별주의는 사회보장의 원칙에서 대립되고 있으나 사회보장의 전제는 보편주의에 있다.

각국에서 시행하고 있는 사회보장제도를 분석해보면 공공부조제도는 대부분 선별주의에 기초하고 있으며 모든 국민에게 무료로 의료 서비스를 제공하는 보건 서비스는 보편주의에 기초하고 있다. 사회보험제도에서 보편주의와 선별주의를 혼합하는 정도는 구체적인 제도마다 다르기 때문에 일률적으로 규정할 수 없으나 보험료의 부담과 급여간의 어느 정도 비례를 인정하는 능력주의를 기초로 하되 소득재분배적 요소를 포함시켜 저소득층에게 유리하고 고소득층에게 불리하게 하는 등 보편주의와의 혼합을 이루게 하는 것이 보통이다.

이러한 소득재분배적 요소가 포함되어 있기 때문에 사회보험제도는 그 가입을 강제하는 것이 보통이다. 대체로 소극적 집합주의의 입장으로 갈수록 능력주의 쪽으로, 페이비언 사회주의 등 집합주의의 입장으로 갈수록 보편주의 쪽에 가깝다고 할 수 있다.

3. 사회보장의 원리

사회보장의 원리란 사회보장제도 마련 시 고려되어야 할 준거·가치로서 원칙에 비해 더 포괄적이며 추상적인 개념이며 목표지향적이고 가치지향적인 특성을 가지고 있다. 이를 구체적으로 살펴보면 (1)포괄성(comprehensiveness) (2)적절성(adequacy) (3)평등성(equality) (4)공평성(equity) (5)효율성(efficiency) (6)경제성장(노동자의 근로의욕, 기업가의 투자의욕) (7)재정조달의 용이성(availability of financial sources) (8)가족유지(family stability) (9)인간의 존엄성(dignity of a human being) (10)국민연대의식(consciousness of national solidarity) 등이 있다.

이러한 원리 중에서 포괄성, 적절성, 평등성, 공평성 등은 기본생활보장 기능이나 소득재분배 기능과 관련되고, 공평성, 효율성, 경제성장, 재정조달의 용이성 등은 경제적 기능과 관련되며, 가족유지, 인간의 존엄성, 국민연대의식 등은 사회경제적 기능과 관련이 많다.

제5절 사회보장제도의 실시를 위한 조건과 한계

1. 사회보장의 전제조건

사회보장제도는 그 제도적 한계성을 지니고 있기 때문에 현대사회에서 생활상의 사고와 기복의 모든 문제를 이상적으로 해결할 수 없는 것이다. 즉 공중보건, 주거대책이나 의료제도의 개선없이 의료보험제도에만 의존할 수 없는 것처럼 합리적인 정년제도의 조정없이 근로자복지정책으로서의 연금보험제도가 제 기능을 발휘할 수 없게 되는 것이다. 복지국가의 경제정책 및 사회정책은 노사관계의 합리화, 완전고용, 최저임금제 등이 그 내용에 포함되어지며, 이는 사회적 공평성과 평등을 실현하려는 정책으로서 모든 국민의 생존권을 수호하고 보장하는 정책이라고 할 수 있다.

빈곤의 근원을 해결하는 적극적 복지정책으로서는 완전고용을 실현하여 실업을 해소하고 이미 발생한 실업자에게는 생활보장을 해주며 나아가 취업자에게는 근로조건의 개선을 통해 소득수준을 보장해주는 정책 등을 들 수 있다. 전자를 위한 일반적 정책수단이 고용기회의 확대시책과 실업보험제도이며, 후자의 문제를 해결하는 방안으로서는 최저임금제와 임금구조개선대책이 있다(김영종, 1988). 따라서 고용기회 및 임금의 보장이 어떠한 경제체제하에서든 최우선적인 복지정책의 근간이라고 할 때 고용 및 임금에 영향을 미치는 광범위한 경제정책과 이에 수반되는 국가재정도 복지정책의 범주로 다루어야 할 것이다. 이와 같이 사회보장제도가 온전하게 운용되기 위해서는 성립요소가 구축되어야 한다는 전제가 있다.

1) 근로자의 권리 보장

사회보장제도가 사회적인 구제(救濟) 원리의 발전, 귀결로서 등장한 것이기 때문에 사회보장제도의 기본적인 전제조건은 사리상(事理上) 자명해진다. 근로자들의 권리와 근로조건이 상당한 정도로 보장되어 있지 않는 한 사회보장제도의 확립과 발전은 기대하기 어렵다. 스스로의 조직과 힘을 가진 근로자들의 권리와 생활이 제대로 보장되지 않는 여건에서 일반 국민의 권리와 생활이 보장될 수 없다는 것은 명백한 일이다.

세계 어느 나라의 경우를 보더라도 전국민적인 규모에서의 생활보장이 실현되기 위해서는 먼저 근로자의 생활보장이 전제되지 않으면 안 된다. 그런데 근로자들의 생활보장은 노동조합의 법적 지위의 확립을 전제로 한다. 이와 같은 논리에서 본다면 근로자들이 무권리상태에 방치되고 노동운동이 심한 탄압을 받고 있는 나라에서는 사회보장제도가 태동하기 어려울 것이다.

2) 완전고용의 실현

사회보장제도가 하나의 제도로서 존속, 발전하기 위해서는 완전고용정책도 아울러 실시되어야 소기의 목적을 달성할 수 있다. 완전고용(full employment)이란 일할 능력이 있고 동시에 일할 의사가 있는 모든 사람이 취업한 상태를 의미한다.

영국의 실험보험제도의 역사를 볼 때 제1차 세계대전 후에 생겨난 실업의 격증과 만성화에 의하여 종전까지의 사회구제책의 한계가 드러난 과정에서 사회보장제도의 싹이 트기 시작하였다. 이와 같은 사실을 볼 때 실업문제와 이에 대한 대책이 사회보장제도 확립에 얼마나 영향을 미치느냐 하는 것을 알 수 있다.

완전고용정책이 사회보장의 실시를 용이하게 하는 전제조건으로서 사회보장정책과 상호 보완 및 의존관계에 있다는 것은 완전고용정책의 실시로 실업이 감소되는 경우 실업급여의 지출이 감소될 뿐만 아니라 근로소득을 통한 재정수입의 증가와 보험료의 부담능력이 증대되기 때문이다. 따라서 완전고용정책은 사회보장제도의 내용을 풍부하게 하는 동시에 그의 기반을 공고히 하는 전제가 된다.

통계청의 경제활동인구조사에 의하면 우리나라의 실업률은 경제위기 이후 2010년 1월 5.0%로 실업자 수가 121만 6천명으로 최고조에 달했으며 특히 이 가운데 15~ 29세 청년실업자가 37만 9천명으로 9.0%로 나타났다 (2010년 4월 경제활동인구조사 참조). 이 외에 실제 통계를 분석하면 공식 통계상 4%에 머물고 있는 실업자 외에 비경제활동인구 중 구직단념자와 취업준비생, 혹은 유휴인력 등을 합한 이른바 유사실업의 규모는 사실상 379만명(15.7%)에 달하고 있는 상황이다.

3) 최저임금제도의 실시

최저임금제(minimum wage system)는 저임금 해소를 위한 정책수단의 하나로 제도화된 것으로서, 고한노동(苦汗勞動:sweating labor)의 방지를 주 목적(탁의준,1986)으로 하며 국가가 법률로서 임금의 최저한을 강제적으로 규제하는 제도이다. 이 제도가 갖는 사회정책적 목적은 (1) 임금율을 높이는 것 (2) 임금생활자의 소득을 증가시키는 것 (3) 수준 이하의 근로조건이나 빈곤을 제거하는 것 (4) 임금생활자의 노동력 착취를 방지하는 것 (5) 소득재분배 등으로 요약할 수 있다. 이 제도의 실시가 경제적 효과 면에서 반드시 긍정적인 것만은 아니다.

최저임금제의 실시는 그 자체의 사회정책적 측면에서 볼 때 저임금근로자들에게 최저생계비를 보장하며, 최소한의 인간다운 삶을 보장할 수 있다는 점에서 그 중요성이나 사회보장적 기능을 찾을 수 있다. 또한 사회보장제도를 확립하기 위한 구체적인 전제조건이 된다. 사회보장의 이념은 실업자, 자활불능자 등을 포함한 전 국민의 최저생활을 보장하려는 제도이다. 그런데 건강하며 열심히 일하고 있는 근로자들의 최저생활이 보장되지 않은 상태에서 실업자와 자활불능자의 생활이 국가에 의하여 보장된다는 것은 있을 수 없는 일이다. 근로자의 근로조건이 일정한 수준 이상으로 되어 있어야 한다는 것이 사회보장제도의 확립과 발전을 위한 절대적인 전제조건이며 구체적인 지표의 하나가 최저임금제의 존재라고 볼 수 있다. 그런데 그것은 임금수준만 일정한 수준 이상에 도달해 있으면 족하다는 뜻이 아니라 동시에 노동시간, 노동강도, 작업환경 등도 일정한 수준에 도달해 있어야 한다는 뜻도 이에 포함되어 있는 것이다.

최저임금제는 사회보장제도와 내면적으로 상호 밀접한 관련이 있으며, 특히 사회보장 급여수준의 책정, 보험료 산정과 관련되어 있다.

우리나라는 근로기준법에서 최저임금제의 실시 근거를 두고 있었으나 당시 우리나라 경제가 이를 실시하기가 어려워 유보해 오다가 1986년 12월 최저임금법을 제정하고 1988년 1월부터 시행하고 있다. 최저임금법은 근로자에 대하여 임금의 최저수준을 보장하여 근로자의 생활안정과 노동력의 질적 향상을 기함으로써 국민경제의 건전한 발전에 이바지하게 함을 목적으로 한다고 규정하고 있다.

우리나라 연도별 최저임금 현황은 <표 2>와 같다.

<표 2> 연도별 최저임금 현황

〔단위 : 원, %, 천명〕

구분 \ 연도별	2005	2006	2007	2008	2009	2010
시간급 최저임금	2,840	3,000	3,480	3,770	4,000	4,110
전년대비인상률(%)	13.1	9.2	12.3	8.3	6.1	2.75
영향률(%)	8.8	10.3	11.9	13.8	13.1	15.9
적용대상 근로자 수	14,149	14,584	14,968	15,351	15,881	16.103
수혜 근로자 수	1,245	1,503	1,784	2,124	2,085	2.566

자료 : 최저임금위원회, 임금실태조사보고서

우리나라의 경우 최저임금수준은 OECD국가 중위임금 대비 평균치인 46%보다 낮은 42.0~45.4% 수준에 머물고 있다. 특히 평균 근로자임금의 2/3 미만에 해당하는 저임금근로자의 비중은 전체 근로자의 25%에 달하고 있다.

이와 같이 사회보장제도가 온전하게 그의 목적을 달성하기 위해서는 적어도 첫째, 근로자의 기본권 보장 둘째, 국가에 의한 완전고용정책 셋째, 최저임금제의 실시라는 여건을 갖추고 있어야 하며, 만일 그와 같은 여건이 제대로 갖추어지지 못한 정치·경제·사회적 상황하에서 이를 실시한다면 무리가 따를 수밖에 없다.

2. 사회보장의 필요충분조건

1) 필요조건

사회보장을 실시하기 위한 필요조건으로서는 빈곤에 대한 사회적인 대응을 잘 할 수 있는 자본주의체제의 고도화를 들 수 있다. 이와 같은 조건이 성숙되지 못한 개발도상국가의 경우에는 일반적으로 낮은 생활수준이 지배하게 됨으로써 이것을 사회적인 모순으로서 파악하는 정책 의식이 성립되지 못한다. 그리하여 사회적인 모순의 의식이 존재하지 않는 사회에서는 처음부터 사회보장이라는 목적 개념이 성립될 수 없다.

2) 충분조건

빈곤을 사회모순으로 인식한다 하더라도 그것만으로서 사회보장에의 요구가 해결되는 것이 아니라 사회보장제도를 가능하게 할만한 경제발전 단계에까지 도달되어 있어야 하며, 국가적 부의 축적이 가능한 상태에 있어야 한다.

사회보장의 성립을 위한 충분조건은 소득의 재분배가 가능하며, 또한 유효하게끔 화폐경제가 확대된 단계가 필요하게 되며 결국 생산관계와 생산력의 단계에서 규정된다. 생산수준이 낮은 저개발국에 있어서는 사회보장의 규모는 극히 작은 데 비해 대상자는 많지만 그 재원은 한정되어 있다. 따라서 소득수준이 낮은 국가들은 사회보장의 필요성이 강함에도 불구하고 충실한 사회보장제도가 성립되기 어렵다. 다시 말하면 사회보장제도가 충분히 기능을 발휘하고 사회보장수준의 향상과 충실을 도모하기 위해서는 경제적으로 풍요롭고 활력 있는 사회를 만드는 종합발전계획과 함께 앞에서 살펴본 사회보장의 전제조건 등이 확립되어야 하는 것이다.

3. 사회보장의 한계

1) 사회보장 전체적 한계

자본주의사회를 전제로 하는 경우에 사회보장제도의 운영에는 정치·경제적인 한계와 사회적인 한계가 존재한다. 사회보장의 직접적인 목적인 국민의 최저생활 유지를 위해서 국가가 어느 정도의 부담을 질 수 있느냐 하는 것이 문제가 된다. 전자의 경우는 사회보장의 비용부담 능력이 임금의 재분배의 범위 안에서 행하여질 경우에는 문제가 없으나 사회보장을 위한 비용부담이 이윤부분을 침식하는 경우에 자본주의국가는 그 이상의 부담을 거부하게 될 것이다.

소위 사회보장을 위한 비용부담이 국고나 기업경영에 무거운 부담이 되었을 때 사회보장의 경제적인 한계에 부딪치게 될 것이다. 이와 같은 경제적 한계는 베버리지보고서에서도 지적되어 있다. 그는 사회보장제도는 갹출 원칙을 근본 원리로 하고 있으며, 갹출 원칙에 입각한 사회보험은 생존에 필요한 최저의 소득을 보장할 것을 목적으로 한다고 하였다. 따라서 사회보험과 공공부조에 의해서 보장되는 최저생활수준 이상의 생활은 각자의 책임이라는 시민사회적인 생활 원리가 사회보장제도에서도 여전히 통용되고 있음을 알 수 있다.

사회적인 한계는 사회보장을 보다 충실한 내용으로 성숙시키기 위해서는 노동조합 운동에만 의존할 것이 아니라 시민운동 · 국민운동과도 깊은 관련이 있다. 세계 여러 나라의 사회보장제도는 내용과 정도에 많은 차이가 있는 것은 각국의 정치 · 경제상황과 노사간의 세력관계의 차이와 한계 때문에 나타난 것으로 보아야 할 것이다.

사회보장제도는 국민복지를 위한 만능약은 아니다. 실업자에 대한 소득보장은 가능하지만 실업 자체를 저지하지는 못하며, 최저생활의 보장은 도모하지만 최저생활에도 미치지 못하는 저임금 자체를 개선하지는 못하는 것이다. 여기에 사회보장의 기능적 한계가 있다.

사회보장의 내용은 경제의 변동과 사회구조의 변화로부터 제약을 받는다. 구체적으로 경제성장과 산업구조의 변화, 정치역학, 인구동태와 고용구조의 변화, 가족구조 및 기능의 변화, 사회적 관습과 니드의 변화, 기술의 변화 등 여러 가지 요인에 의해 변화하지만, 결국 이러한 요인들의 영향은 사회보장의 팽창을 야기하는 방향으로 이루어졌다.

또한 사회보장제도 자체가 안고 있는 취약점뿐만 아니라 보험으로의 사회보험은 수지상등의 원칙에 따라 재정적자의 요인을 내포하고 있었다. 즉 사회보장비의 팽창 요인은 총체적으로는 사회보장제도의 역사적인 발전과 확대과정이라는 보편주의를 주요 배경으로 하고 있다. 또한 사회보장제도 자체가 제어할 수 없는 경제사회적 여건 등 주변조건의 변화로 야기된 것이었다. 이것은 경제불황과 실업의 증가, 고령화 등 인구구조의 변화 등에 따른 급여비의 증가가 대표적인 예이다.

2) 사회보험의 한계

사회보험은 사회보장의 제도적 한계성과 맞물려 다음과 같은 한계가 있다.

첫째, 개개인의 생활 전체를 보장하는 것이 아니라 특정한 보험사고에 관해서만 단편적으로 급여가 이루어지는 포괄성의 한계가 있다.

둘째, 적용대상이 제한되어 있다는 점이다.

셋째, 보험원리, 즉 수지상등(收支相等)의 원칙이 적용되기 때문에 급여의 내용에 있어 일정한 수준에 머물게 된다는 점이다 넷째, 사회보험제도는 보험사고의 발생 원인 자체를 예방할 수 없다는 치명적인 결함이 있다.

3) 공공부조의 한계

공공부조제도는 사회경제적 측면에서 볼 때 여러 가지 부정적인 요소를 지니고 있다. 모든 공공부조제도는 원론적으로 보면 근로의욕 저하의 위험을 가지고 있다. 대상자들이 근로를 통해 빈곤선을 벗어나려 하기보다는 빈곤선 이하에 머무르며 각종 지원을 받는 것이 더 이득이 될 수 있으므로 소득수준 확보에 노력하지 않아 빈곤의 덫(poverty trap)에 빠질 수 있다. 기술 및 고용경험이 부족하여 임금수준이 낮기 때문에 소득활동에 참여하기보다는 공공부조급여를 선호하여 취업을 기피하는 실업의 덫(unemployment trap)에 빠질 수 있다. 수급자가 되면 의료, 교육, 주거 등 급여 이용이 가능하기 때문에 수급자로 남아 있기를 선호하는 의존의 덫(dependency trap)에 빠질 수 있다. 이러한 문제에 대처하여 서구에서는 다양한 방식으로 근로의욕 저하를 방지하기 위해 공공부조 개혁의 내용에 "당근과 채찍"을 적절하게 결합하는 다양한 정책을 모색하고 있다.

우리나라에서는 근로능력자에게도 생계급여를 하는 기초생활보장제도의 시행으로 근로의욕 저하를 초래할 것이라는 우려가 제기되어 왔고, 일부 그와 같은 현상이 생겨나고 있다. 더구나 보충급여방식을 채택하고 있기 때문에 근로소득이나 이전소득을 축소 신고하려는 경향이 나타나는 문제가 있다.

4. 사회보장제도의 악용사례와 악용방지방법

1) 악용사례

사회보장제도가 충실해지면 근로의욕 · 자립의욕이 저하되거나 또는 이 제도의 폐해 · 악용문제가 제기되어 온 것이 역사적 경험이다. 이것은 사회보장에 있어서 본질적인 결함이 아니고 개인의 사회에 대한 책임감의 문제이다.

사회보장제도의 악용은 피보험자나 수급자에게서 주로 나타나지만 의료기관이나 사업주에 의한 악용사례도 있다. 의료기관의 경우에는 난진(亂診) · 난료(亂療)에 의하여 과잉진료·과잉투약·허위청구 등이 행해지고 있다. 사업주에 의한 악용은 대부분 임금과 관련된 것으로서 근로자가 피보험자가 되는 것을 방해하거나 사업주가 부담하는 분담금의 증가를 기피할 목적으로 정당한 사유없이 근로자의 승급 또는 임금인상을 하지 않거나 또는 사업주의 분담금을 실질적으로 근로자의 임금 재원에서 사용하는 사례가 있다. 피보험자는 소득의 하향신고, 보험료 체납, 거짓이나 부정한 방법으로 수급하는 등의 사례가 발생하고 있다. 또한 공공부조제도에서는 사위(詐僞), 기타 부정한 방법으로 급여를 받는 이른바 부정수급자가 발생하고 있다.

2) 악용방지방법

사회보장제도 악용방지방법으로는 수혜대상자에 대한 조치, 사용자나 급여제공자에 대한 조치 등이 다양하게 행해지고 있다.

수혜대상자 측의 제도악용방지방안으로서 우선 공공부조대상자에 대한 자산조사가 실시되고 있다. 자산조사는 찬반론과 장단점이 제기되고 있다. 자산조사의 목적은 법에 규정한 니드의 존재와 필요한 급여액을 확인하는 데 있지만 반대론자의 입장에서는 인권무시·경시를 주된 이유로 들고 있다. 그러나 제도의 악용 내지 남용을 방지하여 재정의 안정을 기하기 위해서는 필요하다는 찬성론자의 입장도 있다. 자산조사 이외에 급여액과 수급조건을 제한하는 방법, 부당이득의 환수 또는 행정처분 등 다양한 방법들이 동원되고 있다. 이를 구체적으로 살펴보면 다음과 같다.

국민연금제도에서는 가입자 또는 가입자였던 자가 고의로 질병·부상 또는 그 원인이 되는 사고를 일으켜 그로 인하여 장애를 입은 경우에는 그 장애를 지급사유로 하는 장애연금은 지급되지 않으며, 가입자 또는 가입자였던 자가 고의로 사망하게 한 유족에게는 유족연금을 지급하지 않는 급여제한 규정이 있다. 또한 거짓이나 그 밖의 부정한 방법으로 급여를 받은 자는 3년 이하의 징역이나 1천만원 이하의 벌금에 처하는 규정도 있다.

국민건강보험제도에서는 고의 또는 중대한 과실로 인한 범죄행위에 기인하거나 고의로 사고를 발생시킨 때, 업무상 또는 공무상 질병·부상·재해로 인하여 다른 법령에 의한 보험급여나 보상을 받았거나 또는 보상을 받게 될 때는 보험급여가 제한되고, 부정한 방법으로 보험급여비용을 지급받은 경우 부당이익금액의 5배 이내의 금액을 부당이익으로 징수하며, 요양기관 지정효력이 정지된다.

산업재해보상보험제도에서는 거짓이나 부정한 방법으로 진단하거나 증명한 경우, 진료비를 거짓이나 그 밖의 부정한 방법으로 청구한 경우 등에는 진료제한등의 조치를 하게 되며, 그 진료제한조치를 갈음하여 거짓이나 부정한 방법으로 지급하게 된 보험급여금액 또는 거짓이나 부정·부당하게 지급받은 진료비의 5배 이하의 금액을 과징금을 부과한다. 또한 산재보험의료기관·약국의 종사자로서 거짓이나 그 밖의 부정한 방법으로 진료비나 약재비를 지급받은 자는 3년 이하의 징역 또는 3천만원 이하의 벌금에 처하는 규정이 있다.

고용보험제도에서는 거짓이나 그 밖의 부정한 방법으로 실업급여·육아휴직급여 및 산전후휴가급여 등을 받은 자는 1년 이하의 징역 또는 300만원 이하의 벌금에 처하며, 부정한 방법으로 실업급여를 받은 부정수급액의 반환은 물론 부정수급액 만큼의 추가징수, 부정수급한 날 이후의 구직급여 지급중지 등의 조치가 수반된다. 또한 거짓이나 그 밖의 부정한 방법으로 고용안정·직업능력개발사업의 지원을 받은 자 또는 받으려는 자에게 대통령령으로 정하는 바에 따라 그 지원을 제한하거나 거짓이나 그 밖의 부정한 방법으로 지원받은 금액을 반환받는다.

노인장기요양보험제도에서는 거짓이나 그 밖의 부정한 방법으로 장기요양기관 지정을 받은 경우, 장기요양급여를 거부한 경우, 거짓이나 그 밖의 부정한 방법으로 재가 및 시설급여비용을 청구한 경우 등에는 그 지정을 취소할 수 있도록 규정하고 있다.

국민기초생활보장제도에서는 조건부수급자가 자활사업 참여의 조건을 이행하지 않는 경우 조건을 이행할 때까지 본인의 생계급여의 일부 또는 전부를 중지하며, 사위, 기타 부정한 방법으로 급여를 받은 자 또는 급여를 받게 한 자(부정수급자), 수급권자의 최저생활을 보장하기 위하여 부양능력이 있는 부양의무자가 있는 경우 지급한 비용의 전부 또는 일부를 징수하며, 급여의 변경 또는 급여의 정지·중지에 따라 수급자에게 이미 지급된 수급품 중 과잉지급분이 발생할 경우 그 전부 및 일부를 반환조치한다.

의료급여제도에서는 연장승인을 받지 않고 급여일수를 초과하여 의료급여를 받은 자, 장애인보장구를 속임수 또는 부정한 방법으로 의료급여를 받은 자 또는 제3자로 하여금 장애인보장구를 받게 한 자를 대상으로 부당이득금 징수가 이루어지며, 속임수, 그 밖의 부정한 방법으로 수급권자 및 그 부양의무자 또는 시장·군수·구청장에게 급여비용을 부담하게 하게 한 때, 진료 등 의료급여를 행하기 전에 수급권자에게 본인부담금을 청구할 경우, 의료급여기관에 대한 명령에 위반하거나 허위보고를 하거나 소속 공무원의 질문 또는 검사를 거부·방해 또는 기피한 때에는 의료급여기관 업무정지의 행정처분이 행해지며, 진료제한조치를 갈음하여 거짓이나 부정한 방법으로 지급하게 한 보험급여의 금액 또는 거짓이나 부당하게 지급받는 진료비의 5배 이하의 범위에서 과징금을 부과하는 규정을 두고 있다. 또한 의료급여 부정청구신고보상금제도를 두어 허위·부당청구로 확인된 때에는 일정금액을 보상금으로 지급하고 있다.

이밖에도 기초노령연금제도에서는 거짓이나 그 밖의 부정한 방법으로 연금을 지급받은 자는 1년 이하의 징역 또는 5백만원 이하의 벌금에 처하는 규정이 있다.

또한 장애인연금제도에서는 거짓이나 그 밖의 부정한 방법으로 연금을 지급받거나 다른 사람으로 하여금 장애인연금을 받게 한 자는 1년 이하의 징역 또는 500만원 이하의 벌금에 처하는 규정이 있다.

2장 사회보장정책

제1절 사회보장정책의 방법론

사회복지정책이란 사회구성원의 복지 증진에 관한 정부의 계획된 지침이나 내용으로 정의할 수 있다. 오늘날 복지국가에서 사회복지정책의 중심이 되는 사회보장정책이란 국가가 소득재분배를 그 주된 정책수단으로 하여 국민을 대상으로 그들의 인간다운 최저한의 생활을 보다 효과적으로 보장하기 위한 국가의 정책이라고 규정할 수 있다.

사회보장정책은 넓은 의미로는 모든 국민의 생활을 전체적으로 향상시켜 인간다운 생활의 보장이라는 생존권적 기본권에 기초를 두고 있는 넓은 의미의 사회보장을 실현하기 위한 종합적·체계적인 국가의 시책이라고 할 수 있으며, 좁은 의미로는 사회보험과 공공부조의 실행을 기초로 최소한의 인간다운 생활을 보장하려는 국가의 시책이라고 할 수 있다.

이와 같은 사회보장정책이 갖는 특성으로는 첫째, 다른 사회정책에 비하여 보다 개별성이 있으며, 둘째, 사회보장정책의 대부분은 국가 개입으로 이루어진다는 공통성이 있지만 클라이언트의 인간다운 생활의 영위를 위한 소득이나 의료 등의 보장을 위하여 정부가 적극 개입한다는 측면이 있으며 셋째, 소비적 측면과 주로 관련된다.

1. 이해관계론

사회보장정책의 전개과정에서는 그 배후에 다양한 이해관계를 가진 사회집단이 있다. 이러한 이해관계론(利害關係論)은 이념론보다 현실적인 근거를 가지고 있다. 그러나 때로는 이해를 표면에 내세우지 않고 오히려 이념론에 입각하여 사회보장정책을 분장시키는 경우도 적지 않다.

사회보장제도의 이해관계자는 정부, 기업주, 노동자 및 노동조합, 일반국민, 의료기관 등이 있고 이들의 이해가 상이하다. 사회보장에서 부담은 적을수록, 급여수준은 높을수록 좋은 것이다. 그러나 보험료의 부담을 감소시키고 국고부담을 증대시켜 이익을 보더라도 국고부담은 결국 세금부담으로 돌아오는 것이다. 또한 이해문제는 자기계층의 이해뿐만 아니라 전체의 관계도 고려해야 한다. 아동수당제도를 사업주 부담으로 할 때 사업주는 이 제도를 반대할 것이 틀림없지만 차세대의 노동력 배양과 유동화에 관해서 이 제도의 효과를 검토할 필요가 있다. 이러한 이해관계는 실제로 매우 복잡하여 그 진실된 규명은 결코 용이하지 않다.

사회보장을 장기적으로 볼 때 국부적인 이익이나 목전의 이익 추구가 결국은 손해를 초래한다고 하더라도 사람들은 목전의 이익을 쉽게 단념하려고 하지 않는다. 그러나 정책입안자의 입장에서는 이러한 국부적인 이해에 구애되지 말고 장기적·전체적으로 이해관계를 고려해야 한다.

사회보장제도의 운영주체로서 정부는 결코 이해관계자가 될 수 없고 제3자의 입장에서 이해관계를 조정해야 한다. 그러나 정부가 사회보장제도를 통하여 전시효과를 노리거나 또는 비용부담을 노·사에 맡기게 되는 경우에는 정부도 강력한 이해관계자의 입장에 있게 된다.

사회보장제도의 이해관계는 매우 복잡하기 때문에 정책연구의 입장에서는 특정집단의 입장에서 다루어서는 안 되며, 넓은 시야에서 여러 집단의 이해관계를 명확하게 하고 동시에 이해 대립을 조정할 수 있는 방안을 강구해야 한다.

2. 사회체제론

사회보장정책론에 있어서 무엇보다도 중요한 것은 사회체제와의 관계이다. 사회보장은 일면 개인의 책임과 국가의 간섭이 결합된 것으로 생각할 때 또한 사회보장에 있어서 보험원리와 부조(扶助)원리와의 관계에 대한 논쟁도 사회체제를 전제로 하고 있다. 다른 한편으로 사회보장정책은 자본주의와 사회주의의 체제론과도

관계가 있다.

사유(私有)·사영(私營)을 원칙으로 하는 체제와 국유·국영을 원칙으로 하는 체제는 이론적으로는 명확하게 구별된다. 그러나 오늘날 이러한 체제는 각각 내면적으로 변화되어 자본주의체제도 국가의 간섭과 계획이 문제되고 있으며, 사회주의 체제에서도 기업이윤이라든가 자유소비가 일부 허용되고 있다.

역사적으로 사회보장은 지난 세기의 자본주의의 고도발전의 단계에서 근대 사회정책에 기초를 두고 오늘날과 같은 형태로 등장하였다. 그리고 요람에서 무덤에 이르기까지라는 말로 표현되고 있는 영국 사회보장의 배경은 제2차 세계대전 후 노동당정권에 의한 중요 산업의 국유화와 관련시켜 생각할 필요가 있다. 전후 산업국유화, 의료기관의 사회화와 사회보장의 실현은 영국 자본주의의 체질을 근본적으로 변화시킨 것으로 볼 수 있다. 그러나 이제까지의 경험에서 보면 영국뿐만 아니라 다른 선진 자본주의국가에서도 사회보장은 사회주의보다는 자본주의적 이념이 지배적이었다.

물론 사회주의국가에 있어서도 사회보장은 그 의의를 상실하고 있는 것은 아니다. 구 소련의 경우 국가사회보험의 형성과정과 내용을 볼 때 자본주의국가와 마찬가지로 역사적 형성체로서 그 나라의 정치·경제사정, 기타의 역학관계에 의하여 크게 변화되어 왔다.

이상과 같은 사회체제를 중심으로 생각할 때 한 국가의 사회보장정책은 이념상으로는 체제에 따라 달라질 수 있지만 그 목표와 귀착점은 한 곳으로 집중되는 것으로 볼 수 있다.

3. 일면관(一面觀)·국부관(局部觀)

사회보장정책을 수립할 때 대립되는 여러 가지 문제를 쌍방에서 의식하지 않고 일면적·국부적 입장을 취하는 경우가 있다. 사회보장에서는 보험원칙과 부조원칙이 대립되고 있고, 연금제도에서는 적립방식과 부과방식이 대립되고 있다. 또한 최근에는 경제성장과 복지와의 관계에서 한편에서는 경제성장을 공해문제를 중심으로 부정적인 입장을 취하고, 다른 한편에서는 복지를 권태와 의뢰심을 일으킨다고 보고 각기 일면관을 고집하는 경우가 있다.

한편 경제개발 또는 경기부양은 필요하지만 그렇다고 복지후퇴는 허용될 수 없다고 말할 때 후자를 강조하는 표현이 되고 있지만 이를 구체적으로 사회보장정책으로 반영시킬 때 전자를 염두에 두지 않을 수 없다.

사회보장에 있어서 일면관은 정책입안에 있어서 과오를 범하는 경우가 있다. 그 예로서 제도를 다원화할 경우가 특히 그러하다. 즉 연금에 있어서 공무원연금과 국민연금을 비교해보면 비록 국부적이라고 할 수 있으나 보험료부담 가운데 국고부담에서 이해관계가 있다. 특히 국민연금과 국민건강보험의 노사비용부담 비율문제나 직장가입자와 지역가입자의 소득파악문제 등이 이슈가 된다.

사회보장정책론의 과제는 이와 같은 일면관·국부관을 탈피하여 이해 대립을 조정·완화시키는 데 있다. 따라서 약자를 구제하든가, 제도간의 격차를 해소시킴으로써 이해 대립 내지 사회보장에 대한 부정적 반응을 제거할 수 있다.

4. 획일화(劃一化)·표준화(標準化)

사회보장제도의 운영에는 표준을 설정한다는 의미에서 획일화가 필요하다. 연금의 수급개시연령이나 사회보장의 대상자를 일정기준에 의하여 확정함으로써 예외를 거의 인정하지 않는 경향이 있다. 일반적으로 그 표준을 통계적인 대량현상에 의하여 설정하여야 되지만 실제로는 대상집단에 따라서 몇 개의 집단으로 구분하지 않고 전체를 하나의 집단으로 보아 정책을 수립하는 데 문제가 있다.

표준화 내지 획일화는 정책을 주관하는 정부의 행정적인 편의주의에서 나온 것과 일면 불가피성으로 이해할 수 있다. 그러나 표준화는 개개인의 심신상태, 직업과 소득의 차이 등을 무시하고 기계적으로 다루어서는 안 된다.

최저한도의 생활이나 국민최저한이라는 말은 사회보장에서 활용되는 기준이지만 여기에도 문제가 있다. 가계조사, 지역별 생계비의 차이, 직업별로 다른 법정퇴직연령, 생활수준의 차이 등을 무시하고 획일적으로 처리되어서는 안 된다. 이러한 상황에 착안하여 제도가 대상에 따라 다양화되는 경향이 있지만 국가의 통일적인 사회보장정책에서 보면 가급적 제도의 분산이나 다양화는 피하는 것이 좋다.

한편 사회보장정책에서 획일화·표준화는 차별을 없애고 평등을 추구한다는 뜻으로 해석할 수 있다. 그러나 사회보장의 연금부문이나 의료부문에서 제도와 운영주체가 다를 경우 제도간에 격차가 있을 수 있다. 따라서 사회보장정책은 그 격차를 될 수 있는 한 축소시키는 것이 중요하다.

최근 사회보장의 연금부문에서 기초연금 구상이 선진국에서 논의되어 왔다. 이것은 연금의 각 제도간의 격차를 없애기 위하여 우선 각 제도에 공통되는 기초부분을 정하는 것이다. 연금의 기초부분과 공공부조의 기초생활보장을 어떻게 관련시키는가 하는 문제와 기초부분의 초과부분을 어떻게 정할 것인가도 하나의 문제이다. 결국 기초부분은 획일적으로 하되 초과부분은 일정한 원칙에 따라 정도의 차이를 인정할 필요가 있다.

이러한 경우를 사회보장에서 흔히 보편주의 대 선별주의라고 한다. 즉 기초부분은 보편적인 것에 속하고, 초과부분은 선별적인 것에 속한다. 이념상 사회보장정책은 전자에 의거할 수 있으나 사회구조의 변화에 따라 불가피하게 출현하는 약자를 구제하거나 사회진보를 위하여 필요한 능력차를 고려하면 후자도 받아들여야 할 것이다.

5. 사회복지정책과 책임론

사회복지정책이란 정부가 국민복지를 위하여 행하는 제반 정책을 말하며, 여기에는 사회보장정책을 주축으로 하여 고용정책, 교육정책, 주택정책, 보건의료정책 등이 포함된다. 이러한 정책이 정부에 의하여 행하여 질 때 일면 국가의 책임으로 생각할 수 있지만 동시에 개인 책임 또는 국민의 자주성이 고려되어야 한다.

사회보장에 있어서 책임문제는 갹출방식과 무갹출방식의 두 가지와 관련시켜 생각할 수 있다. 갹출방식은 특정조건하에서 보험료를 납부하고 사고 발생에 의하여 급여를 받게 되는 제도이다. 그러나 사회보험은 민영보험과는 달리 정부가 개입하여 강제하는 공적 제도이며 피보험자의 갹출 이외에 정부의 보조와 사업주의 부담이 있게 된다. 이러한 점에서 사회보험은 각자의 갹출을 토대로 하여 공동적으로 대처하는 것으로 보아 공동 책임의 사상에서 출발하는 것으로 이해할 수 있다. 그러나 이것은 어디까지나 개인 책임을 초과한 공동 책임을 기조로 하는 것으로 보아야 한다.

사회보장제도 가운데 무갹출방식의 대표적인 것은 공공부조이다. 사회보장에서 국가책임의 강조는 바로 이 부문에서 강하게 나타난다. 따라서 사회보장제도의 책임론에서 국가 책임, 공동 책임(사회연대성) 및 개인 책임을 논할 때 그것이 보험원리를 근간으로 하고 있는 사회보험에 비중을 두고 있느냐 또는 부양원리에 입각한 공공부조에 치중하느냐에 따라서 다르게 해석할 수 있다. 사회보장정책의 입장은 마땅히 후자에 비중을 두고 국가 책임의 이념 위에서 정책을 수행해야 할 것이다.

제2절 사회보장정책의 구현

1. 사회보장과 평등화 · 민주화

사회보장에 대한 우리나라 헌법 제34조의 규정은 근대사회의 평등화 또는 민주화의 사상을 배경으로 하여 요구되어진 것이다. 다만 여기서 문제가 있다면 평등화 또는 민주화를 사회보장에서 어떻게 실현시킬 것인가 하는 점이다.

평등화의 해석에는 보편원칙과 선별원칙이라는 문제가 있다. 사회보험은 전국민에게 무차별적으로 평등하게 적용되어야 하는 것이 보편원칙이며, 니드(need)의 개인적 · 사회적 정도에 따라서 급여 또는 서비스가 제공되어야 한다는 것이 선별원칙이다. 여기서 말하는 두 개의 원칙이 문제되는 것은 평등화라는 것이 현실적으로 복잡하여 단지 형식적인 평등화에 그치는 경우가 있기 때문이다. 따라서 현실의 사회구조에서 일어나는 니드의 차이를 경시하는 악평등적인 보편원칙이 나타난다.

사람에 따라서 차별적으로 취급되어서는 안 된다는 의미의 보편원칙이 유지되기 위해서는 모든 사람에게 일정액의 소득보장이 제공되어야 한다. 영국에서는 전후 베버리지 구상에 의한 낮은 급여에 대항하여 생명보험회사나 기업연금제도에서 우대조치가 강구된 것은 보편원칙에 대한 대항으로 볼 수 있다.

사회보장정책을 실천하는 과정에서는 보편원칙과 선별원칙이 양자 택일될 수는 없다. 보편원칙이 형식적인 평등화에 그치게 되어 니드의 진정한 차별을 무시해서는 안 되며, 동시에 선별원칙이 개인을 차별 취급하여 그 품위를 손상시켜서도 안 된다. 개인의 자유를 존중한다는 점은 어디까지나 무차별 평등한 보편원칙을 기초로 생각할 수 있고, 동시에 사회환경의 진전에 따라 니드에 있어서도 소득별 · 지역별로 차별이 생긴다는 사실에 대처하여 그러한 차별이 일어나는 여러 가지 원인을 배제시키도록 노력해야 한다. 이러한 의미에서 보편원칙과 선별원칙은 양립되고 있다.

사회보장에서 이론적으로는 소득보장이 생활 니드와 깊은 관련을 맺고 있으며, 생활 니드 속에는 평등화가 항상 요구되고 있다. 자유 · 평등이라는 슬로건은 자유주의 또는 개인주의를 배경으로 한 것으로서 정치적으로나 경제적으로 개인의 자유활동이 존중되고 그 결과로서 평등과 조화의 사회가 이룩되는 것이다. 그러나 현실적으로 경제 면에서는 산업의 독점화에 의한 불평등과 분배에서 빈부격차에 의한 불평등이 문제되고 있다. 그 뿐만 아니라 생활 니드에 있어서도 개인적으로 해결하기 어렵거나 또는 개인적 책임이 아닌 사고가 발생하고 있다. 여기에 대처하기 위하여 국가의 개입에 의한 이해 조정이나 복지 증진이 불가피하다.

2. 사회보장과 공공화 · 사회화

사회보장은 보험방식에 의하든 또는 부조방식에 의하든간에 그것은 사회의 연대성을 토대로 하고 있다. 그러나 현실적으로 사회의 연대성은 반드시 원활하게 이루어지는 것은 아니다.

이러한 점에서 사회보장 특히 의료보장 부문에서 공공화(公共化) · 사회화(社會化) 또는 국영화가 자주 논의되고 있다. 의료보장의 균첨화(均沾化)의 필요에서 그 공공성을 인정해야 되는 것을 일반적으로 이론(異論)이 없지만 더 나아가서 이것을 국영화한다고 할 때 일반사회체제를 그대로 두고 의료만을 국영화시키는 데는 주저하게 된다. 다만 의료 니드의 공공성이 충분하게 인정되는 한 의료기관의 기능적 · 지역적 정비를 추진하는 것은 일반적으로 수용되고 있다.

의료보험제도에 대해서 각국의 의료계가 항상 불만을 표시하고 반대를 하고 있는 것은 단순히 수가(酬價)통제에 의한 수입 면뿐만 아니라 다른 한편으로 의료보험을 통한 간섭과 의사 또는 병원의 자율성이 그만큼 규제되고 있기 때문이다.

공공재 개념에 따르면 의료의 사회적 니드도 공공재의 일종으로 생각할 수 있다. 또한 오늘날 의료기관의 소유관과 영리성이 크게 수정되고 있고 그 사회적 책임이 크게 강조되고 있는 사실도 의료의 공공화 내지 사회화와 관련시켜 생각할 수 있다. 물론 의약분업, 의료보험에 의하여 병원 또는 의사의 수입감소, 보험사무의 복잡화 등으로 의료보험에 대한 이들의 저항이 있지만 그것은 전술한 사회보장 정책상의 이해 조정의 과제이다.

제3절 사회보장정책과 관련정책

사회복지정책의 기본은 일할 권리와 일터를 마련해주는 완전고용의 달성과 그 유지를 위한 정책, 인간다운 생활의 최저기준을 보장하는 사회보장, 그밖에 여러 방면으로 자아실현의 기회와 가능성을 골고루 부여하는 기회균등에 있으며, 이것이 복지사회 구현의 3대 지주라고 할 수 있다.

사회보장정책이란 국가가 소득재분배를 그 주된 정책수단으로 하여 국민을 대상으로 그들의 인간다운 최저한의 생활을 보다 효과적으로 보장하기 위한 정책이라고 할 수 있으며, 그 내용은 소득보장정책, 의료보장정책, 사회복지 서비스정책 등이 있다.

이러한 사회보장정책은 경제정책, 노동정책과 밀접하게 관련되어 있다. 역사적으로 볼 때, 사회보장제도의 출현은 자본주의 경제체제의 전반적인 위기의 심화에 대처한 수단이었으며, 이론적으로는 사회보장정책이 경제정책의 종속물로 인정되어 왔으나 현실적으로는 경제정책이 파생시킨 사회문제를 사후 처리하는 기능을 갖고 있으므로 사회보장정책은 경제정책에 종속되는 모순의 억제와 애로(隘路)의 타개(打開) 및 조건 정비 등의 과제를 안고 있다(신수식, 1992). 따라서 1960년대 이후 선진국의 사회보장정책의 일반적인 기본 목표는 첫째, 정치적 위기의 대책 둘째, 자본축적에의 기여 셋째, 사회보장제도의 파탄방지 등으로 집약되었다(김유성, 1985).

여기에서 사회보장정책과 관련이 깊은 정책들을 살펴보고자 한다.

1. 사회보장정책과 경제정책

경제성장과 사회보장의 수준은 상관관계가 있기 때문에 고도 경제성장은 사회보장의 경제적 기반을 이루며 그 수준을 높이는 것으로 볼 수 있다. 경제성장은 (1) 경제확대에 따른 소득수준의 향상과 물적 생산의 증대 (2) 그것에 의한 절대적 빈곤으로부터의 탈출 (3) 선택의 자유와 그 폭의 확대 (4) 실업의 해소와 이중구조의 해소 (5) 영양개선이나 의료의 보급에 의한 질병의 감소와 수명의 연장 등의 플러스 효과가 있다. 뿐만 아니라 저소득계층에 대한 사회안전망의 역할을 수행하게 되며 사회보장의 충실에 의하여 경제효율을 높이는 역할을 하게 된다. 경제정책으로서의 경제성장과 사회보장과의 관계를 보면 사회보장의 재원은 궁극적으로 국민의 생산력에 있기 때문에 경제성장이 두드러진 때가 바로 사회보장의 확대 내지 발전의 시기였다. 이렇게 보면 고수준의 생산은 사회보장을 위한 필요불가결의 조건이며, 복지의 향상은 경제발전과 일정한 시차를 두고 이루어져 왔지만 복지의 향상이 경제성장을 가속시키기도 했다. 즉 복지의 증진은 노동과 자본의 질과 생산성을 증대시키며 정치 · 사회의 안정과 더불어 경영의 안정을 통해 생산력을 증대시키게 된다. 따라서 빈곤에 대한 사회보장정책은 경제정책과 종합적으로 고려되어야 하며 생산수준을 유지하기 위해서는 사회보장이 필요불가결하다.

2. 사회보장정책과 노동정책

노동정책이란 국가와 자본에 의하여 근로자계층에 대하여 행하는 정책으로서 자본주의국가의 정책 가운데 기본적인 정책분야에 속한다. 또한 국민경제내에서 정부가 노동시장의 운영과 노사관계에 개입함으로써 시장의 실패를 최소화함과 동시에 노동시장 운영의 효율성과 형평성을 높이고 나아가서 복지국가체제의 확대 발전을 지향하고자 시행하는 일련의 정책들을 의미한다.

노동정책은 경제적인 정책의 일환으로서의 노동력정책과 정치적인 정책으로서의 노동운동 · 노동조합정책으로 구성된다. 노동력정책은 노동력의 창출 · 양성 · 확보 · 유지를 위한 조치이며, 노동운동 · 노동조합정책은 노사간의 필연적인 대립과 투쟁을 억제 · 진정시키는 정책이다(신수식, 1992). 따라서 노동정책은 사회정책의 하나로서 근로조건의 개선, 근로자와 그 가족의 생활보장, 노사협의와 근로자복지시설 확충 등 국가가 행하는 근로자보호정책이라고 할 수 있다.

사회보장정책은 이상과 같은 두 가지 분야를 포함한 노동정책이 추구하는 정책목적을 그의 목적으로 하고 있다. 사회보장정책과 노동정책의 관련은 산재보험, 고용보험, 기업연금, 최저임금제, 완전고용정책 등의 부문에서 직접적으로 관련되고 사회보장에 대한 노동조합의 강력한 투쟁과 요구는 노동운동의 일환으로 추진되었다.

비스마르크(Bismarck)의 사회보험정책은 자본주의 발전에 따라 격화된 계급투쟁을 진정시키고 사회주의자들을 진압시키기 위한 것으로서 이것은 노동력의 유지나 재생산보다는 노동운동・노동조합정책이 중심이 되었으며, 뉴딜(New Deal)정책은 대공황에 의한 경제위기를 기초로 한 심각한 정치위기를 극복하기 위한 정책이었다.

3. 사회보장정책과 인구정책

오늘날 인구의 증가는 세계적인 현상으로서 인구문제를 사회보장 측면에서 보면 각국의 사회보장제도는 그 초기 단계에서는 생산연령층을 대상으로 하는 사회보험으로 출발하였으나 제2차 세계대전 후 경제성장, 의료기술의 발달 등에 의한 평균수명의 연장으로 인구의 고령화현상이 나타나게 되어 노인복지가 사회보장에서 큰 비중을 차지하게 되었다.

인구의 문제는 총인구의 문제뿐만 아니라 인구구성 분포의 문제, 즉 노령인구, 장애인인구, 연소층인구 등 인구구성 분포의 특성이 경제정책, 노동정책과 관련되어 있다. 인구구성 분포의 특성은 사회보장의 제도화에 영향을 미치고, 사회보장제도 자체가 인구구성 분포의 특성에 영향을 미치게 된다.

인구고령화는 사회지출의 증가를 초래하게 되어 사회보장제도에 커다란 재정적 부담이 되고 있다. 따라서 인구고령화에 따른 사회적 대응으로서 사회보장은 필수적이다. 고령자의 상대적 증가는 노후생활보장의 중요한 3대 지주인 소득보장, 의료보장 그리고 사회복지영역의 각각에 지출의 증가 요인으로 작용한다(박광준, 1998). 이러한 변화에 대처하는 사회정책은 고용정책, 소득보장정책, 의료 및 장기요양보호정책, 가족정책, 주거정책, 여가정책 등으로 분류할 수 있다.

평균수명이 증가하면 사회보장 급여기간이 길어지고 이에 소요되는 재정도 증가하게 된다. 또한 평균수명의 증가와 동시에 저출산에 따른 축소된 경제활동인구는 부양인구의 증가로 나타나게 된다. 이와 같이 인구구성은 사회보장과 중요하고 밀접한 관계에 놓여 있지만 이러한 관계가 항상 사회보장제도의 형성과 직결되는 것은 아니다.

우리나라는 저출산・고령사회에 대비하여 저출산・고령사회기본법을 제정・시행하고 있으며, 출산장려를 위한 각종 시책들이 강구되고 있다.

4. 사회보장정책과 보건의료정책

보건·의료는 국민의 건강을 지키기 위한 사회적 수단이다. 따라서 사회안전망의 중요한 부문을 차지하고 있다. 이러한 보건·의료의 취지를 살리기 위해서는 바람직한 보건·의료제도의 수립이 필수적이다.

자본주의사회에서 의료의 수요는 개인의 경제력에 의존하지만 공급은 유자격 의료인에 의해 공급된다. 따라서 의료의 제한된 생산성과 구매력의 차이에 따른 의료혜택의 차이가 새로운 의료문제를 파생시키게 된다. 이러한 문제와 관련해서 의료의 사회화란 용어가 등장하게 되었다. 의료의 사회화란 국민 모두에게 필요한 의료를 국가적으로나 사회적으로 제공함으로써 모든 국민들에게 균등한 의료혜택의 기회를 제공하려는 국가와 사회의 제도적 노력이다.

인구, 사회, 경제구조의 변화는 질병의 부담에 있어서 가족의 역할이 감소되고 그 대신 국가 및 사회의 역할이 증대하게 되었으며, 질병구조의 변화로 보건·의료 요구 및 이용양상이 변화하여 새로운 보건·의료정책이 필요하기에 이르렀다.

의료문제의 해결은 의료보장제도의 개선을 통해서 가능하게 된다기보다는 보건·의료정책이 우선 정착되어야 할 것이다. 즉 의료인의 질적 우수성, 의료전달체계의 효율성, 의료수가의 적절성, 의료기관의 지역적 적정분포 등이 보건·의료정책에서 해결해야 할 과제이다. 특히 의약분업, 양·한방의료의 조정, 의료수가 및 의료보장 비용청구·심사·지불 등의 보험비용부담과 지불문제 등에 대한 선결과제가 제대로 해결되지 않은 상황에서 국민건강보험제도의 개선만으로 양질의 의료서비스를 제공받기란 어려운 것이다.

5. 사회보장정책과 조세정책

조세란 일반적으로 국가가 수입을 조달할 목적으로 특정한 개별적인 보상없이 사경제로부터 강제적으로 징수하는 화폐 또는 재화를 의미한다.

일반적으로 공공부조가 빈곤층의 소득을 빈곤선 위로 끌어올리는 것을 목표로 하는 능동적 정책이라 한다면, 조세정책은 빈곤선 이하의 소득은 면세가 되도록 하고 또한 빈곤선 바로 위에 있는 빈곤층의 소득에 대해서는 그것에 과세 후 빈곤선 이하로 떨어지지 않도록 하는 수동적 정책이라고 할 수 있다 (이두호 외, 1991).

소득재분배를 목적으로 하는 정책수단으로서 조세를 통한 재분배는 소득세의 누진제도, 소비세의 면세제도 등을 들 수 있다. 그러나 소득의 재분배를 위한 수단이라 할지라도 그것이 경제적 효율성을 크게 손상시키지 않는 범위내에서의 수단이라야 한다. 따라서 분배의 공정화와 경제적 효율성 사이의 관계를 어떻게 조정해 나가느냐가 재분배정책의 수단 설정에 있어서 중요한 과제이다.

빈곤대책으로 행해지는 조세정책에는 소득세의 면세점 인상, 사회보장비의 최저소득수준의 인상, 간접세의 면세대상 확대 등을 통해 빈곤문제가 악화되는 것을 방지할 수 있는 보조적인 수단으로 사용되고 있다.

이 밖에도 부(負)의 소득세(negative income tax)가 있는 데, 이는 빈곤층에게 소득을 급여하는 방법으로서 소득이전 프로그램(income transfer program)의 하나로서 소득신고액이 과세대상의 최저한도 이하인 경우에 그 부족분에 대하여 일종의 세율과 같은 일정률을 적용하여 그 만큼의 금액을 정부가 조세의 환급(還給)과 같은 방법으로 지급하는 제도이다. 이 제도는 공공부조의 성격을 지니고 있지만 그 부조금의 결정은 소득세제도의 범위 안에서 실시하려는 것이 그 중요 특징이라 할 수 있다.

근로장려세제(Earned Income Tax Credit: EITC)는 조세특례제한법의 규정에 따라 근로빈곤층의 소득보장과 일을 통한 빈곤탈출을 위해 2009년부터 지급되는 근로장려금제도이다. 이 제도의 급여대상은 18세 미만의 자녀를 2명 이상 부양하는 빈곤가구로서 당해 연도 가구 총소득이 1,700만원 미만이고, 무주택자이며, 일반재산 합계액이 1억원 미만인 근로자가구이다. 근로장려금수준은 수급자의 소득수준에 따라 점증구간, 평탄구간, 점감구간으로 구성된다.

근로장려세제는 현재 부양자녀를 둔 근로빈민의 근로의욕을 고취하기 위한 제도이지만 다음과 같은 몇 가지 결함을 가지고 있다. 첫째, 대상자 범위가 지나치게 협소하며 근로빈민으로서 수혜자격을 얻기가 쉽지 않다. 둘째, 급여수준이 최대 연 80만원에 불과하다. 셋째, 근로빈민의 소득보전제도임에도 무주택, 일정재산 이하의 보유요건 등 공공부조의 자산조사요건을 요구하고 있어 빈민의 자활의지를 약화시킬 가능성이 크다.

이와 같이 조세는 한 사회의 소득 및 부의 분포상태를 변동시킴으로써 재분배 기능을 수행하고 있다. 조세정책은 시장에서 결정된 1차 소득을 다시 재분배하는 소득재분배정책으로서 이러한 점에서 사회보장정책과 성격을 같이 한다.

국고수입을 통해 사회보장 재원을 충족하게 된다는 점에서 볼 때 사회보장의 재원은 세금과 사회보험의 갹출이 중심이 된다. 그러나 세금은 이미 사회보장 재원으로서 확정된 것은 아니며, 경제성장과 평행하여 신장하는 면을 갖고 있으므로 세금을 통하여 조달된 국가재정을 다시 사회보장의 재원으로 확정하기 위한 강제가 필요하게 된다.

제4절 복지국가와 사회보장정책

1. 복지국가의 등장

복지국가(welfare state)는 일반적으로 제2차 세계대전 후의 산물이다. 이것은 전후에 서구를 중심으로 발전된 시스템 또는 국가의 존재방식이다. 복지국가라는 말은 제2차 세계대전 중에 영국이나 독일에서 권력국가(power state) 또는 전쟁국가(warfare state)등과 대비되는 말로 사용되었다.

자혜(慈惠)로서의 사회보장으로부터 생존권의 기본권적 보장, 더 나아가 고복지의 추구를 국가목표로 삼는 이른바 복지국가가 제 2차 세계대전 후 선진 자본주의 국가에서 등장하게 되었다. 여기에서의 복지국가라고 하는 것이 현실의 국가 그 자체를 의미하는 것이 아니라 현대국가의 지표로서 정립된 국가임은 더 말할 나위가 없다.

사회보험제도의 형성과 복지국가에 이르는 과정은 자본주의 경제체제를 유지하고 사회주의와 대응하고자 하는 정치 이데올로기적 측면이 보완적인 작용을 한 것이다. 이 같은 복지국가의 등장 배경에는 몇 가지 사회경제적 요인을 지적할 수 있다. 자본주의 내부에서 발생한 제 모순, 즉 부의 편재와 빈곤층의 확대에 대한 투쟁과 항의의 확산, 사회주의국가로부터의 영향 그리고 자본가 측의 사회적 안정 요구 등에 의해서 이른바 복지국가의 등장을 필연적으로 불러일으킨 것이라고 말할 수 있다. 여기에는 크게 두 가지의 대국적 동인이 있다. 그 하나는 자본가 측의 현명한 계산을 바탕으로 한 자본주의의 자기수정이며, 또 다른 하나는 근로자계층을 중심으로 한 투쟁 및 광범한 대중의 복지요구와의 연동(連動)이다.

이에 대하여 복지국가를 수정자본주의의 허위적 이데올로기에 지나지 않는다고 보는 견해가 있으나 이는 사회복지를 요구하는 대중의 원망(願望)과 공정한 배분을 위하여 그들이 기울인 노력의 성과를 도외시한 것이라고 말할 수 있다. 왜냐하면 사회복지의 이념 및 그 증진을 위한 권리의 투쟁은 적극적으로 평가되어야 하며 현실의 복지국가에 대해서도 개개인의 생존 및 복지의 권리를 실현한 정도에 따라서 그 존재 의미를 인정해야 하기 때문이다.

2. 복지국가의 특징

현대사회는 복지국가를 지향하고 있다. 머쉬(Marsh)는 복지국가를 “모든 사람이 적어도 최저생활수준을 갖도록 하고, 또 기회균등을 증진시키려는 의식적이고 계획적인 정책(conscious and deliberate policies)이 있는 국가”라고 정의하고 있다. 복지국가는 모든 국민으로 하여금 인간으로서의 존엄과 가치를 누릴 수 있는 인간다운 생활을 보장해주는 것을 궁극의 목표로 삼고 있다. 다시 말하면 복지국가란 국민복지의 유지와 향상을 목표로 하는 국가로서 모든 국민에게 그 생활의 기본적 수요를 충족시킴으로써 건강하고 문화적인 생활을 할 수 있도록 하는 것이 국가의 책임인 동시에 국민의 권리로서 인정되는 국가라고 할 수 있다.

따라서 복지국가의 특징은 사회복지의 대상이 전국민이고, 대상문제는 빈곤을 포함한 국민의 사회생활상의 모든 곤란이 포함된다. 즉 오늘날의 복지국가는 국민의 인간다운 생활을 국가가 주체가 되어 실천하고 보장하는 국가이며, 국민 각자가 개인의 만족을 성취함과 동시에 집단적 또는 공동사회의 복지에도 공헌할 수 있는 사회를 만드는 것을 목표로 한다고 말할 수 있다.

복지국가를 지향하는 국가들이 추진하고 있는 정책내용들을 정리해보면 다음과 같은 특징이 있다.

첫째, 빈곤의 소멸 내지 현저한 감소 및 그 의의의 저하

둘째, 소득의 분배와 재분배를 통한 평등화 지향

셋째, 완전고용의 실현

넷째, 사회보장의 충실

다섯째, 혼합경제 등으로 요약할 수 있다.

이러한 정책적 특징을 갖고 있는 복지국가는 그 이념적 기반으로서 여러 가지 서로 다른 근원을 갖고 있지만 프랑스 혁명은 자유, 평등, 박애의 이념을, 벤덤(Bentham)과 그의 제자들이 주장한 공리주의의 철학은 최대 다수의 최대 행복(the greatest happiness for the greatest member)의 개념을, 비스마르크와 베버리지는 사회보험과 사회보장의 관념을 그리고 페비안(Fabian)사회주의자는 기간산업과 기초적 서비스의 공유의 원칙 등을 제시하여 그것들이 곧 복지국가의 기본 이념이 되었다고 볼 수 있다.

이와 같이 복지국가는 상충(相衝)하는 민주주의의 기본적 이념이요 가치인 자유

와 평등을 동시에 구현해 보고자 하는 역사적 발전의 산물이요 현상이라고 할 수 있다.

3. 복지국가의 이념

복지국가 사상은 국가는 국민 모두의 복지를 적극적으로 향상시키기 위하여 존재한다는 원리에 기초하고 있으며, 복지의 분배에 있어서 보다 광범위하고 보다 실질적인 평등을 목표로 한다는 데 그 특징이 있다.

이러한 목표를 달성하기 위하여 자유와 창의를 파괴하지 않고 경제를 효과적으로 조직하며, 자본주의 경제의 모순과 위험성을 개선하고 배제하여 자본주의 경제를 가능한 한 최대로 성취해 보려고 하는 진보적인 사상에 기초하고 있다. 이러한 사상이 20세기의 지도적 사상으로 군림하게 된 것은 이 사상만이 정치적 민주주의와 경제적 민주주의를 동시에 구현하는 것을 목표로 하고 있기 때문이다.

복지국가 사상을 실현하는 방안의 제도적 체계가 바로 사회복지정책인 데, 이것은 사회복지의 제도적 특성에 비추어 생활과 건강의 만족스러운 기준을 획득하도록 개인과 집단을 원조하기 위한 조직적인 체계이며, 개인의 능력을 최대한 개발하고 지역사회의 요구에 조화를 이룬 그들의 행복을 촉진하는 것을 목적으로 하고 있다.

이러한 목적을 갖고 있는 사회복지정책은 사회적 가치관의 성격에 따라서 사회복지의 이념 모형이 결정되고, 사회복지의 이념 모형은 구체적인 복지정책에 영향을 미치며, 사회정책에 의거하여 각종의 사회복지행정이 수행된다.

한편 사회복지국가의 기반을 형성하고 호소력을 제공하는 가치들은 평등, 자유, 민주주의, 연대성, 경제적 효율성이다. 이 가치들 사이에 기본적으로 내재하는 것은 개인의 가치와 존엄성에 대한 가정(假定)이다.

복지국가의 이념은 한마디로 복지국가주의(welfare statism)라고 말할 수 있다. 이것은 국가 개입에 의한 민주주의와 인도주의의 구현이라고 볼 수 있다. 민주주의와 인도주의에서 찾아 볼 수 있는 주요한 사회적 가치인 자유, 평등, 우애를 국가 개입에 의하여 어떻게 적절히 그리고 극대화시킬 수 있느냐 하는 것이 복지국가의 가장 큰 관심이다. 이와 같은 국가 개입의 필요성은 사회통합과 상호부조 및 재분배 때문이다.

복지국가가 지향하는 이념과 그것을 실현하기 위한 제반 전제조건은 현실적으로 처해 있는 각 국가의 여건에 따라서 어느 정도의 차이가 있을 수밖에 없지만, 여기에서는 기본적인 몇 가지 문제점을 지적하면 다음과 같다.

첫째, 복지국가는 평화국가를 지향하지 않으면 안 된다. 복지가 국민의 현실생활에 있어서의 복지인 만큼 괴멸적인 현대전(現代戰)하에서는 어떠한 의미에서의 복지도 있을 수가 없기 때문이다. 비록 직접적인 피해를 입는 국민이 아니라 할지라도 전시하에서는 자유의 제한과 함께 물질적인 생존조건의 저하를 면할 길이 없을 것이다.

둘째, 복지국가는 민주적인 평등사회를 이룩하지 않으면 안 된다. 여기에서의 민주주의는 단순히 정치조직의 민주제만이 아니라 실질적으로 국민참가의 가능성이 열려 있는 개방적이고 동적인 체계를 갖추어야 하는 것이다. 이것은 일반시민뿐만 아니라 모든 계층이 참가할 수 있는 사회의 틀을 갖추는 것이 진정한 복지사회 실현의 실질적 요건이 된다. 그러기 위해서는 주권자인 국민에게 정신적·정치적 자유가 충분하게 보장되어야만 한다. 복지의 질뿐만 아니라 그 제도의 활용을 위해서도 사회복지권의 청구 등을 가능한 한 광범위하게 보장할 필요가 있다. 실제의 운용에 있어서 가장 중요한 문제가 평등한 복지의 배분이다. 권리로서의 사회복지에 내재하는 제1의 가치 척도인 평등 원칙 및 공정의 원리야말로 복지정책의 입안에서부터 그 적용에 이르기까지 일관되게 지탱되어야 할 기본 이념이다.

셋째, 복지국가는 인간존중의 원리를 바탕으로 하여야 한다. 복지 실현을 위한 행정의 적극화는 자칫 관료사회의 관료화·기계화로 귀결되어 오히려 복지정책의 비인간화를 초래할 위험이 있다. 관료제의 폐해, 즉 법형식주의에 따른 유연성의 결여, 형식적 절차로 인한 기능의 정체, 분파주의에서 빚어진 책임의 회피 및 종합성의 상실 등이 복지행정의 저해 요인이 되고 있다.

인간존중의 원리를 강조하는 이유는 조직과 기술을 구사하는 행정관료에 대하여 개개의 국민이 복지주체로서 권리 실현을 한다는 것이 실제문제로서는 불가능에 가까울 정도로 어렵기 때문이다. 따라서 주민의 자율적 참여가 보장되는 지역공동체의 협동작업을 위해서는 지방자치단체의 실질적 민주화가 먼저 이룩되어야 할 것이다.

4. 복지국가의 위기

1970년대 중반 이후 오일 쇼크의 영향으로 복지국가에 대한 비판이 제기되었다. 비판의 주 내용은 재정지출의 과부담, 자원배분의 비효율성, 복지관료주의, 급여의 부적절성, 자본축적과 정당화의 구조적 모순 등으로 불평등을 초래함에 따라 복지국가의 위기론이 제기되었다.

20세기의 복지국가는 자본주의가 직면한 전반적 위기에 대처하고 동시에 사회주의의 전개를 제어하면서 대폭적인 자기수정을 통한 스스로의 비판적 소산인 것은 분명하다. 이는 자본의 무정부적 경쟁으로부터 발생한 빈곤, 공황, 전쟁, 독점화 등으로 인하여 시장경제가 자동조절작용을 상실한 사태에 대한 처방임과 동시에 동서 이데올로기의 대립을 반영한 것이기도 하다.

이른바 진보적 자본주의가 국가 개입에 의한 혼합경제의 방향으로 탈로를 모색하고, 또한 복지의 보장에 의하여 사회문제를 해결하려고 정립한 국가상이 복지국가라고 할 수 있을 것이다. 문제는 복지국가가 야누스적인 양면의 얼굴을 가진 데에 있다. 즉 복지국가는 국민의 수요충족 및 사회정의의 실현을 위한 투쟁에서 비롯된 것으로 볼 수 있는 반면에 국가가 광범한 영역에 걸쳐서 사회적 책임을 내세워 통제권을 강화하는 면도 아울러 가지고 있다. 그 결과 복지국가의 성격과 기능에 관해서는 사회주의 측뿐만 아니라 고전적인 자유주의 측에서도 비판을 제기하고 있다.

1970년대 오일 쇼크를 계기로 세계경제가 침체기로 들어서자 복지국가의 황금기는 위기를 맞게 되었다. 즉 확대일로를 걷던 사회보장제도가 1970년대 중반 이후 정체되어 새로운 개편을 모색하기에 이르렀다. 이러한 배경에는 몇 가지 요인이 작용하게 되는 데, 그 첫 번째가 경제체제의 위기였다. 즉 복지국가를 지탱하는 자본주의 경제체제가 위기에 직면하면서 지금까지의 사회보장 프로그램을 지탱해 온 지속적인 경제성장과 완전고용의 유지가 불가능해졌으며, 나아가 복지국가 프로그램은 경기침체의 원인으로 작용하기는 했다는 것이다. 특히 도덕적 해이(moral hazard)[1]와 복지의존성의 조장으로 노동시장이 경직되었고, 사회보장제도에 대한 부정적인 이미지가 나타나고 이것은 제2차 세계대전 이후 사회보장제도 확대의 기

1) 도덕적 해이(解弛)란 사회보험 계약이 가입자의 동기와 행동에 미치는 현상 예를 들어 보험가입자가 보험가입 후 위험 발생 방지 노력을 저하시키게 될 때 발생하는 문제이다.

반이 되었던 사회평등에 대한 결속력을 약화시키는 계기로 작용했다는 것이다.

서구 여러 나라의 경우 사회보장 수지균형에 위협을 주는 요인들로는 첫째, 1970년대 후반부터 서구사회의 문제로 대두된 실업자 집단과 신빈곤층의 증대로 인한 재정수입의 한계 둘째, 의료욕구의 증대, 의료기술의 발달 등에 의한 의료지출규모의 증대와 의료지출 통제를 위한 효과적인 방법의 부재 등으로 인한 의료보험 지출의 증대 셋째, 인구의 고령화에 따른 노령연금의 수지균형의 문제 등으로 요약할 수 있다.

두 번째 복지국가가 더 이상 사회진보를 약속하는 매력적인 프로그램이 아니라는 정치적 인식의 증대이다. 즉 지속적인 사회보장제도의 확대에도 불구하고 빈곤 등의 사회문제는 여전히 미해결의 과제로 남아 있어 사회보장제도로 더 이상 빈곤퇴치에 효과적으로 기능할 수 없게 되었다는 것이다.

이와 같은 복지국가의 위기상황에서 복지국가를 옹호하는 입장과 비판하는 입장이 상호 대립되어 왔다.

5. 복지국가의 개편

복지국가를 둘러싼 이상과 같은 의견 대립은 앞으로도 계속될 것이 예상되는데, 이는 이데올로기적 대립의 반영이 두드러지게 나타나기 때문이다. 그러나 복지국가 비판론이 복지국가의 위상을 어느 정도 지적한 점이 있지만 평등한 복지를 달성하려고 하는 복지국가의 이념까지는 부정할 수 없을 것이다. 이 점에 있어서는 미르달(Myrdal)이 "복지국가는 지금 아직 어느 곳에서도 완성되고 있는 것이 아니라 계속하여 생성과정에 있다"고 지적하였다.

문제는 복지를 둘러싼 자유와 강제의 대립 긴장관계를 자각하여 행정권력의 간섭으로부터 생기는 부당한 결과를 방지하는 좌표를 설정하는 일이 아닐 수 없다. 그러기 위하여서는 우선 경제적 자유에 대한 정신적 자유의 우월적 지위를 확인하는 동시에 사상 · 언론 · 집회의 자유 및 적법절차의 완전한 보장에 노력할 필요가 있을 것이다. 그 다음으로는 국가 대신에 지방자치단체가 복지행정의 대부분을 담당하고, 그 과정에 가능한 한 민주적인 참여가 이루어지도록 기본정책을 설정해야 할 것이다. 지방자치단체와 주민이 복지의 주체가 되고 국가는 전체의 조정과 계획을 담당하고 적절한 지원만 이루어진다면 복지와 자유의 조화적 보장이 이루어지게 될 것이다. 특히 이와 같은 좌표는 선진 자본주의국가에서는 물론 개발도상국에 있어서도 복지국가의 실상화를 위한 필수적인 전제조건이 아닐 수 없다.

복지국가의 위기 내지 비판에 대처한 복지국가의 개편방향은 몇 가지 유형으로 나타났다(Esping-Anderson, 1999).

1) 스칸디나비아적 접근

스칸디나비아적 접근(Scandinavian route)은 지속적인 경제침체와 고실업의 위협이 상존하는 데 대응하여 보다 적극적인 공공고용의 확대로 대응하는 접근이다. 주로 스웨덴, 덴마크 등 북유럽에서 취해진 이 접근은 공공부문에서의 고용확대로 대량실업의 위협에 대응하였으며, 공공부문의 확대는 주로 사회복지 서비스 부문의 확대에 의해 이루어졌다. 이러한 공공부문 확대전략은 포괄적이고 보편적인 사회민주주의에 입각한 북유럽국가들의 전통적인 평등주의적 접근이 있었기에 가능했다.

2) 신자유주의적 접근

신자유주의적 접근(neo-liberal route)은 주로 영국, 미국, 뉴질랜드 등과 같은 영미권 국가들이 취한 방법이다. 즉 시장에 대해 적극적인 규제완화의 일환으로 사회보장제도의 적극적인 축소를 단행하는 전략으로서, 각종 노동입법과 사회보장입법의 약화를 통해 노동시장의 유연성을 높이고 기업의 고정비용적 요소들을 줄여 나감으로써 위기를 극복한다는 것이다.

영국의 대처내각과 미국의 레이건 행정부의 등장으로 시작된 사회보장제도 축소정책은 미국의 복지개혁(1996년)이나 영국의 그린 페이퍼(1998년)로 연결되었다. 이러한 접근방법을 통해 최근 가시적인 경제성장율의 유지와 고용규모의 확대라는 성과는 있었지만 저임금노동자 내지 빈곤노동자를 양산하는 결과를 가져와 사회의 양극화현상을 가속화시켜 사회적 불평등을 증가시키는 한계를 보였다.

3) 노동감축형 접근

노동감축형 접근(labor-reduction route)은 조기퇴직, 맞벌이 부부에 대한 중과세 등으로 가족내의 주 소득자 이외의 가족구성원들이 노동시장에 참여하는 것을 억제하는 전략으로 주로 독일, 프랑스 등의 대륙국가들에 의해 취해진 방법이다.

이러한 접근은 대부분의 가족구성원들이 주 소득자에게 의존하게 하는 전략을 취하는 데, 전제조건은 가장이 실직되었을 때 다른 가족구성원들의 생계까지 충분히 보장할 수 있는 사회보험제도가 구축되어 있어야 한다는 점이다.

이 접근은 다량의 퇴직을 발생시킴으로써 사회보장제도의 재정적 부담을 가중시켜 사회보장제도의 재정위기를 촉발시키는 한계를 갖게 되었다.

이러한 개편 방향에서 찾을 수 있는 시사점은 복지국가 개편과 관련된 새로운 모색에서 발견된 공감대는 단지 그동안 개발된 사회보장 프로그램으로 변화된 사회적 환경, 즉 절대적 고실업 상존, 유연성 있는 노동시장의 확대, 세계화를 수반한 지속적인 국제경쟁의 격화 등에 효과적으로 대응하여 빈곤퇴치와 사회진보를 담보해내기에는 한계가 있다는 인식을 할 수 있다는 점이다.

제5절 국민생활과 사회보장의 권리

1. 빈곤과 사회보장

1) 빈곤의 의의

빈곤은 사회복지학의 가장 중요한 주제 중의 하나이다. 인류역사에 통해서 빈곤 문제는 인간의 생활에 위협을 가하는 중요한 문제로 어느 시대, 어느 국가를 막론하고 존재해 왔으며, 또한 행복추구에 있어서 가장 중요한 장애 요인의 하나로 인식되어 왔다. 빈곤을 해소하고자 하는 노력 역시 다양한 형태로 전개되어 왔으며, 빈곤관도 시대에 따라 변화되어 왔다.

최저생활 내지 빈곤의 정의와 정도에 대한 연구는 19세기 말과 20세기 초에 영국을 중심으로 유럽 제국의 학자간에 활발하게 전개되었는 데, 그 당시 연구의 중점은 육체적 건강유지에 필요한 영양학적 기준에 의한 식료비의 산정에 두었다.

빈곤 연구가 영국에서 그 당시 활발하게 이루어진 동기는 전통적인 구빈법에 근거를 둔 사회보장제도와 관련지어 설명할 수 있는 데, 사회보장의 측면에서 빈곤은 질병과 동시에 고려되어야 한다. 일반적으로 빈곤의 악순환이란 말이 저개발국가에서 많이 사용되고 있지만 반드시 저소득자가 아니더라도 오늘날과 같은 막대한 의료비의 지출은 생활을 곤궁하게 하는 가장 큰 요인들 중의 하나이다. 즉 경제적으로 빈곤하기 때문에 질병의 발생률이 높고, 질병의 치료를 위하여 경제적 지출을 수반하게 됨에 따라 결국 빈곤은 가속화되고 질병은 더욱 악화되는 순환과정을 되풀이하게 된다. 따라서 빈곤과 질병은 상관관계가 있기 때문에 양자는 동시에 고려되어야 하고 또한 현대 사회보장제도는 소득(빈곤)보장뿐만 아니라 의료(질병)보장까지 포함시키고 있다.

사회보장 프로그램 각각의 주요 목적은 그 내용에 있어서 복잡하고 다양하여 서로 다를 수 있으나 앞에서 살펴본 바와 같이 빈곤퇴치가 사회보장의 중심 목적이고, 이것이 사회보장제도를 정당화하는 것이라고 볼 때 사회보장에 있어서 빈곤의 중요성과 관련성은 그 의미가 매우 크다고 할 수 있다. 특히 공공부조는 빈곤의 해결을 목적으로 하는 제도이기 때문에 공공부조를 보다 깊이 이해하기 위해서는 빈곤의 원인, 빈곤의 유형, 빈곤의 측정 등 빈곤현상 그 자체에 대한 이해가 선행되어야 할 것이다.

빈곤의 정의에 대한 최초의 연구는 라운트리(Rowntree)에 의한 것으로서 그에 의하면 빈곤이란 어떤 일가의 총수입이 절대적, 육체적 능률을 유지하기 위한 최저 필수품을 조달하는 데 부족한 경우에 그 가족의 생활은 빈곤하다고 정의한 바 있다. 그는 소득빈곤(income poverty)의 측면에서 1차적 빈곤과 2차적 빈곤으로 구분하여 가족의 전체 소득이 단순히 신체적 효율성을 유지하기 위한 최저필수품의 조달하기에 부족할 때 이를 1차적 빈곤으로 규정하였고, 2차적 빈곤은 가족의 전체 소득이 단순히 신체적 효율성을 유지하는 데에는 충분하지만 실용적이든 낭비적이든 다른 부문에는 조금이라도 지출할 수 없는 상태로 보았다.

한국사회복지협의회(1993)는 빈곤을 일반적으로 기본수요의 부족현상으로 생활필수품의 결핍과 그것이 가져오는 육체적 · 정신적 불안감을 포함하는 생활상태로 보고 있고, 미국사회사업가협회(NASW)는 빈곤을 현금이나 생존수단이 결핍된 상태로 보고 있다(Barker, 1995).

일반적으로 빈곤은 경제적, 사회적, 심리적 측면에서 구명될 수 있는 데, 경제적 빈곤은 일정수준의 생계비를 감당할 수 없는 저소득을 말하며, 사회적 빈곤은 빈곤층의 사회문화적 성격을 그들 나름대로 독특하게 발전시키는 행위양식, 즉 문화와 제도를 말하며, 심리적 빈곤은 빈곤한 자가 갖게 되는 각종 심리상태라고 규정하면서 또한 빈곤은 객관적인 동시에 주관적인 현상이라고 하였다(조홍식, 1996).

빈곤을 아주 일반적으로 정의하면 욕구(need)가 충분히 만족되지 않은 상태라 할 수 있다. 따라서 빈곤은 개념적으로 다음의 세 가지 형태로 구분할 수 있다. (1)빈곤은 객관적으로 결정한 절대적 최저한도보다 적게 가지는 것 (2)빈곤은 주어진 사회의 다른 사람들보다 적게 가지는 것 (3)빈곤은 자신이 충분히 갖고 있지 않다고 느끼는 것 등이다(이두호 외, 1991).

빈곤의 개념은 모호하여 한마디로 정립하기가 어려우며, 역사적으로도 다양한 빈곤관이 주장되어 왔다. 빈곤의 개념이 다르면 빈민의 수도 달라질 수밖에 없고, 빈곤을 어떻게 보느냐에 따라 사회보장정책은 크게 영향을 받게 된다.

빈곤의 특징에 대해 많은 논의가 제기되고 있는 데 이를 정리해보면 빈곤은 융통적이고 다차원적이고, 비객관적이고, 문화영향적이라고 보는가 하면(Haveman, 1987), 시간과 공간의 상대성, 점진성(gradual), 다차원성(multi-dimensional), 지속성

(durable)이 있다고 보아 개념 정립이 어렵다고 주장하고 있다(Deleeck, Bosch & Lathouwer, 1992).

2) 빈곤의 유형

빈곤을 유형별로 살펴보면 절대적 빈곤, 상대적 빈곤 그리고 주관적 빈곤 등으로 유형화할 수 있다. 먼저 절대적 빈곤이란 최저생활수준의 식품, 주거, 피복 등의 용도에 필요한 자원의 결여, 즉 한 가구의 소득이 최저생활을 하는데 필요한 생계비에 미달한 상태로 정의된다. 절대적 빈곤은 바로 생존문제와 직결되어 있기 때문에 절대빈곤층을 파악하기 위해서 최저생활수준 유지에 필요한 최저생계비를 산출하게 되고, 이를 바탕으로 해서 빈곤선을 결정하게 된다.

한편 상대적 빈곤은 그 사회의 평균 소득수준과 비교하여 상대적으로 소득이 낮은 계층으로 정의된다. 상대적 빈곤선은 특정 사회의 구성원 대다수가 누리는 생활수준에 미치지 못하는 상태로서 상대적 박탈 또는 소득분배의 불평등과 밀접한 관계가 있으며, 상대적 박탈과 불평등의 개념을 반영한 빈곤 개념이다. 절대적 빈곤은 경제성장 등으로 사회에서 삶의 수준이 전반적으로 향상되면 퇴치할 수 있으나, 상대적 빈곤은 사회의 다른 구성원과 비교를 통해 상대적으로 규정되기 때문에 삶의 수준이 어떻게 변화하든 사회구성원 전체가 똑같은 삶의 질을 영위하지 않는 한 상대적 빈곤은 존재하게 된다.

절대적 빈곤의 개념이 빈곤을 일반 사회구성원의 생활수준과는 별개의 생존 개념으로 본 반면 상대적 빈곤은 특정 사회의 전반적인 생활수준과 밀접한 관련하에 상대적 박탈과 불평등의 개념을 중시한다.

상대적 빈곤 개념이 절대적 빈곤 개념과 대립되는 점은 절대적 빈곤은 빈곤의 기준을 소득과 소비에 두었으나 상대적 빈곤은 소득 대신 자원을, 소비 대신 생활양식을 기준으로 삼는다는 것이다(원석조, 2008).

사회보장에 있어서 최저생활의 의미에 대해서는 앞서 사회보장의 기능과 관련시켜 살펴보았다. 최저생활이란 그 수준 이하의 생활이라면 빈곤으로 판단되는 일종의 한계 개념이다. 이러한 빈곤을 면하기 위한 최저한도의 필요 가운데는 인간의 육체적 생존에 불가결한 수단과 그의 사회생활을 위하여 관습적 또는 제도적으로 필요한 수단을 포함한다. 그 범위는 생활주변의 여건, 기간의 장단, 사회발전에 수반되는 생활수준의 상승에 따라 다르며, 다른 한편으로는 성, 연령, 체격, 건강상태, 가족 수에 따라서 차이가 있다.

오늘날 사회보장급여와 관련하여 충분성을 인간으로서 향유해야 하는 최저한의 품위유지수준으로 규정하고 있다. 그 반대가 박탈과 빈곤이다. 박탈과 빈곤은 사회적으로 규정된 최저한의 욕구를 충족시키는 데 필요한 자원이 결여된 상태, 즉 불충분성이다. 빈곤선은 충분성과 불충분성의 경계가 된다.

빈곤의 유형을 도식화해보면 <그림 1>과 같이 경제적, 문화적, 인간적 빈곤으로 분류할 수 있고, 경제적 빈곤은 주관적, 객관적 빈곤으로 분류되고, 객관적 빈곤은 다시 절대적, 상대적 빈곤으로 분류되고 있다.

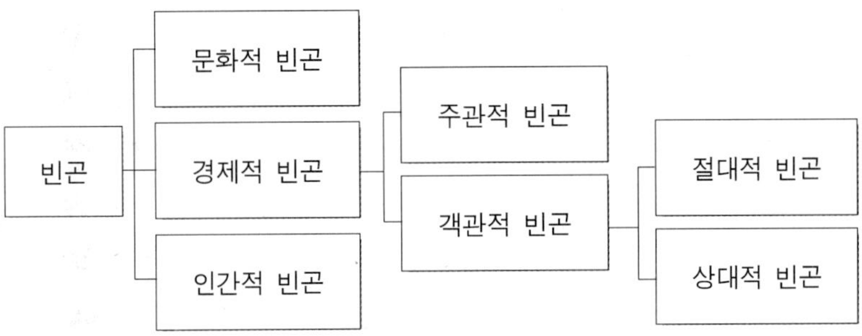

<그림 1> 빈곤의 유형

빈곤은 주로 경제적 측면에서 논의되어 왔다. 그러나 경제적 빈곤뿐만 아니라 비경제적인 문화적인 측면에서 논의되는 문화적 빈곤과 인간적 빈곤도 있다(김기원, 2000).

문화적 빈곤이란 문화적 측면에서 정의된 빈곤으로서, 레위스(Lewis)는 가난한 사람들은 사회의 지배문화와 질적으로 다른 하위문화에서 살기 때문에 그들의 태도, 가치, 행동 등에서 다르고, 나아가 그들 특유의 생활양식을 이루어가며, 생활양식은 사회화과정을 통해 세대간에 전승(intergenerational transition of poverty)되어 영속화된다고 보았다(Charles, 1982).

빈곤문화(culture of poverty)의 특징은 첫째, 빈민들이 학교, 교회, 정당, 노동조합 등 사회의 주된 제도들에 참여하거나 동화되는 것을 막아서 주류사회의 지배적인 가치를 수행하지 못하게 한다. 둘째, 한부모가족과 같은 결손가정이 많으며, 합법적 결혼없이 동거하는 가정이 많다. 셋째, 절망감, 의존심, 열등감 등을 배양하여 쉽게 체념하고 운명주의자가 되며, 출세에 대한 동기가 약하고, 충동을 억제하지 못하여 현재중심적인 생활을 영위한다. 넷째, 빈곤은 악순환된다. 즉 빈곤이 세대간에 전승되어 영속화되는 빈곤의 악순환(vicious of poverty)현상이 반복된다(김기원, 2000).

3) 빈곤의 측정

빈곤층을 구체적으로 식별하기 위해 실증적 연구에서 자주 인용되었던 것이 빈곤선(poverty line)개념인 데, 이를 결정하는 데에는 절대적, 상대적 그리고 법적·행정적인 기준 등이 사용되고 있다. 이는 사회보장정책에서 빈곤을 측정하는 필수도구로서 최저생활선(subsistence minimum) 또는 최저생계수준(minimum standard of subsistence)이라고도 불리운다.

빈곤선 내지 최저생계비(minimum decent living cost)에 대한 견해는 주관적이고 추상적인 빈곤 내지 최저생계라는 것을 객관적이고 계량적인 수치로 표시하는 데 어려움이 있기 때문에 다양하게 제시되어 왔다.

빈곤선이란 빈곤 여부를 판단할 수 있는 기준으로서 공공부조 급여수준의 적절성 여부를 판단하는 데 중요한 역할을 수행하고 있다. 즉 빈곤선 내지 최저생계비는 공공부조대상자를 선정하는 하나의 기준이 된다. 또한 공공부조의 급여수준은 건강하고 문화적인 최저생활수준이라고 할 때 그 수준이 어느 정도의 수준인가를 객관적으로 판단할 수 있는 근거를 제시해주는 것이 빈곤선 내지 최저생계비이다.

빈곤의 정도를 나타내는 방법으로 대표적인 것으로는 전체 인구 가운데 얼마나 빈곤한가를 나타내는 빈곤율, 빈곤한 사람들의 소득을 빈곤선 소득으로 끌어올리는데 필요한 액수인 빈곤 갭(poverty gap) 그리고 빈곤한 사람들 사이의 소득불평등의 정도 등이 있다.

빈곤선을 산정하는 방법은 객관적이고 체계적인 산정방법과 주관적이고 비체계적인 방법이 있다. 우리나라는 아직 전국민의 빈곤규모나 빈곤의 심도(深度) 그리고 소득재분배 실태를 정확하게 파악하지 못하고 있다.

(1) 절대적 빈곤선 계측방법

절대적 빈곤선 계측방법은 구체적인 물량을 산정하여 계측하는 방법으로서 대표적인 방법은 전물량(market basket)방식과 반물량(Engel, Orshansky)방식이 있다. 전물량방식은 인간생활에 필수적인 모든 품목에 대하여 최저한의 수준을 정하고 이를 화폐가치로 환산한 총합으로 최저생계비를 구하는 방식이다. 이 방식으로 최저생계비를 계측할 때 어려운 점은 어떤 품목이 필수품이며 얼마만큼 사용하여야 하는가가 기초생필품 목록 및 사용량을 구성하는 과정이다.

반물량방식은 전물량방식을 다소 간소화한 측면에서 제시되어진 방법으로, 영양학자에 의하여 계측된 최저식료품비에 엥겔(Engel)계수의 역수를 곱한 금액을 최저생계비로 간주하는 방식이다. 이 방식은 각 생필품에 대한 최저지출비를 모두 더하는 방식보다 간편한 것이 장점이나 어떤 계층에 엥겔계수를 적용하느냐에 따라 다른 최저생계비가 산출된다는 점이 단점이다.

일반적으로 전물량방식은 최저의 품위를 유지하는 데 필요한 합의된 품목(agreed-onset of items necessary for a minimum decent standard)으로 정의될 수 있으며, 품위의 기준과 합의의 내용은 그 사회의 복지수준과 가치관에 의존할 수밖에 없다. 최저의 품위기준은 기본적 욕구가 충분히 충족된 상태(Hagenarrs, 1986) 혹은 박탈감을 느끼지 않는 상태를 의미하는 것으로 정의할 수 있어 매우 주관적인 평가가 나올 수밖에 없다.

이와 같은 절대적 빈곤선 측정방식에 의한 우리나라 연도별 최저생계비는 <표 3>과 같다.

<표 3> 연도별 최저생계비 변화 추이

구분 / 연도별	1인가구	2인가구	3인가구	4인가구	5인가구	6인가구	인상률
2000	324,011	536,614	738,076	928,398	1,055,588	1,191,134	3.0%
2001	333,731	552,712	760,218	956,250	1,087,256	1,226,868	3.0%
2002	345,412	572,058	786,827	989,719	1,125,311	1,269,809	3.5%
2003	355,774	589,219	810,431	1,019,411	1,159,070	1,307,904	3.0%
2004	368,226	609,842	838,797	1,055,090	1,199,637	1,353,680	3.5%
2005	401,466	668,504	907,929	1,136,332	1,302,918	1,477,800	7.2%
2006	418,309	700,489	939,314	1,170,422	1,353,242	1,542,382	3.0%
2007	435,921	734,412	972,866	1,205,535	1,405,412	1,609,630	3.0%
2008	463,047	784,319	1,026,603	1,265,848	1,487,878	1,712,186	5.0%
2009	490845	835,763	1,081,186	1,326,609	1,572,031	1,817,454	4.8%
2010	504,344	858,747	1,110,919	1,363,091	1,615,263	1,867,435	2.75%

※ 인상률은 4인가구 기준임

공공부조는 국민의 최저생활보장에 그 목표가 있기 때문에 대상자의 선정이나 보장수준의 결정에 있어서 명확한 기준이 필요하며 그 기준의 이론적인 근거가 최저생계비 혹은 빈곤선이 된다. 최저생계비는 절대빈곤 개념에 입각한 것으로서 그러한 수준을 화폐단위로 환산한 것이다. 이 개념은 생활필수품을 보장할 수 있는 충분한 소득이 부족한 상태로 정의할 수 있다.

(2) 상대적 빈곤선 측정방법

상대적 빈곤선은 빈곤에 대한 인식, 국가·사회의 소득분포, 소득수준 등에 의해 영향을 받게 마련이다. 상대적 빈곤선 계측은 박탈점수를 사용하거나 평균소득 또는 중위소득을 기준으로 기준소득의 일정비율 이하인 사람을 빈곤하다고 정의한다. 가계지출방식(household expenditure measures)은 상대적 빈곤의 개념에 입각하여 빈곤선을 정하는 방법으로서 전체 인구의 가계지출 평균치에 의거하여 빈곤선을 정한다. 이 방식은 상대적 빈곤을 간접적으로 측정하여 사회보장의 최저급여수준과 대상자를 결정할 수 있는 기준을 제시할 수 있는 방법이다. 한편 상대적 빈곤선의 제시는 전체 국민의 소득불평등도에 따라 기준의 값이 달라진다.

(3) 주관적 빈곤선 측정방법

주관적 빈곤선은 사람들의 객관적 평가에 기초한 빈곤선으로서 주관적 평가의 대상이 전체 사회구성원의 생활상태를 대표할 수 있느냐의 문제와 평가의 대상이 되는 설문응답자의 설문내용 이해 정도의 문제가 있다.

주관적 빈곤선은 사람들의 주관적 평가를 토대로 하여 빈곤을 정의하는 것으로서, 욕구조사 및 여론조사를 통하여 빈곤선을 계산하고 있으며, 대표적인 방법이 라이덴(Leyden)방식이다. 라이덴 방식은 일상생활을 위해 필요한 최소소득이 얼마인가를 묻고 그들의 실제소득과의 관계를 분석하여 결정하는 것이다. 이 방식은 사회현상을 직접적으로 반영할 수 있다는 장점이 있으나 주관적인 응답결과에 의존하게 됨으로써 일반화가 어렵다는 한계가 있다.

4) 빈곤대책으로서의 사회보장

빈곤화와 사회보장이 어떠한 관계에 있느냐 하는 것은 사회보장의 본질을 이해함에 있어 첫째의 문제이다. 또한 생활상의 사고와 기복이 직·간접적으로 사회성에 크게 기인하는 것이므로 생활상 없어서는 안 되는 내적 조건으로서 사회보장은 필요로 하게 되었다. 따라서 사회보장이 생활상의 사고와 기복의 사회성에 기초를 두고 있다는 것은 사회보장을 이해함에 있어 둘째의 열쇠가 된다(장 훈, 1984).

탈빈곤대책에는 소득보장정책, 조세정책, 의료보장정책, 주거보장정책, 고용보장정책 등이 모두 포함될 수 있다. 탈빈곤의 개념은 자립, 자활을 통한 빈곤탈출이라는 적극적인 의미와 소득이전을 통해서 최저생활을 유지하는 소극적인 의미까지 포함된다.

사회보장제도 중 공공부조제도가 빈곤을 해결하기 위한 대책의 하나임은 틀림없지만 공공부조만으로는 빈곤문제를 온전히 해결할 수 없기 때문에 다양한 빈곤대책과 연계될 때 공공부조의 기능이 발휘될 수 있으므로 다양한 빈곤대책들이 어떻게 공공부조제도와 관련을 맺고 있는가가 중요하다.

빈곤의 원인이 다양하기 때문에 빈곤대책도 다양할 수밖에 없다. 빈곤대책을 분류하는 기준으로는 첫째, 근로능력의 유무 둘째, 개입시기 셋째, 해결대책과 미래의 예방대책 넷째, 빈곤대책의 구체적 방법 등으로 분류할 수 있다(이두호 외, 1991). 이와 같은 기준들을 바탕으로 할 때 빈곤대책은 (1) 빈곤층을 위한 기회평등의 정책 (2) 근로능력이 있는 빈곤층에 대한 노동시장정책 (3) 빈곤층을 위한 조세정책 (4) 빈곤층을 위한 소득보장정책 등으로 분류할 수 있다.

2. 사회보장에 대한 국민의 권리

1) 생존권과 사회보장

생존이란 용어는 인간다운 생존 그 자체에 대한 가치를 발견함으로써 만인이 인간다운 생활을 할 수 있도록 보장해야 한다는 인권존중 사상에서 출발한 것으로 볼 수 있다.

"인간은 누구나 건강하고 문화적인 생활을 할 권리가 있다"고 하는 자연법적 이론에 입각한 생존권 사상이 17～8세기에 발생하여 자본주의의 기본 사상과 함께 자유주의적 대원칙이 되면서부터 "생존권에 대한 의무자는 국가 또는 사회에 있다"라는 사회의식 구조도 변화케 됨에 따라 빈곤, 질병, 무지 등을 퇴치하기 위하여 여러 형태의 사회보장제도가 마련되기에 이르렀다.

생존권(right to live)[2)]이란 "생존 또는 생활을 위하여 필요한 조건의 확보를 요구하는 권리로서, 생리적으로 인간의 생명유지에 필요한 물자, 즉 감축불가능의 최저한의 생활(the irreducible minimum existence)의 조달에 관한 생존상 보다 긴급하고 강력한 본능적인 욕구의 법적 표현"이라고 할 수 있다(장 훈, 1984). 생존권 사상은 자유방임의 경제원리와 그것을 법적 지주로 하는 소유권의 절대원칙과 계약자유의 원칙에 대한 비판과 항의의 표현이라고 할 수 있다.

생존권 사상과 이념이 실정법에 처음으로 정착한 것은 1919년 독일의 바이말(Weimar)헌법으로서 "경제생활의 질서는 모든 국민에게 인간다운 생존(Menshenwűrdiges Dasein)을 누리도록 함에 있다"고 하여 인간의 가치 있는 생활의 보장을 명백히 규정하여 인간의 존엄성, 정의 및 개인의 자유를 기반으로 한 사회질서를 약속했다. 또 국제노동기구의 창설과 그 후의 잇따른 많은 노동보호 및 사회보장에 관한 국제조약에 의해서 제기되었고, 루즈벨트(Roosevelt)대통령의 결핍으로부터의 자유의 선언에 의해 널리 전파되어 각국의 계속적인 관심 표명과 노력이 있었다.

이와 같은 생존권과는 달리 생활권이란 "각자는 그의 사회적 신분에 알맞은 생활을 할 수 있는 권리"를 의미하며, 인간으로서의 가치 있는 생활을 보장받는 권리로 해석되어지는 데, 이러한 권리는 국가제도를 통해 보장해 줌으로써 비로소 향유할 수 있는 권리이다. 즉 생존권의 실현은 헌법과 법률의 집행에 의해서 달성되는 것이긴 하지만 그 근본 이념인 "사람은 인간다운 생활을 할 권리가 있다"라는 주장은 역시 초국가적인 것이다.

자유권적 기본권이 국가의 부작위(不作爲)를 요구하는 권리인 데 반해, 생존권은 국가의 작위(作爲)를 요구하는 권리이다.

한편 사회보장의 권리는 "누구든지 사회의 일원으로서 사회보장의 권리를 갖는다"고 규정한 세계인권선언의 내용처럼 "국가적 노력과 국제적 협력을 통해서 각국의 조직 및 자원에 상응하여 그 존엄성과 인격의 자유로운 발전에 불가결한 경

2) 기본권으로서의 생존권은 사회적 정의를 구현하려는 것이므로 사회권(社會權)이라고도 하는 데(Marshall, 1960), 사회권은 곧 복지권을 의미하며 이러한 복지권은 시민권의 발달과 더불어 발전하였다. 이것은 노동능력자에게는 노동기본권의 문제로서, 노동무능력자에게는 사회보장의 권리문제로 제기되고 있다.

제적·사회적·문화적 제 권리를 실현할 수 있는 권리"로 인정하고 그 내용을 구체화하여 이것을 기본적 인권으로 명백히 하고 있다.

이와 같은 의미에서 생존권의 실현은 정책적으로는 사회정책, 경제정책과 연결되고, 법적으로는 각종 사회입법의 계기를 이루게 되는 것이므로 생존권이 사회보장의 구체화만을 그 실현수단으로 삼을 수 없다는 것도 이러한 맥락에서 이해될 수 있다. 그러나 문제의 초점은 사회보장법이 어떠한 방향으로 어떠한 원리에 입각하여 생존권을 실현하는 것이냐 하는 것이다.

이와 같이 인간다운 생활의 보장을 국가의 책임으로 확인하는 생존권의 특색은

첫째, 사회적 패잔자(敗殘者)에게 주는 국가의 은혜로서가 아니라 사회에서 삶을 향유하는 자의 당연한 권리성이다

둘째, 생존권은 단지 생명을 유지한다는 정도가 아니라 문화적인 인간에 상응하는 정도의 것이 되지 않으면 안 된다는 것이다. 즉 인간다운 생활을 할 권리라 함은 인간의 생존 욕망의 무한계성과 관련되어 매우 유동적이며 따라서 그 권리의 내용도 일의적(一義的)으로 정할 수 없다는 점에서 다른 권리와는 현저한 차이가 있다.

이와 같은 생존권은 본질적으로 국민의 생존유지를 국가의 법적 의무로 자각하고 사회적 성격을 지닌 국민의 생활유지에 대하여 국가의 책임을 직접적으로 요구하는 것이라고 할 수 있다.

이러한 국제적 추세에 따라 우리나라 헌법 전문에는 "국민생활의 균등한 향상을 기한다"고 선언하고 있는 데, 이는 자유권의 보장만으로는 국민의 인간다운 생활을 보장할 수 없으므로 국민생활의 균등을 기하고 국민의 실질적 평등을 확보하기 위하여 생활권을 자유권과 함께 채택하고 있다고 보아야 할 것이다.

2) 사회보장권의 내용

사회보장정책이 각국에서 구체적인 제도로 정착되는 과정에서 이른바 사회보장입법이 다수 등장하였다. 이와 같이 사회보장제도는 법치국가에서 법률에 의하여 구체적 내용이 정해지고 있다. 각국의 사회보장은 그 국가의 중요한 정책의 하나로서 점차적으로 전국민을 포괄적 대상으로 하고 있는 데, 이것을 법의 측면에서 보면 사회보장의 전개에 의하여 사회보장이라는 새로운 법적 관계가 국민의 일상

생활에 침투되고 있다. 이 법 관계의 구조와 내용을 명확하게 하는 것이 사회보장법학의 과제이다.

사회보장권의 내용은 인간다운 생활을 할 권리와 사회보장을 받을 권리가 포함된다. 인간다운 생활을 할 권리란 인간으로서의 존엄과 가치의 한 내용으로서 인간은 자연 속에서만 살 수밖에 없는 생물적 존재임을 인식하고 최저한도의 문화적 생활을 유지할 수 있는 인간적 생활의 권리이다(김철수,1989). 이 권리는 구체적, 현실적 권리이기는 하나 입법에 의하여 그 내용이 확정되는 불완전한 권리로서 하나의 프로그램적 기본권이라고 할 수 있다. 따라서 헌법규정에 따라 직접 행정권과 사법권을 구속하지 아니하며 입법의 방향만을 제시하고 입법에 의하여 비로소 공권이 발생하는 규정이라는 프로그램설이 있고 이와 반대로 헌법의 생존권을 구체적 권리로 보는 학설, 즉 국민의 생존권은 헌법상의 권리이며 국가의 입장에서는 의무이기 때문에 국민이 국가에 대하여 적극적으로 요구할 수 있고, 국가는 이에 대해 적극적으로 대응할 의무가 있다는 학설이 대립되고 있다.

한편 사회보장을 받을 권리는 인간다운 생활을 보장받기 위한 구체적인 수단으로서의 권리를 의미한다. 이 권리는 인간다운 생활을 할 권리에서 파생된 권리이며, 이것은 동시에 인간다운 생활을 할 권리를 구체적으로 보장받는 권리이다.

3) 수급권 등의 보장

사회보장권이 "인간은 인간다운 생활을 할 권리가 있다"는 자연법적인 원리에 기초한다면 그와 같은 이념을 구체화하는 사회보장법의 구조 속에는 이에 필요한 개인의 권리보호가 구체적으로 규정되어야 할 것이다. 사회보장권은 실체적인 권리인 사회보장청구권과 절차적 권리인 사회보장쟁송권, 사회보장행정참여권, 사회보장입법청구권으로 구체화되는 규범구조를 이루고 있다.

각종 사회보장법에 의한 보장수급권은 기본적 인권인 생존권의 구체화된 권리이기 때문에 법률상 특별한 보호를 받고 있다. 우리나라의 사회보장기본법, 국민연금법, 국민건강보험법, 산재보험법, 국민기초생활보장법 등에서도 각각 이러한 규정을 두고 있는 데, 여기서 그 개요를 살펴보면 다음과 같다.

우선 금전에 의한 소득보장의 급여에 대해서는 수급권의 압류가 금지되고 있으며 또한 타인에게 수급권을 양도하는 것도 금지되고 있다. 이 금지는 수급권이 오직 본인의 생활보장을 목적으로 하는 일신전속권(一身專屬權)으로서 그것이 타인을 위하여 이용된다는 것은 사회보장의 목적에 위배되기 때문이다. 사회보장의 수급권의 보호를 위하여 담보의 금지도 동일한 취지로 규정하고 있다. 또한 소득보장을 위한 금전급여에는 일반적으로 조세 및 공과금의 부과도 면제되고 있다.

3. 사회보장의 욕구

욕구란 특수한 목적상태를 획득하기 위한 필요한 조건으로서, 해밀톤(Hamilton)은 인간의 욕구에 대한 인식은 인간의 권리와 책임을 확보하려는 의도에로 귀결된다고 보았다.

인간의 욕구는 무한정한 것이며, 이것은 사회보장과 사회제도의 확립에 주요한 동기가 되는 것으로서 일반적으로 저차원의 욕구가 충족되면 다시 고차원의 욕구가 발생하여 한없이 연속적으로 발달되는 특색이 있으므로 인간의 욕구를 완전히 충족시키기는 것은 불가능한 것으로 판단되어진다.

인간은 생활상의 여러 가지 사고와 기복으로 인해 고난을 당하게 되는 데 그 내용으로는 먼저 인적 위험을 들 수 있다. 즉 (1)건강의 상실 (2)노동기회의 상실 (3)정신적 안정의 상실 (4)생명의 단절(사망) 등이 있다. 또한 경제적 위험으로는 (1)소득의 중단 · 감소 · 상실 (2)비용의 증가 등으로 분류할 수 있다.

한편 베버리지보고서에서는 결핍, 질병, 무지, 나태, 불결 등을 5대 사회악으로 보았고, 그 중에서도 특히 결핍과 질병의 해결을 사회보장의 중심 과제로 삼았다. 그러나 산업화의 진전으로 국민생활의 고용노동화, 도시화, 인구의 고령화 등이 필연적인 현상으로 대두되고 소득과 부의 격차 심화, 후천적 장애인의 발생, 노인의 역할 상실 등 사회적 문제가 증대되어 전통적인 가족의 자기보장 기능이 약화되어 사회보장의 욕구를 증가시키게 됨에 따라 이러한 사고와 문제에 대비하여 국가에 대해 보장의 필요성이 요구됨으로써 이것은 생활상의 기본적인 욕구로 파악할 수 있는 것이다. 즉 욕구는 인간의 자기보존의 본질에 기인한 자연권의 성질을 가진 것이다.

그러나 사회보장에서 취급하는 사고나 문제는 사회적인 위험으로 정형화된 욕구에 한정하지 않을 수 없고 이와 같은 사회적인 욕구는 급여와 직접 관련되어 있는 것으로서 이는 곧 각종 급여의 필요도를 말하는 것이다. 여기에서 욕구의 지배원리란 말이 생겨나게 되었는 데, 이는 사회보장에 있어서 욕구에 상응하는 급여와 능력에 상응하는 비용부담이라는 원칙이 사고의 분류와 급여의 수준 면에 적용되는 것이다. 다시 말하면 생활상의 사고와 기복은 개개인의 문제가 아니라 사회성을 띠고 있다. 이는 고용과 수입의 정도는 근로자와 그 가족의 생활과 관련이 있으며 질병, 산업재해, 실업, 노령퇴직, 자녀양육 등과 같은 사고와 기복은 문제 발생의 책임이 개인에게 있는 것이라기보다 사회적인 책임으로 간주되어 이에 사회보장의 필요성이 대두하게 되는 것이다.

따라서 오늘날의 사회보장의 목표는 욕구의 다양화 · 고도화에 따라 적극적인 사회복지 증진의 방향으로 상향되어질 수밖에 없는 것이다. 그러나 사회보장은 항상 목표일 뿐 종착점은 아니다. 왜냐하면 인간의 본성이 불완전하게 완성되어질 수 있는 것처럼 인간의 열망 또한 불완전하게 확산되어지기 때문이다.

4. 사회보장법 체계

1) 사회보장법의 특색

사회보장법은 사회법의 한 법역으로서 헌법상 보장된 생존권의 이념을 구체적으로 실현하기 위한 법체계이다. 사회보장법은 형식적으로는 사회보장제도에 관련된 법의 총체로 파악할 수 있고, 이념적으로는 생존권을 직접적이며 구체적으로 실현하는 법체계로 이해할 수 있으며, 실질적으로는 국민의 사회보장의 권리 및 이를 실현해야 할 국가의 의무관계를 규정한 법체계로 정의할 수 있다.(H,Calvert, 1978; 김유성, 2000, 재인용)

생존권 이념의 실현을 직접적 목적으로 하는 사회보장법이 전개됨에 따라 새로운 법 영역과 체계를 갖춘 사회보장법의 분야가 형성되었다. 따라서 사회보장법이 독자적인 체계와 영역을 인정받기 위해서는 그 속에 일관된 법의 권리와 그 원리의 전개과정이 있어야 할 것이다.

사회보장법의 법리(法理)적 특색은 사회보장법이 생존권의 확보를 어떠한 측면에서 독자적으로 실현하는가에서 찾을 수 있을 것이다. 즉 사회보장법은 종래의 계약관계나 재산거래관계에 개입하지 않고 개개인이 생활주체로서 생활상 필요에 부응하여 국가가 직접적인 생활보장장치를 강구함으로써 실현하려는 데 있으므로 다른 사회법 분야인 노동법, 경제법과는 다른 특색을 발견할 수 있다.

따라서 사회보장법의 대상은 재산권의 주체가 되는 추상적인 인격이 아니라 사회적인 특질에 의해서 생존권의 위협을 받고 있는 사회적인 약자들이다(장 훈, 1984). 사회보장법에서의 인간상(人間像)을 연대의식을 가진 사회공동체의 구체적 · 역사적인 주체로 파악할 때 그러한 인간과 사회, 개인과 국가간의 관계는 여기에 부응하여 새롭게 정립되어야 한다. 사회보장법상의 국가상(國家像)이 논의되는 이유는 바로 이러한 맥락 때문이다.

사회보장법은 사회의 모든 구성원을 대상으로 하여 요람에서부터 무덤까지의 생활보장을 목적으로 하는 것으로서, 종전의 법에서는 볼 수 없는 포괄성을 갖고 국민생활을 커버한다. 따라서 사회보장법의 목적은 생존권의 확보에 있다. 이에 사회보장의 형성 · 발전은 생존권 보장의 법체계를 결과케 하였다. 이러한 사회보장입법의 발전은 법의 현상 면에서는 행정권의 확대라는 형태로 나타난다. 현대국가의 한 경향으로서 행정권의 확대가 지적되는 데, 사회보장도 이러한 행정권의 확대에 커다란 요인이 되고 있다. 또 사회보장의 발전은 국민의 모든 생활부문에 다소의 영향을 미치게 된다. 즉 사회보장이 직접 관계하지 않는 법의 영역에도 파급적인 영향 내지 효과를 미치게 된다.

사회보장의 시행과정에서 한편으로는 행정권의 역할이 중요시되고 또 한편으로는 경제적 · 재정적 압력에 의한 사회보장의 위축현상을 직시하게 됨으로써 사회보장에 있어서의 법의 우위가 문제가 되고 있다(김유성, 2000). 사회보장에서 법의 우위가 새삼스럽게 논의되는 배경은 사회보장의 법 이념인 생존권의 논리보다는 그것의 실현수단인 경제의 논리가 더욱 지배하는 사회보장의 현실에 대한 비판에 있는 것이다. 이는 사회보장을 경제나 재정의 배려에 종속시킨 나머지 한 국가의 경제적 · 재정적 사정이 사회보장을 정체시키고 그 법 이념의 후퇴를 가져온 사회보장의 위기현상에서 비롯된 것이다.

생존권의 논리는 경제의 논리를 제약할 수 있어도, 경제의 논리가 인권의 논리를 제약해서는 안 된다는 것이 사회보장에서의 법 우위론의 전제이다. 따라서 생존권의 구체화를 위하여 한 국가의 경제나 재정은 오히려 사회보장의 실현 · 확보에 맞추어서 운영되어야 한다는 것이다.

오늘날 복지권리의 실현은 자유권적 기본권의 보장 등과 함께 현대 민주주의의 목표인 동시에 인간해방의 불가피한 단계로서 적극적으로 추구해야 할 과제가 아닐 수 없다.

사회보장법의 이념인 생존권을 구체적으로 실현시키기 위해 현대의 국가지표로 나타난 것이 이른바 복지국가 개념이다.

사회보장법 제도의 기본 이념이 국민의 기본권의 하나인 생존권의 법 이념에 있다는 것은 오늘날 이론(異論)의 여지가 없다. 인간의 문화적 생존의 존중 및 보장을 의미하는 생존권은 현대의 법 및 정치의 현실적인 지도 이념이 되고 있고, 그것에 따른 사회보장제도는 그 중요한 실현수단의 하나로서 오늘날 세계적으로 확대 · 전개되고 있다.

이상과 같은 사회보장제도의 확립 요구는 법률상으로 국민의 기본적 인권으로서의 생존권을 현실생활에 정착시키려는 과정에서 선진 사회보장국가의 경험에 의하면 사회보장의 권리를 자각한 조직생활로서 특히 노동조합 측의 사회보장 운동 내지 사회보장 투쟁이 활발하게 전개되어 왔다. 이것은 각국에서 사회보장제도의 충실화 및 조기 실현에 큰 영향을 미친 것으로 볼 수 있다.

2) 사회보장법 체계

사회보장의 욕구는 그 내용에 있어서 유동적이며, 각국의 정치적, 경제적, 사회적, 문화적 상황에 따라 다양화되고 아울러 사회보장권의 내용도 이러한 욕구에 비추어 체계화되어 있으나 세계 각국에서 적용되고 있는 보편적인 사회보장급여체계의 제도적인 유형으로서는 다음과 같이 분류할 수 있다.

(1) 생활위험에 대응하는 생활위험급여제도로서의 사회보험법

(2) 생활곤궁이라는 생활불능에 대응하는 생활불능급여제도로서의 공공부조법

(3) 각종의 사회복지 서비스, 즉 인적, 시설적 서비스를 제공하는 제도로서의 사회복지사업법 등 사회보장권을 구성하는 제 권리가 구체화된 것이 사회보장법이며, 생존권 사상의 특수한 발현형태인 사회보장법에 관한 체계적인 인식의 관점을 기초생활보장을 목적으로 하여 사회적인 제 급여를 정하려는 입법의 목적과 성격을 가진 법 체계라고 볼 수 있으며, 일반적으로 사회보험, 공공부조, 사회복지 서비스 그리고 관련 복지제도 등 4개 부문으로 구성되어 진다.

이러한 실정법은 우리나라 헌법의 행복추구권(제10조), 교육을 받을 권리(제31조), 근로의 권리(제32조), 노동 3권(제33조), 인간다운 생활을 할 권리(제34조), 환

경권(제35조), 보건권(제36조) 등 이른바 복지법의 상위 개념의 권리성에 입각한 하위 개념을 구체화한 내용들로서 관계법의 취지는 인간의 존엄과 가치를 실현시키고 동시에 인간다운 생활, 즉 행복추구권을 인정하는 것이다. 우리나라 사회보장법 체계를 도식화하면 <그림 2>와 같다.

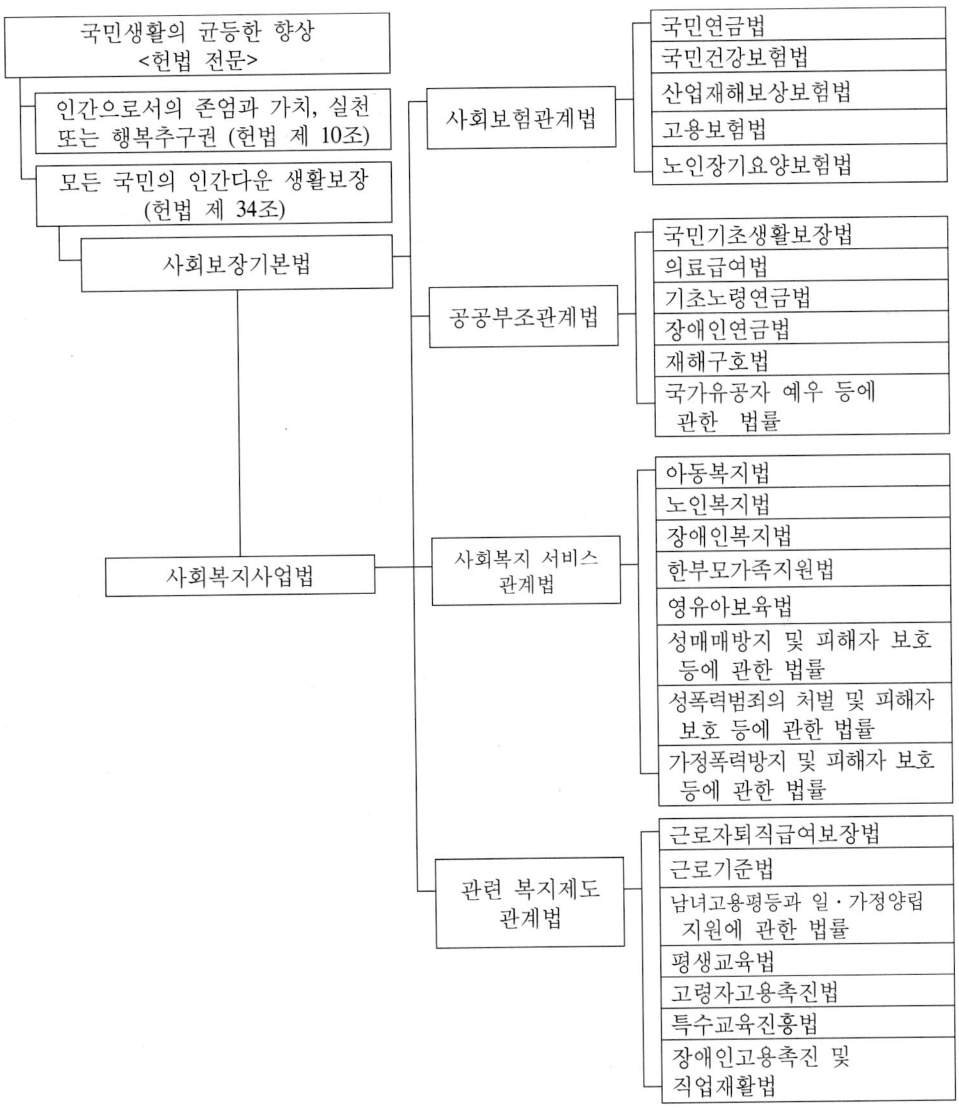

<그림 2> 사회보장법 체계

3장 사회보장제도의 운영

제1절 사회보장의 주체와 대상

1. 사회보장의 운영주체

사회보장은 역사적, 이론적으로는 사회정책의 한 수단으로 볼 수 있으므로 일반적으로 그것을 실시하는 주체는 국가라고 보고 있다. 따라서 자본주의국가에 있어서 사회보장의 주체는 자본주의국가라고 일단 규정할 수 있다. 사회보장의 주체가 국가가 되는 이유로서는 근로자와 국민대중들이 빈곤으로부터의 해방과 인간소외의 극복을 강력하게 국가에 요구함으로써 자본가들과 국가는 현 질서의 유지를 위하여 양보하게 되었으며, 그 새로운 양보책의 내용이 사회보장제도이기 때문이다.

주체를 결정하는 요인은 첫째, 정책의 의지를 결정하는 요인 둘째, 그것을 결정하는 기관 셋째, 실시하는 사람 등이 있다. 현대국가에 있어서 사회복지정책의 중핵으로서 사회보장의 정책주체는 일반적으로 국가 또는 이에 준하는 공적 기관으로 보는 것이 통례이다. 왜냐하면 사회복지 내지 사회보장의 향상과 증진을 위하여 노력하지 않으면 안 되는 복지국가 지향의 현대 자본주의국가에 있어서 사회보장의 실천 또는 정책의 주체는 국가라고 정의할 수 있기 때문이다. 그러나 생활의 자기책임의 원리라는 측면에서 볼 때 국가가 주체가 되는 것은 문제가 된다.

1) 사회보장 운영주체의 유형

사회보장의 운영주체는 크게 세 가지로 구분할 수 있다. 첫째, 공공기관이 직접

운영하는 방식으로, 앵글로색슨계열 국가의 연금 프로그램이 이 방식을 채택하고 있다. 둘째, 민간기관이 운영하는 방식으로, 독일의 의료제도와 연금제도가 이 방식을 채택하고 있다. 셋째, 공공기관과 민간계약자가 합동으로 운영하는 방식으로, 미국의 노인의료(Medicaid) 프로그램이 여기에 속한다.

여기서 사회보험의 운영주체별 장단점을 살펴보면 <표4>와 같다.

<표 4> 사회보험 운영주체별 장단점

구 분	정부조직형태	위탁관리형태	민간기구활용형태
통 제 기 능	- 강력한 공공통제 - 비영리 서비스 - 정부정책 직접 반영	- 간접적 공공통제 - 비영리적 서비스 - 협조기구를 통한 수혜자 이익 반영	- 공공통제 기능 미약 - 영리적 서비스 - 수탁기구 이익 반영
재정의 안정성 및 기금의 수익성	- 국가책임에 의한 인플레 대책 - 국가책임하에 재정운용 - 기금의 정책적 운용	- 국가개입을 전제 인플래 대책 - 노사 중심의 자율적 재정 운용 - 자금의 정치적 이용 제재	- 인플래대책 취약 - 수탁기관의 수익을 고려한 재정운용 - 사금융시장의 확대
효율성	- 관료조직 신축성 결여 - 정부조직의 극대화	- 경영의 자율성 부여로 비교적 높은 효율성 유지 - 민영의 중앙통제식 사회보장기구 확보	- 다수조직의 경쟁유도로 효율성 극대 - 민영보험의 활성화

자료 : 한국개발연구원, 「국민연금의 기본구상과 사회 · 경제 파급효과」, 1986. Finding

사회보장제도 운영과 관련하여 지역사회, 사회단체, 기업의 기능과 역할 속에도 사회보장의 주체적 역할이 있다.

정부가 사회보험시장 개입을 정당화할 수 있으나 반드시 정부가 스스로 보험자가 되어야 한다고 볼 수 없다. 정부가 사회보험을 직접 운영하는 것을 지지하는 근거로는 규모의 경제(economic of scale)와 한계시장(marginal market)의 존재이다.규모의 경제란 사업의 규모가 커질수록 평균비용이 낮아지는 것을 뜻한다. 한계시장이란 보험가입대상자의 위험이 너무 커서 보험회사가 수지타산을 맞추기 어려운 집단을 말한다(김두철 외, 2000).

외국의 경우 국가와 차원을 달리하는 여러 단체 또는 조직체들이 부분적으로 그 실시를 담당하고 있으나 그것은 어디까지나 국가가 주체가 되어 경영하는 정책사업의 보완적 내지 부분적인 주체로 규정해야 할 것이다. 사회보장의 실천 또는 정책의 주체는 비록 다양한 국가제도로 말미암아 획일적인 규정은 어려우나 원칙적으로는 국가라고 할 수 있다.

관리운영체계의 선택문제는 사회보장제도의 기본 방향 설정과 밀접히 관련되는 중요한 문제로서 국가의 경제력, 국민의 사회보장에 대한 의식수준, 의료제도와 기타 사회보장 제 제도와의 유기적인 관계하에서 선택되고 결정되어야 한다.

2) 조합주의와 통합주의

조합주의방식과 통합주의방식을 비교해보면, 먼저 조합주의방식은 위험분산의 영역이 크게 제약되며, 복수조합 상호간의 급여수준의 차이가 발생하여 수혜대상의 동질성을 추구하기 어렵고, 보험운영비의 증대로 인하여 영세조합의 재정안정을 기할 수 없으며, 행정의 중복, 자원의 낭비, 국가정책과의 괴리 등으로 사회보험이 의도하는 바의 소득재분배 효과를 기대하기 어려운 점 등의 문제점이 제기된다.

또한 조합주의방식은 의료공급 면에서 의료의 사회화를 긍정한다는 특색이 있다. 다만 합리적인 의료전달체계를 확립하고 의료수가의 적정화를 위한 국가행정력의 관계를 필요로 한다. 그러나 보험재정에 대한 책임이 국가나 공적 기관에 있는 것이 아니기 때문에 국가관장주의나 공사(公社)주의와는 다르다는 점에 주목할 필요가 있다.

한편 통합주의방식은 사회연대성의 강화로 사회통합 기능 도모, 소득능력과 재산정도에 따른 보험료부담의 형평, 보험업무의 일원화 및 간소화를 통해 관리운영비 절감, 명확한 법정급여화를 통해 보험급여의 형평성 확보, 소득재분배 범위의 확대 등의 장점이 있다.

우리나라의 의료보험이 조합주의방식을 채택하게 된 이론적 배경은 첫째, 조직의 관리상 효율성과 경제성을 제고시킬 수 있다는 점이었다. 즉 노사의 보험료부담으로 재원의 조달방식에 있어서 국고부담을 배제할 수 있고, 자율적인 관리운영체계의 구축으로 상호 협력 및 상호 감시체제에 의해서 보험재정을 조절할 수 있으며, 자주적 조합관리로 관료화·획일화를 지양할 수 있다는 것이었다.

둘째, 노사협력과 공동체 의식을 함양할 수 있다는 점이다. 즉 피용자를 위한 사용자부담이 보상적 성격으로 노사간의 이해가 증진되고, 조합 운영에 노사가 공동으로 참여케 됨으로써 산업민주주의의 기반을 조성할 수 있다는 점 등에 기초하였다.

2. 사회보장의 대상

1) 적용대상

사회보장은 시민사회로부터 탈락된 비생산적인 빈곤자 또는 근로자만을 대상으로 하지 않는다. 생존권은 모든 국민의 기본적인 권리라는 인식아래 빈부 차이와는 관계없이 전국민의 생존권을 직접적으로 실현하기 위한 모든 조치로서 생각하기에 이르렀다. 따라서 사회보장의 대상은 전국민(전체 사회구성원)이 된다.

적용대상과 관련하여 보편주의는 모든 국민에게 사회적 권리로 주어지는 것을 의미하며, 선별주의는 급여가 소득조사 등에 의해 결정되는 개인적 요구에 기초해서 주어지는 것을 의미한다(Gilbert, Specht & Terrell, 1993).

그러나 사회보장의 구성체계에 따라서 그 적용대상에는 차이가 있다. 즉 사회보험을 중심으로 발전해 온 유럽대륙 제국에 있어서는 주된 대상이 노동자이며 그 밖의 계층에 대한 정책적 배려는 부수적인 것이다. 이와 반대로 공공부조를 중심으로 한 서비스 위주의 사회보장제도에 있어서는 근로자뿐만 아니라 생활곤궁에 처한 빈곤층도 정책의 주된 대상이 된다.

인구고령화현상이 현저하고 빈곤의 원인으로서의 노인문제, 빈곤의 여성화가 심각한 국가에서는 노후소득보장이 사회보장의 중심이 된다. 따라서 사회보장의 형태가 다양한 것과 같이 사회보장의 대상을 전국민으로 하더라도 사회문제의 존재형태 여하에 따라서 시책의 중심이 되는 계층은 결국 다르게 다루어지고 있다.

사회보험의 가입대상자는 가입대상 범위에 따라 달라진다. 우리나라는 사회보험제도의 도입 및 발전정도가 서로 상이하여, 적용범위에도 차이를 보이고 있다. 즉 사용자에 대한 개념이 명확하지 않으며, 적용대상에 있어서도 일관성을 갖지 못하고 있다. 국민연금의 경우 적용대상을 사업장가입자와 지역가입자로 구분하고 있는데, 사업장가입자에는 근로자뿐만 아니라 대표이사까지 포함하고 있다. 자영자는 지역가입자로 분류하여 자영자 중 사업장가입자는 1988년부터 적용되었으며, 그 외의 자영자는 1999년부터 적용대상에 포함되었고 보험료부담율도 차이가 있었다.

근로자라 함은 직업의 종류에 불구하고 사업장에서 노무를 제공하고 그 댓가로 임금을 받아 생활하는 자(법인의 이사, 기타 임원을 포함)를 말한다. 그러나 일용근로자 또는 1월 미만의 기한부로 사용되는 근로자, 소재지가 일정하지 아니 하는 사업장에 종사하는 근로자, 법인의 이사 중 소득이 없는 자, 1월간의 근로시간이 80시간 미만인 시간제근로자 등 사업장에서 일시근로에 종사할 목적으로 사용될 자가 아닌 자는 근로자로 인정하지 않고 있다.

한편 가입자에 대해서는 가족 단위가 아닌 개인 단위로 적용을 하는 반면 급여에 있어서는 가족 또는 유족을 피부양자 개념에 포함하여 보장의 범위에 포함하는 것이 일반적이다. 그러나 우리나라 사회보험제도는 피부양자와 유족관련 규정이 일관성이 결여되어 있고, 합리성을 확보하지 못하고 있다.

이와 같은 적용범위의 불일치는 관리운영에 있어서 비효율성을 야기할 뿐만 아니라 가입대상자에게도 차등적인 보장이 이루어지게 된다. 따라서 사회보험의 장기발전계획을 통해 이에 대한 조정이 필요하다.

사회보장의 대상이 전국민으로까지 확대된 배경은 1930년대의 경제대공황과 제2차 세계대전으로 인하여 빈곤계층이 전국민으로까지 확대되었다는 것과 또 이들 빈곤계층들이 빈곤으로부터의 해방운동을 광범위하게 전개한 것을 들 수 있다.

생존권을 원리로 하여 사회보장의 대상을 처음으로 확인한 것은 세계인권선언이다. 세계인권선언 제25조에서 사회보장은 근로자뿐만 아니라 농민, 자영자, 시민 등 일하는 모든 국민의 생존권으로서 확인하였다.

2) 적용대상자격 결정을 위한 기준

개인이나 집단이 사회적 급여를 받을 수 있는 조건으로는 보편주의와 선별주의 외에 할당(급여자격)의 4가지 원칙이 이용된다(Gilbert, Specht & Terrell, 1993).

(1) 귀속적 욕구

귀속적 욕구(attributed need)에 의한 수급자격은 시장의 제도적 장치에 의해 충족되지 않은 공통된 욕구를 지닌 사람들의 집단에 속하느냐에 의해 결정된다. 이 원칙하에서 욕구는 규범적 기준에 의해 정의된다. 이 원칙을 구성하는 두 가지 조건이 있는 데, 첫째는 집단지향적 할당(group-oriented allocations)이며, 둘째는 그러한 집단지향적 할당이 욕구에 대한 규범적 기준에 근거하고 있다는 것이다. 즉 급여자격이 비슷한 욕구를 지닌 사람들의 집단에 속하느냐에 의해 결정되며, 자격집단에 대한 정의가 요구에 기반해 규범적으로 정한 기준에 근거하고 있다는 것이다.

(2) 보상

보상(compensation)에 의한 수급자격은 재향군인, 사회보험 가입자와 같이 사회경제적으로 특별한 기여를 한 집단 또는 인종차별, 빈민지역 희생자 같이 사회에 의해 불공정하게 피해를 받는 집단의 구성원에 속하느냐에 의해 결정된다. 이 원칙을 구성하는 두 가지 조건이 있는 데, 첫째는 집단지향적 할당이며, 둘째는 그러한 집단지향적 할당이 공평의 회복을 위한 규범적 기준에 근거하고 있다는 것이다. 즉 급여자격이 비슷한 욕구를 지닌 사람들의 집단에 속하느냐에 의해 결정되며, 집단에 대한 정의가 공평의 회복에 기반해 규범적으로 정한 기준에 근거하고 있다는 것이다.

(3) 진단적 차등

진단적 차등(diagnostic differentiation)에 의한 수급자격은 신체적 결함, 정서적 손상의 경우와 같이 특정 재화 혹은 서비스가 필요한 개인에 대한 전문가의 판단하는 두 가지 조건이 있는데, 첫째는 개인적 할당(individual allocations)이며, 이것은 급여자격 여부가 개인별로 결정되며, 둘째는 그러한 개인적 할당이 욕구에 대한 기술적 진단기준에 근거하고 있다는 것이다.

(4) 자산조사 욕구

자산조사에 의한 수급자격은 개인이 재화나 서비스를 구할 수 없다는 증거에 의해 결정된다. 사회적 급여에의 접근은 경제적 상황에 의해 우선적으로 제한을 받게 된다. 이것은 사회적 급여에 대한 자격 여부가 경제적 상황에 따라 결정된다. 이 원칙을 구성하는 두 가지 조건이 있는 데, 첫째는 개인적 할당이며, 이것은 급여자격 여부가 개인별로 결정되며, 둘째는 그러한 개인적 할당이 경제적 기준에 근거하고 있다는 것이다.

3. 사회보장전달체계

1) 사회복지전달체계의 중요성

사회복지전달체계란 사회복지에 관한 행정을 담당하는 행정조직체계를 말하며, 사회복지의 범위에 따라 사회보험, 공공부조 및 사회복지 서비스에 관한 행정을 수행하는 조직체계라고 할 수 있다.

사회복지전달체계는 사회복지의 효과성과 능률성을 제고하는 데 매우 중요한 요소로 인식되고 있으며, 사회복지정책과 밀접한 관계가 있다. 사회복지수혜대상자의 선정과 이들에게 제공하는 사회적 급여의 형태 결정, 급여의 전달전략과 서비스에 소요되는 재원조달 등을 사회복지전달체계가 수행하고 있기 때문에 전달체계를 논함에 있어서 전달방법, 전달자의 역할 그리고 전달기관이 무엇보다 중요하다. 따라서 사회복지전달체계의 과제는 사회복지를 효과적으로 전달하기 위한 관리의 확립에 있다. 즉 사회복지정책이 설정한 목적이나 목표를 효과적으로 전달하기 위해 한정된 재원으로 가능한 한 국민의 복지 증진을 극대화시키는 것이 사회복지전달체계의 관심사이자 과제가 된다. 이와 같이 사회보장정책이 추구하는 가치와 목표는 사회보장전달체계의 형태에 따라 달라지기 때문에 사회보장전달체계는 그만큼 중요성을 갖게 된다.

이와 같은 사회복지전달체계의 주요 기능은 국민의 복지욕구를 파악하여 사회복지정책을 수립하고 수혜대상자에게 직접적으로 서비스를 전달하는 것이다. 따라서 아무리 사회복지정책이 적절하게 수립되고 수혜대상자에게 제공할 사회복지 프로그램에 소요되는 재원이 확보되어 있다고 하더라도 사회복지전달체계가 효율적이지 못하면 정책의 효과를 기대하기가 어렵게 되는 것이다(김태진, 1992).

이와 관련된 원칙으로는 (1)통합성 (2)전문성 (3)포괄성 (4)지속성 (5)평등성 (6)책임성 (7)접근용이성 (8)효율성 (9)남용과 오용방지의 원칙 등이 제시되고 있다(송근원 · 김태성, 2007).

사회보장기본법에서는 "국가 또는 지방자치단체는 지역적으로 고루 분포되고 기능에 따라 균형이 이루어지도록 사회보장전달체계를 마련하여야 한다", "국가 또는 지방자치단체는 사회보장관련 업무를 수행함에 있어 관계기관과 관계자간의 조정이 원활하게 이루어지도록 사회보장전달체계를 갖추어야 한다", "국가 또는 지방자치단체는 모든 국민이 쉽게 이용할 수 있도록 사회보장전달체계를 마련하여야 한다"고 규정하고 있다.

2) 공공부조전달체계의 현황

우리나라 공공부조 프로그램에는 국민기초생활보장, 의료급여, 기초노령연금, 재해구호, 보훈사업, 갱생보호 등이 있으며, 이들 사업을 관장하는 중앙부처는 보건복지부, 행정안전부, 법무부, 국가보훈처 등으로 분산되어 있다.

전달체계는 보통 행정체계와 집행체계로 구분할 수 있는 데, 공공부조급여 전달과정상의 행정체계는 서비스를 계획, 지시, 지원, 관리하는 기능을 수행하며, 집행체계는 급여를 직접 전달하는 기능을 수행하고 있다.

우리나라 현행 공공부조전달체계는 <그림 3>과 같다.

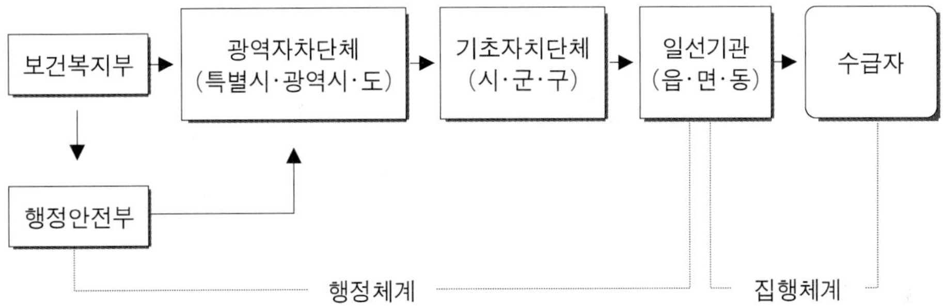

<그림 3> 공공부조전달체계

공공부조전달체계는 공공부조사업의 경우 주무부처인 보건복지부가 사업을 계획하고 예산을 배정하고, 사업운영에 관한 지시를 행정안전부 산하의 지방자치단체 조직을 통해 행한다. 즉 광역자치단체를 거쳐 기초자치단체로 사업운영에 관한 지침을 시달하고 사업운영상황을 관리한다.

특히, 복지 · 보건 · 고용 · 주거 · 평생교육 · 생활체육 · 문화 및 관광 등 삶의 질 향상을 위하여 정부에서 제공하는 서비스를 주민생활지원 서비스라고 칭하고 전국의 시 · 군 · 구, 읍 · 면 · 동에서 맞춤형 통합서비스를 제공하고 있다.

공공부조사업의 직접적인 집행은 최일선 행정기관인 읍 · 면 · 동에서 행해지는데, 여기에는 행정체계로부터 지시, 규제, 지원 및 감독을 받게 된다. 집행체계는 급여를 전달하고 조직으로서 적절한 인적, 물적 자원을 투입하여 양질의 서비스를 제공해야 한다. 여기에서 행정체계와 집행체계는 상호 분리된 독립적인 체계가 아니라 상호 보완적이고 밀접히 연계되어 있다.

공공부조 프로그램의 핵심은 국민기초생활보장과 의료급여이며, 서비스 전달의 핵심부서는 보건복지부와 행정안전부이다. 국민기초생활보장과 의료급여업무는 보건복지부에서 정책입안·사업계획 및 지침을 수립하여 행정안전부의 지방조직인 시·도를 경유하여 시·군·구에 전달되고 직접 서비스전달은 읍·면·동의 사회복지직공무원이나 사회담당이 맡아 수행하는 전달체계를 유지하고 있다.

또한 일부 업무는 국민연금공단, 국민건강보험공단 등에 위탁하기도 한다.

3) 공공부조사업에 있어서 전문인력 활용의 당위성

공공부조사업에 있어서 전문적 서비스의 필요성을 제시하면 다음과 같다.

첫째, 공공부조의 기능과 전문 사회복지사업의 관계는 상호작용체계를 이루고 있다.

둘째, 보다 효율적이고 적절한 개별적 서비스를 요보호가족이나 개인에게 제공하는 것과 지역사회의 여러 단체나 기관들이 상호 협동함으로써 조화를 띤 원조를 제공하는 역할이 요구된다.

셋째, 공공부조는 다양한 문제를 가진 빈곤층을 대상으로 하기 때문에 경제적 원조뿐만 아니라 자립·자활을 위한 심리·사회적인 원조가 요청된다. 이 경우 수급자별 사례관리(case management)가 필요하다.

넷째, 공공부조의 실제 운영에서 개별화에 의한 문제해결, 수용, 자기결정, 비밀보장의 원리와 문제해결과정에서 전문적 관계의 수립은 공공부조대상자로 하여금 자립의지를 고취시킬 수 있다. 특히 자활사업에 있어서 자활계획의 수립 등은 사회복지의 전문성을 요구하는 부문이다.

따라서 공공부조사업에도 전문인력의 활용은 당위성을 가지게 된다.

제2절 사회보장의 재정과 급여

1. 사회보장재정

재정(Public finance)이란 원래 국가 및 지방자치단체가 행정활동이나 공공정책을 시행하기 위하여 자금을 만들어 관리하고 이용하는 경제활동을 의미하고, 재원은 재화나 자금이 나올 원천으로서 재정수입의 원천 또는 재정수입의 항목을 의미한다. 따라서 재정은 공공부문과 민간부문의 활동이고, 재원은 재정수입의 조달방식이라고 정의할 수 있다.

사회보장비는 급여에 소요되는 비용과 관리운영비의 합산액이며, 사회보장재원의 확보 및 운영은 사회보장제도의 성패를 좌우할 정도로 중요하다.

사회보장재정의 중요성은 첫째, 사회보장의 재정규모에서 찾을 수 있다. 둘째, 사회보장의 재정규모는 점차 확대되는 추세이다. 셋째, 사회보장재정은 국가 차원의 소득재분배 구도에 변화를 가져오게 한다(나병균, 2005).

1) 사회보장 재원의 성격

사회보장은 최저생활의 보장을 보편적인 목적으로 하고 있지만 그 내용은 실질적인 생존권을 보장하고 있기 때문에 비용은 계속적으로 팽창하게 된다. 따라서 사회보장의 범주적 확충과 내용적 충실이라는 문제는 기본적으로 재원조달의 문제로 귀결된다. 그런데 공정과 효율이라는 경제정책의 2대 목표에 대응하여 재원정책에서도 공정기준과 효율기준의 두 기준을 중요시하지 않으면 안 된다. 두 기준은 급여와 비용부담과의 관계에 있어서 효율성의 달성, 개인 및 기업의 경제활동에 대한 침체와 인센티브 약화의 방지, 의료 서비스 · 사회복지 서비스 등 사회보장부문의 재화나 서비스의 효율적인 자원배분의 고려, 사회보장에 있어서 강한 비용의식의 배려, 급여의 목적이나 성격에 따른 공평성의 확보로 나눌 수 있다.

사회보장에 있어서의 급여와 이를 조달하는 재원과의 관계에 있어 양자는 어느 것이나 다 같이 경제성장율에 의존하고 있으며 경제성장율의 함수이다. 사회보장의 재원은 급여와 수입으로서의 재원, 즉 사회보장재정상 매년의 수지가 균형을 이루기 위해서는 경제성장율이 가능한 한 높아야 하며 또 그 성장율이 안정되어 있지 않으면 안 된다. 이것은 소득유지를 위한 정책으로서 필연적인 요청이다.

사회보장에서 급여와 갹출의 관계는 연금제도와 의료보험의 경우가 다르다. 또한 연금제도에 있어서도 정액제나 비례제의 경우는 대조적이다.

2) 사회보장 재원의 구성

사회보장 재원은 크게 공공부문의 재원과 민간부문의 재원으로 나눌 수 있다.

공공부문의 재원은 조세, 사회보험료(기여금), 적립금의 투자이익 및 이자가 있고, 민간부문의 재원은 수익자(이용자)부담, 후원금, 기업복지, 비공식부문에서의 지원 등이 있다. 이 가운데 특히 중요한 것으로서 논쟁의 대상이 되고 있는 것은 보험료와 국고보조이다.

사회보장의 재원은 통상 보험료나 세금에 의하여 조달되는 것이지만, 사회보장제도에 따라 그 재원조달방법은 상이하다. 즉 사회보험은 보험료가 그 주된 재원이 되지만 공공부조나 사회복지사업 또는 그 밖의 여러 가지 사회적 서비스는 국고 또는 지방자치단체의 공비(公費)에 의하여 조달되므로 결국 세금에 의존한다.

재원조달방법과 관련하여 사회보장이 사회보험을 중심으로 발전해 온 유럽대륙국가와 공공부조나 사회복지 서비스를 중심으로 발전해 온 영국이나 북구제국에 있어서 그 재원 조달의 방법은 크게 다르다. 사회보장 재원 조달의 유형을 유럽대륙형과 영국·북구형으로 구별할 수 있다. 유럽대륙형은 사회보험료가 사회보장 재원 조달의 중심이 되며 갹출율은 소득비례적인 요소가 많고, 급여도 소득비례적이어서 그 수준이 높다. 반면 영국·북구형은 국고부담이 그 재원 조달의 중심이 되며, 보건·의료서비스나 아동수당 등에 걸쳐 획일적으로 급여하기 때문에 비용부담도 증가한다.

보험료는 사회보험의 급여수준과 관련하여 상대적인 관계를 갖고 있을 정도로 큰 비중을 차지하는 재원이다. 여기서 중요한 것은 보험요율과 산정기준이다. 사회보험에서 보험요율이 문제시되는 것은 산재보험의 경우이며, 연금과 의료보험에서는 소득비례방식이 채택되고 있다. 보험료의 산정에서 직종의 위험도에 따라 보험요율을 적용하는 산재보험과 소득비례에 의하여 부담시키는 연금 및 의료보험에서의 그 기준은 피보험자의 소득(임금)이다. 임금은 사회보험의 보험료와 급여의 산정기준이 되는 것으로 사회보험과 서로 밀접한 관계가 있다. 그러나 임금의 구성과 개념이 모호하고 기업에 따라 지급형태의 차이 및 현물급여도 있으므로 혼란이 일어날 수 있다. 따라서 사회보험의 보험료 산출은 이른바 표준보수 또는 총보수제도, 평균임금 등의 개념을 도입하고 있다.

사회보장재정을 논할 때에는 두 가지 측면, 즉 사회보장과 국가재정 및 사회보장 자체의 수입과 지출을 중심으로 한 재정을 구분할 필요가 있다. 또한 사회보장의 국제비교의 기준으로서 흔히 재정문제를 중심으로 하여 사회보장관계 예산의 절대액과 1인당 사회보장급여액을 중요시하고 있다.

사회보장은 국가의 책임하에 실시되는 제도이기 때문에 재원의 일부를 국고에서 부담하는 것은 당연하다. 그러나 그 범위와 정도는 국가와 제도에 따라 상이하다.

국가재정의 측면에서 사회보장의 문제는 특히 국고부담과 관련시켜 사회보장 확충의 필요성과 국가부담 능력을 중요시하고 있다. 이것은 사회보장 가운데 사회보험부문보다는 공공부조나 사회복지 서비스 부문에서 특히 그러하다.

3) 사회보장 재원조달방식

자본주의국가에 있어서 사회보장의 급여체계와 재원조달방식은 그 나라의 역사적, 정치적, 경제적 제 조건이 반영되어 있기 때문에 각국의 독자적인 성격을 가지고 있다. 사회보장은 최저생활수준의 확보를 목적으로 하고 있으므로 재원조달의 정책기준은 궁극적으로 국가가 지향하고 있는 경제정책 목표와 조화를 이루어야 하는 데, 재원조달의 정책기준으로는 중립성, 공평성, 안정성, 간편성 등이 제시되고 있다. 이 같은 4가지 기준은 상호 대립되는 면이 있어 어느 한 기준을 강조할 경우 다른 기준이 손상되는 상대적인 관계에 있다. 따라서 재원조달에 있어서 각 제도의 목적에 비추어 각 기준별 비중을 고려하여 적절한 재원조달방식을 선택하여야 한다.

사회보장 재원의 조달방식을 재원출처에 따라 조세 재정방식(tax financing)과 기여금 재정방식(contribution financing)으로 나눌 수 있다. 조세 재정방식은 권리적 방식이며, 기여금 재정방식은 계약적 재정방식이라고 불린다.

(1) 기여금 재정방식

기여금 재정방식은 고용주·피고용자·자영자가 내는 기여금으로 재원을 확보하는 방식이다. 대부분의 사회보험제도는 적어도 부분적으로는 기여금으로 재원을 충당하고 있다. 기여금이 많으면 많을수록 급여수준도 높아지는 경향이 있지만 사회보험에서는 급여수준과 기여금의 관계가 반드시 비례적인 것은 아니다. 기여금 재정방식이 가장 효과가 큰 것은 급여가 소득비례제일 경우이다. 이 방식은 첫째, 결과적으로 급여를 무분별하게 증가하는 것을 방지한다. 둘째, 별도 기금이 있을 경우에는 관련되는 사람이 기금운영에 참여할 수 있다. 이 경우 기여금을 지불하려는 동기가 커진다. 셋째, 급여비율을 노동비용에 부과시킴으로써 고용주는 적어도 이론상으로는 위험발생을 방지하려고 한다. 넷째, 기여금을 징수하는 것이 행정적으로 용이하다. 다섯째, 소득비례급여를 제공하는 경우에는 정해진 기여금을 통해 재정을 확충하는 방안만이 정당화될 수 있다. 여섯째, 근로자들이 일반 세금을 내는 것보다 자기들이 나중에 급여로 받을 기여금을 더 내려고 한다는 등의 장점이 있다.

반면 이 방식의 단점으로는 첫째, 고용주의 기여금 부담 때문에 기업의 경쟁력이 떨어진다. 둘째, 기여금은 저소득층에게 불공평하게 부담을 줄 수 있기 때문에 저소득층에게 빈곤을 유발·악화시킬 수 있다. 넷째, 균일 기여금은 아주 역진적이며, 상한선이 있는 기여금도 역진적이다. 넷째, 기여금은 투자소득에는 부과되지 않는다는 점 등이다.

일반적으로 사회보장비의 대부분을 보험료로서 충당하는 경우에는 자주적인 안정재원이 확보될 것이며 임금이나 소득의 상승에 따라서 재원이 확대되기 때문에 급여수준을 인상하기 쉽다는 장점이 있다. 그러나 보험료는 표준보수월액 또는 소득금액에 비례하여 갹출하기 때문에 저소득자에게는 과중하게 된다는 소득역진적 성격이 있는 단점이 있다.

(2) 조세 재정방식

조세 재정방식의 가장 대표적인 예는 공공부조이다. 이 방식은 직접세보다 간접세로 징수되는 재원으로 충당하는 방식으로 이 방식이 갖는 장점은 사회보장비용을 정부수입으로 충당하는 국가가 기여금으로 충당하는 국가보다 소득재분배 효과가 더 크다(Gorden, 1988). 둘째, 정부는 공공지출의 모든 분야에서 우선 순위를 평가할 수 있고, 새로운 우선 순위가 등장함에 따라 세금을 조정하여 이전에 약속된 급여를 조정할 수 있다. 셋째, 이 방식은 정부가 관장함으로써 의료, 사회복지 서비스, 금융 서비스 담당기관과의 협조를 유지할 수 있다. 넷째, 모든 사람에게 최저균일급여를 제공하는 데 사용될 수 있다는 장점이 있다. 반면, 이 방식의 단점은 세금이 너무 많다는 불만, 사회보장세가 사회적·경제적으로 부정적 영향을 미친다는 비판을 받을 수 있고, 정부나 정치가들이 제멋대로 예산배정을 할 소지가 있다(Rimlinger, 1971)는 단점 내지 비판이 있다.

사회보장비는 결국 보험료와 세금에 의해서 조달되며 이 양자의 편성방법에 의하여 그 경제적인 효과는 달라진다.

4) 사회보장 재정운영방식

사회보장제도의 재정운영방식에는 부과방식(pay-as-you-go system or annual assessment system)과 적립방식(accumulation of funds system or funded reserve system)이 있다.

(1) 부과방식

부과방식은 매년의 급여총액을 매년 조달하는 방식으로 대개 1년을 단위로 운영되며, 현재의 기여금이 현재의 급여를 제공하는 데 사용되며, 단기급여를 지급하는 제도에 주로 적용된다. 이러한 재정방식은 세대간의 약속으로 이루어지기 때문에 세대간의 계약으로 불리기도 한다. 부과방식은 적립방식보다 노령계층의 소득보장을 신속하게 추진할 수 있으나 갹출료율이 낮아 제도 시행이 쉽고 연금의 실질가치 유지대책이 필요 없다는 장점이 있으나 세대간 부담배분이 불공평한 단점이 있다.

부과방식의 경우 노인부양비율이 낮아지고 근로자의 생산성이 높아지는 사회에서는 동일한 기여수준에서 높은 급여수준을 보장받을 수 있거나 동일한 급여수준에서 낮은 기여를 부담할 수 있다.(이인재 외, 2008).

(2) 적립방식

적립방식은 어떤 기준시점을 기준으로 그때까지 기여한 사회보험료(기여금)와 적립된 기금의 투자수입을 합한 총액이 미래에 발생할 급여총액을 지불하는 데 충분한 수준의 기금을 축적하는 방법이다. 적립방식은 현재의 기여금이 나중의 급여를 제공하는 데 사용되며, 세대간 갹출부담의 공평, 적립금으로 재정의 안정을 도모한다는 장점이 있는 반면 제도의 시행 초기부터 과다한 갹출 부담, 장기적 재정계획 수립이 어렵다는 단점이 있다. 적립방식으로 시작하지만 기금이 고갈되거나 그 가능성을 보일 때는 당초 가입시기의 급여율을 유지하기 위해서는 적립방식에 부과방식을 가미하는 수정적립방식이 활용되기도 한다.

선진국의 경우 사회보험이 초기에는 적립방식으로 운영되어 오다가 부과방식으로 전환되었다. 역사적 경험에 비추어 볼 때 적립방식을 부과방식으로 전환할 수 있으나 부과방식을 적립방식으로 전환하기는 사실상 불가능하다.

부과방식과 적립방식 중 어느 방식이 더 적절한가를 판단하기 위해서는 두 제도의 소득보장에 대한 신속한 실현, 각종 사회적 위험들에 대한 취약정도를 검토해 볼 필요가 있다.

5) 확정급여제도와 확정기여금제도

급여액수와 기여금액수가 고정되어 있는가에 따라 확정급여제도(defined benefit plan)와 확정기여금제도(defined contribution plan)로 구분할 수 있다(Silverman. 1995).

(1) 확정급여제도

확정급여제도는 일정수준의 연금을 보장하는 제도로서 고용주가 기여금을 내고, 때에 따라서는 피고용자도 기여금을 낸다. 연금액은 실제 노동시장에 참여한 기간에 근거하여 이전소득과 비례하여 고정되는 것이 관례이다. 확정급여제도는 연금액수에 대해 확실성이 증가된다는 장점이 있는 반면, 인구층이 젊고 고령화가 적을 경우에만 가능하다. 따라서 고령화정도가 심하게 되면 높은 기여금을 내던지, 또는 연금을 받지 못하는 사태에 직면할 수 있으며, 확정기여금제도보다 수익금이 적을 수 있다. 우리나라, 일본, 대만 등에서 채택하고 있는 제도이다.

(2) 확정기여금제도

확정기여금제도는 기여금액수가 미리 결정되고 연금액은 지불한 기여금과 그 기여금에서 나온 이자소득을 더한 액수가 된다. 기여금은 고용주가 부담하고, 때에 따라서는 피고용자도 부담한다. 이 제도는 싱가포르, 말레이시아에서 실시하고 있다. 이 제도는 확정급여제도보다 수익률이 높을 수 있으나 관리비가 더 많이 드는 단점이 있다.

확정갹출형 적립방식의 연금제도의 유형은 개인연금제도과 같이 가입자가 개인별 계좌에 저축하였다가 퇴직 시 증식된 기금을 재원으로 연금을 지급하며, 확정급여형 적립방식은 기업연금에서 채택하고 있는 방식으로 기업재산과는 분리된 연금계정에 기금을 적립하고 퇴직 시 근속연수와 임금을 기준으로 급여가 결정된다.

이 밖에도 명목확정기여제도(Notional Defind Contribution)는 가입기간과 기여에 비례해 급여를 제공하는 것이다. 즉 가입자가 납부하는 보험료를 통해 실제 적립금이 쌓여 그 수익률만큼 급여를 지급하는 전통적인 확정기여방식과 적립금이 거의 없는 부과방식으로 운영됨으로써 제도적으로 결정된 이자율이 아닌 실질 임금 상승률에 의해 매년 연금액이 결정된다.

(3) 혼합제도

세계은행은 확정급여제도나 확정기여금제도보다 혼합제도(combination scheme)를 권장하고 있다. 이 제도는 칠레에서 처음 실시되었는 데, 칠레는 빈민을 위한 확정급여제도와 민간근로자저축제도를 혼합하여 운영하고 있다.

2. 사회보장의 비용부담

사회보장의 재원을 확보하기 위하여 누가 얼마만큼 부담해야 하느냐는 이해관계자의 입장에서 매우 중요한 문제이다. 이에 대해서 사회보장의 지도 원칙으로 볼 수 있는 부양주의와 보험주의에서 다르게 나타난다. 전자는 비용부담 면에서 직접적인 수혜자층 이외에 사회 각층에 부과하는 것이고, 후자는 수혜자 및 그와 직접적인 이해관계에 있는 자가 부담하는 것이다. 일반적으로 사회보장의 비용부담 주체는 국가(국고), 사용자, 피보험자가 되지만 그 구체적인 부담방식은 단일부담제와 복합부담제로 구분할 수 있다. 사용자와 국가의 재정참여는 사회적 사고에 대한 산업과 국가의 책임의 표현이며 다른 한편으로는 산업평화·사회질서의 유지라고 하는 수익의 대가라고 볼 수 있다.

자본주의국가에서는 일반적으로 3자 부담방식(tripatite basis)이 적용되고, 국가부담의 원리가 항상 요구되고 있다. 3자 부담방식은 1994년 국제노동기구의 「소득보장권고」와 「의료권고」에서 제시된 안이다. 국제노동기구의 「사회보장의 최저기준에 관한 조약」에서는 피보험자 보험료는 총 재원의 50%를 초과하지 않도록 설정하고 있고, 정부는 관리운영비를 지원할 수 있도록 규정하고 있다.

사회보장의 비용부담에 있어서 3자의 상호관계와 배분의 비중은 당사자의 득실문제에만 국한되는 것이 아니고 사회보장 기능의 이해와 본질 파악에 지배되는 것으로서 이에 대해 많은 논쟁이 있어 왔다.

비용부담 주체가 그 일부 또는 전부를 부담해야 하는 논리는 다음과 같다(신수식, 2002).

1) 피보험자의 부담 이유

피보험자의 비용부담 이유로는 ① 자신을 위한 제도이고, 생활상의 사고의 발생은 본인에게도 책임이 있기 때문이다. ② 권리로서 급여를 청구하기 위하여 ③ 자존심을 상하지 않게 하기 위하여 ④ 급여비용을 절약하고, 제도의 남용을 줄이기 위하여 ⑤ 국가와 사용자에 대한 전가와 의타심을 갖지 않도록 하기 위해서이다.

2) 사용자의 부담 이유

사용자가 비용부담을 해야 하는 이유로는 ① 종업원의 사고는 사용자에게 직·간접 책임이 있다(무과실책임주의). ② 사회보장제도는 노동력의 유지·증진에 필요하기 때문에 사용자에게도 이익이 있다. ③ 사용자가 원래부터 수행해야 될 기업복지의 일부이기 때문이다.

사용자의 부담은 결코 은혜적인 종속관계의 표현이 아니고 노동시장에서 형성되는 임금수준을 기초로 하여 모든 사용자가 부담하는 이상 그것은 본질적으로 임금과 다름 없으며 피보험자의 부담분을 합하여 사회화된 임금(socialized wage)을 구성한다.

3) 국가의 부담 이유

국가가 사회보장비용을 부담해야 하는 이유로는 ① 국가는 국민의 최저생활을 보장할 의무가 있다(헌법상의 규정). ② 전국민의 생활상의 사고는 현대사회에서 필연적으로 발생한다. ③ 사회보장제도의 확립은 노사간의 안정 및 사회의 질서유지를 위하여 필요하다.

사회보장비용을 부담하는 방법과 부담비율의 구성은 결국 부담하고자 하는 부담의 전가가 어느 계층, 어느 직종에 귀착되는가를 파악하는 것이 중요하며, 그 경로가 명확하다면 부담자와 부담비율의 변화는 사회역학적 관계에 의해 결정된다.

이와 같은 비용부담 주체의 부담논리가 존재하지만 제도의 운영에 있어서 실제 비용부담비율은 국가와 제도마다 상이하여 일률적으로 설명하기는 어렵다.

4) 우리나라 사회보장제도의 3자간 재원 부담

우리나라는 사회보장비용의 부담 원칙을 다음과 같이 규정하고 있다.

첫째, 비용의 부담은 각각의 사회보장제도에 대한 역할분담에 따라 국가, 지방자치단체 및 민간부문간에 합리적으로 조정해야 하며 둘째, 사회보험에 소요되는 비용은 사용자 · 피용자 및 자영자가 부담하는 것을 원칙으로 하되, 관계 법령이 정하는 바에 따라 국가가 그 비용의 일부를 부담할 수 있으며 셋째, 공공부조 및 관계 법령이 정하는 일정 소득수준 이하의 국민에 대한 사회복지 서비스에 소요되는 비용의 전부 또는 일부는 국가 및 지방자치단체가 이를 부담한다. 넷째, 부담능력이 있는 국민에 대한 사회복지 서비스에 소요되는 비용은 그 수익자가 부담함을 원칙으로 하되, 관계 법령이 정하는 바에 따라 국가 및 지방자치단체가 그 비용의 일부를 부담할 수 있다. 다섯째, 국가 및 지방자치단체는 개인 · 법인 또는 단체의 사회보장에 대한 참여에 소요되는 경비의 전부 또는 일부를 지원하거나 그 업무수행에 필요한 지원을 할 수 있다.

이와 같은 원칙에 따라 우리나라 사회보험재정을 분석해보면 <표 5>에 나타난 바와 같이 2009년의 경우 사회보험료는 17.952%이며, 이 중 피용자 부담은 7.611%, 고용주 부담은 10.341%였다.

<표 5> 한국 사회보험재정의 기여부담(2009년)

(단위 : %)

부담자	소계	국민연금	건강보험	산재보험	고용보험	노인장기요양보험
계	17.952	9.0	5.08	1.8	1.8	0.242
피용자	7.611	4.5	2.54	-	0.45	0.121
고용주	10.341	4.5	2.54	1.8	1.38	0.121

이를 우리나라와 비슷한 사회보험방식을 실시하고 있는 다른 국가와 비교해보면 <표 6>과 같다.

<표 6> 사회보장프로그램의 기여율 비교(1995년)

(단위 : %)

국가	노령 · 장애 · 유족			총 사회보장 프로그램 합계1)		
	피보험자	고용주	소계	피보험자	고용주	총계
독일	9.30	9.30	18.60	16.55	17.99	34.542)
프랑스3)	8.05	8.20	16.25	18.27	34.31	52.58
이태리	8.34	21.30	29.64	9.34	47.62	56.96
일본	8.25	8.25	16.50	12.24	14.38	26.42
미국	6.20	6.20	12.40	7.65	13.35	21.00
한국 (2005)	4.50	4.50	9.00	7.6	10.2	17.8

1) 노령 · 장애 · 유족 · 상병급여, 산재급여, 실업급여, 가족수당 프로그램의 합계를 의미함

2) 중앙정부가 가족수당 비용을 부담

3) 프랑스의 경우 보험료 부과에 소득상한선이 있어 상한선 이하에 대해 보험요율이 높게 책정하게 됨.

자료 : Social Security Administration, Social Security Programs Throughout the World-1995, SSA Research Report #64, 1995.

김연명. 사회보장제도의 현위치 p.57 표 재구성. 박찬용 편. 1998.『사회보장발전 목표설정과 정책과제』

주요 국가의 경우 1995년 자료와 한국의 2005년 자료를 분석해보면 한국과 독일 그리고 일본은 피용자와 고용주의 비용부담율이 5:5에 가깝고, 프랑스나 이탈리아는 고용주의 부담비율이 높다. 한편 전체 사회보험료의 기여에 있어서는 미국이 한국과 유사한 수준이고, 기타 선진국가들은 10% 이상 높다.

3. 수익자(이용자)부담

수익자부담은 이용자부담(user fee), 사용자부담 또는 본인부담이라고도 불린다.

이는 사회보장 프로그램이 제공하는 급여를 받을 때 일정한 액수를 이용한 본인이 부담하는 것을 말한다. 수익자부담은 국민건강보험과 노인장기요양보험의 본인일부부담, 각종 사회복지 서비스의 이용료 등에서 찾아볼 수 있다.

본인일부부담금제도는 크게 절대금액방식과 일정비율방식으로 나눌 수 있는 데 절대금액방식은 일정액을 정해 놓고 비용이 절대금액보다 낮은 경우 본인이 전액을 부담하고, 비용규모가 절대금액보다 높은 경우에 가입자는 절대금액까지만 본인이 부담하고 그 이상의 금액에 대해서는 부담하지 않는 방식이다. 반면 일정비율방식은 급여비용의 일정비율을 규모에 관계없이 본인이 부담하는 방식이다.

본인부담의 종류는 절대본인부담과 혼합본인부담으로 구분된다. 절대본인부담은 가입자가 전체 비용규모에 관계없이 일정 부분에 대해 본인이 부담하는 것으로 사회보험은 본인부담을 넘어선 비용부분에 대해서는 책임을 지는 것이며, 혼합본인부담은 가입자의 본인부담이 비용규모에 따라 달라지게 되는 데, 비용이 정해진 본인부담액보다 적은 경우에는 절대보험면책과 마찬가지로 그 비용전액을 가입자가 부담하여야 하지만 비용의 크기가 정해진 본인부담액보다 큰 경우에는 사회보험에서 전체 금액을 책임지고 가입자는 비용부담을 하지 않는 방식이다.

우리나라의 본인일부부담금제도는 국민건강보험제도, 산재보험제도, 노인장기요양보험제도에 도입·운영되고 있다. 국민건강보험에서는 비용에 대해 정해진 비율을 본인이 부담하도록 하는 일정비율방식을 채택하고 있으며, 약국에서 부담하는 부담액은 절대금액방식이다. 산재보험에서는 입원기간이 3일을 넘는 경우에 한하여 산재보험이 비용을 보장하는 방식이므로 혼합본인부담방식으로 운영되고 있다.

수익자부담을 활용하는 이유는 첫째, 건강보험에서의 본인일부부담과 같이 무료 또는 재가서비스 제공에서 오는 서비스 남용을 방지하여 자원 이용에 효율성을 높이기 위한 수단으로 가능하며 둘째, 수익자와 비수익자 사이의 공평을 도모할 수 있다는 것이다(모지환, 2006).

이러한 목적으로 도입되고 있는 수익자부담제도는 기본적으로 저소득층에게 상대적으로 강한 부담으로 작용하여 필요한 서비스 이용을 기피하는 결과를 낳기도 하며, 이용자 선택의 폭을 줄일 수 있게 되어 결과적으로 소득재분배 기능을 역행하게 된다. 한편 국제노동기구의 권고에 의하면 의료보장의 본인부담은 총 의료비의 1/3을 넘지 않도록 권고하고 있다.

4. 적립금의 운용

사회보장의 재정에 중요한 영향을 미치는 것은 적립금(준비금)과 기금의 역할 및 운용이다. 적립금의 운용은 장래에 급여의 중요한 재원이기 때문에 안전 유리하게 해야 한다는 입장과 적립금은 피보험자와 사용자가 갹출한 보험료의 집적(集積)이기 때문에 국민복지 향상을 위해서 운용되어야 한다는 입장이 서로 맞서고 있다. 이것은 특히 연금 적립금의 운용이 경제개발이나 재정투융자의 원천이 되고 있어 복지환원의 요구와 대립되어 논쟁이 되고 있다.

적립된 사회보장 재원을 운용하는 목적은 그 운용에 의한 수입에 의하여 갹출자의 부담을 경감시키는 데 있다. 따라서 보험급여의 주요한 재원으로서 사용되어야 하며 그 운용은 보험료와 보험급여에 커다란 영향을 미친다.

원래 적립금은 보험료의 인하, 급여수준의 개선, 나아가 피보험자 및 전체 국민의 복지 증진을 위해서 사용되어야 하는 데, 현실적으로는 적립금에 의하여 경제발전이 촉진된다면 결국 국민의 생활수준 향상에 공헌한다는 고성장 · 고복지라는 입장에서 재정투융자로서 직접 또는 간접으로 이용되고 있다.

5. 사회보장급여

1) 사회보장급여의 성격

오늘날 각국에서 실시되고 있는 사회보장제도의 급여는 각기 서로 다른 개념이나 정의 및 방법으로 사용되고 있지만 영국의 사회보장부는 사회보장의 급여를 어떤 욕구가 있거나 어려움을 겪는 개인과 가족에게 재정적 지원을 제공하는 것이라고 정의하고 있다. 일반적으로 급여(benefit)란 개인적 또는 사회적인 니드에 대하여 지출되는 바 금액으로 표시되는 급여비를 가리킨다.

사회보장에 있어서 급여문제는 수혜자의 이해관계, 관련 내용의 복잡성, 합리적인 산정의 곤란성 등과 관련되어 있어 매우 중요한 부문이다.

2) 사회보장급여의 종류

사회보장제도의 급여는 노령, 폐질, 유족, 질병, 출산, 산업재해, 실업, 가족수당 및 의료 등의 여러 가지 급여로 구별된다.

(1) 보험급여와 보험 이외의 급여

사회보장급여의 종류는 보험급여와 보험 이외의 급여가 있다. 전자는 연금, 의료, 산재, 실업 등의 보험방식에 의한 것이고, 후자는 공공부조, 사회복지 서비스 등 공공부담에 의한 것이다.

(2) 단기급여와 장기급여

급여기간에 따라 단기급여와 장기급여로 구분할 수 있다. 단기급여는 한정된 기간 동안 급여가 지급되며, 국민건강보험의 급여, 산재보험의 요양급여, 가족수당 및 실업급여 등이 이 범주에 속한다. 장기급여는 국민연금의 노령연금, 장애연금, 유족연금, 산재보험의 장해급여 및 유족급여가 이에 해당된다.

(3) 현금급여와 현물급여

급여형태에 따라 현금급여(benefit in cash)와 현물급여(benefit in kind) 또는 서비스 급여 등이 있다. 현금급여는 소비자 선택의 측면에서 보면 자기 마음대로 사용할 수 있는 효용의 극대화를 가능하게 하며, 자기결정권을 보장해주게 된다. 또한 현물급여에 비해 프로그램의 운영비가 절약되는 장점이 있다.

현물급여는 현금급여에 비해서 비용이 절감되고 사회복지의 목적에 맞게 효과적으로 사용되어 정책의 목표효율성을 높일 수 있다. 그러나 수급 시 수치심을 자극하는 단점이 있다.

현금급여에 속하는 것은 연금이나 공공부조 등 소득보장에 관한 것이며, 현물 또는 서비스 급여에 속하는 것은 의료·재활 또는 사회복지 서비스 등이다. 현금급여는 일시금 방식으로 지급될 수도 있고, 또는 이전(以前)소득과 관련된 방식으로 지급될 수도 있으며 이 두 가지를 합친 방식도 있을 수 있다.

3) 사회보장급여의 수준

사회보장의 급여수준을 나타내는 한 방법으로서 사회보장의 지출이나 수입에 관하여 국민소득 또는 그 유사 개념을 기초로 하는 비율로서 표시하는 것이 일반적이며, 사회보장의 수준이란 사회보장의 정도를 이와 같은 비교 수로서 표시하는 것이다.

급여수준은 일반적으로 적정선(adequacy line)을 하한선으로 하고 균등선(equality line)을 중간축으로 하여 형평성(equity)에 입각하여 일정 상한선의 한계내에서 신축화시키는 것이 이상적이라 할 수 있다. 그러나 구체적으로 수혜자 자격요건에 따라서 상이하게 설정해야 한다.

사회보장의 급여수준을 책정함에 있어서 개별적 공평성과 사회적 적절성이 기준이 된다. 개별적 공평성이란 기여자가 기여금과 직접적으로 연계된 연금급여를 지급받는 것을 의미하며, 사회적 적절성이란 급여액을 기여나 업적에 따라 차등을 두어야 한다는 개별적 공평성의 문제와는 별개로 적절한 수준의 신체적, 정신적 복지를 제공하는 것이 바람직하다는 관점이다.

공적연금체계는 통상 완전한 개별적 공평성과 완전한 사회적 적절성이라는 양극단 사이에 존재하는 지점에서 급여를 결정하게 된다. 그러나 급여구조에서 개별적 공평성의 가치를 반영하고 있음에도 불구하고 사회적 적절성을 보다 강조하는 경향이 있다. 이와 같이 사회적 적절성 가치를 반영하는 주 목적은 모든 집단들에게 최저수준의 소득을 보장하는 데 있다. 이와 같은 사회적 적절성 가치에 대한 강조는 소득재분배를 발생시킨다.

사회보장의 수준과 성격을 결정하는 주요한 요소로는 첫째, 인구의 크기와 증가율 등의 인구적 요소 둘째, 경제성장과 소득의 재분배 등의 경제적 요소 셋째, 사회보장정책적 배려 등의 3대 요소를 들 수 있다. 그러나 사회보장정책의 목표로서는 사회보장의 급여수준이 높으면 높을수록 좋으며 사회보장제도의 부문간의 격차가 없을수록 더욱 바람직하다.

사회보장 급여수준이 높은 것은 바람직하다고 하더라도 거기에는 여러 가지 조건이 수반된다. 그 중의 하나가 갹출의 조건이다. 일반적으로 급여에 대하여 갹출이 조건이 되는 것은 사회보험이며, 갹출이 조건이 아닌 것은 공비부담의 경우이다.

한편 사회보장에서 갹출과 급여의 관계는 연금과 의료제도의 경우가 다르다. 또한 연금에 있어서도 정액제와 비례제의 경우는 대조적이다.

사회보장정책론의 입장에서 급여 개선을 논할 때 무엇보다도 급여수준의 고저가 문제된다. 사회보장 전체적으로 수준을 생각할 때 급여비총액을 국민소득과 비교하는 것이 보통이다. 또한 급여 개선에 관한 또 하나의 정책적 과제는 사회보장제도가 다원화될 경우 동일한 부문 가운데 제도간의 격차가 나타나는 문제이다.

6. 우리나라 사회보장비 지출수준

1) 우리나라 사회보장비 지출수준의 국제 비교

복지의 수준과 성격은 복지국가의 제도적인 근간을 유지하고 있는 사회보장의 규모와 내용을 통하여 가늠해 볼 수 있다. 일반적으로 국가의 복지수준은 사회복지지출(social expenditure)의 점유비율을 통해 평면적으로 비교되고 있다.

표준화된 추계분류법을 기준으로 사회보장비 지출규모를 산출하는 국제기구는 국제노동기구(ILO), 경제협력개발기구(OECD), 국제통화기금(IMF), 유럽공동체 통계국(EUROSTAT) 그리고 북유럽 사회통계위원회(NOSOSCE) 등이 있다.

OECD 기준에 따른 일반정부의 공공지출과 사회보험의 급여 그리고 법률에 의하여 사용자가 부담하는 법정퇴직금을 자료로 하여 7개년(1990~1996)의 사회보장비 지출을 산출·분석해 본 결과, 국내총생산 대비 우리나라의 사회보장비 지출비율(5.28%)은 주요 OECD 국가들의 GDP 대비 사회보장비 규모의 15~35%에 불과한 낮은 수준이지만 그 증가율은 급격하게 상승(연평균 19.7%)해 왔다.

또한 국내 통계를 보면 4대 사회보험이 채 완비되기 전인 1990년 사회복지비 지출규모는 공공과 민간을 합하여 7조 5천억원 정도로 GDP의 4% 수준에 불과했으나, 2005년에는 절대액수로는 10배 가까이 증가한 73조원에 달하였으며, GDP 대비 비율도 9%를 넘어 1990년의 두 배 이상으로 증가하였다(김진욱, 2010).

이와 같은 자료를 통해 볼 때 우리나라는 복지재정 투자 면에 있어서 사회보장 지출비율이 10% 수준에 불과하여 선진국의 30~50% 수준에 비해 매우 낮은 수준을 유지하고 있고, 민간의 복지참여 유도를 위한 제도적 장치 또한 미흡한 상태임을 알 수 있다. 이러한 복지재정의 취약성은 사회복지제도의 확충과 정책의 집행과정에 중요한 제약 요인이 되어 왔다.

우리나라의 사회보장비 지출수준이 낮은 이유를 살펴보면 먼저 국민연금과 고용보험이 아직 급여지출 면에서 볼 때 도입단계에 있으며, 정부지출 역시 남북분단에 따른 국방비 부담으로 인해 사회보장비 지출을 확대할 수 없다는 점 등을 들 수 있다. 또한 기초자료 수집의 한계에 따른 급여제도의 누락을 들 수 있다. 지방자치단체의 자체 재정에 의한 지방비와 사용주가 부담하는 각 사업장의 법정 외 기업복지지출 그리고 조세환급금이 누락되어 있기 때문이다.

한편 우리나라의 사회보장비 지출 증가율이 급격하게 상승한 것은 전국민의료보험의 실시와 저소득층에 대한 정부의 지원 확대 그리고 법정퇴직금의 증가에 기인한다고 볼 수 있다. 특히 우리나라 사회보장비 지출의 1/4을 차지하는 법정퇴직금의 포함 여부뿐만 아니라 분류상의 한계점도 노출되었다.

우리나라 복지지출규모를 새로운 재정집계방식인 OECD 분류기준에 맞추어 재산출하여 국제비교를 한 연구결과를 요약하면 다음과 같다.

우리나라 정부부문 복지지출규모는 1999년의 경우 GDP 대비 7.53%의 수준으로, 정부가 발표하는 통합재정수지상의 복지재정규모(1998년의 2.76%)보다 매우 높게 나타났다. 이는 정부의 통합수지계산에서 누락된 각종 공적 직역연금지출과 의료보험지출 그리고 지방정부 복지지출 등이 포함되어졌기 때문이다. 더욱이 법적 강제성을 지닌 민간퇴직금을 준공공지출로 보아 포함시킬 경우에는 1999년 복지지출규모는 약 57조원으로 GDP의 11.8%를 차지하고 있는 것으로 계산된다. 1990~1996년간 복지지출은 명목가치로 연평균 19.1% 증가한 반면 1996~1999년간 연평균 34.3% 증가하였다(문형표, 2001).

이러한 우리나라의 복지지출규모는 지난 90년대 기간 동안 연평균 21.3%의 빠른 증가를 보였으며, 이에 따라 복지지출의 대 GDP 비중도 지난 10년간 2배 이상 높아진 것으로 나타났다. 더욱이 1996년 이후 최근까지의 정부부문 복지지출의 증가율은 26.4%로 외환위기 이후 실업급증에 따른 실업예산의 확대와 퇴직연금의 증가로 인해 지출증가 속도가 더욱 가속화되고 있는 것을 알 수 있었다.

이에 불구하고 우리나라 복지지출수준을 횡단적으로 OECD 국가들과 비교해 볼 경우, 우리나라 복지지출규모는 사회보험 및 공공부조, 사회복지 서비스 등 모든 분야에서 OECD 국가들의 평균치에 비해 매우 낮게 나타나고 있다. 그러나 이러한 국제비교방법은 우리나라의 복지지출수준의 상대적 위상을 제대로 파악하는 데 한계가 있다. 즉 현재 OECD 국가들의 평균적인 인구고령화수준이나 소득수준은 우리나라에 비해 2배 이상 높은 상태로 이러한 차이를 무시한 단순비교는 필연적으로 우리나라의 복지위상을 과소평가하게 되며, 보다 더 중요한 점은 선진국들과 우리나라의 사회보험제도의 도입 역사의 차이를 고려하지 않은 단순비교는 이러한 제도적 성숙도의 차이로 인한 지출수준의 격차를 정부역할의 미흡으로 잘못 해석하는 오류를 범할 수 있다.

이상에서와 같이 단순 국제 비교해보면 우리나라의 복지지출수준은 OECD 국가들에 비해 상대적으로 낮다. 이는 인구고령화 및 소득수준 그리고 관련 복지제도의 성숙도 등의 차이를 충분히 고려하지 못한 결과이며, 이를 감안한 시차적 비교에 의하면 결코 지나치게 낮은 수준이 아닌 것으로 판단된다. 특히 대부분의 선진국들에 비해 후한 공적연금의 급여수준, 5대 사회보험제도의 확충, 기초노령연금제도와 장애인연금제도의 도입 등 공공부조제도의 내실화 등을 감안할 때 우리나라 정부의 복지부문에 대한 역할 및 배려가 미흡하다고 평가하기는 곤란할 것이다.

따라서 향후 사회복지정책 기조의 설정에 있어서는 복지지출의 양적 확대를 지향하기보다는 각 복지부문의 균형발전을 위한 우선순위의 조정과 함께 정책 효율성 및 효과성을 제고하여 내실 있는 복지를 구현할 수 있도록 질적 개선에 보다 초점을 맞추어 나가야 할 것이다. 이를 위해서는 과도한 노후소득보장수준의 재조정, 공공부조제도의 근로연계 기능의 강화 및 사회보험의 도덕적 해이 방지와 아울러 각종 사회복지제도의 생산성 제고를 위한 질적 개선 노력이 필요할 것이다.

2) 향후 복지지출수준의 전망

복지지출의 규모는 소득수준의 변화와 인구고령화의 정도와 매우 밀접한 상관성을 지니고 있다. 우리나라 복지지출규모는 앞으로 빠른 속도로 증가하게 될 것이 예상된다. 그 이유는 첫째, 지속적인 소득수준 향상에 의해 생활의 질적 개선에 대한 욕구가 증가됨에 따라 다양한 사회복지 욕구가 점진적으로 증가될 것이다.

둘째, 고령사회로 진전됨에 따라 노인부양에 대한 사회적 부담이 증가할 것이다. 또한 핵가족화 및 여성의 경제활동참가의 증가로 보육수요 등 새로운 사회복지 욕구가 발생하고, 이혼율의 증가 등으로 아동・청소년・가족복지 등 보다 전문화된 서비스 수요가 증가될 것이다. 또한 노인장기요양보험제도와 기초노령・장애인연금제도가 도입되어 노인요양비와 연금 지출도 증가될 것이다. 이와 같이 인구·사회적 변화는 복지지출 증가에 큰 영향을 미칠 것이다. 셋째, 기존의 각종 사회보험제도들이 성숙단계에 진입함에 따라 사회보험지출규모가 빠르게 증가할 것이다. 이와 같이 21세기의 사회변화를 전망해보면 사회문제는 보다 다양화되고 사회복지의 수요도 크게 증가할 것으로 전망된다.

인구고령화의 진전, 소득수준의 향상 및 사회복지제도의 성숙화 등을 고려하여 향후 우리나라 복지지출수준을 예측한 결과에 의하면 현 복지정책 기조를 유지할 경우 우리나라의 GDP 대비 복지지출규모는 2010년 10.3%, 2020년 14.5% 그리고 2030년에는 20.6% 수준으로 빠르게 증가할 것이 예상되며, 이는 공적연금 및 국민건강보험 등 사회보험부문의 빠른 지출증가에 의해 주도될 것으로 나타났다. 특히 우리나라의 인구고령화 정도 및 소득수준이 현 단계의 OECD 국가들의 평균수준에 근접하게 되는 2020년 초경에는 우리나라의 복지지출이 일본, 미국, 호주 등의 현재 복지지출수준과 유사해 질 것으로 보인다. 만일 현재 우리나라의 경제사회제도적 여건을 OECD 선진국들과 어느 정도 일치시킨다면, 우리나라의 복지지출규모는 OECD 국가들 중 복지지출규모가 비교적 낮은 선진국들과 유사한 수준으로 나타났을 것이라는 유추해석이 가능해진다. 또한 2020년 이후에도 인구고령화의 가속화 및 공적연금수혜자의 지속적인 증가 등으로 복지지출은 더욱 빠르게 늘어나게 될 것으로 예상된다(문형표, 2001).

이렇게 증가가 예상되는 사회보장비의 재원 확보는 연금수급자의 증가나 의료비의 증가뿐만 아니라 저성장과 높은 실업률, 여성의 사회참여 확대와 인구의 저출산 추세, 급속한 고령화와 관련하여 어려움에 봉착하게 될 것이다. 이에 따라 보험료의 인상은 불가피하므로 이러한 상황을 고려한 사회보장재정의 안정화방안이 모색되어야 할 것이다.

제3절 3층 보장체계

1. 3층 보장체계의 구성

1) 3층 보장체계의 개념

공적연금체계란 한 가지 이상의 유형의 공적연금제도가 전체의 부분으로서 일정한 원리에 의해 조직화되어 있음을 의미한다. 일반적으로 국민의 경제적 위험을 보장하는 방법을 위기관리(risk management) 측면에서 볼 때 그 보장체계는 세 가지로 구분할 수 있다.

첫째, 사회 전체의 책임으로 확보되는 국가에 의한 사회보장 (공적연금, 공공부조, 사회수당 등) 둘째, 개인의 자발적 의사에 기초하여 결합되는 자기보장 (저축, 생명보험 등) 셋째, 중간형태로서 기업의 사회적 책임에 입각한 기업보장 (퇴직금, 기업연금, 단체보험 등) 등이 주축이 된다. 이것을 3층 보장체계(three-tired or three pillar system)라고 한다. 이들 체계는 각기 목적과 성격이 상이하여 하나의 체계만으로는 생활상의 위험을 커버할 수 없기 때문에 상호 보완적이면서 균형을 유지하여 전체적인 복지수준의 향상을 달성하는 노력이 필요하다. 즉 이들이 상호간에 유기적이면서도 복합적으로 기능을 발휘할 수 있을 때 국민의 소득보장은 체계화되고 국민생활은 안정될 것이다(Munnell, 1977).

신자유주의자들은 기본적으로 국가보다는 시장에 의한 복지공급을 선호한다. 시장은 한정된 자원을 효율적으로 배분하는 도구인데 반해 국가의 개입은 자원배분의 비효율성으로 복지에 있어서 실패를 가져온다는 전제에 있다. 이러한 신자유주의적 모형은 국제통화기금과 세계은행에 의해서 주도되어 왔다(김연명, 2002). 신자유주의자들은 공적연금은 3층 연금제도를 제안하고 있는 데, 1층은 자산조사방식 혹은 최저연금방식의 강제연금이고, 2층은 강제적이며 민간이 관리하는 연금제도이다. 3층은 임의보험제도로 기업연금 혹은 개인저축의 형태이며, 노인에게 추가적인 소득을 보장해주는 기능을 한다. 결국 이와 같은 3층 연금제도는 국가 역할을 축소하고, 시장과 개인 책임을 강조한다는 특징을 지니고 있다.

2) 3층 보장체계의 구성

OECD는 고령사회에 대비하여 연금제도를 선진국처럼 기초연금 · 기업연금 · 개인연금 등 3단계로 개선할 것을 정부에 권고했다. 선진국형 3단계 연금제도 중 1단계는 모든 국민에게 최저생활을 보장하는 기초연금제의 시행, 2단계는 기업연금제도, 3단계는 개인연금제도를 확대 시행하는 것을 말한다.

이를 구체적으로 살펴보면 1층 (1st pillar)은 강제적용의 공적연금으로 1-1층(1st tier)은 세금으로 재원을 조달하는 보편적인 기초연금으로 급여수준은 20~25%의 소득대체율이며, 1-2층(2nd tier)은 가입자의 소득수준에 연계되는 확정급여형(defined-benefit)연금으로서 급여수준은 기초연금과 마찬가지로 20%의 소득대체율이다. 이와 같은 1층 체계를 통해 소득재분배의 목적을 달성하고 국민연금제도의 낮은 참여율문제를 극복할 수 있다고 보고 있다.

2층(2nd pillar)은 법정 퇴직금제도를 강제적인 확정기여형 기업연금으로 전환하는 것으로, 노동시장의 유연성 제고를 위해 기업연금간 이동 허용, 자영업자의 참여를 허용한다는 것이다. 3층(3rd pillar)은 현행 개인연금제도를 활성화한다는 것이다(OECD, 「OECD/EDRC 한국경제검토회의 보고서」, 2001).

2층 연금체계를 지닌 OECD국가의 공적연금체계는 그 기능과 역할에 따라 기초연금(flat-rate basic pension schemes)과 소득비례연금(earning-related pension schemes)으로 구분된다. 기초연금은 고령자들에게 최소한의 소득을 보장하고 빈곤선 이하로 추락하는 것을 예방하는 취지를 지닌다. 재원은 세금 혹은 갹출을 기반으로 하며, 수급자격은 자산조사 등을 통해 연령이나 거주기간에 따라 좌우된다. 반면 소득비례연금은 주로 적정 소득을 보장하는 것을 목적으로 급여는 고용기간 및 퇴직 전 소득에 비례하며, 보험료를 주요 재원으로 조성한다(Kalish and Aman, 1998). 이와 같은 권고안에 따라 기초연금을 도입함에 있어서 현행 국민연금제도의 기초연금(균등부분)과 소득비례연금을 이원화하자는 방안이 제시되고 있다. 이 방안은 기초연금을 통해서 국민 누구나 노후에 필요한 최소한의 소득을 보장받도록 하고 소득비례연금을 통해서는 각 직역의 특성에 따라 노후설계를 할 수 있도록 하자는 것이다.

이 때 기초연금은 1인 1연금형태로 만들어 미래의 가족구조의 변화에 대응하고, 소득비례연금은 1소득자 1연금으로 추가적인 보험료를 납입하고 노후에 필요한 자금을 보다 여유있게 준비할 수 있도록 하는데 목적이 있다. 따라서 기초연금의 급여수준은 국민 평균소득의 20%로 하되 원칙적으로 2인 가구 최저생계비의 1/2을 보장하는 것을 목표로 한다. 또 기초연금은 가입기간과 관계없이 65세 이상의 노인도 모두 일정액의 연금을 받을 수 있게 되며, 초기 가입자에게 연금액이 적게 지급되는 문제도 해결된다. 기초연금의 재정은 부과방식으로 하여 세대간 및 세대 내 재분배가 이루어지는 조세방식으로 한다는 것이다. 이와 같이 기초연금은 단순한 연금제도의 성격을 넘어 과거 가족단위로 이루어지던 부모부양 부담을 근로세대가 함께 지는 사회제도로 전환하는 의미가 있다.

우리나라는 이와 같은 3층 보장체계를 부분적으로 갖추고 있으나 어느 제도도 완전성을 확보하지 못하고 있고 퇴직 후 노후생활보장책으로서 불안전한 상태에 있다.

여기에서는 자기보장으로서 행해지는 사적 연금의 대표적인 제도인 개인연금과 기업이 주체가 되는 기업연금에 대해 살펴보기로 한다.

2. 개인연금

자기보장은 노동자가 일하여 받는 임금으로 본인과 가족의 생활을 책임져야 된다는 것이지만 자본주의 발달로 노동자가 노동의 대가로 받는 임금으로 자신과 가족의 생활을 유지해 나가게 된다. 그러나 생활상의 사고와 기복에 대하여 개개인의 능력으로는 이에 대처할 수 없기 때문에 사회보장제도로서 소득의 재분배를 통해 전국민의 최저생활을 확보해주게 된다.

개인연금은 생명보험과 함께 보험회사가 판매하는 주요 상품으로 최근에는 인구의 고령화추세와 함께 공적연금제도의 기금난이 심각해지면서 민영 생명보험시장에서 급속한 신장세를 보여 주고 있다.

공적연금의 위기가 심각해진 여러 나라에서 개인별로 연금을 가입토록 적극 유도하기 위하여 세법상의 일정한 요건을 충족하는 경우에 여러 가지 세제혜택을 추가적으로 부여하고 있다. 연금보험은 생명보험에 속하는 것으로 간주되지만 주로 노후 또는 은퇴에 대비한 소득보장으로서의 성격을 지니고 있다는 점에서 생명보험과 구별할 수 있다.

이와 같은 연금보험은 개인의 생활위험관리의 중요한 수단이지만 기업에 있어서도 종업원의 사기진작, 복지관리 등 고용위험관리의 중요한 수단이 되고 있다.

우리나라에서는 1988년부터 실시된 국민연금제도의 보완, 금융실명제에 따른 제도금융권의 자금이탈 방지 그리고 개인의 노후생활 및 장래의 생활안정을 목적으로 조세감면규제법의 개정을 통해 1994년 세제지원 개인연금을 도입하였고, 2000년 조세특례제한법의 개정으로 세금우대가 강화된 세제우대연금저축상품이 2001년부터 판매되고 있다. 세제지원 개인연금을 취급할 수 있는 금융기관은 은행, 투자신탁, 생명보험 및 손해보험회사, 우체국, 농·수협 등으로 다양하다. 그러나 상품의 설계는 금융기관의 특성 때문에 다소 차이가 있으며, 소비자 입장에서는 각 상품이 모두 장단점이 있어 개인의 경제적 상황에 맞는 상품의 선택이 중요한 과제이다.

현재 판매되고 있는 생명보험상품은 첫째, 연금보험으로서 개인연금저축제도, 연금보험상품(노후적립연금보험, 노후복지연금보험) 등이 있고 둘째, 생사혼합보험 셋째, 보장성보험 넷째, 금리연동성보험 등이 있다.

이와 같은 개인연금시장이 성장하게 된 배경은 첫째, 핵가족화 추세에 따른 자녀에 대한 부양의 곤란 둘째, 인구의 고령화 추세 셋째, 공적연금제도의 재정적 위기에 따른 불신 넷째, 개인연금에 대한 세제 혜택 등이 있다.

3. 기업연금

1) 기업연금의 의의

퇴직금(retirement benefit)이라 함은 광의로는 종업원의 퇴직을 사유로 사용자가 종업원에게 지급하는 일시금 혹은 정기적 급여를 가리키고, 협의로는 소정기간 계속적인 고용관계에 있던 종업원의 고용관계 종료를 사유로 근로계약에 따라 미리 정해진 취업규칙이나 단체협약에 의해 사용자나 퇴직금관리기관으로부터 지급되는 금전급여라 할 수 있다.

우리나라 퇴직금제도는 근로기준법에 근거하고 있는 데, 일시금 형태의 단순한 제도임에도 다면적인 기능을 수행해 왔으며, 그동안 사회보험제도가 미비된 상황에서 근로자의 노후생활보장이나 실업수당적 기능을 어느 정도 수행하는 기업복지제도로 정착되어 왔다고 볼 수 있으나 내용 면에서는 단기적 실업보조 기능이나 장기적 생활보장 기능 중 어느 측면에서도 실효성을 상실하고 있다(김태진, 1988).

최초 도입 당시에는 퇴직자에 대한 공로보상적 차원에서 사용주가 지불하는 전별금적 성격이 강했으나 1961년 법정제도로 전환된 이래 제도가 정착되기 시작하면서 근무기간 동안의 근로에 대한 추후보상으로서 후불임금의 성격을 보다 강하게 띠게 되었다.

퇴직금제도는 법정퇴직금제도와 임의누진퇴직금제도 형태가 병존하면서 공보험적 요소와 사보험적 요소가 복합되어 있었다고 평가된다(방하남,1998).

특히 퇴직금제도는 1997년 근로기준법상의 임금채권 최우선변제조항이 헌법불일치판결이 내려지면서 지급보장문제, 노후소득보장 효과성 및 효율성 문제, 변화하고 있는 고용구조 및 임금체계와의 조화문제 등 다양한 시각에서 퇴직금제도 자체의 합리화문제가 전면적으로 검토되기 시작했다. 퇴직금제도 자체의 합리화라는 관점을 넘어서 공·사퇴직소득보장제도의 균형적 발전을 통한 노후소득보장체계의 확립이라는 보다 광범위한 관점에서 퇴직금제도에 대한 검토가 시작되었다.

퇴직금제도의 문제점은 근로자의 노후소득보장을 위한 제도로서 기능하지 못하고 정년퇴직 시 연금으로 지급되지 않고 퇴직할 때마다 일시금으로 지급되며, 사외적립(社外積立)되기보다는 사내적립으로 기업도산 시 지급보장문제가 발생하며, 장기근속 정규상용직 중심의 고용형태와 연공서열적 임금체계에 기반하여 고용형태의 변화, 연봉제의 확산 등과 같은 사회경제적 환경 변화를 반영하지 못했다.

이와는 달리 기업연금은 사외적립에 의한 근로자의 수급권 확보, 사용자의 인사관리 효율화와 경영관리상의 목적 달성, 국민저축의 효과 등 다양한 효용성을 갖고 있다. 또한 낮은 급여수준을 유지하고 있는 국민연금과의 보완을 통한 노후생활의 소득유지와 안정을 위해 그 필요성이 더욱 강조되고 있다.

이와 같이 퇴직금제도의 기업연금으로의 전환은 단순히 퇴직금제도만을 변화시키는 것이 아니라 장기적 관점에서 보면 퇴직금제도의 변화는 공적연금인 국민연금제도에 대해서도 지대한 영향을 미칠 수 있다.

기업연금제도의 도입이 종업원에게 미치는 긍정적 효과를 살펴보면 다음과 같다. 첫째, 퇴직일시금제도에서 기업연금제도로 전환되면 퇴직 후에 장기적이고 계속적인 급여가 지속되므로 노후소득보장에 기여하게 될 것이다. 둘째, 기업연금의 재원은 사외에 적립하게 되므로 종업원들의 수급권을 보장할 수 있다. 셋째, 기업연금제도의 세제상의 혜택은 현행 퇴직금 세제보다는 많은 것이므로 세제혜택을 통한 실질소득의 증가가 예상된다.

이와 함께 기업 측에 미치는 긍정적 효과는 다음과 같다. 첫째, 기업주의 갹출금 전액에 대하여 세제혜택이 주어질 수 있을 것이다. 둘째, 일반적으로 기업연금은 퇴직일시금과 달리 일시에 다액의 지출을 필요로 하지 않으므로 기업으로서는 자금관리가 원활하다. 셋째, 퇴직일시금에 비하여 종업원에게 노후의 생활불안을 해소시키고 안정감을 부여함으로써 고용의 안정과 인재 확보를 기여할 수 있고, 노사관계가 장기적으로 안정될 수 있다(김두철 외, 2000).

이와 같이 기업연금은 3층 노후생활보장체계 중 국가가 보장하는 공적연금을 보완해주는 기업이 주체가 되는 연금제도이다. 이러한 기업연금은 미국, EC, 일본 등 선진국에서는 제도적 정착단계에 있다.

한편 퇴직금과 사회보험은 기업의 입장에서는 보상적인 면과 이율배반적인 면을 동시에 지니고 있다.

2) 기업연금의 형태 및 종류

기업연금의 형태는 크게 갹출 여부에 따라 갹출제도(contributory plan)와 비갹출제도(noncontributory plan)로 나눌 수 있고, 확정정도에 따라 확정갹출제도와 확정급여제도로 나눌 수 있다.

기업연금급여는 기발생연금급여, 수급권이 부여된 연금급여와 보장된 연금급여 등 3가지가 있다. 기발생연금급여(accrued benefit)는 종업원이 근무함으로써 어느 시점까지 발생된 급여를 말하며, 수급권이 부여된 연금급여(vested benefit)는 종업원이 정년 전에 퇴직하더라도 기발생급여 중 기업에 요청할 수 있는 급여이다. 보장된 연금급여(guaranteed benefit)는 어느 기업연금제도가 소멸되었을 때 정부가 보장하는 보장된 급여를 말한다.

3) 우리나라 근로자퇴직급여보장제도의 내용

2004년 12월에 제정된 근로자퇴직급여보장법에 따라 5인 이상 사업장은 2005년 12월부터, 4인 이하 사업장은 2008년 이후 2010년까지 단계적으로 시행되고 있는 우리나라 퇴직연금제도를 살펴보면 다음과 같다.

(1) 적용대상

근로자를 사용하는 모든 사업 또는 사업장이 적용된다. 다만 동거의 친족만을 사용하는 사업 및 가사사용인에 대해서는 적용하지 아니 한다.

(2) 급여의 종류

기업연금제도의 급여는 크게 기존의 퇴직금제도와 퇴직연금제도로 구분된다.

① 퇴직금제도

퇴직금제도는 계속근로기간 1년에 대하여 30일분 이상의 평균임금을 퇴직하는 근로자에게 지급하는 제도이다. 다만 근로자의 요구가 있을 경우 근로자가 퇴직하기 전에 퇴직금을 미리 정산 지급할 수 있다. 또한 퇴직금은 지급사유가 발생한 날로부터 14일 이내 퇴직금을 지급하여야 한다.

② 퇴직연금제도의 종류

퇴직연금제도란 근로자에게 퇴직금을 연금형식으로 지급하는 제도이다.

사용자는 퇴직하는 근로자에게 급여를 지급하기 위하여 퇴직급여제도 중 하나 이상의 제도를 설정해야 하지만, 계속근로기간이 1년 미만인 근로자, 4주간을 평균하여 1주간의 소정근로시간이 15시간 미만인 근로자에 대해서는 제외된다.

퇴직연금은 <표 7>에 나타난 바와 같이 확정급여형 퇴직연금, 확정기여형 퇴직연금, 개인퇴직계좌가 있다. 확정기여형이나 확정급여형은 노사합의를 전제로 모든 기업이 선택할 수 있는 기본적 퇴직급여이다. 반면 개인퇴직계좌는 특례적으로 (노사합의 없이도 도입이 가능하다는 점에서) 10인 이하 사업장이나 확정기여 및 확정급여형제도에서 탈퇴하는 근로자만 선택할 수 있다. 그리고 기업이 어떤 퇴직연금제도를 선택하든 최소한 기존의 퇴직금보다 높은 급여를 제공하여야 한다.

<표 7> 퇴직금/ 확정급여형 퇴직연금/ 확정기여형 퇴직연금 비교

구분		퇴직금	확정급여형 퇴직연금	확정기여형 퇴직연금
비용부담주체		사용자	사용자	사용자 (근로자 추가부담 가능)
퇴직급여 형태와 수준		일시금	연금 또는 일시금 (퇴직금과 동일)	연금 또는 일시금 (퇴직금보다 많거나 적을 수 있음)
비용부담수준		연간 임금총액의 30일분(1/12)	퇴직금보다 많거나 적을 수 있음	퇴직금과 동일 (매년 중간정산 기준)
적립방식과 수급권보장		사내적립, 불안정	부분 사외적립, 부분보장	잔액 사외적립, 완전보장
적립금 운용		–	사용자	근로자
사용자의 관리부담		인사노무관리 경직적	퇴직 시까지 관리	적립 후 부담 적음
세제 혜택	근로자	일시금 퇴직소득과세	연금수급 시까지 과세이연	연금수급 시까지 과세이연
	사용자	'09년 이후 사내적립 30%까지 손비인정1)	사내적립 35% 손비인정, 사외적립 전액 손비인정2) 임금채권부담금 면제 (퇴직금부분)	사외적립 전액 손비인정 임금채권부담금 면제 (퇴직금부분)
직장이동 시 통산		불가능	어려움(단, IRA를 활용한 통산 가능)	쉬움
적합기업 및 근로자		도산위험이 없고, 임금상승률이 높은 근로자	도산위험이 없고, 퇴직연금수급자 관리 능력이 있는 기업	연봉제, 체불위험이 있는 기업, 직장이동이 빈번한 근로자

1) 06년까지는 40%, '07~08년은 사내적립 35%까지 손비인정
2) 퇴직급여추계액의 60% 이상 의무 사외적립
자료 : 노동부, 2007a:52.

(3) 연금수급요건 및 비용부담

확정급여형 퇴직연금은 55세 이상으로서 가입기간이 10년 이상인 가입자에게 지급되며, 연금의 급여기간은 5년 이상이어야 한다. 반면 연금수급요건을 갖추지 못하거나 일시금 수급을 원하는 가입자에게 일시금이 지급되는 데, 일시금의 금액은 계속근로기간 1년에 대하여 30일분의 평균임금에 상당하는 금액 이상이어야 한다.

확정기여형 퇴직연금의 비용부담은 사용자가 최소한 가입자의 연간 임금총액의 12분의 1에 해당하는 금액을 현금으로 부담한다.

(4) 퇴직연금사업자

퇴직연금 또는 개인퇴직계좌의 운용관리업무 및 자산관리업무를 수행하기 위하여 등록된 자산운용회사, 보험회사, 금융기관, 주식회사 등이 퇴직연금사업자이며, 퇴직연금제도를 설정한 사용자와 계약 체결한다.

(5) 퇴직연금심의위원회

퇴직연금제도의 운영 및 개선에 관한 주요 사항을 심의하기 위하여 노동부에 퇴직연금심의위원회를 두며, 위원회는 근로자를 대표하는 위원, 사용자를 대표하는 위원, 공익을 대표하는 위원, 정부위원으로 구성된다.

(6) 수급권의 보호

퇴직연금의 급여를 받을 권리는 양도하거나 담보로 제공할 수 없다. 다만 주택구입 등 대통령령이 정하는 사유와 요건을 갖춘 경우에는 고용노동부령이 정하는 한도 안에서 담보로 제공할 수 있다.

4) 퇴직연금 도입 현황

우리나라 퇴직연금제도는 2005년 12월 제도 시행 이래 도입사업장 수가 꾸준히 증가하고 있다. 즉 제도 시행 1년 차인 2006년 11월 말 기준 도입사업장 수는 16,291개소였으나 매년 증가하여 2009년 12월 말 현재 5인 이상 사업장의 13.6%, 5인 이상 사업장 상용근로자의 32.5%만이 퇴직연금에 가입하고 있다(노동부, 2010).

도입사업장의 제도 유형을 살펴보면 확정급여형(DB)이 14,884개소(25.6%), 확정기여형(DC)이 23,855개소(41.0%), 확정급여·기여형(DB&DC)이 526개소(0.9%), 개인퇴직계좌(Individual Retirement Account :IRA)특례가 18,688개소(32.1%)로 나타났다.

또한 2010년 5월 말 현재 확정급여형은 24,265개소, 확정기여형은 32,347개소, 확정급여 · 기여형은 954개소, 개인퇴직계좌는 22,670개소 등 80,236개 사업장이 도입하고 있다.

5인 이상 사업체에서 연간 발생하는 퇴직급여충당금 규모를 대략 17조 6천억원으로 추정할 경우 2010년 5월 말 현재 퇴직연금적립금 누적액은 17조 9,000억원으로 미미한 수준에 머무르고 있다.(고용노동부 2010).

이와 같은 퇴직연금제도가 도입됨으로써 고령사회를 대비해 국민기초생활보장제도, 국민연금, 기초노령연금, 개인연금, 퇴직연금으로 구성되는 다층 소득보장체계의 기본틀이 구축되었다고 볼 수 있다. 그러나 문제는 이들 개별 제도가 상호 보완적인 역할을 수행하면서 장기적으로 지속 가능할 것인가에 귀착된다.

4. 공적연금과 사적 연금의 관계

사회보장과 기업보장은 상호 보완성을 지니고 있는 동시에 공존관계에 있기 때문에 근로자의 생활안정을 위한 구체적 방법이 되고 있다. 기업이 사회보장제도의 존재를 인정하고 그 비용을 부담하는 것은 국가가 법률로 강제하고 있기 때문이기도 하지만 노무관리와 저임금의 보완이라는 성격과 서로 연관되어 있고, 특히 국가와 기업은 사회보장제도를 통하여 생산성을 높일 수 있는 노사관계를 형성하고 근로자의 생활안정을 도모하려는 데 그 목적이 있다.

공적연금과 사적 연금간의 차이를 살펴보면 첫째, 가입에 있어서 공적연금은 원칙적으로 가입을 법으로 강제화하는 반면, 사적 연금은 개인의 자발적 선택에 의해 가입이 임의화되어 있다.

둘째, 공적연금은 사회적 위험발생 시 표준적 또는 기초적 욕구의 충족을 목적으로 하기 때문에 급여수준 및 내용이 법에 의해 표준화 · 규격화되어 있는 반면 사적 연금은 기업이나 개인의 욕구와 부담능력에 따라 급여 내용의 범위가 선택될 수 있다는 점이다.

셋째, 급여수준의 실질가치 유지와 관련하여 공적연금은 일반적으로 물가수준의 변화에 연금급여를 연동시킴으로써 노후기간 동안 급여의 실질 구매력은 유지시켜 주지만 사적 연금은 이러한 기능이 없다.

넷째, 노령빈곤을 방지하기 위해서 공적연금은 최저급여 보충, 저소득층에 상대적으로 유리한 급여산정방식, 기여면제 등의 소득재분배적 조치들을 통해 저소득층에게 상대적으로 후한 급여가 이루어진다. 그러나 사적 연금은 기본적으로 소득계층에 관계없이 기여금에 이자수입을 합산한 금액이 연금급여가 되기 때문에 저소득층의 경우 노령빈곤을 방지하는 수단은 되지 못한다.

다섯째, 기여와 관련하여 공적연금은 기본적으로 가입자의 연령, 성별, 직업 등을 불문하고 가입자 전체의 사고발생률에 대응한 평균보험료적 성격을 지닌 것으로서 일반적으로 소득수준의 일정비율을 부담하는 응능부담 원칙을 따르고 있으나 사적 연금은 급여수준과 기여수준을 일치시키는 수지상등의 원칙을 따른다.

공적연금과 사적 연금의 보완이라는 차원에서 볼 때, 공적연금과 기업연금의 보완관계는 퇴직일시금이 기업연금으로의 전환으로 관련 제도와의 상호 공존이 과제로 제기되고 있다. 즉 3층 보장체계의 정책과제는 공적연금과의 조정문제, 세제상의 우대조치, 운영상 해결해야 할 과제 등이 제기되고 있다.

제4절 사회보험의 공·사역할분담과 민영화

1. 사회보험에 대한 민영화 논의의 배경

복지국가의 위기론에 대한 대응으로 제시된 여러 방안 중에서 핵심적인 것이 복지다원주의(welfare pluralism)이다. 복지다원주의는 복지혼합경제(mixed economy of welfare) 또는 복지혼합(welfare mix)이라고 불린다. 일반적으로 사회복지영역을 서비스 제공주체에 따라 국가영역(법정영역), 민간영역, 상업영역, 비공식영역의 네 영역으로 구분할 수 있다. 이러한 네 영역 중에서 사회보장과 가장 관련이 깊은 영역이 국가영역이다. 그러나 국가영역과 기타 영역과의 관련성은 사회보장의 주요한 관심사이다. 물론 이러한 영역의 구분은 엄격한 것은 아니며 비공식영역에 민간영역이 중복되는 경우도 있다.

복지다원주의 차원에서 논의되는 사회보장은 민영화(privatization)와 상업화(commercialization)가 주요 관심대상이 된다. 민영화란 시장제도의 도입을 의미하며, 시장경제제도의 장점은 경쟁을 통해서 재화와 용역이 질적으로나 양적으로 개선된다는 데 있다(박성희, 1997). 즉 사회보장관리운영의 주체를 국가와 공공단체에서 민영보험회사로 이관시키는 것으로 이 같은 주장은 신자유주의자로부터 나왔다. 경쟁이 시장제도의 장점이지만 경쟁이 항상 효율성을 증대시키는 것은 아니며, 사회 전체의 장기적인 이익을 충족시키는 데도 비효율적일 때가 많다.

베버리지는 개인마다 실제소득과 지출수준이 다르다는 점에 주목하여 개인이 기본 생계수준에 추가해 더 높은 수준을 유지하는 것이 필요한 경우에 임의보험을 선택할 수 있다고 보았으며, 국가가 임의보험을 장려해야 한다고 주장한 바 있다.

복지국가의 위기 내지 해체의 문제는 1970년대 중반 이후 서구 사회에서 제기되었다. 많은 복지국가들은 이 시기에 들어와 그 이전에 비해 많은 변화를 추구해 왔는데, 변화의 내용으로는 제2차 세계대전 이후 30여년 동안 대부분의 복지국가들이 빠른 속도로 복지정책을 확대해 왔으나 그 이후 이러한 속도는 둔화되었고 또한 국가간에도 차이를 보여 왔다.

복지국가 위기 내지 해체론의 주장들로서 신보수주의자들의 견해는 국가의 개입이 줄어든 자유경쟁시장체제로 전환하고, 사회복지 프로그램은 보편적 원칙이 아닌 잔여적 원칙에 입각하여 수혜자의 수를 제한하고 또한 가족이나 자발적인 민간부문에 의한 사회복지 욕구를 해결해야 한다는 것이다. 맑시스트는 자본주의체제를 유지하고 사회복지도 실현할 수 있는 이른바 복지자본주의는 자본주의 발전단계상 어떤 시점에 이르면 한계에 봉착하게 되므로 진정한 사회복지를 실현하기 위해서는 사회주의체제로 돌아가야 한다는 주장이다.

한편 실용주의는 앞의 두 가지 관점은 복지국가가 갖고 있는 기본적인 속성의 문제로 보고 복지국가의 위기는 복지국가가 발전하는 과정에서 나타난 시행착오나 상황의 변화로 인한 일시적인 현상으로 보아 기존 복지국가의 정치적, 경제적 체제내에서 해결할 수 있다고 보고 있다. 따라서 복지국가 프로그램의 형태나 운영방법에서 잘못되었기 때문이므로 지방분권화나 민영화의 방법을 통해서 효율화되면 신뢰감을 회복하게 되고 그 위기도 해결된다고 보고 있다.

혼합복지는 복지의 혼합경제에 근거한 것으로서 어떤 한 개인의 총 복지상황은 국가, 시장, 자발적 그리고 가족적 공급의 총체적인 결과물이라는 개념(Peter Taylor-Gooby, 1985)에 근거한 것이다. 이는 고도성장기에 수립되었던 고복지 · 고부담의 단선적인 형태에서 저성장기의 감속경제에 맞는 복지 개념의 새로운 형태를 확보하고 이를 통해 복지국가의 위기와 복지의 위기는 아니라는 믿음 속에서 제기된 개념이다(원용찬, 1998). 즉 복지국가 위기론에 대응하여 나온 여러 시책 가운데 핵심을 이루는 것이 복지다원주의이다(노병일, 1999). 복지다원주의는 국가를 포함한 여러 영역이 사회보호를 담당하는 것을 의미한다.

사회보장 재정의 위기, 신자유주의의 대두와 함께 사회보험에 대한 민영화가 강하게 주장되었다. 대체로 성장 위주의 경제정책 추진을 주장하는 신자유주의 경제학자, 보험 · 금융회사, 세계은행 등은 사회보험의 민영화를 찬성하는 입장에 서 있으며, 성장과 분배를 동시에 추진할 것을 주장하는 신보수주의 경제학자, 사회정책 · 사회복지학자, 국제노동기구와 국제사회보장협회(ISSA) 등은 사회보험의 민영화를 반대하는 입장에 서 있다.

2. 외국의 사회보장 개혁방안

서구 복지국가들의 민영화 경향은 의무적 사회보장 원칙의 훼손 내지는 약화로 볼 수 있다. 이러한 변화에 따른 보호의 공백을 민영보험회사들의 참여를 통해 해결하는 것은 하나의 정책적 선택사항이다.

영국의 대처정부에 의해 시작된 민영화는 정부를 포함한 공공부문의 비효율적인 운영을 시정하는 데 주요 목적을 두었다. 상업화 이전에는 통상적으로 정부와 비영리 민간기관들이 사회복지 서비스를 제공해 왔으나 오늘날에는 영리를 추구하는 민간기관들이 사회복지를 제공하는 경우가 늘어나고 있다. 이렇게 사회복지부문에 영리기관의 진출이 증가하면서 이들 영리기관들이 어떻게 사회복지 서비스의 목적을 실현할 수 있는지가 새로운 문제로 대두되었다.

영국에서는 1998년 3월에 발표된 복지개혁(Green Paper)에서 「새로운 복지계약(New Contract for Welfare)」을 선언하였는 데(Department of Social Security, 1998), 그 골자는 국가와 시민간에 명시된 의무와 권리의 관계를 재정립하여 균형을 유지하고자 하는 것이다. 즉 전후 복지국가의 근간을 형성하였던 시민의 사회적 권리와 국가의 책임이라는 일방적인 관계를 개혁하여 시민들은 이제 자신의 노후생활과 가족의 보호를 위해 더 많은 부담을 해야 하고, 정부는 사회적으로 가장 욕구가 큰 집단에게 사회적 보호를 집중적으로 실시할 것이라고 선언하였다.

사회보험과 공공부조를 바탕으로 하는 사회보장정책은 대체로 경제적 패러다임에 바탕을 둔 복지 개념이라고 볼 수 있다(원용찬, 1998). 자본주의 초기 단계의 노동자 빈궁은 경제적 안정의 결여에서 오는 경제적인 것으로 정의되었고, 따라서 질병, 노령, 상해, 실업 등에서 오는 취업능력의 결손에 대비한 임금보상 기능이 문제가 되었다. 경제적 패러다임의 경우 그 기본적 변수는 화폐소득, 생산, 구매력, 경제성장, 완전고용 등이며, 복지 개념은 주로 국가에 의한 소득재분배정책으로 이해되었다. 그러나 급속한 산업화에 의해 초래된 개인주의와 소외문제 등에는 적절한 대응책을 마련하지 못했다.

미르달은 사회복지 대상의 변천과정을 원용하여 복지 개념체계의 진화과정을 3단계로 구분하고 있다(Myrdal, 1941). 첫째 단계는 사적 자선과 공적인 빈민구제를 통하여 최악의 문제를 해결하는 것만으로도 충분하였던 온정주의적 보수주의 시대, 둘째 단계는 사회적 위험을 공동적으로 대처함으로써 불평등을 보호하는 것으로 충분했던 자유주의 시대, 셋째 단계는 예방과 협동적 사회정책의 시기라고 볼 수 있는 사회민주주의 시대이다.

복지의 첫째 단계는 가부장적인 시혜의 성격을 띠었지만 구빈법적인 열등처우와 구제할 가치가 없는 빈민(undeserving poor)의 도태 등 구빈억제의 효과를 낳는 일종의 억압적 성격을 띤 시기였다. 복지의 둘째 단계는 사회적 연대에 기초한 공동의 위험준비를 통해 소득의 중단이나 감소를 보전하기 위해 국가와 개인의 협력관계를 중시하는 사회보험과 여기에 공공부조가 결합되어 사회보장으로 확대된 시기라고 할 수 있다. 이 단계에서의 복지 개념은 은혜가 아닌 권리로서의 복지라는 현대적 의미와 관련되어 있었고, 사회화되고 제도화된 복지, 공적 책임에 의해 보장되는 복지였다. 현대의 복지 개념은 이 같이 단순한 양적인 소득이전 원리에서 질적인 창출효과를 야기하는 것은 물론 복지 패러다임의 전환에 따라 이에 조응하는 하나의 확대 개념으로서 인간들이 복지의 이상과 가치를 위하여 서로 협력해야 하는 자기발전적인 과정으로서 당위적인 성격을 포함하고 있다.

클라케 등은 기존 복지공급의 과도한 중앙화와 관료화를 비판하고, 새로운 합의에 이르러야 할 대안적 제도의 주요 특징을 첫째, 사회복지 주요 부문 외에 임의조직에 의한 다원적 공급(plural provision) 둘째, 국가 서비스의 분산화와 지역단위로의 지향 셋째, 다원적 공급주체 (임의 조직, 정부, 중앙 및 지역)에 대한 감시와 경계역할의 증대 등으로 제시하고 있다. 이와 불가분의 짝이 되는 수단으로서 정책결정과정에서 소비자와 생산자 그리고 복지공급자와 사용자의 대표 참여를 강화하는 것 등이다(J. Clarke et al, 1987).

복지와 효율의 문제에 관해서 고복지 · 고부담이 경제적 효율에 미치는 영향으로서 1970년대 이후 대부분의 북구 복지국가에서 이윤율의 실질적 저하, 과중한 조세부담으로 인한 지하경제의 급속한 팽창으로 고복지에 따른 고부담은 경제적 효율에 미치는 역효과뿐만 아니라 정치적 댓가도 치르게 되었으며, 많은 국가에서 납세자들의 조세저항이 증대되었다.

민간 · 상업영역이 사회보장을 제공하는 것을 반대하는 논리는 이중복지체제(dual welfare system)에 대해 걱정하고 있다. 특히 상업화가 진행되면 사회보장이 지불능력에 따라 좌우되게 되어 민영보험은 국민연대를 약화시키고, 때에 따라서는 사회적 위험이 적은 사람이 민영보험에서 더 유리한 혜택을 얻고, 사회적 위험이 높은 사람이 불리한 혜택을 얻는 결과를 낳는다는 것이다. 또한 민영화 · 상업화는 분리현상을 낳는다. 분리현상이란 문제가 심각하지 않고 비용을 부담할 수 있는 클라이언트를 보호하는 현상을 말한다. 특히 상업화는 소득에 따라 서비스가 달라지는 서비스 계층화현상을 조장한다고 비판하고 있다.

3. 연금제도의 개혁

최근 사회보장제도 중에서 민영화 바람이 가장 거세게 불고 있는 것이 연금제도라고 볼 수 있다. 연금보험의 민영화란 (1) 적립기금의 신설(기존 부과방식의 지양) (2) 투자기관의 다양화(정부채권, 민간기업의 채권, 국내외 주식 등 민간투자상품에 대한 투자 등) (3) 개인계정의 신설(적립기금의 일부 또는 전부를 가입자 개인별로 관리하는 개인저축으로 전환) 등의 내용을 포함하고 있다(Diamond, 1999; 원석조, 2008, 재인용).

공적연금제도를 도입 시행하고 있는 선진국들은 공적연금의 과중한 부담 및 재정불안정으로부터 벗어나기 위해 공적연금과 민영연금의 균형적 발전을 모색해 오고 있다. 이와 같은 외국의 움직임과 함께 우리나라에서도 현행 제도의 문제점을 타개하기 위한 대안으로서 양 제도의 균형적 발전방안을 모색한바 이러한 모색의 배경에는 현행 제도의 현황에서 나타난 문제점을 지적할 수 있는데, 그 문제점으로는 첫째, 공적연금의 대상별 분립체계 둘째, 공적연금의 재정불안정 셋째, 퇴직금 부담의 가중 및 퇴직 후 생활보장의 미흡 넷째, 개인연금의 급여보장 불확실성 및 실질가치 확보의 불안정 등을 지적할 수 있다(윤석명 외, 1999).

그러나 칠레의 연금민영화 사례를 검토하여 사회보장제도의 민영화는 바람직하지 않다는 주장(조영훈, 1997)에 따르면 칠레의 경우 사회 서비스의 상업화가 경제성장을 크게 촉진시킨 바 없고, 사회불평등 해소와도 관계가 없으며, 정부재정안정이나 국민생활 향상에도 별다른 기여를 하지 않았다고 보았다.

1) 외국의 공 · 사 연금제도의 현황 및 개혁 동향

공적연금제도를 일찍 도입한 대부분의 서구 국가들은 국민의 수용성을 고려하여 적용대상을 장기간에 걸쳐 점진적 확대과정을 걸쳐 제도를 성숙시켜 왔다.

외국의 공적연금 개혁 동향을 살펴보면, 공적연금제도가 성숙단계에 도달하여 재정불안정에 시달리고 있는 대부분의 국가들은 인구의 고령화로 인해 연금재정 불안정현상이 가속화될 것으로 전망되어, 공적연금 개혁 및 노후소득보장체계에 영향을 미치게 되었고, 이에 대처한 개혁이 추진되고 있다. 즉 공적연금 재정불안정은 저부담 · 고급여의 수급구조와 인구구조의 고령화가 근본적인 원인으로 지적되고 있다.

각국의 공적연금 위기에 대한 대응전략을 살펴보면 먼저 공적연금의 재정기반 강화전략으로 퇴직억제를 통한 기여자의 수 증대, 기여율의 인상, 적립적 요소의 강화. 기여금 부과대상소득의 범위 확대, 제도 통합, 급여에 대한 과세를 통한 환수 내지 소득조사를 통한 감액 등이며, 둘째, 공적연금 총지출 억제전략으로는 연금급여수준의 축소, 연금수급기간의 단축 등이 있으며 셋째, 노후보장 기능 확충전략으로는 적용대상의 확대, 급여의 적절성 확보, 여성의 연금수급권 확충 등이 있으며, 넷째, 공 · 사 연금의 혼합전략으로는 사적 연금의 급진적 전환형, 강제적 공적연금 보완형, 적용제외형(contracting out), 자발적 공적연금 보완형 등이 있다. (정경배 외, 2001)

공적연금제도가 성숙단계에 도달하여 재정불안정에 봉착해 있는 대부분의 국가들은 향후 급속하게 진행될 것으로 예상되는 인구구조의 노령화에 따라 연금재정 불안정현상이 심화될 것으로 예상되고 있다.

이러한 추세에 따라 세계은행은 1994년 「노령기 위험 회피를 위하여(Averting The Old Age Crisis; Policies to Project the Old and Promote Growth)」를 발간하여 공적연금 개혁 및 노후소득보장체계에 대해 많은 영향력을 발휘하게 되었다. 이 보고서에 의하면 현재의 공적연금 위주의 노후소득보장체계를 다중(multi-pillar)체계화할 필요성이 있다고 하고, 구체적으로 전체 노후소득원의 25~30%를 차지하는 부과방식 속성의 확정급여형 공적연금제도를 1층 구조로 강제 적용하되, 민간부문에서 운영하는 개인 기여액 및 적립기금 운영결과에 비례한 금액 지급이 결정되는 확정갹출형의 소득비례연금제도를 2층 구조로 그리고 임의가입을 원칙으로 하되 개인의 선택에 의한 확정갹출형 개인연금제도를 3층 구조로 하는 노후소득보장체계를 제시하고 있다.

결국 세계은행의 연금개혁안은 현행의 정액제 보편주의 기초연금(제1층) + 확정급여 소득비례 부과방식연금(제2층)을 정액제 선택주의 사회안전망연금(제1기둥) +

확정기여 적립방식연금(제2기둥)으로 전환하자는 것으로 압축된다.

반면 국제노동기구는 연금제도의 개혁방향을 기본적으로 연금수요자 측면에서 파악하여 당위론에 입각하여 접근하고 있는 데, 공적연금제도가 일반 국민에게 제공해야 할 최소한의 급여수준과 최소한의 적용대상을 최우선 과제로 설정하고, 급여수준 측면에서는 빈곤선 이상의 최소소득대체율 보장을 강조하고 구체적으로 저소득층에 대해서는 최저급여를, 평균 소득층에 대해서는 적정급여의 보장을 중시하며, 적정수준의 연금급여 보장 및 연금구조에 대해서는 국가의 명확한 책임을 강조해 국제노동기구의 권고사항인 최저 40%의 소득대체율 (30년 가입 기준)이 확정급여형태로 지급되어야 함을 권고하고 있다.

공적연금제도의 개혁에 대한 관심은 1980년대 칠레의 공적연금으로부터 시작되어 아르헨티나, 호주, 볼리비아, 콜롬비아, 멕시코, 페루 그리고 영국에 이르는 국가에서 개혁이 이루어졌다. 이러한 방안은 노후소득보장체계에 있어 국가의 과다한 역할을 제한하며 상대적으로 시장(민간부문)의 역할을 강조하고 있다.

여기에서 외국의 공·사 연금현황과 개혁 동향을 살펴보면 다음과 같다.

독일은 제2차 세계대전 이후 공적연금의 급여수준이 대폭 확대됨에 따라 노후소득보장체계에서 제2차 세계대전 이전에 발달하였던 기업연금 및 개인연금제도의 비중이 약화되어 있는 상태였다. 노후소득을 주로 공적연금제도에 의존하는 관계로 안정적인 노후생활을 위해 필요한 연금급여가 공적연금제도에서 지급되는 반면 기여율이 이에 미치지 못하여 연금재정 불안정이 불가피한 상태였다. 이에 따라 연금제도 개혁에 대한 논의가 진행되고 있으나 독일의 사례에서 얻을 수 있는 교훈은 공·사연금제도의 균형적인 발전을 통해 노후소득원의 다양화 및 공공부문의 부담을 완화할 필요가 있다는 점이다.

네덜란드는 공적연금제도를 통해 기본적인 소득보장을 제공하며 기업연금과 개인연금이 공적연금을 보완하는 형태를 취하고 있다. 지난 20여년 동안 노후소득보장체계에서 사적 부문의 비중을 확대하여 다른 선진국이 겪고 있는 사회보장제도의 재정불안정현상으로부터 비교적 자유로운 실정이다. 연금통산기구인 서키트제도를 통해 기업연금제도 상호간 연금수급권을 통합 운영하고 있다는 점에서 매우 선진적인 사회보장체계를 구축하고 있다고 볼 수 있다.

세계 최초로 모든 국민에게 강제 적용되는 노령연금제도를 도입하여 여타 국가의 연금제도 도입에 커다란 영향을 미쳤던 스웨덴은 경기침체 및 인구구조의 고령화가 수반하는 제반 문제들을 극복하기 위해 1998년 연금 개혁을 단행하였는 데, 새로운 연금제도에서는 점증하는 연금부채를 공식적인 재정적자로 전환시키기 어려운 현실을 감안하여 명목확정갹출제도라는 독특한 개념을 도입하고 사회정책적인 고려에 의해 부여되는 소득재분배 기능을 연금재정이 아닌 연금제도 이외의 부문이 담당하도록 하고 있다. 이렇게 개정된 노령연금제도가 순수한 보험제도로 전환됨에 따라 사회보험을 사회정책과 명확하게 구분하는 것을 의미하고 있다.

미국의 노후보장제도는 노령 · 유족 · 장해연금 및 노인을 위한 의료보험을 지칭하고 있다. 제2차 세계대전 이후 미국의 베이비붐 세대가 본격적으로 은퇴하기 시작하는 2020년 이후에는 심각한 재정불안정을 야기할 것이 예상되고 머지않아 겪게 될 사회보장 신탁기금 고갈문제를 해결하기 위해 정부는 사회보장 개혁논의를 활발하게 진행시키고 있는 데, 사회보장자문위원회는 현체제 유지 · 보완안(Maintain Benefits), 확정갹출형 개인퇴직금계정 신설안(Individual Accounts), 사회보장제도를 정액연금과 개인저축계정으로의 이원화안(Personal Security Accounts) 등 3개안을 제시하고 있다.

이와 같이 연금제도가 성숙단계에 진입한 국가들은 지속 가능한 제도를 구축하기 위하여 연금개혁을 단행하거나 추진 중에 있음을 알 수 있는 데, 공적연금의 개혁은 연금보험료의 인상, 연금급여수준의 축소, 기여기간의 확대, 연금수급연령의 연장 등 연금수급구조의 개혁(parametic reform)으로부터 기존의 확정급여형 연금제도를 확정갹출제도로 전환하거나 기존의 부과방식 공적연금을 폐지하고 국가강제의 확정갹출형 개인연금제도를 도입하는 등 매우 다양한 형태로 이루어지고 있다.

2) 우리나라 현행 공적연금과 사적 연금의 현황과 문제점

공적연금이 발전하게 되면 상대적으로 사적 연금이 위축되고 그와는 반대로 사적연금이 발전하게 되면 공적연금의 발전이 정체된다. 이는 기본적으로 한 사회에서 연금에 지출할 수 있는 자원의 한계성 때문에 발생하는 것이다(이인제 외, 1999). 그러나 공적연금과 사적 연금간의 문제는 상호 연계되어 있어 이 두 가지 제도는 노후소득보장체계의 틀 속에서 각각의 구성인자들로서 서로를 한계지우면서 전개된다.

우리나라 공적연금제도는 일반 국민을 대상으로 하는 국민연금제도와 공무원, 군인, 사립학교교직원 등을 가입대상으로 하는 특수직역(特殊職域)연금제도로 다원화되어 있다. 국민연금제도는 여타 특수직역연금과는 달리 중・단기적인 관점에서 볼 때 재정안정성은 심각하지 않은 편이나 제도에 내재된 저부담・고급여 특성으로 인해 현재의 급여수준을 유지하기 위해서는 연금보험료의 대폭 상향 조정이 불가피하게 되었으며, 전국민연금시대를 맞아 자영자 소득파악문제 및 다수의 보험료 납부예외자의 문제가 안정적인 제도 정착에 장애가 되고 있다.

공무원연금 등 특수직역연금의 재정불안문제는 심각한 상태로서 군인연금과 공무원연금은 연금급여액의 상당부분을 국고재원에 의존하고 있고 사립학교교직원연금도 조만간 기금고갈이 예상되고 있어 특수직역연금의 적정부담・적정급여 체계로 제도적 개혁이 이루어지고 있다.

기업의 퇴직금제도는 퇴직연금으로 전환되고 있다.

개인연금제도는 취급 금융기관이 파산하는 경우 급여보장의 법적 장치가 미비할 뿐만 아니라 물가지수 연동채권 등이 발행되지 않아 급여의 실질가치 유지가 어렵고 연금계정의 금융기관간 이전성이 결여되어 가입자가 불이익을 당하는 경우가 발생할 수 있다는 문제가 있어 이의 안정성을 확보하는 보완책이 마련되어야 할 것이다.

연금제도 개선을 위한 기본방향으로 제시된 내용을 살펴보면 첫째, 지속가능성(sustainability) 확보와 부담가능성(affordability) 증진 둘째, 특수직역연금의 역할 재조정을 통한 재정안정 추구 셋째, 전국민 공통의 단일 공적연금체계 구축 넷째, 연금수급권의 보편성 및 적절성의 확보 다섯째, 공적연금과 사적 연금의 역할분담 등이 있다.

그리고 공적연금제도 개선을 위한 기본 원칙으로는 첫째, 장기적 재정안정성 원칙 둘째, 부담가능성 고려의 원칙 셋째, 급여의 적절성 원칙 넷째, 적용의 보편성 원칙 다섯째, 세대내・세대간 형평성 원칙 여섯째, 적정 공・사 역할분담의 원칙 등이 제시되고 있다(정경배 외, 2001).

4. 의료보험의 민영화

1) 외국 의료보험 개혁의 주요 쟁점

각국 의료보험제도 개혁의 주요 쟁점을 살펴보면 인구의 고령화, 의료비 상승에 대한 대응, 보험자간 경쟁확대와 소비자 선택의 존중, 민영의료보험[3]의 활성화 및 공적 의료보험의 확대를 통한 의료보장의 형평성과 효율성의 조화 등이다. 각국 의료제도의 전반적인 다양성에도 불구하고 의료개혁을 진행 중인 국가들의 공통점은 첫째, 국민들의 건강유지를 위한 1차 수단으로 공적 의료보험 발전에 주력하고 둘째, 사회안전망 또는 급여기금을 통해 소득에 관계없이 모든 사람들이 이용할 수 있도록 의료정책의 형평성을 달성하려고 노력하고 셋째, 타 부문 또는 국제경쟁력을 회생시켜 의료부문 투자가 과도하지 않도록 전반적인 비용억제나 비용효과성을 향상시키기 위해 노력하고 있다는 점이다.

외국의 민영의료보험의 실태를 살펴보면 다음과 같다.

영국의 의료보장제도는 대다수의 다른 나라와는 달리 최적수준(optima standard)의 국민의료보장을 목적으로 하고 국민보건 서비스(National Health Service)를 기반으로 하여 모든 국민은 실질적으로 무료로 대상과 내용에 제한 없이 제반 의료 서비스를 제공받고 있다. 그럼에도 불구하고 민영의료보험이 존재하고 있으며 매년 확대 추세에 있다. 그 이유는 국민보건 서비스체계에서 사적 병상의 존속이 민간의료보험을 창출하였다면 국민보건 서비스가 내포하고 있는 결점이 민영의료보험이 확대의 주요 원인이라고 할 수 있다. 또한 민영의료보험은 국민들에게 국민보건 서비스의 취약점을 피할 수 있는 출구를 마련해주었고 NHS의 도입으로 인한 의료공급자의 피해를 경감시켜 주었다는 측면에서 긍정적으로 볼 수 있다. 민간의료보험의 가입자는 대부분 고소득자이기 때문에 국민에 대한 의료 서비스의 제공 여부나 순서가 국민 개개인의 소득에 의해 좌우되지 않고 필요에 따라 결정된다는 NHS의 기본 취지와 상반된다고 볼 수 있다.

미국은 전국민을 대상으로 하는 의료보험제도가 없던 국가로서, 정부가 관장하고 있는 공적 의료보험은 61세 또는 그 이상의 노년층과 신체장애인을 대상으로

---

3) 민영의료보험이란 보험회사 등 사적 기관에서 의료비용을 보장하는 보험으로 보건의료학계에서 정의되고 있으며, 의료비 보장뿐만 아니라 장기간병보험과 소득보상보험을 광범위하게 포함하여 민영건강보험이라는 용어로 주로 사용되고 있다.

한 Medicare와 극빈자를 대상으로 하는 Medicaid로 구성되어 있다. 이 두 유형의 공적 의료보험은 미국 전체 인구의 24%에 혜택을 주고 있어 대부분의 미국인은 필연적으로 민영의료보험에 의존할 수밖에 없다. 민영의료보험은 약 1,200개의 일반보험회사, Blue Cross나 Blue Shield와 같은 비영리 의료보험단체 그리고 HMO와 같은 집단 의료보험조직에 의하여 행해지고 있으나 미국 전체 인구의 약 82%가 가입하고 있다. 한편 약 10%는 의료보험혜택을 전혀 받지 못하고 있다.

이 중 이중가입자는 Medicare 수혜자들이고 이중가입의 이유는 Medicare가 흡수하지 못하는 영역을 민영의료보험이 보완하기 위해서 이다. 이렇게 볼 때 미국에서의 민간의료보험의 역할은 공적 의료급여인 Medicare의 보완적 역할을 수행하고 있다고 볼 수 있으나 민영의료보험 규모가 지나치게 커 의료비 부담의 가중을 초래하는 문제를 낳고 있다. 그러나 의료보험제도의 도입으로 제도적 변화가 이루어지고 있다.

독일의 공적 의료보험은 노동정책과 긴밀한 관계를 가지고 있으며 소득재분배보다는 노동력 보존을 위한 국민건강 유지에 더 중점을 두고 있다. 대부분의 노동자들은 공적 의료보험의 강제적용대상으로 되어 있으나 자발적으로 건강유지를 할 수 있다고 인정되는 고소득자들은 제외되어 이들은 임의대로 공적 의료보험이나 민영의료보험을 선택할 수 있다. 따라서 독일의 민영의료보험은 공적 의료보험의 강제적용대상이 아닌 고소득자에게 의료보험 혜택을 제공하는 것이 주된 역할이다.

이와 같은 외국 민영의료보험의 유형을 분류해보면 첫째, 보완역할형(미국, 영국)으로서 공적 의료보험이 수용하지 못하는 부문을 보완하거나 결점을 피할 수 있는 출구로서의 보완적 기능을 들 수 있다. 둘째, 독일처럼 민영의료보험은 공적 의료보험의 비적용대상자를 위한 공급자로서의 역할 등으로 구분할 수 있다.

이와 같이 민영의료보험은 각국의 특색에 따라 그 역할이 다르게 형성되고 있으며, 미국의 경우를 제외하고 민영의료보험은 주로 고소득자를 위한 제도이며, 가입자는 공적 의료보험가입자가 향유하지 못하는 특례를 누리고 있다는 점이다.

2) 우리나라 의료보험의 민영화 논의

국민건강보험에서 임의보험의 도입 필요성은 강제제도의 의료비 한계성에서 찾을 수 있으며, 이러한 상황에서 민영의료보험제도는 다양한 상품과 운영방법으로 다양하고 고도화된 의료보장 및 소득보장 욕구를 시장경제 원리에 따라서 효율적으로 충족시킬 수 있다는 점이다.

민영보험제도는 시장경제 원리에 입각한 경제적 효율성을 기본적 특징으로 하면서 사회보장과 보완관계를 유지하는 차원도 있지만 독립적 발전단계에서 다양한 니드를 탄력적으로 수용하는 상품개발 등 상대적 우위성을 갖고 있는 민영제도의 고유한 영역을 갖고 있다. 즉 국민건강보험은 최저보장 원리를 근본으로 하여 제한된 의료혜택을 제공하고 있으므로 국민들의 의료욕구를 충족시키기란 불가능하다는 논리이다.

또한 비급여부문이 많아 입원환자의 경우 총 진료비 중 본인부담액이 무려 50%에 달하고 있음을 감안할 때 공적 국민건강보험을 보완하는 민영보험의 도입은 필요한 것인가에 대한 논쟁이 생기게 되었다. 따라서 국민건강보험의 문제점을 개선해 나가면서 급여 확대와 질적 개선의 자체적 해결이 어렵다고 판단될 때 민영보험의 도입을 논의해 볼 수도 있다.

이와 같은 민영화의 논의는 현행 국민건강보험제도가 내포하고 있는 문제점의 개선방안으로서 민영의료보험의 도입 또는 활성화 논의가 제기되고 있다.

민영보험의 역할과 관계에 대한 주장들을 살펴보면 첫째, 민영의료보험을 기존의 국민건강보험이 흡수되지 못하는 영역, 즉 비급여부분, 본인일부부담금 그리고 질병수당 등을 보완하는 역할에 중점을 두는 것으로서, 양자의 관계는 상호 보완적이며 협력 및 공존을 기대하고 있다. 둘째, 고소득자들에게는 공적보험의 강제가입 의무보험을 완화시켜 민영의료보험을 육성하고, 이 민영의료보험이 공적보험이 갖고 있는 무경쟁력제도 운영을 제어하는 역할을 유도하는 데 중점을 두는 것으로서, 양자의 관계는 상호 협조보다는 경쟁에 더 치중되어 있으며, 이러한 관계 성립을 위해서는 공적 보호의 구조와 변화가 요구된다고 보고 있다(권순원 · 양봉민, 1990).

이들의 주장은 민영의료보험의 도입 또는 육성이 현행 국민건강보험제도의 취약점을 극복하는 데 기여할 수 있다는 점에서 일치하나 민영의료보험의 역할과 기존제도와의 관계에 대해서는 의견을 달리하고 있다.

의료보장에 있어서 공보험과 민영보험의 역할분담에서 고려해야 할 논점은 다음과 같다.

첫째, 공보험의 급여범위는 소득수준의 상승, 의료의 공공화에 대한 사회적 인식, 의료기술과 의약품 개발 등 의료환경 변화에 따라 가변적일 수밖에 없으므로 기본적인 의료보장의 범위는 공보험이 일차적으로 결정권을 갖고 명확하게 정리하여야 한다. 둘째, 민영보험은 보완적 역할에 한정되어야 하고, 고소득층 및 자영자들에 대해 공보험의 임의가입을 허용할 경우에는 민영보험이 대체적 역할을 수행할 수 있다. 셋째, 의료기관의 강제지정을 계약제로 하는 경우 비계약의료기관에 대해 민영보험의 활성화가 가속화될 것이다. 넷째, 공보험과 민영보험의 의료 서비스 대상항목을 구분하는 과정에서 양 보험간 비용이전(cost shift)이 발생할 수 있다. 다섯째, 양 보험간의 영역 구분에 있어서 협력과 경쟁구도를 고민해야 한다. 여섯째, 민영보험의 참여를 유도하여 정책과 소비자 보호를 위한 규제정책간에 균형이 이루어져야 한다.

이러한 고려사항을 토대로 양 보험간의 역할모형은 (1)공보험과 민영보험과의 분립과 협조 모형 (2)공보험과 민영보험의 협업 모형 (3)공보험과 민영보험간 부분적 경쟁 모형 (4)공보험과 민영보험간 완전경쟁 모형 등이 있다(최병호, 2001).

4장 사회보장제도의 성립과 보급

제1절 사회보장제도의 성립 배경

사회보장제도의 성립과 보급과정을 살펴보면 국가마다 차이가 있지만 사회보장제도의 형성 요인으로서 봉건적 공동체의 해체와 산업화라는 점은 공통적이다. 사회보장제도의 역사는 자본주의의 발전과 밀접한 관련이 있다. 산업화는 사회적인 측면에서 인구구조와 가족구조의 변화를 가져왔고 경제적인 측면에서는 계급갈등, 자본주의경제의 주기적 경기순환과 재생산의 문제가 제기되어 이와 같은 상황에 대처하기 위해서 국가의 사회보장 개입을 요구하게 되었다.

사회보장제도의 성립배경을 살펴보면 다음과 같다.

1. 전통적 상호부조제도의 붕괴

상호부조제도는 봉건사회 시대에서는 말할 것도 없고, 자본주의가 상당히 발달한 후에도 그대로 존속해 왔으며, 그 형태는 국가와 시대에 따라 차이가 있으나 각종 종교단체, 공제조합 등을 중심으로 다양하게 이루어져 왔다. 이러한 전통적 상호부조제도는 산업사회로 바뀌면서 물질문명·기계문명의 발달, 인구의 증가, 가족 수의 감소, 개인주의의 확산 등을 기조로 하여 점차 붕괴되기 시작함에 따라 근대국가에 의한 사회보장제도가 그 기능을 대신 수행하지 않을 수 없게 되었다.

현대 산업사회에서 대도시의 형성, 취업과 주거의 분산으로 종래의 대가족제도가 해체되어 이른바 핵가족제도가 불가피하게 되었다. 이에 따라 가족간의 연대감과 책임감이 상대적으로 약화되었는 데 이러한 사조가 현대 사회보장제도를 출현하게 하는 하나의 요인이라고 할 수 있다. 한편 사회구성원 각자가 생활의 유지나 빈곤으로부터의 회복을 자력으로 또는 상호부조에 의하여 가능하다면 국가에 의한 사회보장정책이 시급하지 않지만 현대생활에 위협을 주는 환경 요인이 증가하였고, 개인주의의 과도한 발달, 사회환경의 복잡화 등으로 자력구제가 불가능하게 되고 그것이 단순한 개인적 문제에서 사회적 문제로 등장했기 때문에 현대 사회보장제도의 생성을 촉진하게 된 것이다.

2. 전국민의 근로자화

산업화의 진전에 따라 인구의 이동성이 증가하고 임금노동자화되면서 가족구성원에 의한 전통적 보호는 그 기능이 약화되었다. 따라서 사회보장제도가 성립・정착되기 위해서는 국민다수가 근로자화되는 것이 전제된다. 사회보장제도가 충실한 국가일수록 제1차 산업에 취업하고 있는 인구는 적고, 제3차 산업에 종사하는 인구가 많다.

이와 같은 취업구조하에서 근로자들은 생활상의 제 곤란이 닥쳤을 때 의지할 수 있는 경제적 능력을 가지고 있지 못하므로 노령, 질병, 산업재해, 실업 등의 사회적 위험에 그대로 방치될 수밖에 없다.

사회보장제도의 성립과 발전과정에서 중추적인 운동을 수행한 것은 근로자와 국민대중의 사회적 요청이었다. 역사적으로 여러 차례 경험한 대량실업과 생활불안에 의하여 조성된 사회불안에 대해 실업자와 빈곤층은 물론 현업근로자에 이르기까지 최저생활의 권리 사상에 대해서 시민으로서의 권리를 자각하게 되었고, 구체적으로는 조직화된 노동조합 운동을 통하여 전국민적인 규모로 사회보장의 요구운동을 전개시켜 결과적으로 사회보장제도의 성립과 발전을 결과케 하였다.

3. 역사적 형성체

사회보장제도는 현대 자본주의체제의 역사적 소산이라고 할 수 있다. 선진 제국의 사회보장제도가 필연화된 것은 1930년대 불황기 이후 자본주의의 체제적 불안정성의 증대, 구조적 대량실업에 의한 국민생활의 전면적 궁핍화에서 출발한 것이다. 사회보험과 공공부조가 일체가 되어 국민생활의 안정을 도모하려는 사회보장의 취지가 1930년대 미국을 비롯하여 영연방 제국에서 시작되었다. 그러다가 제2차 세계대전 후 사회보장제도가 새로운 형태로서 재등장한 것은 1930년대의 경제불황기의 전철을 되풀이하지 않기 위해서였다. 1930년대 경제대공황의 교훈은 구조적 대량실업에 대해 사회보장제도의 제 시책은 무력하다는 것이었다.

사회보장은 완전고용정책의 강력한 추진을 전제로 하여야 하고 그것은 바로 경제정책상의 과제가 되지 않으면 안 된다. 전후 자본주의국가들이 완전고용을 목표로 하여 실업을 사회보험으로 흡수하고 그 범위를 확대하려는 노력은 이러한 이유에서였다.

사회보장은 최저한의 경제생활의 확보를 목표로 한다고 하지만 그 기본이 되고 있는 임금이 최저생활을 가능하게 하지 못하면 그 목표는 달성될 수 없다. 1930년대 미국에서 연방최저임금법, 전국산업부흥법, 공공계약법 등에서 최저임금제도를 규정한 것은 사회보장법과 정책적으로 밀접한 관련성을 맺고 있다.

이와 같은 역사적 사실에서 볼 때 완전고용과 최저임금의 확보는 사회보장의 전제가 되며 그 위에서 국민생활의 본질적 확보를 위해서는 의료, 사회복지 서비스, 주택 등의 확충·강화가 필요함을 알 수 있다.

사회보장의 역사는 근로자와 저소득계층의 생존권 보장에 대한 요구에 대하여 자본가 측과 국가권력 측의 양보의 시책이며 회유책(懷柔策)이었다. 즉 근로자 및 국민대중의 빈곤화와 생활상 발생하는 사고와 기복의 사회성에 기초가 되는 한 근로자 및 국민대중은 그들의 생활 옹호와 향상을 위한 기초조건으로서 사회보장의 확립을 요구하는 사회적, 경제적 근거가 여기에 있음을 알 수 있다(장 훈, 1984).

생활상의 사고와 기복에 대해 자력으로서는 대응할 수 없는 빈곤화가 현존한다는 것은 자본주의경제 발전의 필연적인 결과이므로 사회보장은 자본주의체제의 구조적인 자기모순의 산물로서 존재해 왔던 것이다. 따라서 사회보장제도는 자본주의사회 자체의 산물로 볼 수 있다.

4. 사회보장은 현대국가의 책임

선진 각국의 사회보장제도는 각기 오랜 전통과 고유한 사회복지 사상의 바탕 위에서 탄생하였다. 이러한 점에서 특히 사회보장제도의 발상지로서 지금까지 크게 발달되어 온 서구와 우리 사회의 사회복지 사상에 큰 차이가 있음을 유의할 필요가 있다.

사회복지 사상은 역사적으로 두 개의 흐름이 양립 또는 병존하여 왔다. 그 하나는 개인의 가치와 책임이 강조된 것이고, 다른 또 하나는 사회 또는 국가의 가치와 책임이 강조된 것이다. 개인성이 강조된 것은 중세 이전의 사회에서도 찾아 볼 수 있고, 현대 자본주의사회에서는 오히려 개인성이 조직화된 사회체제로 발전하여 왔다. 그러나 선진 자본주의국가 중에서도 유럽 제국은 개인성보다는 오히려 사회성을 강조한 복지사회를 추구하고 있고, 미국은 반대로 개인성이 아직까지 높은 사회성으로 인정받고 있다.

서구에서도 처음부터 개인성이 용이하게 인정받은 것이 아니고 오랜 역사성을 지니고 있다. 1601년의 구빈법이 제정되기까지 빈곤의 책임은 개인에게 있었다. 그 후 구빈법의 개정, 부스(Booth)와 라운트리(Rowntree) 등의 빈곤조사, 베버리지 보고서 등 많은 노력에 의하여 빈곤과 질병을 타파하기 위한 사회보장에 관한 입법이 내용적으로 완성단계에 이르게 된 것이다.

제2절 사회보장제도의 발달과정

사회보장은 현대 자본주의 내지 국가독점자본주의 시대의 고유한 제도로서 확립되었고, 그 존재 의의가 근로자의 곤궁에 대응하는 역사적 제도의 총괄이라는 점에서 보면 자본주의 발전의 큰 흐름에 따라 역사적 고찰이 이루어져야 할 것이다.

사회보장의 시작은 고대 혹은 중세에게까지 소급해 볼 수 있다. 사회보장의 역사를 국가라는 개념이 생기면서부터 구체적인 국가정책의 일환으로 살펴본다면 봉건제사회에서 자본제사회로 전환해가는 과정 속에서 행하여진 정책에서부터 출발하였다고 볼 수 있다(김태진, 2008).

사회보장제도는 19세기 후반 독일에서 최초로 사회보험제도를 도입하면서 시작되었고, 제2차 세계대전 종전과 함께 선진 자본주의국가에서 이른바 복지국가를 출범시키면서 본격화되었다. 따라서 사회보장제도의 역사는 약 100여 년에 불과하다고 할 수 있다. 그러나 그 이전에도 국가가 빈곤문제 해결을 위해 개입해 왔기 때문에 영국의 구빈법 역사에서 공공부조의 제도적 원형을 찾아 볼 수 있다.

사회보장제도의 생성 · 전개과정을 단계별로 살펴보기로 한다.

먼저 산업사회 이전 단계에서는 전통적 보호가 주류를 이루었는 데, 이것은 가족을 통한 비공식적 보호였다. 즉 일종의 세대간 계약(inter-generational contract) 형식의 사적 보장이었다. 또한 가족이나 친족 다음으로 종교적 자선단체가 주체가 되는 자선사업이 빈민구제를 담당해 왔으며, 길드(guild)의 상호부조(mutural aid) 활동이 초기 형태의 사회보장적 기능을 담당하기도 했다.

1. 구빈법 시대

현대적인 사회보장제도 성립 이전의 구빈법(Poor Law) 체제는 국가마다 차이가 있지만 중세 봉건사회가 붕괴되어 가고 절대주의국가의 형태로 전환되면서 유럽 대부분의 국가들은 구빈법체제를 통해 빈곤문제에 대처해 왔고, 그 대표적인 것이 영국이었으며, 영국 구빈법체제의 변화과정을 통해 국가 개입형태를 이해할 수 있다.

영국에서 빈민이 생겨난 것은 14세기 전반이었다. 14세기 중엽 전유럽을 휩쓴 흑사병은 인구를 급격히 감소시켰으며, 수많은 유랑인들을 발생시켜 노동력 부족과 경작지를 목유지로 바꾸는 위장(圍墻: enclosure)운동을 야기하게 되어 무수한 농노들을 유랑민으로 전락시켰다. 이러한 시대상황에서 튜터(Tudor) 왕조의 일련의 구빈정책은 급격한 봉건시대의 붕괴를 초래하는 사회적 무질서에 대한 공포로부터 비롯되었다(Fraser, 1984). 당시의 구빈정책을 집대성한 1601년 엘리자베드구빈법은 14세기부터 나타난 빈민에 대한 제반 법령을 체계화시킨 것이었다.

엘리자베드구빈법에서 체계화된 구빈행정의 특징을 살펴보면 다음과 같다.

첫째, 빈민들을 특성에 따라 집단화하고 차별적으로 대처하는 구빈행정의 원칙을 확립하였다. 특히 빈민을 세 집단으로 분류 처우하였다.

둘째, 구빈행정체제에 있어 전국적인 통일성을 기하였다.

셋째, 억압을 통한 구제를 중심 축으로 하였기 때문에 빈민에 대한 억압적인 관리법이었으며, 노동강제와 교구민에 의한 구빈의무제라고 할 수 있다.

산업화 이전 단계에서는 빈민들에 대해 가혹한 처벌이 행해졌고 빈민들이 빈민구제를 받는 대신에 사회적 의무를 수행해야 한다는 인식이 지배하고 있었다.

1834년의 신구빈법(New Poor Law)은 엘리자베드구빈법의 한계를 극복하기 위해 자유방임주의의 원칙에 입각하여 제정되었다. 신구빈법은 첫째, 열등처우의 원칙 둘째, 작업장제도의 원칙 셋째, 구빈행정의 전국적 통일의 원칙 등을 근간으로 하고 있다.

엘리자베드구빈법 및 신구빈법의 원리는 제2차 세계대전 이후 영국의 현대적 사회보험제도가 구축될 때까지 영국 구빈체제의 주요 지침이 되었으며, 오늘날까지 많은 국가들의 공공부조의 주요 원리로 남아 있음을 볼 때 영국의 구빈법적 전통은 공공부조제도의 역사적 시초형태라고 할 수 있다.

한편 구빈법체제가 현대적 사회보장제도의 효시로서의 위치를 차지할 수 있느냐의 논란이 있을 수 있다. 왜냐하면 구빈법체제가 수혜자들의 생존권과 같은 권리성의 관점에서 운영된 것이 아니라 억압, 통제, 온정주의 차원에서 였기 때문이다. 그러나 구빈법체계가 이러한 문제점을 내포하고 있었음에도 불구하고 현대 사회보장제도로의 징검다리 역할을 한 것은 자명하다.

2. 사회보험제도의 성립시대

사회보험제도는 19세기 말기에 유럽국가들이 도입하기 시작했다. 이러한 사회보험제도의 도입은 구빈법체제의 종말을 의미하는 것이며, 사회보장 역사에서 획기적인 전환을 의미하는 것이다. 사회보험제도가 구빈법체제를 대체하게 되는 경로는 국가마다 차이가 있다. 즉 자본주의적 발전정도, 노동계급의 성장정도, 정치적 상황 등에 따라 차이가 있다. 또한 이러한 요인들은 제도 성립에 영향을 미치게 되어 국가별 제도의 특성을 달리하고 있다.

이와 같은 변화는 18세가 후반에 있었던 산업혁명과 프랑스혁명, 미국의 독립선언 등의 역사적 과정을 거치면서 빈곤의 원인이 사회구조에 기인한다는 인식이 생겨났고, 부스와 라운트리의 빈곤조사 결과를 통해 빈곤관이 바뀌게 된 데 기초하고 있다.

또한 19세기 말과 20세기 초에 대규모 기업자본주의가 등장했으며, 경기변동에 따라 대량실업이 발생되었다. 사회보장제도의 탄생은 프로레타리아화(proletarianization)와 관련되어 있고, 프로레타리아현상은 실업과 밀접히 관련된다. 또한 자본주의가 등장함에 따라 예전에 없던 사회적 위험인 실업이 등장했다. 따라서 임금노동자가 된다는 사실은 가족에게 소득상실의 위험이 상존함을 의미하게 되었다.

이와 같은 시대적 배경하에 19세기 말 이후 20세기 초까지 국가마다 각기 상이한 경로를 통해 도입된 사회보험제도들은 1945년 제2차 세계대전의 종전을 계기로 급속히 확대되어 이른바 복지국가가 등장하게 되었다.

역사적으로 볼 때 한 국가의 사회보장은 그 국가의 근대적 산업사회화와 더불어 생성 발전하였으며 또 기본적 인권 개념과 각 개인의 사회적 권리보장에 기초하고 있다. 사회보장의 출현과 그 필요성은 어느 국가를 막론하고 자본주의를 근본 배경으로 하고 있으며, 그 대표적인 국가가 독일과 영국이다.

1) 비스마르크(Bismarck)형 독일의 사회보험

독일은 1871년 국가가 통일되면서부터 제1차 세계대전 전까지 급속한 경제성장을 이룩하였다. 그러나 산업화의 진전에 따라 노동자의 도시집중현상이 나타났으며, 이는 사회 · 경제적으로 물가인상, 노동조건의 악화, 주택난의 문제를 야기시켜 강력한 사회주의 운동과 노동운동을 초래하게 되었다.

이러한 사회주의 운동에 대응하여 비스마르크는 탄압과 회유의 이중적 정책을 펴기 시작하였다. 한편으로는 1878년 사회주의자진압법(Sozialistengesetz)을 제정하여 사회주의 운동을 탄압하기 시작하였고 다른 한편으로는 사회보장정책을 전개함으로써 노동자를 비롯한 국민의 복지 향상을 위하여 노력하였다. 즉 당근과 채찍의 정책(carrot and stick's policy)을 병행하였다. 그리고 19세기 초반 산업화와 함께 10세 이하의 아동에게도 노동을 강요하게 되고 전반적인 노동착취가 강화됨에 따라 많은 국민이 질병과 사망의 고난을 직면하게 되고 군입대예정자의 병역불합격 현상이 증대됨에 따라 국민의 건강보호와 질병과 빈민의 극복이 국가 전체적으로 심각한 문제로 인식되어져 국가에 의한 적극적인 사회보장정책이 요청되어졌다.

이와 같이 후발 자본주의국가인 독일에서 최초로 제도화된 사회보험은 입법자의 철학이나 노사간의 세력관계 혹은 노동자의 수요에 의해서 생성된 것이 아니라 산업화에 따른 농촌노동자의 도시집중과 무산계급의 노동운동 그리고 사회민주주의 세력이 급성장되었기 때문에 이러한 상황에서 자본주의를 합법화시키고 자본주의 체제의 유지과정에서 불가피하게 생겼다는 점은 매우 중요한 사실이다.

비스마르크 사회보험 계획은 1883년 질병보험, 1884년 근로자재해보험, 1889년 노령·폐질보험 등 이른바 비스마르크 사회보험의 3부작으로 구체화되었다. 이어 1911년에는 3대 사회보험정책을 통합하여 제국보험법(Reichs Versicherung Ordnung)을 제정하였다. 이리하여 독일의 사회보험법 제정 이후부터 유럽의 많은 국가들은 사회보험 프로그램을 도입 시행해 왔다. 이와 같은 사회보험은 그 이전에 존재했던 공제조합의 공제활동에 기원을 두고 있다. 공제조합은 조합원간의 상호부조조직으로 조합원이 갹출한 일정의 부금을 재원으로 조합원이 노령, 재해, 실업, 질병, 사망 등의 사고를 당했을 경우 급여를 지급했다. 이와 같이 국가 책임의 현대적인 사회보장제도가 도입되기 이전 19세기 말까지 노동자 가족들의 생계문제와 복지를 해결해 준 유일한 사회조직이었다.

19세기 후반 자본주의가 산업자본주의에서 독점자본주의로 이행되게 되었고 사회의 부와 생산은 일부의 대자본에 집중되었으며 독점자본의 합리화정책은 대량의 실업자를 발생시키고 산업재해를 증가시켰다. 다시 말하면 고도의 기계채용은 숙련노동자 대신 미숙련노동자를 그리고 남자 대신 임금이 싼 부녀자와 연소자를 많이 채용하게 되었는데 이와 같은 자본주의의 급속한 발전은 새로운 사회정책 실시를 촉구하는 배경이 되었다. 그 대표적인 예가 최저임금제와 사회보험의 실시이다.

1883년 이래 구조화된 독일 사회보험체제는 기본적으로 다음과 같은 네 가지 원칙에 따라 이루어졌다. 첫째, 조세보다는 보험료 납부에 근거한 보험급여의 제공이라는 급여 원칙 둘째, 피보험자를 보호하는 사회적 위험별로 개별 사회보험이 도입되는 인과 원칙 셋째, 한 개의 사회보험에서 보험가입자의 직업적 신분과 종류에 따라 다른 사회보험 프로그램을 갖는 조합주의 원칙 넷째, 5대 사회보험뿐만 아니라 개별 사회보험 프로그램들의 관리 · 운영자들의 급여사업, 재정 및 기금의 자치운영 원칙 등이다(이용갑, 1998).

2) 조지(George)형 영국의 사회보험

영국은 산업혁명의 본격적 발전기를 맞아 빈곤계층의 출현을 중심으로 여러 가지 사회적 문제가 제기되었다. 따라서 기존의 구빈제도를 둘러싼 논쟁이 일어나게 되었고 빈곤문제에 새로운 관심이 집중되게 되었다.

부스와 라운트리의 빈곤조사 결과를 계기로 빈곤의 사회적 책임논리가 지배하게 되면서 「왕립위원회의 소수파보고서(Minority Report)」에 의해 현대적 사회보장제도가 확립되는 계기를 맞이하게 되었다.

1911년의 국민보험법은 의료보험과 실업보험을 주 내용으로 하는 사회정책의 일익으로서 영국 사회보험의 출발점이었다. 즉 사회문제가 개인의 도덕적 타락에 있는 것이 아니라 사회구조적 문제에 있다고 보고 이를 사회개혁을 통한 사회정책으로 실현하려 하였다. 국민보험법을 주축으로 한 조지(Lloid George)형 영국 사회보험은 비스마르크형 독일 사회보험과는 근본적인 차이가 있다.

영국의 사회보험제도 도입은 산업혁명과 자본주의의 과정이 가장 늦었던 독일보다 오히려 30년이나 늦었으나 실업보험을 최초로 실시하게 된 이유는 영국의 자본주의와 대불황의 독특한 상황이 전개되었기 때문이다.

이와 같은 국민보험법의 실시와 더불어 영국의 사회보장제도는 사회부조에서부터 사회보험으로 전환되었고, 그러한 추세에 따라 사회보험대상자도 점차 저소득층으로부터 고소득층에까지 확대되게 되었다.

이러한 변화를 촉진시킨 계기는 제2차 세계대전이라는 역사적 사실과 더불어 베버리지보고서[4]에 제시된 미래의 정책적 비젼을 들 수 있다. 베버리지보고서의 주된 목표는 빈곤에 대한 공격이었다. 베버리지는 당시의 5대 사회악은 사회보험제도의 구축으로 해결될 수 있다고 믿었으며, 국민들로부터 빈곤을 추방하기 위해 강제적인 사회보험을 1차적 안전망으로, 이에 포괄되지 못하는 경우에 대비하여 국민부조(national assistance)장치를 마련하고 나아가 국가가 제공하는 사회보장의 목표를 국민최저한(national minimum)의 달성에 두었다. 이러한 내용을 담고 있는 베버리지보고서를 바탕으로 1945년 국민의료서비스법, 1946년 국민보험법과 아동수당법, 1948년 국민부조법을 제정·시행하여 복지국가의 틀을 구축하게 되었다.

주요 선진 자본주의국가들은 영국과 유사한 과정을 통해 사회보장제도를 확충하기 시작하였으며, 사회보험제도는 전국민을 대상으로 확대되었을 뿐만 아니라 포괄하는 사회적 위험의 정도 및 급여수준도 확대 내지 향상되었다. 그 결과 사회보장비는 급격히 증가하였다. 1970년대 초까지의 기간 동안 사회보장제도는 끊임 없이 확대되어 삶의 일부가 되었으며, 복지국가의 황금기를 누리게 되었다.

3. 세계경제공황 후의 미국의 사회보장제도

미국의 사회보장제도가 법률상 체계화되고 제도상으로 정착된 것은 1935년 사회보장법의 제정에 의한 것이다. 그러나 그 이전에도 각 주마다 상이하게 구빈법을 비롯하여 임의보험 중심의 여러 가지 형태의 사회보험이 존재하였고 특히 보험회사가 사회보험의 기능을 일부 수행하여 왔다.

역사적으로 구빈법은 영국을 대표적으로 지칭하고 있지만 미국의 경우도 주에 따라 이 법의 존재를 일찍부터 찾아 볼 수 있다. 실현은 되지 않았지만 미국에 있어서 의료보험과 산재보험을 중심으로 한 사회보험 운동은 1910년대부터 활발하게 전개되고 있었다.

1929년 미국 전역을 휩쓴 경제공황은 실업의 비극을 낳게 하여 대량실업자가 발생하였다. 실업문제는 경제파탄의 부산물로서 여러 가지 사회불황과 빈곤을 야기

4) 사회보장이라는 용어는 궁핍으로부터의 자유라는 이념을 구체화한 것으로서 제2차 세계대전에 있어서는 복지국가의 대명사로까지 사용되었다. 이 점에 있어서는 궁핍으로부터의 해방 및 빈곤의 절멸(絶滅)을 목적으로 한 베버리지보고서가 갖는 역할이 중요한 의의를 갖는다고 볼 수 있다(신섭중, 1996).

시켰고, 이러한 불황에 대하여 정부는 근본대책을 수립하지 않을 수 없었다. 정부가 우선 긴급하게 처리해야 할 문제는 실업이었는데, 이에 따라 루즈벨트 대통령은 뉴딜(New Deal)정책을 수립하게 되었고 1935년에 사회보장법을 제정하였다. 이 법에 근거하여 미국은 사회보험 이외에 공공부조와 사회복지 서비스를 포함한 이른바 종합적인 사회보장제도로 발전하게 되었다.

미국의 사회보장정책은 사회문제를 사회정책 실현을 위한 사회보장의 추진이 아니라 실업자 구제, 경기회복을 중심으로 한 국가의 개입에 따른 고용정책 내지 경제정책이었다는 점이 특징이다.

1935년 미국의 사회보장법은 그 개념상 유럽에서의 전통적인 사회정책과 분명한 차이가 있다. 즉 유럽의 사회정책은 1차적으로 소득의 수직적 재분배에 강조점을 두고 있는데 비해서 루즈벨트의 사회보장은 소득의 재분배보다는 개인적인 궁핍(wants)과 이에서 생겨난 공포(fear)에 대해 집단적 책임을 두는 사상이라고 할 수 있다.

한편 1941년의 「대서양헌장」에서 "최대의 노동조건 · 경제적 진보 · 사회보장을 실현하기 위해 모든 국가간에 광범위한 경제적 공동작업을 권한다"고 선언하여 공포와 궁핍으로부터의 자유(freedom from fear and wants)를 적극적으로 표현하는 것으로서 사회보장의 개념을 국제적으로 보급하기 위한 시발이라고 할 수 있다. 이러한 대서양헌장의 정신을 사회보장에 최초로 받아들인 인물이 베버리지였다.

4. 사회보장제도의 정비와 정착

각국의 사회보장제도는 제2차 세계대전 이후부터 고도의 경제성장을 토대로 보장대상의 범위를 확대하고 급여수준을 향상시키면서 복지국가 자본주의(welfare state capitalism)의 제도적 기반을 이루어 왔다.

사회보장제도의 급속한 보급과 발전은 근로자가 사회보장의 의의를 인식하고 그 촉진을 요구하기도 했지만 동시에 사회보장 그 자체가 자본주의적 합목적성을 갖고 현실적으로 허용될 뿐만 아니라 자본주의 경제체제에 있어 절대 불가결한 경제적 사회제도로 정착하였기 때문이다(신섭중, 1996).

제2차 세계대전 후에 사회보장의 세계적 보급과 발전은 전전(戰前)부터 이 제도가 성숙된 선진국은 물론 1950년대 말부터는 개발도상국에까지 확대되었다. 제2차 세계대전은 사회보장의 발전에 있어 중요한 전환점이 되었다. 제2차 세계대전 후 선진국의 사회보장제도의 동향은 국가에 따라 다소의 차이가 있다.

이와 같은 역사적 배경으로 1883년 독일에서 처음 제도화된 사회보장제도는 100여년 동안 세계 각국에서 많은 시련과 개선을 통하여 발전하여 왔으며, 특히 제2차 세계대전 이후 급격하게 확장되어 세계 각국의 사회보장제도는 요람에서부터 무덤까지(from the cradle to the grave)를 자랑하는 모형으로서 많은 선망의 대상이 되어 왔다.

사회보장은 사회정책적 목적 측면과 사회정책적 수단 측면이 있으며, 시대의 변화과정을 통해 목적 측면에서 수단 측면으로 그 비중이 옮아오게 되었는데, 그것은 목적에 대한 합의가 이루어져 방법으로 관심이 옮겨진 사실을 반영한 것이다(유광호, 1985).

주요 사회보장 프로그램을 실시하는 국가를 연도별로 살펴보면 <표 8>에서와 같이 1997년 현재 가장 많은 국가에서 실시하고 있는 사회보장제도는 노령, 장애, 사망과 관련된 연금제도이며, 그 다음이 산재보험제도, 의료보험제도, 가족수당제도 순이고 고용(실업)보험제도는 가장 적게 실시하는 것으로 나타났다.

<표 8> 연도별 주요 사회보장 프로그램 실시국가 수

구 분 \ 연도별	1940	1949	1958	1967	1977	1987	1997
노령연금제도	33	44	58	92	114	130	167
의료보험제도	24	36	59	65	72	84	112
산재보험제도	57	57	77	117	129	136	164
고용(실업)보험제도	21	22	26	34	38	40	69
가족수당제도	7	27	38	62	65	63	86
기타	57	58	80	120	129	141	172

자료 : U. S. Social Security Administration, Social Security Programs throughout the World, 1999

오늘날 대다수 국가에서 시행하고 있는 사회보장체계는 국민이 혜택을 받을 수 있도록 계층별・생활사고별로 대응책을 마련하기 위한 노력의 표현인 데, 대부분의 국가들이 사회보험을 중심으로 하고 공공부조를 보완적 제도로 그리고 사회복지 서비스를 동시에 전개하는 방식을 채택하고 있는 실정이다.

제3절 사회보장의 국제화

1. 사회보장 국제화의 원인

원래 사회보장제도는 각 국가가 자국의 영역내에서 국내입법에 의하여 제도체계를 구축하여 자국민을 대상으로 하여 실시하는 것이다. 따라서 각국의 체계나 내용이 상이한 것은 당연한 현상이다. 그러나 이와 같은 사회보장제도의 기본적인 국내법적 성격에도 불구하고, 타 면에서는 사회보장제도가 강한 국제적 성격을 지니고 있다. 이러한 성격은 사회보장조약이나 국제적 권고, 국제선언 등으로부터 영향을 받은 것이며 그 이외에도 각국의 사회보장제도가 서로 영향을 주고 받음으로써 자연히 공통적 요소가 증대되어 온 것도 사실이다.

사회보장의 국제화 원인을 살펴보면 다음과 같다.

1) 목적의 보편성

사회보장의 목적은 생활을 보장하는 데 있고, 그러한 의미에서 현대국가의 정책목표로서 보편적인 것이다. 물론 그러한 목적을 실현하는 수단에 관해서는 각 국가나 사회의 조건이나 상황에 따라 특수성이 있지만 상대적인 것에 지나지 않는다. 각국이 자국의 경험과 타국의 선례나 현상을 검토해보면 근본적으로 사회보장으로서의 제도적 체계, 기술적 수단 등에 공통적 요소가 드러나게 되고 따라서 국제적 패턴이 이루어지게 된다. 이러한 국제적인 공통성을 기초로 하여 다시 적극적으로 일정한 기준 내지 방향을 국제적으로 정립하고 이를 실현하는 국제적 조직의 활동이 정립되게 되는 것이다.

2) 근로자의 국제적 이동

경제권이 국경을 넘어 블록화하는 현상이 생겨나자 같은 블록 안에서는 상황에 따라 근로자의 이동현상이 활발해지고, 또한 그에 따라서 각국이 자국내에 있는 근로자들에 대하여는 내외국인 평등의 사회보장정책을 행함으로써 타국에도 똑같은 정책을 기대·촉진시키게 되었다. 이를 통하여 외국에 거주하게 된 자국의 근로자들의 생활보장을 기대할 수 있게 되며 지역블록적인 사회보장정책의 국제화가 이루어지게 되는 것이다.

3) 국제노동조합의 사회보장운동

사회보장의 실질적이고 중심적인 수혜자인 근로자계층은 국제적인 노동조합조직을 통하여 사회보장에 관하여도 크나큰 발언권을 갖게 되었다. 국제적인 사회보장을 계획하고 실시하게 될 때에는 국제적인 노동조합조직의 협동이 중요한 역할을 하게 되는 것이다. 국제노동기구는 근로자 대표가 중요한 역할을 하고 있고, 유럽사회보장법전의 성립에 있어서는 각국 노동조합의 지지와 협동이 전제가 되었다. 이와 같은 사회보장 국제화에 있어서의 지지·협동뿐만 아니라 국제노동운동은 독자적인 사회보장계획을 설정하고 그 실현을 위한 노력을 하고 있다.

4) 국제 부정경쟁의 배제

사회보장을 국제적으로 추진하는 중심적 조직은 국제노동기구인 데, 국제노동기구는 근로조건의 국제적 평준화에 의해 이른바 사회적 덤핑(social dumping)을 방지하고 경제적 부정경쟁에 의한 국제긴장을 방지하려고 노력하고 있다.

근년에 들어 사회보장을 적극적으로 추진하는 것이 국제노동기구의 중요 목적 중의 하나이다. 근로자에 대한 사회보장의 국제기준을 설정함으로써 근로조건의 국제적 평준화를 달성하고 영속적 세계평화에 기여하도록 하려는 것이다. 그 반면 사회보장의 국제적 기준의 설정은 선진국에 있어서는 국내수준보다 낮기 때문에 촉진적 요소로는 작용하지 못하고 있으나, 후진국에 있어서는 국내수준보다 높으므로 선진국의 경제적 압력으로 보여지는 경우가 많다. 따라서 지역적 국제사회보장과 대비할 때 현실적 기능보다는 지도적 색채가 강하다고 볼 수 있다.

2. 사회보장의 국제화와 관련 기구

사회보장제도의 국제화현상은 기존의 국제적 기구에 의하여 추진되고 형성되는 것이 보통이나 역으로 이러한 현상은 사회보장의 국제화에 대응하는 기구의 설립을 촉진하였다. 사회보장과 관련되는 국제기구와 기관들의 활동 내용을 살펴보면 다음과 같다.

1) 국제노동기구

국제노동기구는 노동조약이나 권고를 채택함으로써 근로조약의 국제적 기준을 설정하는 것이 임무였으나, 제2차 세계대전 후에는 UN의 경제사회이사회와 협력하여 협의의 근로조건뿐만 아니라 사회보장에 대하여도 활발한 활동을 행하게 되었다.

국제노동기구의 조약(Convention) 및 권고안(Recommendation) 중 사회보장과 관련되는 것은 1942년 사회보장에의 길(Approach to Social Security), 1944년 필라델피아 선언, 1952년 사회보장의 최저기준에 관한 조약, 소득보장에 관한 권고, 의료에 관한 권고 등으로 당시의 사회보장의 수준과 방향을 제시해 주었다.

2) 세계보건기구

세계보건기구(WHO)는 UN 전문기관으로서, 전염병이나 기타 질병예방 · 환경위생 · 영양 등에 대하여 국제적인 조사 · 보급활동을 행하고 있고, 약품법의 통일이나 국제위생조약의 채택 등 사회보장, 의료의 기초적 조건의 충실화에 기여하고 있다.

3) 국제사회보장협회

국제사회보장협회(International Social Security Association:ISSA)는 각국의 사회보장관계기관의 국제적 단체로서 사회보장에 관하여 조사 · 연구를 행하고 국제적 경험교류의 기관으로서 활동하고 있다. 국제노동기구와 밀접한 관계를 유지하며 상호 협력하여 국제사회보장의 진전을 기도하고 있다.

4) 유럽경제공동체

1957년 로마조약에 의해 성립된 유럽경제공동체(EEC)는 사회보장이 경제적으로 중요한 의의를 갖는 것을 감안하여 사회보장에 관한 활발한 조사 및 연구활동을 하고 있다. 예로서 1958년 해외이주근로자의 사회보장에 관한 규칙의 제정을 들 수 있다.

5) 유럽연합

유럽연합(European Union : EU)은 유럽 여러 국가들이 재화, 사람, 자본 및 서비스의 자유화를 통한 자유로운 공동시장과 궁극적 정치통합을 목적으로 1993년 11월에 유럽연합 설립조약에 의하여 탄생되었다. 유럽연합가맹국은 2007년 현재 영국, 독일, 프랑스 등 27개국에 이르고 있으며, 사회보장법과 노동법의 통일화를 추진하고 있다.

3. 사회보장에 관한 국제적 선언과 조약

제2차 세계대전 후의 국제적 선언에서는 사회보장에 관하여 언급된 부문이 많다. 이는 전쟁에 의한 국민생활의 황폐화와 그에 기인한 보편적인 생존권 의식을 배경으로 하여 사회보장에의 권리를 국제적으로 승인하고 이를 전후 국제경제 속에서 추진해 가기 위한 것이라고 볼 수 있다.

1) 국제노동기구의 필라델피아선언

필라델피아선언(1944년)은 국제노동기구의 목적에 관한 선언이다. 국제노동기구는 전후의 주된 정책목표를 사회보장에 두었는 데, 이는 대전 중의 경험에 의하여 전후의 장기계획으로서 종래의 사회보험·공공부조의 재편성이 필요하다고 인정했기 때문이다. 필라델피아선언은 구미의 선진 자본주의 제국의 전후 정책의 국제적 표현이라고 할 수 있다.

필라델피아총회에서는 사회보장의 원칙 및 전쟁에서 생기는 제 문제를 심의하여 결과적으로 소득보장에 관한 권고(67호), 의료에 관한 권고(69호), 군대 및 유사직업 또는 전시고용으로부터 풀려난 자에 대한 소득보장 및 의료에 관한 권고(68호) 등 3개의 권고안을 채택하였다.

2) 국제노동기구의 사회보장에 관한 조약 및 권고

국제노동기구에서 채택하고 있는 사회보장관련 조약과 권고는 <표 9>·<표 10>과 같다.

이와 같은 조약과 권고 중에서 가장 대표적인 것이 1952년에 체결된 사회보장의 최저기준에 관한 조약이다.

<표 9> 국제노동기구의 사회보장에 관한 조약 현황

연도	번호	내용	연도	번호	내용
1919	2	실업	1934	42	노동자보상(직업병): 개정
〃	3	모성보호	〃	44	실업급여
1920	8	실업보상(해난)	1935	48	이민연금권 보전
1921	12	재해보상(농업)	1936	55	선박소유자책임(상병선원)
1925	17	노동자보상(직업병)	〃	56	선원보험(해상)
〃	18	노동자보상(직업병)	1946	70	사회보장(선원)
〃	19	균등대우(재해보상)	〃	71	선원연금
1926	23	해원송환	1952	102	사회보장의 최저기준
1927	24	질병보험(공업)	〃	108	모성보호(개정)
〃	25	질병보험(농업)	1962	118	균등대우(사회보장)
1933	35	노령보험(공업 등)	1964	121	업무재해급여
〃	36	노령보험(농업)	1967	128	장해 · 노령 · 유족급여
〃	37	장해보험(공업 등)	1969	130	의료 · 질병급여
〃	38	장해보험(농업)	1982	157	사회보장의 권리보전
〃	39	유족보험(공업 등)	1988	168	고용촉진 · 고용보호
〃	40	유족보험(농업)			

자료 : 박성두, 사회보장법 강의, 2005

<표 10> 국제노동기구의 사회보장에 관한 권고 현황

연도	번호	내용	연도	번호	내용
1919	1	실업	1936	56	선원의 질병보험
〃	2	외국인노동자	1944	67	소득보장
1920	10	실업보험(선원)	〃	68	사회보장(군대)
1921	12	모성보호(농업)	〃	69	의료보험
〃	17	사회보험(농업)	1946	75	선원사회보장(협정)
1925	22	노동자보상(최저규모)	〃	76	선원(피부양자의 의료)
〃	23	노동자보상(재판)	1952	95	모성보호
〃	24	노동자보상(직업병)	1964	121	업무상 재해급여
〃	25	균등대우(재해보상)	1967	131	장해 · 노령 · 유족급여
1926	27	송환(선장 및 견습)	1969	134	의료 및 상병급여
1927	29	질병보험(일반원칙)	1683	167	사회보장의 권리보전
1933	43	장해 · 노령 · 유족 (과부 및 고아)보험	〃	168	직업재활과 교육
			1988	175	건설업의 산업안전 및 보건
1934	44	실업보험	1990	176	고용촉진과 실업보험

자료 : 박성두, 사회보장법 강의, 2005

사회보장의 최저기준에 관한 조약(Convention Concerning Minimum Standards of Social Security)은 국제노동기구의 제102호 조약으로, 전후 각국에 있어서의 사회보장제도 발전의 일반적 추세에 부응하는 것이었다. 즉 국민 전체를 보호한다는 새로운 경향을 수렴하는 내용으로, 구체적으로는 보호대상으로서 국민들 가운데 새로운 계층을 포함하고, 대상이 되는 사고의 범위를 넓혔다. 또한 급여에 관한 그간의 제반 불합리성을 제거하고, 이제까지 별개로 취급되어 왔던 재정과 관리를 통일하고, 공공부조와 사회보험을 조정하는 방향으로 움직였다는 것 등을 들 수 있다.

동 조약의 특징은 한마디로 사회보장 자체를 전체로서 하나의 것으로 생각하면서도 내부적으로 각 급여 · 사고 부문간의 균형을 취한 내용을 담고 있으며, 또한 부문별 비준을 허용함으로써 조약 내용의 실현을 위해 탄력성을 보이고 있는 것이라고 볼 수 있다.

조약은 사회보장의 급여를 9개로 나누어 의료급여(제2부), 질병급여(제3부), 실업급여(제4부), 노령급여(제5부), 업무재해급여(제6부), 가족급여(제7부), 출산급여(제8

부), 유족급여(제10부) 등의 최저기준을 규정하고 있다. 이 조약에 담긴 사회보장의 세 가지 원칙으로 첫째, 대상의 보편주의적 원칙 둘째, 비용부담의 공평성 원칙 셋째, 급여수준의 적절성 원칙 등이 있다.

또한 사회보장 균등유지조약(Convention on Equality of Treatment Social Security)은 사회보장의 내외국인 균등처우에 관한 조약으로서 비준국은 의무를 수락한 사회보장 부문의 적용범위 및 수급권에 있어 자국의 영토내에 있는 다른 모든 비준국 국민에 대하여 자국의 사회보장법규에 의하여 자국민에게 주어지는 것과 동등한 대우를 해줄 것을 규정하고 있다. 의무수락의 대상이 되는 의료, 질병, 출산, 폐질, 노령, 유족, 업무재해, 실업, 가족의 각 부문에서 1개 또는 그 이상이 되어야 한다고 규정하고 있다.

3) 세계인권선언

1948년 UN 제3차 총회에서 채택된 세계인권선언의 제22조에서 "모든 사람은 사회의 일원으로서 사회보장을 받을 권리를 가지며, 또한 국가적 노력과 국제적 협력을 통하여 그리고 각국의 조직 및 자원에 맞추어 자신의 존엄성과 인격의 자유로운 발달에 불가결한 경제적 · 사회적 · 문화적 권리를 실현할 권리를 가진다."고 규정하고 있다.

또 제25조에서 "모든 사람은 의 · 식 · 주, 의료 및 필요한 사회복지 서비스를 포함하여 자신 및 가족의 건강과 안녕을 유지함에 충분한 생활수준을 보유할 권리를 가지며, 또한 실업 · 장애 · 질병 · 배우자 상실 · 노령, 기타 불가항력적인 생활불능의 경우에 생활보장을 받을 권리가 있다."고 규정하여 구체적인 사회적 위험을 적시하고 이에 대한 사회보장의 권리를 밝히고 있다. 또한 "모와 아동은 특별한 보호와 원조를 받을 권리가 있다. 모든 아동은 정상 결혼상태에서 태어났는지 여부에 상관없이 같은 사회적 보호를 받는다."고 규정하고 있다.

이와 함께 제23조와 제24조에서 고용 및 근로조건을 규정하고 있다.

4) 유럽 제국의 사회보장입법의 통합화

사회보장제도가 국제노동기구를 매개체로 하여 국제화됨과 동시에 서유럽 제국에서는 지역적인 국제경제블록을 기반으로 하여 사회보장제도의 통합화 · 국제화현상을 초래하게 되었다. 그것은 국민경제의 폐쇄적 독립성이 지양되고 지역적 블록의 일부로서 작용하게 된 것과 또한 노동력의 이동이 블록경제권내에서 활발해졌다는 것을 의미하는 것이라 볼 수 있다.

따라서 지역을 단위로 하는 사회보장제도의 국제적 통합은 앞으로도 확대될 것이고, 그 전형적인 것이 유럽협의회(Council of Europe: CE) 제국을 포함하는 유럽사회보장법의 형성이다. 지역 단위적인 국제사회보장제도는 국제노동기구 사회보장조약을 그 지역단위의 특수조건에 알맞게 하고 그것을 상회하는 급여수준을 정한다는 점에서 그 존재 의의를 가지고 있다. 또한 특정국 사이의 사회보장 급여문제에 관하여 조약을 체결하는 현상도 적지 않게 보이고 있다.

한편 후진국가가 많은 지역에서는 오히려 국제노동기구조약의 비준에 의해서 각국내의 사회보장 수준을 높이는 것이 선결과제가 된다. 따라서 그러한 지역에서는 사회보장의 조속한 국제화를 이루는 것이 어렵게 되는 것이다.

여하튼 서유럽 제국에서는 유럽협의회를 기초로 하여 하나의 경제적 지역단위로서 밀접한 관계를 갖고 노동력의 상호 이동도 대체로 활발하다. 이러한 경제·노동관계 등을 배경으로 하여 1961년에 유럽적 수준의 사회보장조약(Convention on Social Security)을 성립시켰다. 이것은 국제노동기구의 사회보장의 최저기준에 관한 조약을 서유럽 제국의 경제적 수준에 알맞게 조정한 것으로, 이러한 서유럽의 사회보장조약은 1964년 제국의 비준을 거친 후부터 일반적으로 「유럽사회보장법전(Europe Code on Social Security)」이라고 불리고 있다.

이 법전은 6개 부문으로 구성되어 있는 데, 의료급여의 내용에는 급여의 제한이 없는 진찰, 급여의 제한이 없는 약제, 급여기간이 1건당 52주까지 보장되는 입원치료, 보존적 치과진찰과 치과보철, 상병급여기간의 무제한, 실업급여기간은 12개월 중 최소 21주, 가족급여로서 16세까지 현금급여 지급, 매장급여로서 임금의 20일분 지급 등을 주 내용으로 하고 있다.

다음으로 유럽협의회는 노동자의 생존적 기본권을 보장하기 위한 사회헌장을 1989년에 채택하였다. 이 헌장은 노동자의 자유로운 이동, 공정한 고용과 보수, 생활과 근로수준의 향상 등을 내용으로 하고 있다.

4. 사회보장협정

1) 사회보장협정의 필요성과 목적

사회복지제도는 세계화의 과정으로부터 영향을 받고 있다. 사회복지 활동은 이전에는 공동체와 개인적 수준에서 생성되었고, 종교적이고 박애주의적인 복지제도는 역사적으로 지역수준에서 존재했었다. 19세기에 들어와 이러한 제도들은 국가적 수준에서 형성되었고 국가에 의해 국가복지 프로그램의 확장이 이루어졌다. 그러나 정부의 사회복지 프로그램은 오늘날 세계의 경제적, 정치적인 변화로의 힘으로부터 광범위한 영향을 받고 있으며, 세계화로부터 생겨나는 이러한 프로그램에 직접적인 영향을 주고 있다.

세계화 추세에 따라 국가간 노동인구의 이동이 더욱 활발해짐에 따라 우리나라 근로자의 해외파견과 해외이주 그리고 외국인의 국내 파견근무 및 노동활동을 통한 거주 등이 계속 증가될 전망이다. 이에 따라 사회보장협정(Convention on Social Security)의 필요성이 증대되었다.

사회보장협정은 국가간의 상이한 사회보장제도간의 마찰, 보험료 이중부담 등에 의해 발생할 수 있는 국가간 분쟁 및 개별기업, 근로자, 가입자 등의 불만을 해소하기 위해서도 필요하게 되었다. 선진 각국들은 상대국과 개별적인 사회보장협정이 없는 한 국제노동기구협약에 의하여 외국인에게도 자국민과 동일한 사회보장제도를 적용하고 있다

사회보장협정을 체결하는 목적은 파견근로자와 같이 단기간 외국에 나가는 사람들이 양국의 연금제도에 이중으로 보험료를 부담하는 문제를 해결하고, 이민자와 같이 장기 체류하는 사람들이 양국으로부터 연금혜택을 받을 수 있는 수급권 보호를 위해서이다. 즉 국가간의 사회보장협정은 협정당사국의 연금제도간에 서로 다른 점을 상호 조정하여 당사국 국민에게 서로 혜택을 부여하기 위한 것이다.

2) 사회보장협정의 유형

사회보장협정은 주로 연금보험료의 이중부담 면제를 포함하여 연금제도와 관련된 국가간의 협조를 위하여 맺는 조약의 일종이다. 보통 양국간 협정을 맺게 되나 유럽연합(EU Regulation)과 같이 다자(多者)간 협정을 맺는 경우도 있다.

사회보장협정은 협정의 적용범위에 따라 가입기간 합산협정(totalization agreement)과 보험료면제협정(contributions only agreement)으로 크게 구분된다.

먼저 국제노동기구 규정은 내외국민 동등대우에 관한 협약 (국제노동기구 제118호 협약, 1964)에 근거하고 있는 데, 협약의 내용은 (1) 동일법 적용의 원칙(Equality of Treatment) (2) 적용법 결정의 원칙(Determination of Applicable Legislation) (3) 취득권리 유지 원칙 (Maintenance of Acquired Rights) (4) 취득과정중 권리유지의 원칙 (Maintenance of Right in Course of Acqusition)등이 있다.

이러한 내용에 따라 국제노동기구의 기준은 선진국에 진출한 근로자의 권리를 보장함으로써 자유로운 노동이동을 보장하는데 있으며, 대부분의 선진국에서는 국제노동기구협약을 준수하고 있으나 대상국가에 따라서 국가별 특별규정이나 국가간 협약을 통하여 차등화 경향을 보이고 있다. 즉 국가별로 제도적 차이나 외국인 정책과 연계되어 부분적인 제약을 하는 경우가 있다.

사회보장협정은 (1) 이중개입 배제(단기간 동안 협정상대국에서 근로하거나 자영업을 하는 사람들이 양국 중 한 국가의 사회보장제도에만 가입하도록 함으로써 이들의 재정적 부담을 덜어 주기 위한 것) (2) 가입기간 합산(협정대상국으로 이민가거나 장기체류하여 연금가입기간이 양국으로 분리되어 연금수급기간을 충족시키지 못한 경우 양국 가입기간을 합산하여 연금을 받을 수 있게 함) (3) 동등대우(협정상대국 국민에 대해서 연금수급권 취득, 급여지급 등 법령 적용에 있어 자국민과 동등한 대우) (4) 급여송금 보장(협정 당사국간에는 현금급여를 해외로 송금할 수 있게 함) 등의 혜택을 부여하기 위한 것이다.

우리나라에서 채결하고 있는 사회보장협정은 첫째, 보험료면제협정으로 이는 보험료 이중부담을 방지하는 이중적용방지만을 규정하고 있는 것으로서, 이란, 영국, 중국, 네델란드, 일본, 이탈리아, 우즈베키스탄, 몽골 등과의 협정이 이에 해당된다. 둘째, 가입기간 합산협정으로 이는 가입기간의 합산을 포함하는 협정으로서 캐나다, 미국, 독일, 헝가리, 프랑스, 호주, 체코, 아일랜드, 벨기에, 폴란드, 슬로바키아, 불가리아, 루마니아 등과의 협정이 이에 해당된다.

3) 협정체결국 현황

우리나라에서 체결하고 있는 사회보장협정은 처음으로 체결된 1977년의 한-이란

간 사회보장협정이 체결된 이래 현재 사회보장협정이 체결된 국가는 이란, 캐나다, 영국, 미국, 독일, 네달란드, 일본, 이탈리아, 우즈베키스탄, 몽골, 헝가리, 프랑스, 호주, 체코, 아일랜드, 벨기에, 폴란드, 슬로바키아, 불가리아, 루마니아 등 20개국이다. 또한 중국과는 잠정조치가 발효 중이며, 필리핀, 오스트리아 등과는 협정에 서명하였다.

한편 우리나라의 국민연금에 상응하는 연금에 관하여 그 외국인의 본국법이 대한민국 국민에게 적용되지 아니하면 그 외국인에게도 우리나라의 국민연금법을 적용하지 않는 상호주의 원칙을 적용함에 따라 협정체결국 외에 상응성을 인정하는 국가는 2007년 현재 가나, 스위스, 스리랑카 등 모두 29개국에 이르고 있다.

또한 당연적용 외국인가입자의 본국법이 대한민국 국민에 대하여 국민연금에 상응하는 연금에 관한 법률을 적용하는 경우에 해당하는 국가는 사업장 당연적용 국가는 2008년 12월 현재 102개국이며, 이 중 사업장 당연적용은 인정하나 지역 당연적용은 인정하지 않는 국가는 39개국이다. 반면 사업자와 지역 가입을 모두 인정하지 않는 국가는 18개국으로서 지역 당연적용 제외국가는 57개국이다.

이러한 원칙에 따라 연도별 외국인가입자는 2006년에는 97,643명(사업장 96,620명, 지역 1,023명) 이던 것이 2007년에는 101,732명(사업장 100,696명, 지역 1,036명)으로 증가 추세에 있다.

제Ⅱ편 사회보험 각론

- 제1장 사회보험론
- 제2장 국민연금제도
- 제3장 국민건강보험제도
- 제4장 산업재해보상보험제도
- 제5장 고용보험제도
- 제6장 노인장기요양보험제도

1장 사회보험론

제1절 사회보험의 특성과 기능

1. 사회보험의 성립요건

사회보험은 국민에게 발생하는 사회적 위험을 보험방식에 의하여 대처함으로써 국민건강과 소득을 보장하는 제도이다. 따라서 보험원리에 의한 대처방식이기 때문에 제도로 성립될 수 있는 요건은 다음과 같다.

첫째, 위험(사고)발생이 규칙적이어야 한다. 사고가 어떤 일정의 비율로 누군가에게 발생한다는 것은 통계의 축적으로부터 경험적으로 인지되어야 한다. 둘째, 위험에 대비하여 공동의 기금을 조성하여야 한다. 셋째, 보험기금으로부터의 수지가 균등해야 한다는 점 등이다.

특히 미국 위험관리 및 보험협회(American Risk and Insurance Association)에서는 사회보험의 성립요건을 다음과 같이 규정하고, 사회보험의 범위를 명확하게 하였다. 첫째, 가입은 법률에 의하여 강제된다. 둘째, 급여자격은 각자의 갹출(醵出)을 토대로 이루어진다. 셋째, 급여의 결정방법은 법률로 정한다. 넷째, 각자의 급여수준은 통상 갹출액과 직접 관계를 갖는 것이 아니고 그 이전의 소득과 가족 수에 따라 소득이 재분배된다. 다섯째, 장기적 관점에서 적절한 급여에 대한 재정계획이 확립되어야 한다. 여섯째, 비용은 1차적으로 피용자와 사업주의 갹출에 의해 조달된다. 일곱째, 사회보험 계획은 정부에 의하여 관리되거나 혹은 적어도 정부가 감독한다(Rejda, 1976).

2. 사회보험의 특성

사회보험은 사회보장의 핵심 구성체계로서 국민생활의 빈곤원인이 되는 사회적 사고에 폭넓게 대처하여 빈곤을 사전에 예방하는 기능을 가지고 있으므로 공공부조나 민영보험과는 본질적으로 대별되는 다음과 같은 특성을 지니고 있다.

또한 첫째, 사회평등, 사회조화, 사회평화를 지향하는 사회성 둘째, 공동위험에 대한 공동부담 원칙의 보험성 셋째, 불균등 생활 격차의 축소를 위하여 국가가 개입하여 재분배하는 강제성 넷째, 국가, 기업주, 고소득층 등의 부담에 의하여 저소득층의 부담경감을 기도하는 부양성(扶養性) 등을 들 수 있다.

이와 같이 사회보험은 내용에 있어 공평성(equity)뿐만 아니라 적합성(adequacy)이 관련되어 있고, 소득재분배의 결과를 초래한다.

이와 같은 특성을 지니고 있는 사회보험의 장점을 살펴보면 사회보험급여는 법적 권리로 제공되기 때문에 급여를 받는 사람은 남에게 의존한다는 의식을 갖지 않게 되고 또한 자신이 이전에 지녔던 지위가 위축되지 않는다. 그리고 재정과 관련해보면 일반 납세자에게 세금부담을 주지 않고, 재원 확보가 비교적 쉽다는 등의 장점을 지니고 있다.

3. 사회보험의 원리와 기능

1) 사회보험의 기본 원리

사회보험제도는 제도 운영과 관련하여 적용되고 있는 원리는 다음과 같다.

첫째, 최저생활보장의 원리로서, 사회보험에서 보장하는 소득수준은 최저생활수준을 원칙으로 하며, 그 이상은 개인의 노력에 맡기는 것이 자유주의, 자본주의의 기본 개념이다.

둘째, 소득재분배의 원리로서, 사회보험에 의한 방빈적 소득보장은 그 내용에 있어서 반드시 소득재분배가 나타나야 한다. 이와 같은 소득재분배 효과는 기여와 급여에서 모두 나타나야 한다.

셋째, 보편주의 원리로서, 사회보험의 적용범위는 전국민을 대상으로 하여야 하며, 아울러 모든 사회적 위험의 분산과 예방을 위해 보편적으로 적용되어야 한다.

넷째, 비용부담의 원리로서, 사회보험의 운영에 필요한 재원을 사용자, 피용자, 국가가 분담하여 조달하여야 한다는 원리이다.

2) 사회보험의 기능

사회보험의 기능을 살펴보면 다음과 같다.

첫째, 현대사회의 생활불안을 야기시키는 가장 큰 원인이 되는 경제적 문제를 완화시키는 효과적인 국가의 정책적 노력이다.

둘째, 소득의 재분배 기능을 통해 소득(수입)의 유지와 형평을 도모하고, 구매력의 지속성을 견지함으로써 생활안정과 산업발전을 촉진시킨다.

셋째, 빈곤의 예방, 노동력의 회복과 유지 및 발전의 수단이 된다.

넷째, 기여금 등은 투융자의 재원이 되어 경제발전의 순 기능을 수행한다.

다섯째, 국민의 최저생활을 보장함으로써 인간의 존엄성과 가치를 실현하고, 자립정신을 고취시킨다.

여섯째, 사회연대 의식을 고양시키고 생활불안의 해소를 위한 국민적 협동 의식을 고조시킴으로써 사회질서의 유지와 합리적 산업생활에 기여하게 한다는 점 등이다.

이러한 기능을 수행하는 사회보험이 갖고 있는 단점으로서는 첫째, 공공부조에 비해 대상효율성(target efficiency)이 낮다. 둘째, 본인의 기여금에 근거하여 급여를 지급하기 때문에 공공부조에 비해 소득재분배 효과가 낮다는 점이 있다.

제2절 사회보험과 민영보험

1. 보험의 역사

보험이란 비슷한 위험에 처한 사람(피보험자)들이 위험을 제3자(보험자 또는 보험회사)에게 전가하는 사회적 장치 또는 제도로서 각자가 겪을 수 있는 손실을 한데 묶음으로써 손실의 통계적 예측을 가능하게 하고, 위험을 제3자에게 전가하는 대가로 지불하는 자금(보험료)으로 발생손실을 보장해주는 제도이다(김두철 외, 2000).

민영보험(사보험)은 자본주의경제의 소산으로서 국민경제적·사회적 발전을 반영하여 발달해 왔다. 민영보험은 자본주의경제의 발전에 의해서만 발달하고 또한 보험 그 자체가 자본주의경제의 전조직·전기구·전구조의 지지자·보호자로서의 역할을 하여 왔고 그러한 과정에서 회사보험, 조합보험, 공영보험, 사회보험, 기타 여러 가지 체제로 나누어졌다.

민영보험의 역사는 바빌로니아 시대에 시작되었다고 볼 수 있다. 최초의 손해보험은 당시의 경제활동과 연관되어 지금의 재산보험의 성격을 띠고 있었다. 그후 중세의 길드를 통해 손해보험은 체계적인 발전의 토대를 마련하였다. 최초의 손해보험계약은 해상보험으로서 14세기 초에 작성되었으나 1574년 영국에서 해상보험의 판매를 위한 보험성의 설립에 관한 법률이 제정됨으로써 발전하기 시작하였다(김두철 외, 2000). 민영보험의 탄생과 출현은 1666년 영국의 화재보험, 1762년 영국의 생명보험 순으로 제도화되었다.

2. 사회보험과 민영보험의 관계

사회보험과 민영보험의 관계성을 살펴보면 먼저 양자간의 유사성은 (1)위험전가(risk transfer)와 공동대처 (2)가입대상·급여·재정에 관한 조건의 유사 (3)급여·반대급여에 대한 정확한 보험수리의 요구 (4)급여와 갹출의 균형유지 (5)경제적 보장 (6)니드에 따라 사전급여가 결정될 수 없다는 점 등이다(Rejda, 1994). 이러한 공통점 내지 유사성에도 불구하고 양자간에는 <표 11>에서와 같이 다양한 측면에서 차이점을 보여주고 있다.

<표 11> 사회보험과 민영보험의 비교

구 분	사 회 보 험	민 영 보 험
제도의 목적	기본적 최저생활보장	개인적 필요에 따른 보장
가 입	강제, 비선택적 가입	임의, 자발적 가입
관리체계	국가 또는 공법인	사기업 (주식회사 설립법에 의한 개인기업)
급여수준	최저생활의 보장 사회적 적절성의 강조	개인적 필요와 지불(기여제도)능력에 의한 보상, 개인적 필요성의 강조(개인적 적절성 원칙을 반영)
운영방식	정부독점	자유경쟁
보험료 산정	능력비례 소득수준에 따른 차등 부과	위험률 비례 위험의 정도, 급여수준에 따른 부과
보험료 부담	공동부담의 원칙, 형평성에 의한 기여(재분배성)	본인부담 위주, 충분한 기여금의 적립을 위한 능력성이 요구(기여비례제)
재정방식	적립 또는 부과방식	완전적립방식(보험수리 원칙)
비용산출	곤란	가능
수직적 재분배 효과	있음	없음
인플레이션 대책	가능(연금)	약함(생명보험)
권리성	법적권리(가변성), 제도적·법적 관계	계약권리(계약준수)
적합성	사회적 적합성 (복지)	개인적 적합성 (형평)
계약	국가와 국민간의 집합적인 계약	보험자와 보험가입자의 계약의 구체성(대상이 되는 위험, 급여의 범위, 급여수준, 자격요건 등 상세한 약관)

양자간의 핵심적인 차이는 첫째, 사회보험은 강제가입이고, 민영보험은 자발적 가입이다.

둘째, 일반적으로 민영보험은 개별적인 위험이 중요하여 각각의 위험에 따라 보험료가 다르게 책정되는데 반해 사회보험은 평균적인 위험이나 소득에 비례하여 결정된다.

셋째, 민영보험에서는 보험에 가입한 위험이 발생하여 보험사고가 성립되면 자동적으로 보험급여의 자격이 주어지지만 사회보험은 위험이 발생했더라도 다른 조건이 충족되어야 급여가 제공된다.

넷째, 민영보험에서는 보험급여액이 보험수리 원칙(actuarial principle)에 따라 보험료 납부액에 비례하지만 사회보험은 이러한 보험수리 원칙에서 벗어나 급여액이 보험료에 비례하지 않는다. 그러나 사회보험은 개별적 공평성의 가치를 반영하면서도 사회적 적절성도 반영하는 이중적인 기능을 하고 있다.

다섯째, 민영보험은 보험가입자와 보험자와의 계약이 매우 구체적이지만 사회보험은 포괄적이다. 즉 민영보험은 계약상에 나타난 위험만을 해결하는 반면 사회보험은 사회상황의 변화에 따른 장기간에 걸쳐 나타나는 예측하지 못한 위험도 해결한다.

사회보험의 재원조달은 완전적립방식을 취하기 어려운 반면 민영보험은 완전적립방식이며 또한 사회보험은 재원조달방법, 보험료부담 및 급여수준, 자격요건, 적용기간, 정부 역할 등에 대하여 이해당사자간의 의견을 달리할 수 있으나 민영보험은 그 목적 및 조건에 대한 의견 일치에 따른 계약이라는 측면을 가지고 있다.

사회보험과 민영보험의 관계 내지 차이점을 보험기술적 측면에서 논할 수 있다. 여기서 보험기술이라는 것은 수지상등의 원칙, 위험동질성의 원칙, 보험수지관계 등으로 특히 관심의 대상이 되는 것은 수지상등의 원칙[5]이 인정되고 있느냐 하는 것이다.

3. 사회보험과 민영보험간의 경쟁과 조화

자본주의경제의 성장과정에서 민영보험과 사회보험은 처음에는 각각 다른 목적에서 출발하여 다른 주체에 의해서 운영되어 왔으나 사회보험의 범위가 확대되고 재정압박 등 여러 가지 문제점이 발생함에 따라 민영보험의 기술을 도입하지 않을

5) 수지상등(收支相等)의 원칙은 보험료를 계산할 때 사고의 발생이자의 수입 및 사업비의 지출이 미리 예정된 계산 기초대로 발생하는 것으로 가정하고 장래의 전보험기간 동안의 수입(보험료)의 현가와 지출(보험금)의 현가가 같도록 계산한다는 원칙이다. 즉 보험료의 총액과 보험금의 총액이 균등해야 한다는 것을 의미하고 P=wZ라는 공식으로 표현된다(P : 순보험료, w : 보험사고의 발생확률, Z : 보험금).

수 없게 되었고, 반면 민영보험은 보험의 공공성과 공익성이 요구되어 사회보험의 취지를 부분적으로 도입하지 않을 수 없게 되어 양자는 쉽게 상호 접근할 수 있었다.

이리하여 사회보험과 민영보험은 상호 접근 내지 상호 경쟁관계를 유지하고 있다. 사회보험의 입장에서 민영보험에의 접근은 보험기술과 보험수지 및 방식의 부분적인 도입으로 나타나고 있다. 반면 영리를 목적으로 하는 민영보험이 사회보험의 영역에까지 접근하고 있는데, 그 이유는 첫째, 민영보험의 공공성과 공익성의 강조 둘째, 민영보험의 영리성에 대한 일반대중의 저항 및 행정당국의 요구 셋째, 보험시장의 경쟁에 따른 시장개척의 필요성 등이다(신수식, 2002)

한편 양자간의 상호 보완작용과 경합문제는 민영보험에서 주로 사회보험과의 관계에서 나타나고 있다. 사회보험이 최저한도의 생활보장에 그치고 있는 한 보다 높은 생활수준에 대한 준비를 위해 사회보험 이외의 다른 방법에 의존해야 되기 때문에 사회보험이 민영보험 특히 생명보험의 존재를 부정할 수 없게 되었다.

생명보험은 기능적으로 사회보장을 보완하는 작용을 하지만 사회보장의 충실과 생명보험의 발전이라는 측면에서 현실적으로 양립될 수 없고 상호 경합되고 있는 것이 각국의 현실이다.

사회보험과 민영보험은 동일위험에 대해 상호 경쟁적인 상황으로 견제와 마찰이 예상되는 것은 사실이지만 실제로는 상호 보완적인 형태를 취하는 것이 일반적이다. 선진국의 경험에 비추어 볼 때 이러한 상호 보완관계가 적절성을 확보하면서 조화롭게 발전하는 것도 이러한 맥락으로 이해할 수 있다.

한 사회에서 사회보험과 민영보험의 중심적 역할은 그 사회의 상황에 따라 다르게 나타나며, 한 국가의 경제발전정도에 따라 복지정책에도 차이를 보임에 따라 사회보험의 보장범위와 수준의 차이가 발생하게 되고, 이에 대한 민영보험의 역할과 범위 및 기능에 있어서도 차이가 나타난다.

최근 들어 서구 복지국가들이 사회보험의 재정위기에 대처하여 사회보험의 민영화를 추진하고 있다. 즉 사회보험을 민영보험으로 대체 또는 역할을 분담시키는 방안이 모색되고 있다. 민영보험이 효율적으로 운영되기 위한 전제조건이 성립되어야 하는데 여기에서 그 전제조건들을 살펴보면 다음과 같다.

첫째, 보험자가 피보험자의 개별적인 보험대상 위험발생율을 알고 그것을 근거로 보험료를 책정할 수 있어야 한다. 둘째, 피보험자 특정인에게 발생하는 위험확률이 다른 사람의 위험 발생과는 독립적으로 결정되어야 한다. 셋째, 위험발생률이 낮아야 한다. 넷째, 역선택(adverse selection)[6]의 문제가 없어야 한다. 다섯째, 도덕적 해이의 문제가 크지 않아야 한다.

이와 같은 민영보험이 효율적인 제도로 운영되기 위한 전제조건과 관련하여 사회보험의 민영보험으로의 전환 가능성을 검토할 필요가 있다.

사회보험과 민영보험의 조화는 이론적 측면에서 국가의 책임에 의한 보장과 개인책임에 의한 보장간에 합리적인 조화를 그 사회의 성격에 적합한 형태로 해결점을 모색하는 것으로 볼 수 있다. 선진국의 현실적인 경험에 비추어 볼 때 사회보험과 민영보험이 상호 보완적인 역할을 수행해야 한다는 점에 대한 합의가 이루어지고 있다. 왜냐하면 현대사회에서 사회보험이나 민영보험만으로는 삶에 대한 완벽한 보장은 불가능하므로, 공적 보장과 민간보장의 조화를 통해 적정수준에까지 도달할 수 있다는 것을 경험했기 때문이다. 동일 위험에 대한 보장은 두 체계간에 상호 경쟁적인 상황으로 견제나 마찰이 예상되는 것이 사실이지만 실제에 있어서는 상호 보완적인 형태를 취하는 것이 일반적이다.

양자간의 관계에서 상호 대립 또는 경쟁적 입장은 경제학적 측면에서 볼 때 자유주의와 평등주의간의 이론적 입장 차이와 관련되어 있는 데, 민영보험을 지지하는 자유주의적 입장에서 볼 때 시장경제에 대한 국가의 개입은 개인의 정당한 재산권을 침해한다는 이유로 반대논리를 제시하고 있으며, 국가 개입에 의한 운영이 결국 정부의 실패로 인한 한계성은 노출할 뿐이라고 반대논리를 펴고 있다.

반면 사회보험체계를 지지하는 평등주의적 입장은 인간의 존엄성을 인정하고 생존권을 보장하는 것이 국가의 책임이라는 논리로서 평등을 위하여 자유를 부분적으로 제한할 수 있다는 점에 근거하고 있으며, 시장의 실패를 지적함으로써 국가 개입의 정당성을 주장하고 있다.

이와 같이 국가경제에 있어서 자유주의적 입장과 평등주의적 입장의 차이는 구

6) 역선택(逆選擇)이란 보험가입자와 보험자간에 발생하는 비대칭적 정보(asymmetric information) 때문에 보험시장에서 고위험의 가입자들의 가입율은 높아지고, 저위험집단의 가입율은 낮아지는 현상을 의미한다. 즉 보험시장에서 고위험집단만 남게 만들어(보험시장의 비효율성 증대) 결국 시장의 실패를 가져온다. 따라서 정부가 개입하여 모든 가입대상자, 즉 모든 근로자에 대한 산재보험 가입을 의무화함으로써 이와 같은 역선택문제를 해결할 수 있다는 점에서 산재보험의 공적 운영체계가 수립될 수 있었던 것이다.

체적으로 시장의 실패와 정부의 실패를 주장하는 데 초점을 두게 된다.

4. 사회보험제도의 분석 틀

사회복지정책을 평가하는 분석 틀로서는 D.Gil이 개발한 모형과 C.S.Prigmore와 C.R.Atherton의 모형 그리고 N.Gilbert, H.Specht & P.Terrell의 모형이 있다. Gilbert, Specht & Terrell은 문제의 인식에서부터 평가에 이르는 사회복지정책의 전과정을 선택의 차원(dimensions of choice)으로 보고, 그것을 할당(allocation), 급여(provision), 전달체계(delivery system), 재정(finance)의 4개 차원으로 분류했다(N.Gilbert , H.Specht, & P.Terrell 1993). 여기에서는 Gilbert , Specht & Terrell의 모형을 통해 사회보험제도를 분석하고자 한다.

2장 국민연금제도

제1절 연금의 성격

1. 연금의 성격

사회보장제도의 양대 지주의 하나인 소득보장은 국가가 국민의 인간다운 최저한의 생활을 보장하기 위하여 일정한 금전적인 급여, 즉 현금급여를 통하여 행하는 경제적 생활보장정책이라고 할 수 있는 데, 공적연금제도는 이와 같은 소득보장에 있어 그 중핵적(中核的)인 제도라고 할 수 있다.

이와 같은 소득보장의 목적은 국민의 질병, 실업, 장애, 노령, 퇴직 등의 생활상의 사고와 기복에 의하여 소득의 중단 또는 상실의 위험이 있는 경우에 일정 수준의 생활을 보장하려는 것으로서 소득보장은 개인이 필요로 하는 소득을 보장해주는 것이 아니라 사회적으로 필요한 범위내에서 이루어지는 것이다. 즉 사회보장은 국민에게 최저생활을 보장하는 것이 1차적 목표이기 때문에 보장의 수준은 최저생활을 충족시키면 된다.

연금(年金: pension, annuity)이란 일반적으로 일가(一家)를 지탱하는 자가 폐질, 노령, 퇴직 및 사망에 의하여 소득이 상실되는 경우, 유족의 보호를 위하여 임의계약에 의한 민영보험이거나 공적 사회보장이건간에 이것들을 보험사고로 하며, 또한 무갹출의 국가부조 또는 원조제도인 경우에는 이것을 지급사유로 하여 장기간에 걸쳐 정기적으로 지불이 행해지는 소득보장을 위한 현금급여의 총칭이라고 할 수 있다.

연금제도란 노령, 폐질, 사망 등과 같은 이유로 소득중단이나 상당한 정도의 소득감소에 대한 대비책으로서 회복할 수 없는 장기적인 위험에 대한 소득보장제도이다.(ILO,1984).

공적연금에 의해 노후의 소득을 보장하려는 이유로는 첫째, 근로자의 미래 대비 능력 결여를 보충하기 위해 필요하다. 둘째, 미래의 불확실한 상황을 대비하기 위해 필요하다. 셋째, 소득재분배를 통해 사회적 평등을 실현하고 사회통합을 이루기 위해 필요하다. 넷째, 성실한 노동자를 보호하기 위해서 필요하다(이인재, 2006).

2. 연금의 유형 및 종류

1) 연금의 유형

연금은 연금을 지급하는 주체 또는 운영하는 주체에 따라 공적연금과 개인연금으로 구분할 수 있다. 공적연금제도의 유형을 재원의 원천, 연금수급요건, 관리주체 등에 따라 분류해보면 다음과 같다.

(1) 사회보험식 공적연금

사회보험식 공적연금은 노후에 대비하여 기여금을 납부한 후 퇴직, 일정기간 이상 기여금 납부 등 일정한 법적 조건에 해당되면 소득조사나 자산조사없이 연금급여를 받는 제도이다. 사회보험식 연금제도는 세계 대부분의 국가에서 채택하고 있는 공적연금형태이다.

(2) 사회부조식 공적연금

사회부조식 공적연금은 기여금을 납부하지 않았으나 소득조사나 자산조사를 거쳐 일정소득 또는 일정자산 이하인 사람에게 연금급여를 제공하는 제도이다. 이 유형의 연금제도에서 수급권은 과거의 소득활동 여부 또는 기여 여부와 관계없이 법에 정한 기준소득 또는 기준자산 이하인 사람에게 주어진다.

이러한 연금유형만을 채택하고 있는 국가로 남아프리카공화국, 방글라데시 등이 있으며, 호주, 뉴질랜드, 아이슬란드, 홍콩 등 많은 국가들은 이 유형과 다른 유형의 연금을 같이 채택하고 있다.

(3) 사회수당식 공적연금

사회수당식 공적연금은 일정한 인구학적 조건만 갖추면 (해당 국적을 가진 사람, 해당 국가에 일정기간 거주한 사람 등) 기여금을 납부하지 않았어도 소득조사나 자산조사없이 연금급여를 제공하는 제도이다. 이 연금제도는 기여금을 납부하지 않는다는 점에서 사회부조식 공적연금과 같으나 자산조사나 소득조사를 받지 않고 연금급여를 제공한다는 점에서 사회부조식 공적연금과 다르다. 이러한 연금유형을 채택하고 있는 국가로 캐나다, 뉴질랜드, 덴마크, 스웨덴, 러시아 등을 들 수 있다. 이 연금유형을 채택하고 있는 국가들의 경우 이 유형만을 채택하고 있는 국가들은 거의 없으며, 대부분 이 유형과 다른 유형을 같이 채택하고 있다.

(4) 퇴직준비금제도

퇴직준비금제도는 근로소득의 일정비율을 강제로 저축하도록 한 후, 퇴직 시 일시금으로 지불하는 제도이다. 이 유형의 제도는 강제가입과 국가관리라는 특성을 제외하면 공적연금으로서의 특성을 거의 갖고 있지 않아 강제가입식 저축제도라고 할 수 있다. 이러한 유형을 채택하고 있는 국가로 인도, 인도네시아, 말레이시아, 싱가포르, 케냐, 우간다 등을 들 수 있다.

(5) 강제가입식 개인연금제도

강제가입식 개인연금제도는 근로소득의 일정비율을 본인이 선택한 민간금융기관에 저축하도록 한 후, 퇴직 후 연금형태로 급여를 받도록 하는 제도이다. 이 제도는 강제저축의 성격을 갖는다는 점에서 순수한 민영연금과 다르다. 한편 강제저축의 성격을 갖는다는 점에서 퇴직준비금제도와 유사하지만 급여가 일시금이 아닌 연금형태로 지급되며, 국가에 의해 관리되는 것이 아니라 다수의 민간기관에서 운영된다는 점에서 차이가 있다.

이러한 유형을 채택하고 있는 국가로 공적연금재정의 심각한 위기를 경험했던 칠레, 아르헨티나, 멕시코, 콜롬비아, 페루, 볼리비아 등 중남미 국가들과 자본주의 시장경제체제로 전환하는 과정에서 경제적 어려움을 겪은 헝가리, 폴란드, 불가리아, 슬로바키아, 라트비아 등 동구권 국가들을 들 수 있다. 이들 국가들은 공적연금의 재정위기를 극복하기 위한 방편으로 과거 사회보험식 연금의 일부 또는 전부를 강제가입식 개인연금제도로 대체하고 있다.

2) 공적연금제도의 종류

공적연금제도를 대상자격, 급여, 재정, 전달체계 등으로 구분해보면 다음과 같다.

(1) 대상자격 : 기여연금과 무기여연금

재원조달의 방법에 따라 기여(갹출제)연금과 무기여(무갹출제)연금으로 구분된다. 무기여연금은 필요한 재원을 일반조세에서 충당하고 기여금을 받지 않는 연금이며, 기여연금은 사용자와 근로자 또는 자영자 등의 기여금에 의해 재원을 충당하는 연금이다. 무기여연금은 사회부조식 연금과 사회수당식 연금으로 분류할 수 있다. 기여연금은 사회보험식 연금, 퇴직준비금제도, 강제가입식 개인연금제도로 분류할 수 있다. 공적연금은 대체로 갹출제연금이지만 무갹출제연금도 포함된다.

(2) 급여방법 : 정액급여와 소득비례급여

급여방법에 따라 정액급여와 소득비례급여로 분류될 수 있다. 정액급여는 과거 소득에 관계없이 모든 연금수급자에게 동일한 금액을 지급하는 연금형태이며 일반적으로 연금급여액에 필요한 재원은 일반조세에 의존하고 있는 사회부조식 연금이나 사회수당식 연금에서 흔히 채택하고 있는 유형이다.

소득비례급여는 퇴직 전 일정기간 동안의 평균소득 또는 생애근로기간의 평균소득에 비례해서 연금급여액을 지급하는 연금형태이다. 소득비례급여는 일반적으로 연금급여액에 필요한 재원을 기여금에 의존하는 기여연금에서 많이 채택되고 있다. 기여연금인 소득비례연금은 기여금에 정비례하는 연금과 비례하지만 정비례하지 않는 연금으로 구분할 수 있다.

(3) 재정 : 적립방식과 부과방식

공적연금의 급여지출에 필요한 재원을 충당하는 방법은 완전적립방식, 부분적립방식, 부과방식으로 분류될 수 있다.

완전적립방식은 현재 근로세대가 가입시점부터 납부한 기여금과 기여금의 투자수익을 합한 총액이 미래의 그 세대가 수급하게 되는 총 연금급여와 같게 재원을 축적하는 방식이다. 부과방식은 현재 근로세대가 납부한 기여금으로 현재 퇴직세대의 연금급여를 지급하고 현재 근로세대의 연금급여 지급에 필요한 재원은 미래 근로세대가 납부할 기여금에 의해 충당하는 재정방식이다. 부분적립방식은 현재 근로세대가 납부한 기여금과 기여금의 투자수익에 의해 퇴직 후 그 세대가 지급받게 되는 연금급여의 상당부분을 충당하도록 하고 나머지는 부과방식에 의해 충당하는 방식이다.

오늘날 연금에 있어서는 다양한 명칭이 사용되고 있는 데, 그 대표적인 것으로는 일정 기간의 갹출과 일정 연령 이상을 전제로 하여 기업의 퇴직을 요건으로 하여 지급되는 퇴직연금, 일정 연령 이상과 생활의 곤궁을 요건으로 하여 지급되는 노령연금, 피보험자의 사망으로 그 유족에게 지급되는 유족연금 그리고 항구적인 심신장애에 의한 장기간의 노동불능에 대하여 지급되는 폐질연금 등이 있다.

3) 공적연금체계의 유형

공적연금체계는 각국의 역사문화적 · 정치적 · 경제적 상황에 따라 다르게 발달되어 왔다. 공적연금체계의 유형은 크게 단일한 유형의 공적연금제도를 채택하고 있는 경우와 상이한 여러 유형의 공적연금제도를 복수로 실시하는 경우로 나눌 수 있다. 전자를 일원적 공적연금체계 또는 단층체계(single pillar), 후자를 다원적 공적연금체계 또는 다층체계(multiple pillar)라 부른다. 한편 후자는 두 가지 형태가 공존하는 이층체계(second pillar), 세 가지 형태가 공존하는 삼층체계(third pillar), 네 가지 형태가 공존하는 사층체계(forth pillar)로 나누어진다.

3. 연금의 사회경제적 기능

연금의 정의와 목적 그리고 종류와 유형 등의 여러 성격에 비추어 연금제도가 지니고 있는 주요 사회경제적 기능을 다음과 같이 요약할 수 있다.

첫째, 노후의 생활설계를 세울 경우에 있어서는 일정의 미리 약정된 소득을 계획의 기초로 삼을 수가 있다.

둘째, 고령이 되어 노동능력이 쇠퇴하거나 상실되어 임금소득이 상실되었을 경우에 있어서는 자산조사나 소득조사와 같은 제약이 없이 고령자의 권리로서 최저한의 소득을 보장할 수가 있다.

셋째, 소득의 재분배 기능을 행한다는 것이다. 즉 피보험자 자신의 청·장년기의 소득재분배가 이루어 질 뿐만 아니라, 노동능력의 쇠퇴과정과 사망연령에 개인차가 있지만 노동능력이 장기간 지속되는 자와 그렇지 못한 자와의 사이에, 나아가서는 고액소득자와 저액소득자간의 소득의 재분배가 이루어지게 되는 것이다.

제2절 국민연금제도의 발전과정

1. 국민연금제도의 연혁

1973. 12. 국민복지연금법 제정
1986. 12. 국민연금법으로 개정
1988. 1. 국민연금제도 실시 (10인 이상 사업장)
1992. 1. 5인 이상 9인 이하의 사업장 확대 실시
1995. 7. 농어민과 농어촌지역 자영자를 적용대상으로 확대
1997. 6. 국민연금제도개선기획안 발족
1998. 12. 국민연금법 개정
1999. 4. 도시자영자를 적용대상으로 확대 (전국민연금시대)
1999. 11. 기금운용본부 설치
2002. 4. 4대 사회보험 정보연계시스템 구축
2003. 7. 1인 이상 사업장으로 확대(법인사업장 또는 전문직종사업장)
2004. 7. 2003. 7. 1 현재 국민건강보험 또는 고용보험 가입사업장으로 확대
2007. 7. 국민연금법 개정(급여수준의 하향 조정 등, 국민연금관리공단을 국민연금으로 변경)
2008. 1. 본격적인 완전노령연금 지급 개시
2009. 2. 국민연금과 직역연금의 연계에 관한 법률 제정

우리나라 소득보장제도로서의 연금제도는 국민연금이 실제로 도입되기 이전인 1973년에 이미 국민복지연금법이 제정되었다. 국민복지연금법은 1973년 1차 석유파동으로 시행이 3차례나 연기되었다가 1986년에 국민연금법으로 개정되어 1988년에 실시되기까지 15년간 사장되어 있었다. 국민복지연금법의 무기연기는 경제적 측면에서는 긍정적인 효과를, 복지적 측면에서는 부정적인 효과를 가져 왔다고 보는 견해도 있다.

1988년부터 본격적인 국민연금시대가 시작되었는 데, 당시에는 임금근로자만을 강제가입대상으로 시작되어 1995년에는 농어촌지역주민을 적용범위에 포함시켰으며, 1999년 4월에는 도시지역주민에까지 확대 적용함으로써 특정계층을 위한 제도가 아니라 국민 모두를 대상으로 하는 전국민연금시대에 이르렀다.

농어촌지역연금 확대 이후 국민연금제도는 도시지역 확대, 연금기금의 합리적 운용, 국민연금 재정의 장기적 안정화를 위한 구조조정 등의 문제를 해결하기 위

하여 1997년 상반기에는 국민연금제도개선기획단이 결성되어 국민연금개선안을 마련하여 1998년 국민연금제도가 대폭 바뀌게 되었다.

2. 국민연금제도의 의의

1960년대 이래로 급속하게 진행된 산업화에 따른 산업구조의 변화로 인해 노동의 수요가 증가하고 각종 재해가 증가했으며, 가족부양 기능이 약화되면서 산업사회에서 예견되는 경제사회적 위험에 대비할 수 있는 사회보장제도의 필요성을 느끼게 되었다. 1960년대와 1970년대의 경제성장 우선정책은 경제총량의 성장이라는 면에서 놀라운 성과를 거두었음에도 불구하고 급속한 산업화 과정에서 산업부문간, 계층간, 지역간의 구조적 불균형과 그로 인한 갈등이 표면화되었다. 특히 이러한 경제성장의 역효과와 더불어 인구의 고령화가 진전되면서 노인빈곤과 노후생활문제가 우리나라에서도 중요한 사회문제로 등장하게 되었으며, 급속한 산업화의 진전에 따른 산업재해 및 실업 등의 증대와 함께 핵가족화, 노인부양 의식의 약화현상 등이 맞물려 생기는 노후빈곤문제가 주요한 사회적 위험으로 대두되었다.

이러한 사회적 위험으로부터 모든 국민을 보호하기 위한 사회보험제도가 국민연금제도이다. 즉 젊어서 노동능력이 있을 때 능력에 따라 갹출하였다가 나이가 들거나 장애 또는 사망 등으로 노동능력을 잃게 될 경우, 국가로부터 본인 또는 유족이 일정액의 연금을 매월 받을 수 있도록 함으로써 안정된 생활을 유지해주는 소득보장장치라고 볼 수 있다.

1973년 국민복지연금제도가 법제화될 수 있었던 이유는 그것이 지닌 사회복지적 기능보다는 경제개발에 필요한 내자(內資) 동원이라는 경제적 기능에서 찾을 수 있을 것이다. 국민복지연금제도가 이러한 의도에서 도입된 것임에도 불구하고 국민복지의 향상을 가져올 수 있다는 점에서 사회복지적 의의를 과소평가할 수 없을 것이다. 독일에서 1880년대에 비스마르크 사회보험제도가 도입된 것은 당시의 사회주의자들로부터 일반노동자를 분리하고 노동자들의 충성심을 끌어내기 위한 노동통제적 목적에서 출발하였지만 제도 도입의 결과 노동자들의 생활과 건강이 증진된 결과와 맥락을 같이 하고 있다.

3. 국민연금제도의 변화 내용

1) 1988년의 국민연금제도

1986년 국민연금법의 주요 내용은 다음과 같다. 첫째, 가입대상자를 10인 이상 사업장근로자로 하였고, 둘째, 국민연금급여 중 균등부분도 가입기간에 정비례하도록 하여 20년 가입하면 20%, 40년 가입하면 40%가 되게 하였고, 소득비례부분은 20년 가입하면 15%, 40년 가입기준 30%로 만들었다(평균소득 가입자 기준). 셋째, 연금보험료의 부담은 초기 3%에서 5년 간격으로 3%씩 상향하여 9%까지 상향 조정하도록 하였으며, 보험료 중 1/3은 법정퇴직금에서 전환토록 하였다. 넷째, 국민복지연금법과 달리 저소득가입자에 대한 보험료 국고보조제도가 없어졌다.

국민연금제도는 크게 다섯 가지의 주요 특징을 가지고 있다.

첫째, 근로자 위주의 연금제도이다. 국민연금은 도입 초기에 10인 이상 사업장 근로자를 대상으로 실시되었다. 연금급여구조 등 제도형태가 소득의 완전 파악을 전제로 하고 있다는 점에서 근로자계층에게 적용하기 용이한 형태로 출범하였다.

둘째, 소득비례연금과 정액연금을 혼합하였다. 연금급여는 크게 정액연금과 소득비례연금으로 구분되는 데, 국민연금은 전체 가입자의 평균소득월액의 변화에 연동하는 정액적 성격과 가입자의 소득에 비례하여 연금급여가 연동되는 소득비례적 성격을 동시에 가지고 있다.

셋째, 강력한 소득재분배를 구현하였다. 국민연금제도는 급여산식상으로 본인소득뿐만 아니라 전체 가입자 평균소득에 연동하도록 되어 있어 고소득계층으로부터 저소득계층으로 소득이전이 발생하는 강력한 세대내 소득재분배구조가 내재되어 있다. 또한 부담하는 것보다 급여를 더 많이 받는 구조이므로 현세대가 미래세대로부터 소득을 이전받는 세대간 재분배가 상당정도 발생하도록 되어 있다.

넷째, 급여-부담의 불균형체계를 가지고 있었다. 국민연금제도는 급여수준을 확정적으로 정해 두고, 보험료 부담수준도 확정적으로 정해 둔 확정급여 · 확정갹출 연금제도이다. 이 경우 가입자의 보험료부담 현가액과 연금급여 수급액 현가가 동일하다면 문제가 없겠으나, 전자가 후자보다 크게 못 미치는 수준으로 정해져 있기 때문에 장기적 재정수지가 심각하게 불균형한 체계를 가지게 되었다.

다섯째, 국민연금제도는 적립방식의 성격과 부과방식의 성격이 혼합된 수정적립방식을 채택하였다. 적립방식적 성격으로는 연금보험료를 일정 기간 납입하지 아니하면 연금수급권이 발생하지 않는다는 점이며, 부과방식적 성격으로는 가입자의 보험료부담액 현가가 연금수급액 현가보다 적어서 처음에는 적립기금이 늘어나지만 점차 줄어들어 일정 기간이 경과되면 적립기금이 소멸됨으로써 종국에는 당세대의 근로계층이 앞 세대의 노령계층을 부양하는 부과방식으로 필연적으로 이행하게 된다는 점이다.

국민연금제도의 농어촌지역 확대로 농어촌지역 가입자를 사업장가입자와 동일한 체계로 운영하고, 기금도 함께 운영하는 방식을 채택하였다. 그러나 소득파악이 용이한 사업장가입자를 위주로 하여 도입된 국민연금제도를 그대로 농어촌지역 자영자에게 적용하는 데 따른 문제는 소득하향신고에 따라 소득재분배가 왜곡되고, 전체 가입자 평균소득이 하향화되어 급여수준이 낮아지는 결과를 낳게 되었다.

이와 같은 농어촌지역 가입자의 소득하향신고 경향은 주로 국민연금에 대한 인식의 부족에 기인한 것으로 국민연금에 대한 부정적인 시각을 예로 들 수 있다. 또한 국민연금은 강력한 소득재분배구조를 가지고 있어서 고소득자에게서 저소득자에게로 소득재분배가 이루어지므로 가능하면 낮은 소득으로 신고하려는 경향이 있기도 하다.

2) 1998년과 2007년의 개정 국민연금제도

1998년 개정된 국민연금제도가 갖는 역사적 의미는 다음과 같다.

첫째, 그 동안 미적용계층이었던 도시자영자, 임시직, 일용직근로자 등이 국민연금적용대상으로 확대되어 전국민연금체계가 완성되었다고 할 수 있다. 또한 여성의 연금분할제도의 도입으로 여성 연금수급권 개선에 기여하였으며, 연금수급 가능 최소가입연수를 10년으로 하향 조정함으로써 많은 사람들이 연금을 수급할 수 있도록 하였다.

둘째, 국민연금 급여율을 40년 가입 70% 수준에서 60% 수준으로 하향 조정하고 연금수급연령을 60세에서 65세까지 단계적 조정, 정기적인 재정재계산제도의 도입 등으로 연금수급권의 불균형을 완화시킴으로써 미래세대로부터의 연금차입규모를 줄이고, 결과적으로 미래세대의 연금보험료 납입부담을 낮출 수 있었다. 따라서 2033년에 고갈이 예상되던 국민연금기금은 2050년 이후에도 건전하게 유지될 수 있게 되었다.

셋째, 연금 개정의 가장 큰 성과 가운데 하나로 국민연금기금운용위원회의 구성을 가입자 중심으로 개편함으로써 기금운용의 민주성을 크게 제고하였으며, 공공자금관리기금법의 개정으로 국민연금기금의 강제예탁을 의무화하는 조항이 삭제되어 연금기금 운용의 자율성 및 수익성 제고를 기할 수 있게 되었다.

국민연금제도의 개정 내용을 비교해보면 <표 12>와 같다.

<표 12> 국민연금제도의 개정 내용

구 분		1988년 제도 내용	1998년 개정 내용	2007년 개정 내용
기본구조		· 일원형 : 균등부분 +소득비례부분	· 일원형 : 균등부분 +소득비례부분	· 일원형 : 균등부분 +소득비례부분
적용대상		· 18세 이상 60세 미만 사업장 근로자 및 농어촌 지역 자영자	· 도시지역 자영자 확대 적용	
보험료		· 5년 간격으로 3%에서 9%까지 단계적 조정	· 재정재계산제도에 의하여 보험요율 조정(2025년까지 약 19.1%로 상향조정)	· 현행 9%로 고정 · 표준보수월액등급체계 ⇒실직소득기준으로 전환
연금급여	급여율	· 평균소득계층 70%	· 1988년~개선 이전 : 현행 급여산식 적용 · 제도 개선 이후 : 평균소득 계층 60%	· 2008년: 50% · 2009년부터 매년 0.5%씩 하향조정하여 2028년에는 40% · 기존 수급자와 기존 가입자에 대하여는 종전대로 지급
	수급연령	· 60세	· 2013년부터 5년 간격으로 1세씩 상향 조정(65세까지)	· 2013년부터 5년 간격으로 1세씩 상향 조정 (65세까지)
	급여종류		· 분할연금제도 신설	· 군복무 크레딧, 출산 크레딧 신설
	최소가입연수	· 15년	· 10년(반환일시금제도 원칙적으로 폐지)	· 존치
재정운영방식		· 수정적립방식	· 수정적립방식	· 수정적립방식
재정안정		· 적립기금 고갈 2031년 발생	· 기금소진 2047년	· 기금소진 2060년

한편 오랜 논란 끝에 2007년에 개정된 주요 내용은 다음과 같다.

(1) 보험료부담수준은 종전대로 유지하고, 연금지급율을 단계적으로 하향 조정한

다(자녀세대의 부담 완화 및 재정안정 도모).

(2) 보험료 산정기준을 표준보수월액등급체계에서 가입자의 소득월액을 기준으로 한다.

(3) 급여에 있어서 병역의무를 이행한 자의 군복무기간 중 6개월을 국민연금 가입기간으로 인정하며, 이에 소요되는 비용은 국가에서 전부를 부담한다. 또한 둘 이상의 자녀가 있는 가입자 또는 가입자였던 자에게 둘째 자녀에 대하여 12개월, 셋째 자녀부터는 18개월을 가입기간에 추가로 인정하며, 재원은 국가가 일부 또는 전부를 부담한다.

(4) 분할연금은 그 배우자가 재혼하는 경우에도 계속 지급받을 수 있도록 하고 자신의 노령연금과 함께 지급받을 수 있다.

(5) 지급된 급여가 일정 금액 이하인 경우에는 계좌로 지급된 급여에 대하여 압류할 수 없도록 연금수급권을 보호하고 있다.

(6) 유족연금에 있어 남녀차별적인 요소를 개선하여 성별에 관계없이 수급재개 연령을 55세로 동일하게 조정한다.

(7) 농어민 본인이 부담해야 하는 연금보험료의 1/2을 초과하지 않는 범위내에서 2007년에는 최고 23,400원까지 지원하고, 2014년까지 국고지원을 확대한다.

(8) 재직자노령연금수급권자가 원할 경우에는 연금받는 시기를 늦추는 대신 더 많은 연금을 지급하는 연기연금제도를 도입한다. 이는 1회에 한하여 연기할 수 있고 그 경우 연기되는 매 1월마다 0.5%씩 가산지급한다.

(9) 타 공적연금의 가입자가 되면 반환일시금은 연금혜택 강화를 위해 60세 이후에 지급한다.

(10) 소득탈루자료가 있다고 판단되는 자에 대하여는 국세청에 통보하고, 국세청은 그 세무조사 결과를 공단에 통보하는 등 실제소득 파악에 주력한다.

이밖에도 2009년에는 국민건강보험법을 개정하여 2011년 1월 1일부터 사회보험료 징수업무를 국민건강보험공단으로 일원화하게 되었다.

또한 국민연금과 직역연금의 연계에 관한 법률을 제정하여 연금제도마다 각기 다른 최소 가입기간 때문에 연금을 받지 못하는 문제를 해결하기 위하여 국민연금과 직역연금간의 연계제도가 도입되었다.

제3절 국민연금제도의 내용

1. 적용대상과 가입자 종류

국민연금의 가입대상은 국내에 거주하는 18세 이상 60세 미만의 국민이다. 다만 공무원연금법, 군인연금법 및 사립학교교직원연금법의 적용을 받는 공무원·군인 및 사립학교교직원, 기타 대통령령이 정하는 자를 제외한다.

가입자는 사업장가입자·지역가입자·임의가입자 및 임의계속가입자, 외국인가입자로 구분되며, 가입자의 종별, 종류별 가입요건은 <표 13>과 같다.

<표 13> 가입자의 종별 가입요건

종별	가 입 요 건
사업장 가입자	국민연금에 가입된 사업장의 18세 이상 60세 미만의 사용자 및 근로자로서 국민연금에 가입된 자이다. 1인 이상의 근로자를 사용하는 사업장 또는 주한외국기관으로서 1인 이상의 대한민국 국민의 근로자를 사용하는 사업장에서 근무하는 18세 이상 60세미만의 사용자와 근로자는 당연 사업장가입자가 된다.
지역 가입자	18세 이상 60세 미만의 국민으로서 사업장가입자가 아닌 사람은 당연 지역가입자가 된다. 농어민, 도시자영업자, 일용근로자 및 1월 미만의 기한부근로자, 1개월 80시간 미만인 시간제근로자 등이다. 다만 다른 공적연금에서 퇴직연금, 장애연금을 받는 퇴직연금 등 수급권자, 국민기초생활보장법에 의한 수급자, 소득활동에 종사하지 않는 사업장가입자 등의 배우자 및 보험료를 납부한 사실이 없고 소득활동에 종사하지 않은 27세 미만인 자는 지역가입자가 될 수 없다.
임의가입자	사업장가입자와 지역가입자가 될 수 없는 사람도 60세 이전에 본인의 희망에 의해 가입신청을 하면 임의가입자가 될 수 있다.
임의 계속 가입자	가입기간이 20년 미만인 가입자가 60세 도달로 국민연금가입자 자격을 상실하였으나 가입기간이 부족하여 연금을 받지 못하거나 가입기간을 연장하여 더 많은 연금을 받고자 원할 경우에는 65세에 달할 때까지 신청에 의하여 임의계속가입자가 될 수 있다.
외국인 가입자	국민연금적용사업장에 종사하는 외국인과 국내에 거주하는 외국인으로서 대통령이 정하는 자를 제외한 외국인은 사업장가입자 또는 지역가입자가 된다(외국인에 대해서 원칙적으로 상호주의를 채택).

이러한 가입요건에 따른 가입자 현황을 연도별로 살펴보면 <표 14>와 같다.

<표 14> 국민연금 연도별 사업장 및 가입자 현황

(단위 : 천명,천개소)

구 분	총가입자	사업장가입자		지역가입자			임의	임의 계속
		사업장	가입자	계	도시	농어촌		
'88. 12	4,432,695	58,583	4,431,039	-	-	-	1,370	286
'92. 12	5,021,159	120,374	4,977,441	-	-	-	32,238	11,480
'96. 12	7,496,623	164,205	5,677,631	2,085,568	-	2,085,568	50,514	15,640
'99. 4	16,268,779	174,496	4,992,276	11,113,148	9,045,812	2,067,336	34,250	128,665
'00. 12	16,209,581	211,983	5,676,138	10,419,173	8,381,451	2,037,722	34,148	80,122
'02. 12	16,498,932	287,092	6,288,014	10,004,789	7,997,593	2,007,196	26,899	179,230
'03. 5	16,834,693	303,895	6,484,173	10,111,912	8,049,124	2,062,788	25,766	212,842
'05. 3	16,865,737	623,266	7,664,368	9,163,483	7,197,769	1,905,715	23,680	44,805
'06. 12	17,739,939	773,861	8,604,823	9,086,368	1,972,784	7,113,584	26,991	21,757
'08. 5	18,328,595	889,541	9,384,300	8,887,610	1,950,807	6,936,803	27,260	29,425
'09. 4	18,329,062	942,245	9,605,611	8,659,031	1,914,866	6,744,165	28,787	35,633
'10. 2	18,669,234	989,378	9,920,921	8,665,154	1,922,919	6,742,235	40,343	42,816

자료 : 국민연금공단, 2010 국민연금통계연보

가입자 현황을 살펴보면, 2010년 2월 말 현재 전체 가입사업장은 989,378개소이고, 가입자는 9,920,921명이다. 지역가입자는 8,665,154명 (농어촌 1,922,919명, 도시자영자 6,742,235명)이며. 그 외 임의가입자 40,343명, 임의계속가입자 42,816명 등 전체 가입자는 18,669,234명이다.

2007년 말 현재 납부예외자는 5,107천명으로 나타났던 것이 2008년 12월 말 현재 5,026천명(남 2.839.782명, 여 2.185.721명)으로 나타나 다소 감소 추세를 보이고 있다.

2. 급여

1) 급여의 종류

국민연금급여의 종류는 노령연금, 장애연금, 유족연금, 반환일시금 및 사망일시금 등 5가지이다. 구체적인 급여의 종류, 수급요건, 급여수준은 <표 15>와 같다.

<표 15> 국민연금 급여의 종류 및 수준

<table>
<tr><th colspan="2">급여종별</th><th>수급
권자</th><th>수 급 요 건</th><th>급 여 수 준</th></tr>
<tr><td rowspan="6">노
령
연
금</td><td>완전</td><td>본인</td><td>20년 이상 가입 60세 도달
(선원, 광부는 55세 도달)</td><td>기본연금액의 100%+부양가족연금액</td></tr>
<tr><td>감액</td><td>〃</td><td>10년~20년 미만 가입 60세 도달</td><td>기본연금액의 50~95%+부양가족연금액</td></tr>
<tr><td>재직자</td><td>〃</td><td>10년 이상 가입 60세~65세 미만자로 소득이 있는 업무에 종사할 때</td><td>기본연금액의 50~90%</td></tr>
<tr><td>조기</td><td>〃</td><td>10년 이상 가입 55세~60세 미만자로 소득이 있는 업무에 종사하지 아니하는 경우(본인 희망)</td><td>기본연금액의 70~94%+부양가족연금액</td></tr>
<tr><td>특례</td><td>〃</td><td>'1999년 4월 1일 현재 50세 이상인 자로 가입기간이 5년 이상 10년 미만가입(지역가입자는 '95.7.1현재 45-60세 미만으로 5년 이상 가입)</td><td>기본연금액의 25~75%+부양가족연금액
<가입기간 1년 증가 시 5% 가산></td></tr>
<tr><td>분할
연금</td><td>이혼한
배우자</td><td>가입기간 중의 혼인기간이 5년 이상인 자로서 수급요건을 갖춘 자</td><td>배우자이었던 자의 노령연금액(가급연금액 제외) 중 혼인기간에 해당하는 연금액을 균분한 액</td></tr>
<tr><td colspan="2">장애
연금</td><td>〃</td><td>가입 중 질병, 부상이 발생한 경우 그 장애정도에 따라 지급
질병 : 초진일 현재 1년 이상 가입
부상 : 가입기간 1년 이상부터 지급</td><td>1급:기본연금액의 100%+부양가족연금액
2급: 〃 80% +부양가족연금액
3급: 〃 60% +부양가족연금액
4급:기본연금액의 250%(일시보상금)</td></tr>
<tr><td colspan="2">유족
연금</td><td>유족</td><td>· 1년 이상 가입 중인 자의 사망
· 10년 이상 가입했던 자의 사망 (상실 후)
· 노령연금수급권자의 사망
· 장애 2급 이상 수급권자의 사망</td><td>- 가입기간 10년 미만
: 기본연금액의 40% +부양가족연금액
- 〃 10~20년
: 기본연금액의 50% +부양가족연금액
- 〃 20년 이상
: 기본연금액의 60% +부양가족연금액</td></tr>
<tr><td colspan="2">반환
일시금</td><td>본인
유족</td><td>노령연금수급요건을 갖지 못한 자의
① 사망
② 60세 도달
③ 국적상실 또는 국외이주
④ 타 연금법에 적용을 받게 된 때</td><td>· 납부보험료+이자
-사업장가입자
사용자부담 : 1년만기정기예금이자율
본인 · 퇴직 : 3년만기 〃
-지역 · 임의가입자
1/3 : 1년만기 정기예금이자율
2/3 : 3년만기 〃</td></tr>
<tr><td colspan="2">사망
일시금</td><td>유족</td><td>가입자 또는 가입자이었던 자가 사망하였거나 유족연금 또는 반환일시금을 지급받을 유족이 없는 경우</td><td>반환일시금상당액</td></tr>
<tr><td colspan="2" rowspan="2">외국인에
대한
급여</td><td colspan="3">노령연금, 장애연금,유족연금 내국인과 동일</td></tr>
<tr><td>반환
일시금</td><td>반환일시금 수급권자의 조건에 따라 차이가 있음</td><td>가입기간 중 본인이 납부한 연금보험료 + 가입기간 동안의 이자와 지급사유 발생일까지의 이자</td></tr>
</table>

(1) 노령연금은 10년 이상 가입하고 60세(소득이 없을 경우 55세)가 되면 그때부터 평생 동안 노령연금이 지급된다. 가입 당시 50세 이상인 가입자는 5년 이상만 가입하면 특례노령연금을 지급받을 수 있다. 가입 중에 질병이나 부상으로 장애가 생기면 장애연금이 지급된다.

노령연금에는 완전노령연금, 감액노령연금, 재직자노령연금, 조기노령연금, 특례노령연금 등이 있다. 완전노령연금과 감액노령연금은 소득활동에 종사하는 경우 65세에 이를 때까지 연령에 따라 기본연금액의 50~90%가 재직자노령연금으로 지급되며, 조기노령연금은 소득활동에 종사하지 않으면 55세부터 지급되지만 수급 중 소득활동에 종사하면 65세까지는 그 소득활동 종사기간 동안 지급이 정지된다.

(2) 장애연금은 치료 후에도 장애가 남았을 때는 장애상태(1-4급)에 따라 지급되는 연금이다. 국민연금가입자나 연금을 받던 사람이 사망하면 유족에게 유족연금이 지급된다.

(3) 유족연금은 국민연금에 가입하고 있는 사람 또는 연금을 받던 사람이 사망하면 지급되는 연금이다. 유족연금은 사망한 사람의 배우자, 자녀, 부모, 손자녀, 조부모 순으로 받을 수 있다.

(4) 반환일시금은 연금을 받을 수 있는 요건이 안되면 불입한 연금보험료에 이자가 더해져 일시금(반환일시금/사망일시금)으로 지급된다.

(5) 사망일시금은 가입자 또는 가입자이었던 자가 사망하였으나 유족연금 또는 반환일시금을 지급받을 수 없는 경우에 지급되는 장제부조금 성격의 급여이다.

(6) 분할연금은 혼인기간 중 획득한 연금청구권을 이혼 시 부부가 공동으로 균분(均分)하여 지급하는 급여이다.

(7) 출산크레딧은 2008년 이후 2명 이상 자녀 출산 시 자녀 수에 따라 12개월에서 최장 50개월까지 가입기간을 추가로 인정하는 제도이다.

(8) 군복무크레딧은 2008년 이후 군복무이행 시 6개월의 가입기간을 추가로 인정하는 제도이다.

2) 급여의 수준

국민연금의 급여액은 기본연금액과 부양가족연금액으로 구성되며, 기본연금액은 '균등부분'의 급여와 '소득비례부분'의 급여로 구성된다. '균등부분'은 연금수급 전

3년간의 전가입자 평균소득월액을 평균한 금액에 비례하고, '소득비례부분'은 자신의 가입기간 동안의 평균소득월액에 비례한다. 따라서 기본연금액은 본인의 가입기간과 기입기간 중의 소득, 연금수급 당시 평균소득월액에 따라 달라진다.

기본연금액의 산정식은 다음과 같다.

기본연금액

= [2.4(A+0.75B)×P1/P + 1.8(A+B)×P2/P + 1.5(A+B)×P3/P + 1.485(A+B)×P4/P +

1988-1998년 / 1999-2007년 / 2008년 / 2009년

1.2(A+B)×P23/P + X(A+A)×C/P + X(A+1/2A)×6/P × (1+0.05n/12)

2028년 이후 / 출산크레딧 / 군복무크레딧

A = 연금수급전 3년간의 평균월소득월액의 평균액

B = 가입자 개인의 가입기간 동안의 기준소득월액의 평균액

※ 가입자 개인의 가입기간 동안의 기준소득월액을 매년 보건복지부장관이 고시하는 연도별 재평가율에 의하여 연금수급전년도의 현재가치로 환산한 후 그 합계액을 가입자의 전체 가입월수로 나누어 산정.

P = 가입자의 전체 가입월수(노령연금액 산정 시에만 출산 및 군복무크레딧을 포함한 전체가입월수)

구분	1988-1998년	1999-2007년	2008-2027년	2028년 이후
상수	2.4	1.8	1.5 (매년 0.15씩 감소	1.2
소득대체율	70%	60%	50% (매년 0.5%p씩 감소)	40%
가입월수	P1	P2	P3 … P22	P23

n = 20년 초과월수(노령연금액 산정 시에만 출산 및 군복무크레딧을 포함한 전체 가입월수)

X = 1.5~1.2까지의 비례상수 중 노령연금 수급권 취득시점의 상수

C = 추가가입기간 12, 30, 48, 50(균분하는 경우에는 6, 15, 24, 24)

(출산 및 군복무크레딧으로 인한 연금액 및 증가되는 가입기간은 노령연금액 산정시에만 적용됨.)

부양가족연금액은 수급권자에 의해 생계를 유지하는 배우자, 18세 미만의 자녀, 장애 2급 이상에 해당하는 자녀, 60세 이상의 부모나 장애 2급 이상에 해당하는 부모에 대하여 지급되는 가족수당적 성격의 부가급여이다. 부양가족연금은 1999년

에 배우자에게는 연간 15만원, 부모 및 자녀에게는 연간 10만원이 설정되었고, 매년 전국소비자물가변동률에 따라 조정된다.

국민연금제도는 사회연대에 의한 위험분산과 소득재분배 기능을 수행하고 있다. 따라서 연금산정의 기준은 그 의미가 큰 것이다. 국민연금제도의 연금액 산정기준은 개인의 소득수준과 관계없이 전가입자의 평균 월보수를 기본적으로 급여하는 균등부분 개념을 도입하여 소득재분배 기능을 부여하였고, 이에 추가하여 개인의 능력에 따른 보수비례(earning related scheme)의 제도를 혼합하여 구성하고 있다. 국민연금제도가 소득재분배 기능을 갖는 것은 바로 이 균등부분 때문이다. 이는 같은 공적연금제도인 공무원연금 및 사립학교교원연금의 소득비례방식과는 큰 차이가 있는 제도이다.

국민연금제도의 연금산정은 저소득층에게는 상대적으로 고소득층보다 연금액을 더 많이 받게 되어 있으므로 유리하게 되며, 따라서 가입자계층간의 소득재분배 효과가 발생하게 된다. 그러나 이 같은 연금산정은 지나치게 소득재분배를 강조한 나머지 계층간의 적절성이 확립되지 않고 있다.

국민연금은 확정급여형으로 보험료 수준이나 이자율에 따라 최종급여가 변동되는 것이 아니라 그와 관계없이 법으로 확정되어 있다. 이는 연금소득의 불확실성과 불안정성을 줄여 줌으로써 가입자가 안정된 노후설계를 할 수 있다는 장점이 있으나 재정적 안정성을 보장하기 어려운 측면도 있다.

연금액의 지급수준은 가입자의 종전소득수준에 비례하여 지급해야 한다는 주장과 빈곤퇴치가 주된 목적이므로 소득수준과 상관없이 모든 국민에게 동일한 수준으로 지급해야 한다는 주장이 있는데, 국민연금은 이상의 두 입장을 모두 충족시키는 내용으로 설계되어 있다.

2009년 4월 말 현재 급여종별 누적지급 현황은 <표 16>과 같다.

<표 16> 급여종별 누적 지급 현황 (단위 : 명, 백만원)

구 분	총 계	노령연금	장애연금	유족연금	반환일시금	사망일시금	장애일시금
수급자 수	11,068,600	2,156,410	103,919	385,144	8,312,448	63,528	47,151
급 여 액	42,863,142	23,173,217	1,726,880	4,677,229	12,823,958	128,995	332,863

자료 : 국민연금공단, 2009 국민연금통계연보

2009년 4월말 현재 급여종별 누적 지급 현황은 <표 16>에 나타난 바와 같이 수급자는 11,068,600명이고, 급여총액은 42조 8,631억원이다. 이를 급여종별로 살펴보면 노령연금은 2,156,410명에게 23조 1,732억원, 장애연금은 103,919명에게 1조 7,268 원, 유족연금은 385,144명에게 4조 6,772억원이 지급되었다. 반면 반환일시금은 8,312,448명에게 12조 8,239억원이 지급되었고, 사망일시금은 63,528명에게 1,289억원이 지급되었으며, 장애일시금은 47,151명에게 3,328억원이 지급되었다.

3) 급여상의 특징

(1) 소득재분배

국민연금은 소득계층간에 상당한 정도의 소득재분배가 이루어지도록 하여 최종보수월액 대비 연금수급액의 비율이 저소득계층일수록 높아 상대적으로 유리하며, 가입기간에 따라 연금액이 증액되므로 장기가입자가 유리하다.

(2) 실질가치 보장

연금액은 가입 중의 보수월액을 그 동안의 임금상승률을 반영하여 현재의 가치로 환산한 평균액과 그 당시의 사업장가입자의 보수월액 평균액을 기초로 산정하며, 연금을 받는 동안에는 소비자물가변동률에 따라 조정하므로 그 실질가치가 보장된다.

(3) 세제상의 특징

국민연금법에 의하여 지급받는 노령연금, 장애연금, 유족연금과 반환일시금에 대해서는 소득세, 방위세, 주민세가 면제된다(다만 2002년 1월 1일 이후 가입자는 제외). 또한 사용자 부담금에 대해서는 법인세 및 소득세법에 의거 손비 및 필요경비로 인정하여 세제상의 혜택이 주어진다.

(4) 수급권의 보호

국민연금의 제 급여를 받을 권리는 양도 또는 압류하거나 담보로 제공할 수 없다. 특히 급여수준이 일정금액 이하인 경우에는 계좌로 지급된 급여에 대하여 압류할 수 없다.

(5) 연금의 중복급여 조정 및 급여의 제한

국민연금법에 의한 급여를 받을 권리가 한 사람에게 2개 이상 발생한 경우에 수급권자의 선택에 의하여 그 중 하나만이 지급되고 다른 급여의 지급은 정지되었으나 2007년 법 개정으로 하나의 급여에 나머지 급여의 일부를 함께 지급한다.

장애연금 또는 유족연금의 수급권자가 장애연금 또는 유족연금의 지급사유와 동일한 사유로 산재보험법에 의한 장해급여 또는 유족급여를 받을 수 있는 경우에는 장애연금액 또는 유족연금액을 그 1/2에 해당하는 금액을 지급한다. 선택하지 아니한 급여가 유족급여일 때(선택한 급여가 반환일시금일 때는 제외)에는 유족연금액의 20%, 선택하지 아니한 급여가 반환일시금일 때(선택한 급여가 장애연금이고, 선택하지 아니한 급여가 본인의 연금보험료 납부로 인한 반환일시금일 때는 제외)에는 사망일시금에 상당하는 금액을 지급한다.

국민연금과 타 법률간의 중복급여 조정은 한 사람이 같은 사유로 국민연금법과 다른 법률에 의해 2개 이상의 수급권을 갖게 된 때에 수급권에 일정한 제한이 따르는 것으로 국민연금법에 의해 장애연금 또는 유족연금을 받을 수 있는 사람이 동일한 사유로 산재보험법, 근로기준법, 선원법에 의해 장애급여나 유족급여를 받을 수 있는 경우 국민연금법에 의한 장애연금이나 유족연금은 1/2로 감액되어 지급한다. 그러나 노령연금과 고용보험의 구직급여는 동시에 지급한다.

급여의 제한은 사회보험에서 일반적으로 본인(가입자 또는 가입자였던 자)의 고의에 의하여 급여의 지급사유가 발생한 경우에 있게 된다. 가입자 또는 가입자였던 자가 고의로 사고를 발생시켜 장애를 입을 경우에 장애연금이 지급되지 않을 수 있으며, 가입자를 고의로 사망시킨 유족에게는 유족연금이 지급되지 않는다.

(6) 공적연금 연계제도

국민연금과 직역연금의 연계에 관한 법률의 시행으로 연금제도간의 연계제도가 도입되었다. 우리나라 연금제도에 적용을 받고 있는 공무원퇴직자 34%, 군인의 85%, 사립학교교직원 중 88%는 퇴직 후 연금이 아닌 일시금을 받고 있으며, 국민연금에서도 60세가 되어 연금수급권을 확보하지 못하는 비율이 35%에 달하고 있다.

이러한 연금간 이동자가 증가하는 현실을 감안하여 국민연금과 직역연금의 가입기간을 연계하여 총 20년이 넘으면 연금을 받을 수 있도록 하는 것이 공적연금 연계제도이다.

연계의 기본원칙은 국민연금과 직역연금의 기본틀은 유지하고 가입기간만 연계하고, 급여는 각 연금의 가입기간에 기초하여 각기 산정 · 지급한다.

연계연금의 수급연령은 60세이며, 적용대상은 법률 시행일인 2009년 8월 7일 이후 연금제도간 이동한 자부터 적용되며, 연계는 강제가 아니라 선택할 수 있다. 연계연금의 종류는 국민연금 가입기간에 대해서는 국민연금공단에서 연계노령연금을, 직역재직 · 복무기간에 대해서는 각 연금기관에서 연계퇴직연금을 지급하며, 수급권자가 사망하면 국민연금법에 따른 유족에게 연계노령유족연금을, 직역연금법에 따른 유족에게 연계퇴직유족연금을 지급한다.

3. 재원조달 및 운용방법

1) 비용부담

국민연금은 가입자 및 사용자로부터 매월 연금보험료를 징수하며, 국민연금사업에 필요한 관리 · 운영비의 전부 또는 일부는 국고부담으로 한다.
가입자별 연금보험요율은 <표 17> · <표 18>과 같다.

<표 17> 가입자별 연금보험요율

(단위 : %)

구 분		’88 ~’92	’99 ~ ’97	’98 ~ ’99.3.	’99.4. 이후
사업장가입자	계	3.0	6.0	9.0	9.0
	근로자	1.5	2.0	3.0	4.5
	사용자	1.5	2.0	3.0	4.5
	퇴직금전환금	—	2.0	3.0	—
	임의계속가입자	3.0	6.0	9.0	9.0

<표 18> 지역가입자의 연도별 보험료 부담수준

기 간	2000년 6월 이전	2000. 7 ~2001.6	2001.7 ~2002.6	2002.7 ~2003.6	2003.7 ~2004.6	2004.7 ~2005.6	2005년 7월 이후
보험요율	3%	4%	5%	6%	7%	8%	9%

연금보험요율은 <표 17> · <표 18>에서와 같이 가입자의 부담능력을 고려하여 시행 초기에는 3%에서 시작하여 9%에 이를 때까지 단계적으로 조정하는 수정적립방식을 채택하고 있다. 사업장가입자는 노 · 사 균등부담을 원칙으로 하고, 지역가입자와 임의계속가입자는 전액을 가입자 본인이 부담하되 그 금액은 기준소득월액의 1천분의 90으로 한다.

한편, 농어민에 대한 보험료지원이 이루어지고 있는 데, 농어민으로서 지역가입자로 된 자와 지역가입자에서 임의계속가입자로 된 자에게는 일정한 조건에 해당되면 보험료의 일부를 국고에서 지원하고 있다. 국고보조대상자 1인당 월별 지원금액은 기준소득월액 620,000원(보험료 55,800원) 이하인 경우 본인보험료의 50%에 해당하는 금액을 지원하고, 기존소득월액 211,000원 이상인 경우 620,000원 보험료의 50%에 해당하는 금액(27,900원)을 정액 지원하고 있다.

연금보험료 징수율 현황을 살펴보면 2008년에는 사업장가입자의 경우 건수로는 97.4%, 금액으로는 99.2%의 징수율을 보였으며, 지역가입자의 경우 전체적으로 건수로는 89.4%, 금액으로는 82.6%의 징수율을 보였다.

2) 재원

국민연금의 재원은 사용자의 부담금과 가입자의 기여금, 국민연금기금으로부터의 전입금, 국가로부터의 행정관리비 보조금, 차입금, 기타의 수익금 등이 있다. 구체적으로 갹출금, 기관운용수익금, 적립금, 결산잉여금 등이다. 지출은 급여, 적립금, 환부금, 차입금의 상환금과 이자, 기타 공단의 관리 · 운영 및 사업을 위한 여러 가지 경비이다.

국민연금은 국민연금사업에 필요한 재원을 원활하게 확보하고, 각종 연금급여에 충당하기 위한 책임준비금으로서 국민연금기금을 설치하고 있다.

3) 재원조달방식

재원조달방식으로서의 적립방식은 첫째, 시행 초기에 과중한 비용부담능력의 한계 둘째, 인구구조의 장래를 정확하게 예측하기 어려워 이에 따른 장래 연금지출의 예측 곤란 셋째, 경제상황의 변화 특히 이식률(利殖率), 임금 및 물가상승률의 변화는 유동적이므로 이에 따른 재정수지 변화를 예측하기 어렵다는 점 등의 문제점을 안고 있다. 그러나 재정확보의 이점만을 고려한 이 방식은 현재의 퇴직세대에 대한 소득보장 기능이 전혀 마련되지 않는 문제점이 있다.

현재의 재원조달방식은 수정적립방식을 채택하고 있다. 이와 같은 수정적립방식의 문제점으로는 첫째, 적립기금의 절대규모가 아무런 객관적인 기준 없이 자의적으로 결정될 가능성이 높다. 둘째, 보험료의 수준이 정치적 고려에 의해 책정될 가능성이 있다. 셋째, 수정적립방식을 바탕으로 운영되는 공적연금제도의 경우 시간이 지날수록 점차 부과방식으로 전환하게 될 개연성이 높다. 넷째, 이와 같은 문제점으로 인하여 국민연금재정재계산제도 또한 그 시행과정에서 정치적 논란과 사회적 갈등의 대상이 될 확률이 높다는 점 등이 지적되고 있다.

4) 기금운용방법

국민연금기금은 그 규모가 방대하여 국가경제 전반 및 민간부문에 미치는 영향이 지대하므로 안정성, 수익성, 공공성, 유동성, 독립성이 조화를 이루도록 운영하는 것을 어느 나라나 원칙으로 하고 있다. 우리나라는 노・사・정・지역가입자 대표 및 관계전문가들로 구성된 기금운용위원회의 심의 의결을 거쳐 운용되는 데, 일반 금융기관을 통해 운용되는 금융부문 및 가입자와 수급권자의 복지 증진을 위한 복지부문으로 나누어 운용되고 있다.

국민연금기금은 <표 19>에서와 같이 1988년부터 2010년 2월말 현재 가입자의 보험료 222조 1,939억원, 기금운용 수익금 92조 2,683억원 등 총 319조 654억원이 조성되어 연금급여지급 등으로 52조 4,718억원을 지출하고, 2010년 2월말 현재 266조 5,936억원을 적립기금으로 운영하고 있다.

<표 19> 기금조성·지출 및 운용 현황 (단위 : 억원)

구 분	조 성			지 출	운 용			
	계	보험료	기금운용 수익금 등	연금급여 등 제 지출	계	공공부문 사업	복지부문 사업	금융부문 사업
'99.12	583,614	419,543	163,970	113,691	469,922	318,573	9,899	141,450
'00.12	736,620	523,132	213,358	130,467	606,152	345,113	7,164	253,873
'01.12	756,411	643,822	253,339	140,748	756,410	307,846	6,332	442,232
'02.12	1,095,456	782,003	313,453	167,709	927,747	301,989	5,269	620,489
'03. 5	1,180,339	843,881	336,277	177,921	1,002,418	213,638	5,043	783,737
'04. 5	1,412,732	1,007,753	404,979	202,122	1,210,610	119,929	4,043	1,083,423
'05. 5	1,658,600	1,184,301	472,418	237,854	1,420,748	35,957	3,503	1,376,932
'06.12	2,131,544	1,496,503	635,041	309,402	1,822,142	3,631	2,576	1,815,935
'08. 5	2,628,495	1,806,797	815,948	391,429	2,237,066	-	1,994	2,225,243
'09. 4	2,891,266	2,020,667	864,647	455,952	2,435,314	-	1,879	2,428,101
'10. 2	3,190,654	2,221,939	962,683	524,718	2,665,936	-	1,671	2,660,124

자료 : 국민연금공단, 2010 국민연금통계연보

기금운용 현황을 부문별로 살펴보면 <표 19>에서와 같이 2010년 2월말 현재 금융부문사업에 266조 124억원, 복지부문사업에 1,671억원 등으로 나누어 운용되고 있다.

국민연금 재정관리 측면에서 제기되는 문제점을 살펴보면 첫째, 적립기금의 규모가 지나치게 방대하여 국민경제 차원에서 수용능력에 한계가 있을 것으로 예상되며, 나아가 금융시장 및 실물시장의 왜곡 등 각종 부작용을 초래할 우려가 있다. 둘째, 국가에 의해 관리되고 있는 적립기금의 비중이 과도하게 높다는 점이다(이정우, 2000).

21세기를 맞이하여 연금제도의 장기적인 안정은 세계 각국의 공통적인 관심사가 되고 있다. 특히 공적연금제도의 재정안정을 위한 제도 설계 및 적립기금의 효율적 운영은 국가마다 중요한 이슈가 되어 다양한 논쟁이 이루어지고 있다.

따라서 연금기금의 공공성 · 안정성 · 수익성을 동시에 추구하기 위해서는 기금 운영의 독립성, 견제와 균형장치 구축, 투자과정의 투명성 확보, 운용인력의 전문성 및 감독 기능의 강화가 요구된다.

4. 관리운영체계

사회보험제도를 효율적이며 성공적인 시행을 위해서 무엇보다도 중요한 것은 제도를 관리·운영하는 조직의 형태라고 할 수 있다. 따라서 전국민을 그 적용대상으로 하는 국민연금제도는 가입자 및 수급자에 대한 기록관리의 유지, 갹출료 징수 및 연금급여 사무를 완벽하게 수행하기 위해서는 공적 통제가 가능하면서도 관리의 전문성과 독립성을 확보할 수 있는 국가위탁관리형태의 법인체인 국민연금공단을 두어 운영하고 있다.

국민연금은 중앙행정기관인 보건복지부장관이 제도 운영 전반에 관한 사항을 관장하고, 사업의 집행은 국민연금공단에 위탁하여 운영하고 있다. 보건복지부는 제도의 적용 및 적용시기, 연금보험료의 부과기준 및 보험요율, 급여 수급요건 및 지급기준, 장기재정추계 및 기금운용계획, 가입자 및 수급자의 복지증진사업 등에 대한 정책을 계획하고 수립할 책임을 지고 있다.

1) 국민연금공단

국민연금공단은 가입자에 대한 기록의 관리 및 유지, 연금보험료의 부과 및 징수, 급여의 결정 및 지급, 가입자·가입자였던 자 및 수급권자를 위한 자금의 대여와 복지시설의 설치·운영 등과 같은 복지증진사업, 그 밖에 국민연금사업에 관하여 보건복지부장관이 위탁하는 사항 등을 수행하는 직접적인 관리운영기관이다.

2) 국민연금심의위원회

국민연금제도의 합리적, 효율적 운영을 위해 국민연금심의위원회가 설치되어 있다. 위원회는 국민연금제도 및 재정계산에 관한 사항, 급여, 연금보험료, 국민연금기금, 그 밖에 국민연금제도의 운용과 관련하여 보건복지부장관이 부의하는 사항을 심의한다. 또한 가입자의 자격, 기준소득월액, 연금보험료, 그 밖의 국민연금법에 따른 징수금과 급여에 관한 처분에 이의가 있는 자가 심사청구할 수 있으며, 이러한 심사청구사항을 심의하기 위해 국민연금심사위원회를 두고 있다.

3) 국민연금기금운용위원회 및 실무평가위원회

국민연금기금운용위원회는 기금운용지침, 기금운용계획, 기금의 운용내역과 사용내역, 그 밖에 기금운용에 대한 중요한 사항으로서 기금운용위원회 위원장이 부의하는 사항을 심의한다. 또한 국민연금기금운용 실무평가위원회는 기금운용자산의 구성 및 기금의 회계처리, 기금조성 성과의 측정, 기금의 관리·운용에 있어서 개선해야 할 사항, 그밖에 기금운용위원회에서 심의 요구한 사항 등을 심의·의결한다.

3장 국민건강보험제도

제1절 의료보장의 의의

1. 의료의 본질

우리나라 헌법에는 건강을 모든 국민이 마땅히 누려야 할 기본적인 권리로 규정하고 있다. WHO에서는 건강이란 질병이 없거나 허약하지 않은 것뿐만 아니라 신체적·정신적 및 사회적으로 완전히 안녕한 상태로 정의하고 있다. 이처럼 건강의 개념이 복합적이므로 건강의 결정 요인 역시 다원적일 수밖에 없다. 따라서 보건부문의 개혁과 발전이 모든 국민의 건강한 삶을 보장하기 위한 필요조건은 되지만 충분조건은 될 수 없으므로 보건의료정책의 개선과 더불어 효과적인 의료보장정책의 정착이 시급한 과제가 된다.

의료(醫療)란 인간의 상병(傷病)의 예방이나 조기발견, 치료나 사회복귀 등을 목적으로 하는 의학의 실천이다. 의료의 기본적인 특성은 첫째, 모든 사람들에 있어 필요성을 갖고 있다. 둘째, 일반의 재화와 같이 유형의 것이 아니고 무형의 서비스이다. 이와 같은 특성을 지닌 의료는 질병의 예방이나 치료를 위하여 의사의 진료를 받고자 하는 환자와 의사를 중심으로 하여 진료활동을 행하는 의료관계자와의 결합에 의하여 성립되는 것이다. 이와 같은 수요와 공급이 결합되는 장소가 의료시설이다.

질병은 인간의 생존 그 자체를 위협하고 인간의 노동력을 손상시키기 때문에 질병으로부터 사회구성원 모두를 보호하고 모든 사회구성원들에게 공평하게 의료기회를 분배하는 것이 국가가 수행해야 할 과제이다.

한편 양질(良質) 의료의 구성요소로서는 (1)접근용이성 (2)질적인 고려 (3)계속성 (4)효율성 등을 들 수 있는 데, 이와 같은 구성요소는 양질 의료의 목표를 달성하기 위하여 모든 의료가 지향해야 할 요소들이며, 양질 의료의 목표는 의료수혜자, 제공자 및 사회적 목표들이 균형을 이룸으로써 달성될 수 있다.

2. 의료보장의 의미

의료보장(medical security)이란 질병이라는 사회적 사고에 대하여 사회구성원을 위한 의료의 제공을 조직하며, 질병의 비용과 건강보호를 집단적으로 부담하는 일을 사회에 위탁함으로써 모든 사람에게 의료혜택을 주어 건강하고 문화적인 생활수준을 유지하도록 보장하는 것이다.

한편 의료보장정책은 빈곤화의 원인을 상병(傷病)으로 보아 빈곤과 질병의 관계를 단절시키기 위한 이중의 압박에 대한 대책으로서 형성된 것이다. 즉 질병으로 인한 소득상실에 대한 보장과 필요한 의료 내지 의료비의 보장이다.

이러한 의료보장을 빈곤과 질병의 악순환을 해결하기 위해 빈곤대책의 일환으로 보는 견해와 인간의 다양한 욕구 중 건강에 대한 욕구가 가장 기본적인 욕구라는 견해로서 건강의 필요성은 빈곤계층에 국한된 것이 아니라 모든 사람에게 해당되는 것이므로 의료보장을 질병으로부터의 해방을 의미한다고 보는 견해가 양립되고 있다.

이와 같이 의료보장이 소득보장과 더불어 중요시되는 것은 현대사회에서의 질병에 대한 의료가 개인적인 범주를 벗어나 사회적인 대책이 불가피하게 되었고 또한 이것은 노동능력의 보장으로서 산업사회의 국민대중의 생계원천인 노동능력의 보장을 통해 소득능력을 유지케 해야 하기 때문이다.

한편 의료수요에 대응한 의료보장은 그 목적이 생활장애의 제거와 노동능력의 회복에 있으며 따라서 그 중심 과제는 질병에 대한 의료와 재활(再活)이며 이와 관련해서 건강급여도 포함되어 질 수 있는 것이다. 이러한 목표를 충족시키기 위해서는 양질(良質)의 의료를 적시(適時)에 제공하는 의료의 사회화, 즉 의료공급의 사회화와 의료수요의 사회화가 전제되어야 한다. 여기에서 의료의 사회화란 모든 국민에게 필요한 의료를 국가적으로나 사회적으로 제공함으로써 모든 국민들에게 의료혜택의 기회를 동등하게 제공해주려는 국가와 사회의 제도적 노력을 의미한다.

의료보장의 이념을 실현하기 위해 의료보장이 추구하는 원리는 다음과 같다.

첫째, 그 대상과 기회 면에서 모든 국민에게 공평하게 의료의 기회를 제공하는 것을 목표로 하고 있다. 의료는 인간의 생존과 인간다운 생활을 위하여 가장 기초가 되는 욕구이다. 오늘날 자본주의국가에서의 의료보장은 모든 국민을 포괄적 대상으로 하는 보편성의 원리로 발전되고 있다. 베버리지보고서에서는 이 보편성에 대해 모든 사회구성원의 모든 요구에 대한 사회보험과 강제적용 원칙을 제시하고 있다.

둘째, 그 내용과 수준 면에서 국민의 인간다운 생활을 보장하는 것이다. 베버리지보고서에서는 사회적 사고에 대처하는 소득보장과 질병의 예방·치료와 노동능력 회복을 위한 포괄적 의료 서비스의 제공이라고 보고 있고, 라로끄는 생활수준의 유지를 목표로 하는 적절한 최저생활의 보장과 예방적 행동과 최선의 치료라고 보고 있다. 국제노동기구는 질병의 예방 또는 치료와 생활유지를 목적으로 하는 급여로 보고 있다. 이와 같은 견해들을 종합해보면 의료보장은 질병이라는 사회적 사고에 대처하여 예방과 적절한 수준의 치료를 함으로써 건강하고 문화적인 생활수준을 유지하도록 보장하는 것이다. 이것은 의료보장의 적정성(adequacy) 원리를 의미한다.

셋째, 그 보장의 수단과 방법 면에서 집단을 조정하고 능력에 비례하는 재원부담을 하도록 하고 있다. 즉 의료보장은 그 조직구성원 상호간의 공동체적 연대성을 그 준거로 하고 있다. 또한 재원조달에 있어서 정부재정에 의한 부담과 국민상호간의 능력에 비례한 부담을 원칙으로 하고 있다. 이와 같은 능력비례부담과 소득재분배의 기능은 형평성의 원리를 의미한다.

이와 같이 의료보장의 원리는 그 대상에 있어서 보편성·포괄성의 원칙, 급여와 비용부담에 있어서 적정성·공평성의 원칙, 보장방법에 있어서 연계성·형평성의 원칙 등으로 요약할 수 있다(차흥봉, 1988).

의료보장의 급여는 소득보장과는 달리 최저한의 보장이 존재할 수 없으며, 의료는 모든 질병을 치료하여 건강을 회복하는 데 필요한 충분한 것이 되어야 하므로 의료의 특질상 최적보장(最適保障)이 이루어져야 한다. 한편 의료보장의 궁극적인 목표는 포괄적인 의료(comprehensive care)와 무제한의 이용(unlimited availability)이라는 원래의 전망을 실현하는 것이다. 또한 의료보장은 현물급여가 원칙이며, 의사의 주관적 판단에 따른 개별적으로 획일적 급여가 인정될 수 없다는 제도상의 특징이 있다.

이와 같이 의료보장은 현대국가의 책임하에 모든 국민에게 치료, 예방, 보건, 위생, 건강증진, 사회복귀 등 전체 보건 · 의료의 종합적인 서비스를 그 목적과 내용으로 한다.

한편 의료보험은 질병, 부상이라는 불확실한 위험의 발생과 분만, 사망 등으로 인해 개별 가계가 일시에 과다한 의료비를 지출함에 따라 겪게 되는 경제적 어려움을 덜어주기 위해 국가가 법으로 정하여 실시하는 사회보장제도로서 보험가입자 전원에게 소득과 재산에 따라 부과되는 보험료를 갹출하여 보험급여를 제공해 줌으로써 국민의 경제적 부담을 덜어주고 건강을 유지 향상시켜 주는 사회보험제도이다.

따라서 의료보험은 질병과 부상을 보험사고로 하는 제도의 총칭으로서 전국민을 개보험(皆保險)화하고 국민연대성을 제고시켜 사회통합을 높이는 것을 궁극적 이념으로 하고 있다.

3. 의료보장제도의 유형

의료보장제도는 재원의 원천, 관리주체 등에 따라 다음과 같이 분류될 수 있다.

1) 사회보험형 의료보장제도

사회보험형 의료보장제도는 질병과 부상 등의 사고 등에 대비하여 기여금을 납부한 후 사고가 발생하면 소득조사나 자산조사없이 의료 서비스를 받는 제도이다. 사회보험형은 세계 대부분의 국가에서 채택하고 있는 의료보장제도로서 이 제도가 갖고 있는 장점은 첫째, 재정확보가 용이하다. 둘째, 기여금을 납부함으로써 급여를 받을 수 있기 때문에 권리로서 급여를 받을 수 있다는 점 등이 있다. 반면 단점으로는 기여금을 납부하기 어려운 저소득층에 대한 의료보장 기능이 약하며, 따라서 이들 계층은 대체로 공공부조에 의해 의료 서비스를 받게 되며 이 때 수치심, 낙인화 등의 문제를 야기시킬 수 있다는 점이다.

2) 사회수당형 의료보장제도

사회수당형 의료보장제도는 일정한 인구학적 조건만 갖추면 기여금을 납부하지 않아도 소득조사나 자산조사를 그치지 않고 의료 서비스를 받을 수 있는 제도이다. 사회수당형 의료보장제도는 일반적으로 국민건강 서비스라고 부른다. 이 유형의 장점은 첫째, 모든 국민이 사회권으로 서비스를 받을 수 있다. 둘째, 누구나 의료서비스를 받을 수 있어서 국민간의 연대의식을 향상시키고 사회통합의 목적을 달성할 수 있다. 셋째, 인구학적 요건만 갖추면 의료 서비스를 제공하기 때문에 관리가 용이하다는 점 등이다.

반면 이 유형의 단점으로는 첫째, 재정 소요가 많고 재정 확보가 어려우며 둘째, 공공기관에 의해 의료 서비스가 제공되기 때문에 동기부여가 약해 의료기술의 발달, 의료 서비스의 질적 개선이 잘 이루어지지 않을 수 있으며 셋째, 소득재분배 효과가 낮다는 점 등이 있다.

3) 민간보험형 의료보장제도

민간보험형 의료보장제도는 국민 각자가 본인이 선택하는 민간의료보험회사에 가입한 후 질병이 발생하면 소득조사나 자산조사없이 의료 서비스를 받는 제도이다. 이 유형의 장점은 첫째, 의료 서비스 질에 따라 의료가격을 달리 받을 수 있기 때문에 의료기술의 발달, 의료 서비스 질 개선에 공헌할 수 있으며 둘째, 고급 의료시설 및 의료 서비스 등 사회보험에 의해 충족될 수 없는 다양한 의료요구를 충족시킬 수 있다는 점 등이다.

반면 단점으로는 첫째, 건강상 위험이 높은 사람, 기여금 납부능력이 부족한 사람은 민영보험 가입이 어려워 의료 서비스를 받기가 어려우며 둘째, 대상자의 양극화현상이 나타나고 셋째, 가입자와 공급자간의 의료 서비스는 정보의 불균형으로 가입자가 불리하게 서비스 형태나 가격이 결정되기 쉽다는 점 등이 있다.

4) 공공부조형 의료보장제도

공공부조형 의료보장제도는 경제적 곤궁으로 최저한의 생활을 유지할 수 없는 생활곤궁자에 대하여 치료와 요양을 기여금없이 공공부조를 통해 필요한 보호를 해주는 제도이다.

4. 보건의료체계

보건의료체계란 국가 또는 사회가 그 구성원의 건강을 위하여 마련한 보건・의료사업에 관한 제반 사회제도와 구조를 말한다. 즉 보건・의료분야의 인적・물적 재원을 생산・분배・소비하는 모든 과정과 이에 관련된 공공정책 모두가 보건의료체계의 개념 속에 포함된다. 이것은 구조적인 측면에서 볼 때 거대한 사회체계의 한 부문을 이루고 있는 하위체계이다.

우리나라의 보건의료체계 운영상의 문제점으로는 의료자원의 과도한 민간부문 의존도로 인해 의료공급체계에 대한 정책수단 확보가 어려워 보건의료정책의 효과적인 수행이 어렵다. 이와 함께 공공부문이 절대적으로 미비한 공급체계하에서 의료수입과 이윤을 증가시키려는 민간부문의 욕구를 총체적 수단을 동원하여 억제시킬 수밖에 없는 구조적 문제점이 상존하고 있다. 따라서 의료보험정책적 측면에서 의료보험에 대한 수가(酬價)통제 중심의 의료관리, 의료수준의 제고를 위한 공급자 스스로의 노력유도 기능의 취약, 의료수요자의 합리적 행동유도수단의 제약 등 유인정책은 빈약하고 통제위주의 관리는 남발되는 문제점을 안고 있다.

의료자원 면에서 보면 고가의료장비의 경쟁적 도입으로 인한 자원의 비효율적인 사용, 의료 서비스 공급조직간의 연계와 유기적 협조체계의 미확립, 의료공급조직은 급성・전염병 질환 위주로 되어 있어 변화하는 상병구조에 효과적으로 대처하기 힘들다. 즉 우리나라 보건의료체계는 사회보장제도의 틀 안에서 급성기 의료체계 중심으로 발전되어 왔기 때문에 장기요양 성격의 노인의료를 수용하기에는 한계가 있다.

또한 의료기관 운영의 합리성과 전문성이 부족하다. 흔히들 국민건강보험과 의료급여, 산재보험으로 대별되는 산업보건의 보장은 의료보장제도의 3대 지주라고

부르고 있다. 이와 같은 의료보장의 성과는 크게 의료이용의 형평 유지, 의료수급의 효율성 제고 및 의료비의 적정성 유지로 가늠되어진다.

보건의료정책의 신뢰 확보를 위한 실천과제는 첫째, 정책의 의사결정 및 집행과정이 사회적·정치적 특권집단의 영향으로부터 얼마만큼 자유로운 것이 있는가(자율성 및 순수성 측면). 둘째, 정부 개입이 진정 국민복지를 겨냥한 것이었는가(복지성 측면). 셋째, 정책결정이 합리적이었으며, 불필요한 낭비를 막는데 기여하였는가(기술적 효율성 측면) 하는 점 등이다.

5. 진료비 지불제도

의료보장은 소득보장과는 달리 보험자와 피보험자 사이에 제3자가 개입하게 된다. 즉 피보험자는 보험자에게 보험료를 납부하고 의료 서비스는 제3자인 의료기관으로부터 제공받는다. 여기에 이해당사자의 이해관계가 발생된다. 따라서 의료보장에 있어서 주요 쟁점 중에 하나는 의료비 부문의 문제이다. 보험진료비 산정방식은 의료의 공급에 따른 반대급여로서의 가격구성방식을 살펴보면 다음과 같다.

1) 행위별수가제

행위별수가제(行爲別酬價制: Fee For Service System)는 진료에 소요된 약제 또는 재료비를 별도로 산정하고 의료인이 행한 진료행위마다 일정한 가격을 정하여 의료비를 지급하도록 하는 제도로서, 점수제 또는 성과불제라고도 부른다. 이 제도는 자본주의 원리에 적합하여 대부분의 자유민주주의 내지 자본주의 경제체제를 가진 국가에서 많이 채택하고 있다.

사후별 지불제도인 진료행위별수가제는 의료공급자가 수익을 증대시키기 위해 의료 서비스의 양 및 빈도를 증가시키려는 재정적 유인이 존재하며, 진료비 청구·심사의 업무가 복잡하고 업무량이 과중하다. 심사기구와 의료계간에 의학의 전문성과 진료의 자율성에 대한 마찰이 끊이지 않고 있다는 문제점이 제기되고 있다.

이 제도의 장점은 원가보상적인 측면에서 일반적으로 의료 서비스의 효율적인 작동에의 동기유발과 전문의의 치료방식에 적합하고 양질의 의료가 절대적으로 보장될 수 있고 신의료기술 및 신약개발 등에 기여할 수 있다는 점 등이 있다. 반면 단점은 관련 업무가 복잡하고 요소별 보상제이기 때문에 과잉진료나 또는 과잉청구에 의한 진료비의 증가 요인이 잠재되어 있다는 점이다. 따라서 이러한 단점이 있기 때문에 인두제나 총액계약제 또는 예산제 등이 활용되고 있다.

우리나라의 진료비 지불제도는 행위별수가제를 기본으로 하고 있다.

2) 포괄수가제

포괄수가제(Case Payment)[7]는 질병의 발생부터 진료의 완료까지 제공되는 모든 의료 서비스의 필요한 자원의 이용 측면을 고려하여 구분되는 질병범주별로 수가(酬價)를 결정하거나 상병(傷病)별 진료기관을 기준으로 수가를 결정하는 방식이다. 포괄수가제의 장점은 관련 업무가 단순하며 과잉진료 또는 과잉청구 요인이 없다는 점을 들 수 있으며, 의료제공자가 진료를 효율적으로 제공하도록 하는 강력한 동기유발이 존재한다. 반면 단점은 원가보상 측면에서 양질의 의료가 보장되지 못하리라는 점이다.

질병군별 포괄수가제도(DRG)는 행위별수가제하의 지불단위를 포괄하는 것을 말하는 데, 이 제도는 서비스 제공에 따른 재정적 부담을 보험자에서 공급자로 이전하는 제도로 과소진료, 투입요소가 많은 특정환자나 질환에 대한 진료기피, 불필요한 재입원 및 외래진료의 조장, 급여액이 유리한 진단명으로의 진료비 청구 등의 문제점이 있다. 특히 민간의료 의존성이 높은 국가에서는 정부통제력이 낮아 부작용이 통제되지 않고 있는 곳으로 이전 전가되는 문제가 있다.

3) 총액예산제

총액예산제(Global Budget)는 일정기간 동안의 총지출을 감당하기 위해 사전에 일정 금액을 지불하는 진료비 지불제도이다. 총액예산제는 예산이 항목별로 고정된 것이 아니기 때문에 예산관리자가 항목간 예산조정을 통한 효율적 관리운영이 가능하지만, 예산이 한번 결정되면 예산기간 동안 예산의 수정은 원칙적으로 불가능한 특성을 가진다. 이 제도는 진료비지불자에게는 예측 가능한 비용지출, 낮은

---

7) 질병범주별로 고정금액을 보수로 지불하는 진료비 지불제도로 흔히 D.R.G(Diagnosis Related Groups)로 불린다. D.R.G가 가지는 문제점은 기본적으로 복합질병체계의 세분화와 질병범주의 정확한 선택 및 D.R.G가 다른 진료비 지불제도를 혼합한 진료비 지불제도의 문제이다.

행정비용을, 예산관리자에게는 자원의 효율적 이용을 허용하는 장점이 있다. 그러나 총액예산제는 의료제공자에게 효율성 제고를 위한 직접적 동기유발이 없을 뿐만 아니라 과소진료를 제공할 가능성이 존재한다.

반면 의료제공자의 진료 제공을 감시하고 효율적이며 효과적인 진료를 제공할 수 있는 다른 종류의 진료비 지불제도와 연계될 경우 보완될 수 있다. 따라서 총액예산제는 행위별수가제와 이에 포함되지 않는 진료활동에 대한 보너스 제공 및 포괄수가제와 결합될 수 있는 제도이다.

총액예산제는 증가하는 진료비에 대처하고, 의료보장성을 확보하기 위해서 한정된 자원으로 보건의료 서비스를 효율적이고 형평하게 제공하는 자원배분방법으로 1970~1980년대에 도입되었다.

포괄수가제와 총액예산제는 선불제의 구체적인 형태이다.

4) 인두제

인두제(人頭制:Capitation System)는 환자 1인당 주기적으로 범위가 규정된 의료서비스 묶음에 대하여 확정된 보수를 지불하는 진료비 지불방식이다. 이는 상병의 종류나 경중에 상관 없이 환자 1인당 수가를 결정하는 방식으로 의사가 맡고 있는 잠재적인 환자의 수, 즉 일정지역의 주민의 수에 일정금액을 곱한 금액을 의사에게 보수로 지급하며, 의사는 이 금액에서 진료에 소요된 원가를 제외한 금액을 자신의 소득으로 삼는다.

인두제의 장단점은 포괄수가제와 같다.

이와 같은 여러 가지 방식은 상호 보완성을 지니고 있어 그 나라의 사회적 여건 또는 경제수준 등에 적합하도록 적용하는 것이 보편적이다. 이와 같은 진료비 지불제도는 각각 장단점을 갖고 있지만 대부분의 국가에서는 전체 의료제공자에게 하나의 진료비 지불제도가 아닌 다양한 지불제도를 다차원적으로 혼합하여 사용하고 있는 데, 그 이유는 다차원적 혼합진료 시 한 가지 지불방식이 가지는 단점을 보완할 수 있고, 의료제공자간에 진료활동영역과 역할 및 진료제공방식이 기본적으로 구분되어 있어 서로 차별적인 진료비 지불방식을 적용하는 것이 보건의료행정의 용이성과 전체적인 진료비 지출에 대한 비용절감을 유도할 수 있기 때문이다.

제2절 국민건강보험제도의 발전과정

1. 의료보험제도의 연혁

1963. 12.	의료보험법 제정
1976. 12.	의료보험법 전면 개정
1977. 7.	의료보험제도 도입 (상시근로자 500인 이상 사업장)
1977. 12.	공ㆍ교 의료보험법 제정
1979. 1.	공무원 및 사립학교 교직원 적용 (공ㆍ교 의료보험공단 설립)
1979. 7.	300인 이상 사업장으로 확대 실시
1981. 1.	100인 이상 사업장으로 확대 실시
1981. 7.	지역의료보험 1차 시범사업 실시
1982. 7.	지역의료보험 2차 시범사업 실시
1982. 12.	16인 이상 사업장까지 당연적용 확대
1984. 12.	한방의료보험 시범사업 실시
1987. 12.	한방의료보험 전국 실시
1988. 1.	농어촌지역 농어민 및 자영자 적용
1988. 7.	5인 이상 사업장까지 당연적용 확대
1989. 7.	전국민 의료보험 실시 (도시지역 자영자 적용)
1989. 10.	약국의료보험 실시
1998. 10.	국민의료보험법 시행 (공ㆍ교 의료보험공단과 지역조합의 통합)
1999. 2.	국민건강보험법 제정
2000. 7.	국민건강보험법 시행 (완전통합 일원화) 의약분업 실시
2000. 1.	직장의료보험과 공무원ㆍ사립학교 교직원 의료보험 제정통합
2001. 7.	5인 미만 사업장 직장건강보험 적용
2002. 1.	국민건강보험재정건전화특별법 제정(2006년 12월 31일까지)
2003. 7.	지역ㆍ직장보험 재정 일원화(실질적인 건강보험 통합)
2009. 5.	국민건강보험법 개정(사회보험료 통합징수관련)
2010. 3.	국민건강보험법 개정(징수위탁근거법에 따른 업무)

의료보험제도의 전개과정을 살펴보면 1963년 12월 의료보험법이 제정ㆍ공포되고 1976년 의료보험법을 전면 개정하여 1977년 7월 1일부터 근로자 500인 이상의 사업장을 당연적용대상으로 의료보험을 실시한 이래 1979년 1월에는 공무원 및 사립학교교직원 의료보험이 시행되었다. 1979년 의무적 의료보험조합 설립을 위한 최소 고용자 수를 300명으로, 1981년 100명, 1983년 16명, 1988년 5명으로 확대 적용

시켰다. 1984년에는 피보험자 배우자의 부모에게까지 확대되었고, 1987년에는 그들이 스스로 의료보험에 가입되어 있지 않는 한 피보험자의 형제, 자매까지 포함하게 되었다.

1995년 8월에는 의료보험의 급여범위를 확대하기 위하여 연간 180일로 제한되어 있는 의료급여기간을 대통령령으로 정하되 연간 210일 이상이 되도록 하였으며, 특히 65세 이상의 노인 및 등록된 장애인과 국가유공자 중 상이자 등에 대한 급여기간의 제한을 없애도록 함과 아울러 피보험자의 의료비부담을 완화하기 위하여 보험자는 피보험자가 일정액 이상의 본인부담금을 부담한 경우 이를 보상하였다. 1997년 의료급여기간을 270일로 연장하여 공무원 등의 가계부담을 덜어 주었다. 1994년 요양기관지정절차 등을 시행규칙에 정하는 개정령이 만들어졌다.

1988년 1월에는 모든 농어촌지역의 농어민과 자영업자들이 보험혜택을 받게 되었고, 1989년 7월 도시지역의 비임금근로자인 자영업자들에게까지 보험혜택이 확대되었다.

1990년대에 들어서면서 지역의료보험 시행상의 여러 가지 문제점, 즉 조합간 재정력 격차, 농어민에 대한 과중한 보험료부담, 국고지원 규모의 증가 등이 제기되고 급여범위의 제한으로 인한 국민의료비 과중에 대한 불만이 표출되면서 이러한 난제를 극복하기 위한 대안이 모색되었다. 그 한 예가 정책적으로는 고액의료비와 노인의료비 등 비용부담이 큰 경우 이를 조합간 공동대처를 통해 해소하는 재보험 성격의 재정공동사업과 조합간 재정력 격차를 고려한 국고차등지원 등을 추진하였다.

한편 근본적인 의료보험제도 개선을 위한 대안 모색이 다각적으로 진행되었다. 1994년 의료보장개혁위원회, 1997년 의료개혁위원회, 국회 및 정부 주최의 여러 공청회가 이루어졌다. 그 결과 단계적 통합 방침에 따라 1997년 말 1단계로 지역의료보험과 공·교의료보험을 통합하는 국민의료보험법을 제정하면서 의료보험관리 방식의 중대한 전환점을 맞게 되었다.

2. 의료보험제도의 통합 추진 배경

국민의료보험법은 제안 이유에서 사회보험의 두 지주인 위험분산과 소득재분배 기능이 최대로 발휘되도록 하기 위한 것으로 점진적으로 통합관리방식의 의료보험제도를 도입하려는 것이라고 밝히고 있다.

통합관리방식을 주장하는 논리는 조합방식의 문제점으로 국민계층간의 부담이 형평성을 결여함으로 경제적 능력에 격차가 있는 국민을 계층적으로 분류하여 보험급여에 소요되는 비용을 충당하게 되어 상대적으로 취약한 계층이 자신의 능력에 비해 과도한 부담을 할 수밖에 없다는 주장과 사업장별, 지역별 보험체계하에서는 직장이동, 거주지 이전 등에 따라 소속 의료보험조합을 변경해야 하고, 또한 조합간 자격관리업무가 연계되어 있지 않아 이중자격 및 자격누락이 발생하게 되어 보험료부과자료를 다시 확보해야 한다는 주장이다. 그리고 다수 보험자방식의 보험제도에 따라 보험재정을 각각 독립적으로 운영하는 과정에서 급여 확대가 어렵게 되고 의료혜택의 불평등을 초래하는 원인이 된다는 주장이다.

반면 조합관리방식을 주장하는 논리는 통합관리방식에 의한 재정의 통합운영이 계층간·지역간 형평성 있는 보험료부담이 전제되지 않을 때 오히려 갈등을 유발하며 모두가 저부담·고혜택을 추구하려 할 것이므로 사회적 합의 도출이 사실상 어렵다는 주장이다. 또한 통합관리는 상호 경쟁에 의한 자율적인 관리운영과 책임경영체계의 확립이 불가능하며 주변환경 변화에 탄력적으로 대처할 수 있는 능력이 결여되고 종국적으로 국가에 의존하는 체계로 고착될 가능성이 크며 장기적으로 피보험자가 주체가 되어 부담이나 혜택의 수준을 정하는 자치조직으로서의 민주적인 여과장치가 없어 국민적 이해를 조정하기 곤란한 측면이 있다는 것이다.

이러한 조합관리방식은 또한 임금근로자와 도시자영자 및 농어민 등의 실소득 중 파악되는 과세소득의 격차가 심한 현실에서 전국민을 대상으로 소득을 기준으로 한 단일보험료부과체계는 소득파악율이 상대적으로 높은 계층의 부담증가로 이어질 수 있는 주장이다. 특히 부담규모와 비례적으로 장래소득을 보장하는 연금제도와 달리 부담규모와 무관하게 동일한 혜택을 받도록 설계되어 있는 의료보험제도는 부담에 대한 사회적 합의가 이루어질 수 있는 정도에서 부담이 이루어져야 하는데, 제도적으로 국민에 대한 소득파악이 요구수준에 크게 못 미치고 있는 현실에서 부담기준을 일원화하는 것은 근로자 등의 불신으로 직결된다는 것이다.

의료보험 통합 일원화 논쟁의 핵심은 두 가지였다. 그 하나는 궁극적으로 의료보험의 재정에 대한 국가의 역할이 어떻게 되어야 하는가 하는 것이고, 다른 하나는 사회보험의 운영방식을 조합 자율과 자치에 맡길 것인가 아니면 공단조직에 맡길 것인가의 문제였다.

의료보험의 통합 일원화란 의료보험제도를 조합방식으로 운영하던 분립체계를 지향하고 하나 또는 몇 개의 통합체계로 개혁 전환하는 것을 말한다. 이러한 통합체계는 보험의 관리뿐만 아니라 보험재정까지를 포함한 모든 보험업무를 통합적으로 운영하는 것을 말한다.

제3절 국민건강보험제도의 내용

국민건강보험은 종전의 의료보험과는 달리 진료비 보장, 상병치료는 물론 건강진단, 예방 및 재활의 범위까지 포함하는 적극적이고 포괄적인 개념으로 건강보험급여를 통해 국민보건을 향상시키고 사회보장을 증진함을 목적으로 하고 있다.

이와 같은 개념의 도입뿐만 아니라 분립체계로 유지해 온 전달체계를 완전 통합함으로써 모든 국민이 소득을 기준으로 동일한 방식에 의하여 보험료를 부담하고 급여의 통일과 관리운영의 효율성을 제고시킬 수 있는 체계로 전환되었다.

따라서 지난 30년 동안 국민의 건강수준은 세계에서 유례없는 속도로 향상되었으며, 의료비 지출 중 본인부담 비중은 지속적으로 감소되었고, 모든 소득계층의 의료이용량이 증가되었으며, 관리운영의 효율성도 향상되는 결과를 나타냈다.

1. 적용대상

국민건강보험의 적용대상은 의료급여법에 의하여 의료급여를 받는 자와 국가유공자예우등에 관한 법률 및 국가유공자등 예우 및 지원에 관한 법률 등에 의하여 의료급여를 받는 자를 제외한 국내에 거주하는 모든 국민이 된다. 또한 대통령령이 정하는 외국인 및 재외국민은 보건복지부령이 정하는 바에 의하여 본인의 신청으로 적용대상자가 될 수 있다.

적용대상자는 직장가입자, 지역가입자, 피부양자로 구분된다.

(1) 직장가입자

직장가입자는 첫째, 근로자 및 사용자 둘째, 공무원 및 교직원이 당연적용된다.

(2) 지역가입자

직장가입자와 그 피부양자를 제외한 농어업 종사자 및 도시자영자이다.

(3) 피부양자

직장가입자의 배우자 · 직계존속 · 직계비속 및 형제 · 자매 등 직장가입자에 의하여 주로 생계를 유지하는 자로서, 소득 또는 보수가 없는 자가 피부양자가 된다. 즉 피부양자는 피보험자와 친족관계 및 생계유지관계에 있어야 하는 두 가지 요건을 동시에 만족시켜야 한다.

지역가입자와 직장가입자 또는 피부양자가 자격의 취득 · 변동 · 상실을 한 경우 사용자 및 세대주는 그 내역을 자격 변동일로부터 14일 이내에 보험자에게 신고하여야 한다.

이와 같은 국민건강보험의 적용인구 현황은 <표 20>과 같다.

<표 20> 국민건강보험 적용인구 현황 (단위 : 천, 명)

구분 \ 연도별		2002년	2006년	2009년 3월
의료보장		48,080	49,238	50,068
건강보험		46,659	47,410	48,187
직장	소계	23,752	28,445	30,649
	가입자	8,323	10,415	11,694
	사업장(개소)	416,607	823,491	908,457
	피부양자	15,429	18,030	18,955
	부양률(명)	1.85	1.73	1.62
지역	가입자	22,908	18,965	17,538
	세대수(세대)	8,701	8,107	7,988
	부양률(명)	1.63	1.34	1.20
의료급여		1,421	1,828	1,881

자료 : 건강보험심사평가원 · 국민건강보험공단, 2009 건강보험통계연보

국민건강보험 적용인구는 <표 20>에 나타난 바와 같이 2009년 3월 현재 48,187천명이며 이 중 직장가입자는 30,649천명으로 63.6%를 차지하고 있다. 직장가입자 1인당 부양률은 1.62명으로 2006년 대비 0.11명 감소하였으며, 지역가입자는 1.20명으로 2006년 대비 세대당 0.14명 감소되었다. 건강보험 가입사업장 수는 2006년 823,491개소에서 908,457개소로 증가되었다. 한편 국민건강보험의 적용을 받는 외국인과 재외국민은 383,213명(외국인은 362,381명, 재외국민은 20,832명)으로 나타났다.

2. 급여

1) 급여의 종류

건강보험의 급여는 급여형태에 따라 현물급여와 현금급여로 구분된다. 현물급여는 요양기관으로부터 의료 서비스를 제공받는 것으로 요양급여와 건강검진이 있다. 현금급여는 가입자의 신청에 의해 현금으로 제공받는 것으로 요양비, 장애인보장구급여비, 본인부담액상한제가 있다.

(1) 요양급여

가입자 및 피부양자의 질병, 부상, 출산 등에 대한 요양급여는 다음과 같다.

① 진찰 · 검사
② 약제 · 치료재료의 지급
③ 처치 · 수술, 기타의 치료
④ 예방 · 재활
⑤ 입원
⑥ 간호
⑦ 이송

간호 및 이송을 제외한 요양급여는 의료기관 · 약국 · 보건기관 및 보건진료소에서 행한다.

(2) 요양비 지급

긴급, 기타 부득이한 사유로 인하여 요양기관과 유사한 기능을 수행하는 기관에서 질병 · 부상 · 출산 등에 대하여 요양을 받은 경우 요양급여에 상당하는 금액을 지급한다. 가입자가 요양기관 외의 장소에서 출산한 경우에는 출산자녀 수에 관계없이 25만원을 지급하며, 만성신부전증환자가 의사의 처방전에 의하여 복막관류액을 요양기관 이외의 의약품판매업소에서 구입 사용한 경우 약가기준액의 범위내에서 실구입액의 80%를 지급한다.

(3) 장애인보장구에 대한 보험급여

장애인복지법에 의하여 등록한 장애인 가입자 및 피부양자가 구입한 보장구에 대하여 공단이 구입금액이 유형별 기준액 이내의 경우에는 실구입가의 80%에 해당하는 금액을, 유형별 기준액을 초과하는 경우에는 유형별 기준액의 80%에 해당하는 금액을 지급한다.

(4) 건강검진

가입자 및 피부양자에 대하여 질병의 조기발견과 그에 따른 요양급여를 하기 위하여 건강검진을 실시한다. 건강검진은 일반건강검진, 암검진, 영유아건강검진으로 구분된다. 일반건강검진을 받을 수 있는 자는 직장가입자, 세대주인 지역가입자, 40세 이상인 지역가입자 및 40세 이상인 피부양자이다. 이들 중 암종별 특성을 고려하여 검진이 필요한 자로서 보건복지부장관이 정하여 고시하는 자는 암검진을 받을 수 있다.

2) 급여수준

국민건강보험의 급여수준은 피보험자의 보험료부담능력, 보험재정상태 등을 감안하여 보험료부담수준과 균형을 이루는 수준에서 결정된다.

급여수준은 저부담-저급여체계로 인해 건강보험 보장율이 2006년에는 61% 수준에 불과하며 보험급여 범위에서 제외되어 본인이 부담해야 하는 비급여부분이 20.2%에 달하여 질병패턴 변화와 새로운 의료기술, 치료재료, 약제 및 노인인구의 급격한 증가에 따른 의료욕구를 반영하지 못하며, 경증질환보장 위주의 급여체계로 인해 고액·중증질환자의 의료보장은 한계에 봉착하고 있다.

3) 요양기관 및 요양급여비용의 산정

국민건강보험의 요양기관이란 의료기관, 약국, 보건기관(보건소, 보건의료원, 보건지소, 보건진료소)이 개설하면 별도의 절차없이 당연히 요양기관이 된다.

요양기관 현황을 살펴보면 <표 21>에서와 같이 2009년 3월 말 현재 종합병원 313개소, 병원 1,912개소, 의원 26,217개소, 치과병의원 13,979개소, 한방병의원

11,516개소, 조산원 51소 등이며, 보건기관 3,454개소, 약국 20,887개소 등 전체적으로는 78,673개소가 있다.

<표 21> 요양기관 현황 (2009년 3월말 현재, 개소)

계	종합전문 요양기관	종합 병원	병원	의원	치과		한방		조산원	보건 기관	약국
					병원	의원	병원	의원			
78,673	43	313	1,912	26,217	171	13,808	140	11,376	51	3,454	20,887

자료 : 건강보험심사평가원, 2009 1/4분기 건강보험통계지표

건강보험수가는 보험자가 의료 서비스의 대량구매자로서 책정하는 의료 서비스의 가격이다. 이는 시장가격보다 낮게 책정될 수 있으며 국가의 의료정책의 의지가 반영된 최저공정가격이다.

진료비 산정방식은 의료전달체계 및 의료비 상승억제와 밀접하게 관련되어 있다. 우리나라는 상대가치수가제[8] 및 행위별수가제를 채택하고 있으며, 부문별로 포괄수가제를 채택하고 있다.

상대가치수가제는 금액 중심 수가체계의 모순점으로 지적된 각 진료행위간 불균형을 시정하여 원가수준에 미달하는 진료행위에 대한 단계적인 조정과정을 통해 보험수가를 원가수준으로 조정하고 각종 비급여 진료행위에 대해서도 상대가치수가제도의 출범과 더불어 원가산출이 가능해짐으로써 이들 진료행위에 대해서도 상대가치점수에 의한 법정 비급여체계를 통해 의료의 균형적인 발전을 가져오게 될 것이다. 이 체계의 도입은 궁극적으로 의료의 질을 향상시키고, 각 전문분야별 균형발전을 도모하여 보건의료체계의 발전을 촉진시키는 계기가 될 것이다.

포괄수가제는 행위별수가제의 한계를 극복하고 의료체계를 발전시키기 위한 방안으로 5년간의 시범사업을 거쳐 2002년 1월부터 시행되었다. 포괄수가제 적용질병군은 4개 진료과, 7개 질병군으로 병원에 입원하여 수술을 받거나 분만한 경우에 적용된다. 2007년 2월 현재 2,174개 병·의원에서 이 제도를 채택하고 있다.

8) 상대가치수가체계란 투입자원에 근거한 행위별수가산정모형인 자원기준상대가치체계(resoure based relative value scale:RBRVS)를 우리나라 사정에 맞게 재고안한 것으로, 2,411개 급여항목을 총 3,214개 항목으로 조정하여 진료행위별 상대가치점수화하는 것이다.

연도별 건강보험급여 실적은 <표 22>와 같다.

<표 22> 연도별 보험급여 실적 (단위 : 건수, 천원)

구분 \ 연도별		2003	2005	2007	2008
계	건수	638,717,374	807,672,976	977,901,150	1,128,549,688
	금액	15,027,758,831	18,365,867,984	24,575,497,358	26,379,762,836
현물급여	건수	638,336,425	807,199,950	977,339,260	1,127,876,715
	금액	14,918,127,407	18,224,137,660	24,382,996,474	26,165,917,092
현금급여	건수	380,949	473,026	561,890	672,973
	금액	109,631,424	141,730,324	192,500,884	213,845,744

자료 : 국민건강보험공단, 2009 건강보험통계연보

4) 기타 급여와 관련된 조치

국민건강보험의 급여는 피보험자나 피부양자가 질병, 부상, 출산했을 경우에 지급되는 것으로서, 보험급여의 제공은 그 나라의 여건에 부합되는 방법을 채택하여 현물급여, 현금급여 혹은 진료비 상환방식(reimbursement)을 채택하고 있다. 독일, 일본, 스웨덴은 현물급여방식을 채택하고 있고, 프랑스는 현물급여방식과 현금급여방식을 혼용하고 있으나, 원칙적으로 상환제를 채택하고 있다.

우리나라의 국민건강보험은 그 역사가 짧은데 비해 급여의 내용이 상당히 포괄적이고 급여수준도 높은 편이다. 또한 급여수준이나 비용부담에 있어서 가입자와 피부양자의 차별이 없고, 요양급여는 외래진료, 입원진료 및 환자이송에 이르기까지 동시에 혜택을 주고 있다. 여기에서는 급여와 관련되는 조치들을 살펴보기로 한다.

(1) 현금급여

국민건강보험급여는 가입자와 피부양자가 질병, 부상, 출산했을 경우 지급되는데, 법정급여는 현물급여가 원칙인데 반하여 임의급여는 현금급여를 원칙으로 하는 것이 대조적이다.

(2) 본인부담액상한제

2004년 7월부터 병 · 의원에서 진료비가 6개월분으로 300만원을 넘게 되면 더 이상 부담하지 않고 국민건강보험공단이 부담하던 것을 2007년 7월 1일부터는 본인부담액보상금을 폐지하고, 본인부담액상한제와 통합하여 상한액을 6개월 300만원에서 200만원으로 조정 시행하고 있다.

요양기관에 납부한 본인부담금 중 MRI 일부금액, 선택의료비, 상급병실료 차액, 전액 본인부담진료 등 건강보험 비급여항목에 대한 비용은 본인부담액상한제에서 제외된다.

(3) 연중 제한 없는 급여 및 본인부담금 경감대상 확대

2000년부터 연중 제한없이 건강보험급여를 받을 수 있게 되었으나, 장기간의 입원 또는 복합적인 투약 등 불가피한 사유가 발생 시에 요양급여기간을 연장신청할 수 있다. 본인부담금 경감대상은 외래의 경우 65세 이상의 노인과 6세 미만의 아동, 암 등 중증질환자, 본인일부부담금 산정특례대상자 등으로 확대되고 있다.

(4) 본인일부부담금제도

급여와 관련된 진료비의 본인일부부담금제도는 의료의 남수진(濫受診)의 방지와 진료비 절약의 목적으로 제도화되었다. 사실 진료비의 본인일부부담제는 피보험자가 질병이라는 사회적 위험에 빠진 그 시점에 진료비 일부를 부담하게 만든다는 점에서 사회보장의 기본정신에 부합되지 않는다.

본인일부부담제의 형태는 첫째, 정률제(coinsurance system)로서 이용자가 서비스 이용의 일정 비율을 부담하는 방식이고 둘째, 정액제(copayment)로서 서비스 비용에 관계없이 일정액을 부담시키는 방식이고 셋째, 공제제(deductible)로서 일정액까지는 본인에게 전액 부담시키고 그 이상의 금액에 대해서만 사회보험에서 보장하는 방식이다.

국민건강보험에서는 가입자 또는 피부양자의 요양급여나 분만급여를 받을 때에는 그 진료비용의 일부를 부담하게 되었다. 본인부담 내용은 입원의 경우 진료비 총액의 100분의 20이고, 외래 및 고가특수의료장비(CT · MRI · PET)를 이용한 진료는 입원진료의 경우에도 외래진료의 본인일부부담금 산정방법에 따라 산정한 금액을 본인이 부담한다. 외래의 경우 <표 23>과 같이 요양기관 종별에 따라 차등 적용하고 있다.

본인일부부담액은 요양기관 종별, 소재지별로 차등 부담하며, 처방전 발급 여부와 요양급여비 총액에 따라서도 차등 부담한다. 또한 약국 이용 시에는 처방전에 의한 조제와 처방전 이외의 의약품을 조제받는 경우 요양급여 비용총액 및 투약일수에 따라 본인부담의 차이가 있다. 이 제도는 고소득층에게는 유리하고 저소득층에게는 상대적으로 부담을 주는 소득역진(所得逆進)현상을 빚게 하는 문제점을 안고 있다.

<표 23> 의료비용의 부담률 및 부담액

기관종별	소재지	환자구분	본인부담액
종합전문 요양기관	모든 지역	일반환자	진찰료총액+(요양급여비용총액-진찰료총액)×50/100
		의약분업 예외환자	진찰료총액+(요양급여비용총액-약가총액-진찰료총액)×30/100
종합병원	동지역	일반환자	요양급여비용총액×50/100
		의약분업 예외환자	(요양급여비용총액-약가총액)×50/100+약가총액×30/100
	읍·면 지역	일반환자	요양급여비용총액×45/100
		의약분업 예외환자	(요양급여비용총액-약가총액)×45/100+약가총액×30/100
병원, 치과병원, 한방병원, 요양병원	동지역	일반환자	요양급여비용총액×40/100
		의약분업 예외환자	(요양급여비용총액-약가총액)×40/100+약가총액×30/100
	읍·면 지역	일반환자	요양급여비용총액×35/100
		의약분업 예외환자	(요양급여비용총액-약가총액)×35/100+약가총액×30/100
의원, 치과의원, 한의원, 보건의료원	모든 지역		요양급여비용총액×30/100
			65세 이상인 경우 요양급여비용 총액이 15,000원 이하이면 1,500원
보건소, 보건지소, 보건진료소	모든 지역		12,000원 초과 : 요양급여비용총액×30/100
			12,000원 이하 : 정액(진료과, 진료내역, 투약일수 기준 구분)

※ 암환자는 요양급여비용총액의 14/100를 부담한다.

(5) 진료비 심사·지불체계

진료비는 월별로 진료가 종료된 다음달 말까지 청구하고, 건강보험심사평가원의 심사 후 조정결과를 통보받은지 60일 이내에 이의신청이 가능하다. 진료비 심사란 의료인에게 제공되는 의료 서비스의 적절성을 평가하는 것이다. 진료심사 기능은 보험자의 기능에서 분리되어 별도의 기구인 건강보험심사평가원에서 이루어지는데, 평가원의 설립 목적은 요양급여비용을 심사하고 평가하여 요양급여의 적정성을 평가하기 위한 것이다.

국민건강보험제도에서는 청구된 진료비의 적정성을 평가하여 과잉진료, 부당청구, 선정착오 등의 명목으로 청구된 진료비를 삭감하고 있다.

진료비 지불은 후불제(retrospective payment)로 운영된다.

(6) 급여의 제한 및 정지

보험급여를 받을 수 있는 자가 다음 사항에 해당될 때에는 보험급여 지급을 제한한다. 고의 또는 중대한 과실로 인한 범죄행위에 기인하거나 고의로 사고를 발생시킨 때, 업무상 또는 공무상 질병·부상·재해로 인하여 다른 법령에 의한 보험급여나 보상을 받게 된 때, 1개월 이상 보험료를 체납한 지역가입자에 대하여 보험료를 완납할 때까지 보험급여를 실시하지 아니할 수 있다. 다만, 보험료의 체납기간에 관계 없이 월별 보험료의 총 체납횟수가 3회 미만인 경우에는 보험급여를 지급한다.

반면, 보험급여를 받을 수 있는 자가 국외에 여행 중인 때, 국외에서 업무에 종사하고 있을 때, 병역법에 의한 현역병, 하사(단기복무자), 무관후보생, 교도소, 기타 이에 준하는 시설에 수용되어 있을 때에는 보험급여를 정지한다.

또한 요양기관 지정효력정지제도의 도입으로 부정한 방법으로 보험급여비용을 지급받는 경우 부당이득금액의 5배 이내의 금액을 부당이득으로 징수할 수 있다.

3. 재원조달 및 운용방법

각국의 의료보장제도가 당면하고 있는 가장 중요한 과제는 재원조달이다. 의료비는 급격히 상승하고 있으나 보험료 인상은 용이하지 않아 의료보장의 재원확보가 심각한 국면에 처해 있다.

국민건강보험의 재정수입은 보험료와 국고보조 그리고 기타 수입 등으로 이루어지는 반면 재정지출은 요양급여, 임의급여 그리고 보험자의 관리·운영비 및 기타 비용으로 구성되므로 경제정책 면에서도 매우 중요하고 어려운 과제로 인식되고 있다. 국민건강보험의 효율적인 운영을 위한 가장 중요한 과제는 보험급여비에 충당할 수 있는 재원의 범위와 규모가 수지상등의 원칙에 서 있어야 한다는 점이다.

1) 보험료

(1) 직장가입자의 보험료

직장가입자 개인의 보수를 기준으로 작성한 보수월액에 보험요율을 곱하여 산정하며, 보수월액 상한선과 하한선만 유지하되, 조정하여 적용하고 있다. 보험요율은 80/1000 범위 안에서 건강보험정책심의위원회의 의결을 거쳐 대통령령으로 정한다. 단, 해외에서 업무에 종사하고 있는 직장가입자에 대한 보험요율은 정하여진 보험요율의 100분의 50으로 한다.

직장가입자와 공무원의 보험료부담은 가입자 본인과 사용자 각각 50%씩 부담하며, 사립학교교직원은 가입자 본인 50%, 사립학교 설립운영자 30%, 국가 20%씩 부담한다.

(2) 지역가입자의 보험료

지역가입자의 보험료는 세대단위로 산정하되 가입자의 부과표준소득에 따른 등급구분에 의하여 재정운영위원회의 의결을 거쳐 공단 정관으로 정한다. 보험료 납부는 당해 세대의 지역가입자 전원이 연대하여 부담 납부한다. 지역가입자의 보험료는 소득·재산·생활수준·경제활동참가율 등을 참작하여 정하여진 부과요소별 점수를 합산한 보험료 부과점수에 점수당 금액을 곱하여 보험료 산정 후 경감율 등을 적용하여 세대단위로 부과한다. 부과요소는 소득, 재산(전월세, 자동차 포함), 세대원의 성, 연령 등이며, 부과체계는 소득금액 연 500만원을 기준으로 부과요소를 달리 적용한다. 지역가입자 보험료 부과체계의 기본모형은 <그림 4>와 같다.

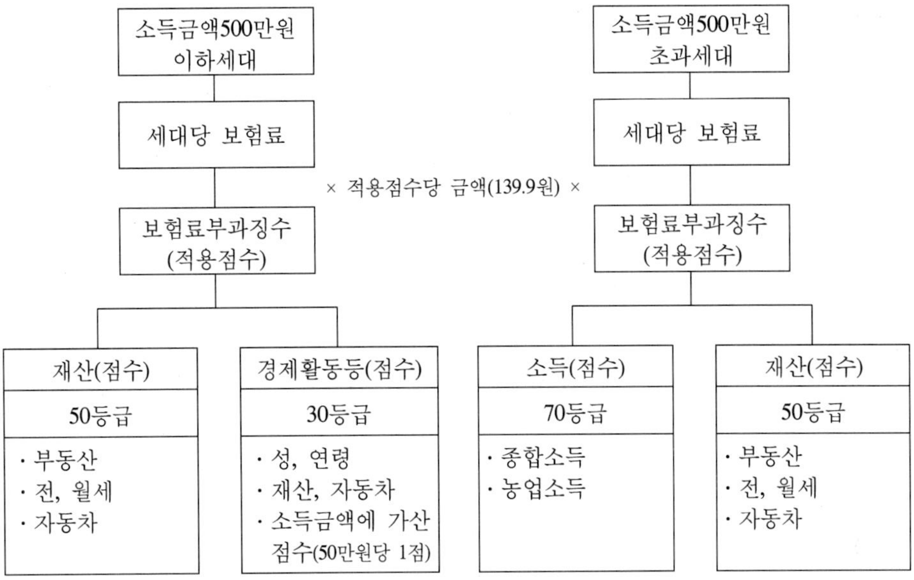

<그림 4> 지역가입자의 보험료 부과체계

국민건강보험요율의 변화 내용은 <표 24>와 같다.

<표 24> 연도별 보험요율 변화

연 도	2000	2002	2004	2005	2006	2007	2008	2009	2010
보험요율	2.8%	3.63%	4.21%	4.31%	4.48%	4.77%	5.08%	5.08%	5.33%

(3) 보험료의 경감

요양기관 이용이 불리한 지역의 거주자, 사회적 보호를 필요로 하는 자 등에 대해서는 공단의 정관이 정하는 바에 의하여 보험료의 일부를 경감할 수 있다.

여기에 해당되는 경우는 도서 · 벽지 · 농어촌 등 대통령이 정하는 지역에 거주하는 자, 65세 이상인 자, 장애인복지법에 의하여 등록한 장애인, 국가유공자등 예우 및 지원에 관한 법률에 규정된 국가유공자, 농어촌주민의 보건복지증진을 위한 특별법에 의한 지역거주자 등이다.

경감율이 중복되는 세대의 최고의 경감율은 세대별 월 부과보험료의 50%를 초과할 수 없으며, 농어촌경감(22%), 도서 · 벽지(50%), 소득이 360만원 이하이고, 재산과표가 35,000만원 이하인 세대경감(30%) 등이다.

2) 정부재정지원

국민건강보험재정에 대한 정부지원은 두 가지로 나누어진다. 첫째는 국가가 매년 예산의 범위 안에서 당해 연도 보험료 예상수입액의 14%에 해당하는 금액을 국고에서 국민건강보험공단에 지원하는 지원금이다. 이 지원금은 가입자 및 피부양자에 대한 보험급여, 건강보험사업에 대한 운영비, 취약계층 보험료 경감에 대한 지원 등에 사용된다. 둘째는 국민건강증진법이 정하는 바에 따라 국민건강증진기금에서 지원하는 지원금 인데, 이 지원금은 건강검진 등 건강증진에 관한 사업, 가입자 및 피부양자의 흡연으로 인한 질병에 대한 보험급여, 가입자 및 피부양자 중 65세 노인에 대한 보험급여 등에 사용된다.

한편 2002년 2월 국민건강보험재정건전화특별법에 따라 지역가입자에 대한 보험급여 비용과 지역가입자의 건강보험사업에 대한 운영비의 100분의 40에 상당하는 금액을 지원해 오다가 2005년부터 100분의 35로 조정되었다. 이 외에도 국가는 매년도 예산에서 공단에 대하여 건강보험사무의 운영에 필요한 비용을 부담할 수 있도록 규정되어 있다.

국민건강증진법에 따라 지역가입자에 대한 보험급여비용과 지역가입자의 건강보험사업에 대한 운영비의 100분의 10에 상당하는 금액을 국민건강증진기금(담배부담금과 기금운용수익금)에서 당해 연도 보험료 예상수입액의 6%에 상당하는 금액을 2011년 12월까지 국민건강보험공단에 지원하고 있다.

연도별 정부지원금 현황은 <표 25>와 같다.

<표 25> 연도별 정부지원금 현황 (단위 : 천원)

구분 \ 연도별	2003	2005	2007	2008
계	3,423,829,000	3,694,802,000	3,671,794,907	4,026,244,600
관리재정국고지원금	136,361,000	126,500,000	-	-
보험재정국고지원금	2,642,880,000	2,643,000,000	2,704,200,000	3,002,299,600
담배부담금	301,971,787	468,557,834	967,594,907	1.023,945,000

자료 : 국민건강보험공단, 건강보험통계연보, 2009

2008년의 경우 보험재정국고지원금은 3조 22억 9,960만원이고 담배부담금은 1조 239억 4,500만원으로 보험료 수입 24조 9,730억 2,644만 3천원의 4.1%에 이르고 있다.

3) 국민건강보험 재정수지 현황

국민건강보험 재정수지 현황은 <표 26>에 나타난 바와 같이 1995년 이후 누적된 적자구조와 의약분업 시행 전후의 대폭적인 수가 인상, 통합과정에서 적정수준의 보험료 인상기피 등이 복합적으로 작용하여 2001년에는 재정적 위기에 직면하였으나 2001년 5월 이후 3차례의 재정안정대책 수립 · 시행으로 2003년에는 균형재정을 이루었고, 수가 및 급여제도 개선을 통해 지출을 억제하고 정부재정지원 확대 및 연차적 보험료 인상 등을 통한 재정수지를 개선하여 2003년에는 당기흑자를 이루었고 그 후 안정세에 접어들었다.

<표 26> 연도별 건강보험 재정 현황

(단위 : 천원)

구분 \ 연도별	2003	2005	2007	2008
총수입(A)	17,466,651,331	21,091,073,771	26,049,843,138	29,787,148,719
총지출(B)	15,972,379,060	20,146,104,305	25,888,501,743	28,273,326,469
수지율(B/A)	91.4	95.5	99.4	94.9
보험료(C)	17,028,318,544	20,496,015,977	25,400,494,804	24,973,026,443
급여비(D)	14,893,488,950	18,393,587,366	24,560,092,366	26,654,304,738
보험료대급여비비율	87.5	89.7	96.7	91.9
수지차액(A-B)	1,494,272,270	944,969,466	161,341,395	1,513,822,250

자료 : 국민건강보험공단, 건강보험통계연보 2009

4. 관리운영체계

사회보험으로서의 국민건강보험제도를 운영하는데 있어서 운영방식 즉 관리운영체계의 선택문제는 국민건강보험제도의 기본 방향을 설정하는 중요한 관건이 된다. 따라서 국가의 사회보장에 대한 의식수준, 의료제도와 기타의 사회보장제도와의 유기적인 관련하에 선택되어져야 한다.

의료보험체계의 원칙으로 제시된 것을 정리해보면 다음과 같다. (1) 사회적 연대성의 원칙에 따라 기여의 형평성과 급여의 적절성이 보장되어야 한다. (2) 모든 국민에게 보편적 의료서비스가 이루어져야 하며, 적용범위는 전국민을포함하는 포괄성을 띠어야 한다. (3) 충분한 재정을 확보하여 재정의 안정성을 도모해야 한다. (4) 관리기구를 통합하고 민주화하여 관리운영이 효율화를 극대화하여야 한다. (5) 의료의 특성상 의료가 지나친 이윤추구로 상품화되는 것을 방지해야 한다. (6) 의료보험의 실시는 국민연대성의 원칙과 국민적 통합을 이루어야 한다는 것 등이다.

국민건강보험제도의 관리운영체계는 다음과 같다.

(1) 국민건강보험공단

관리운영체계는 국민의료보험법하에서 5인 이상 사업장근로자는 사업장별, 지역별로 조합(보험자)이 설립되고, 공무원·사립학교교직원, 농어민과 도시자영자는 별도로 공단을 설립하여 관리·운영되어 왔으나, 2000년 7월 1일 국민건강보험법의 시행으로 국민건강보험공단이 단일보험자가 되었다. 국민건강보험공단의 기본업무는 가입자 및 피부양자의 자격관리, 보험료의 부과 및 징수, 보험급여 관리 및 비용의 지급, 가입자 및 피부양자의 건강의 유지·증진을 위하여 필요한 사업 등이다. 국가는 매년도 예산에서 공단에 대하여 건강보험사업의 운영에 필요한 비용을 부담할 수 있도록 규정하고 있다.

(2) 건강보험정책심의위원회

요양급여의 기준, 요양급여 비용, 직장가입자의 보험요율, 지역가입자의 보험료 부과 점수당 금액, 그 밖에 건강보험에 관한 주요 사항을 심의하기 위해 보건복지부장관 소속하에 건강보험정책심의위원회를 두고 있다.

위원회는 근로자단체 및 사용자단체 각 2인씩 시민단체, 소비자단체, 농어업인단체 및 자영업자단체 각각 1인씩 추천하는 8인과 의료계를 대표하는 사람 등으로 구성된다.

(3) 건강보험심사평가원

건강보험심사평가원은 공단과는 별도의 법인으로서 요양급여비용 심사의 전문성, 공정성, 객관성 등의 제고를 통하여 심사의 효율성과 보험자와 의료공급자간의 신뢰를 구축하고 심사와 병행하여 요양급여의 적정성을 평가함으로써 요양기관의 적정진료를 유도하고 국민이 양질의 의료서비스를 받도록 하는 데 목적이 있으며, 요양급여비용 심사, 요양급여 적정성 평가 등의 업무를 담당한다.

심사 기능의 독립으로 인해 국민건강보험공단은 진료비 지급창구의 역할을 담당하고 심사평가원은 진료비 심사 기능을 수행하는 이원화된 구조를 가지고 있다. 이러한 이원화된 구조는 진료비 심사의 전문성과 자율성 제고 측면에서는 장점을 가지고 있으나 건강보험의 업무 흐름을 이원화하게 되어 비효율성이 제기되고 있다.

(4) 진료심사평가위원회

진료심사평가위원회는 요양급여비용 심사·평가의 전문성, 공정성, 객관성을 확보하고 심사평가원의 업무를 효율적으로 심사하기 위해 설치되며, 위원장을 포함한 30인 이내의 상근위원과 600인 이내의 비상근위원으로 구성된다.

4장 노인장기요양보험제도

제1절 노인장기요양보호의 의의와 필요성

1. 노인장기요양보호의 의미

장기요양보호(long-term care)[9]라는 용어는 "건강하지 못한 허약한 노인 및 그 보호자를 대상으로 질병 또는 장애·재해로 인하여 발생된 제한적인 일상생활능력을 장기적으로 향상·유지시키는데 필요한 각종 보건·의료 및 사회복지 서비스 체계"로 정의할 수 있다. 아클레이(Archley)는 장기요양보호를 "만성질환이나 장애를 가진 사람들에게 다양한 제공 주체가 다양한 장소에서 연속적인 원조를 제공하는 것"으로 정의하고 있다(Archley, 1994).

OECD에서는 장기요양보호의 의미를 "의존적인 상태에 빠져 있거나, 생활상의 장애를 지닌 노인에게 장기간에 걸쳐서 일상생활수행능력을 도와주기 위하여 제공되는 모든 형태의 보호 서비스로 정의하고 있다.

우리나라에서는 공적 노인요양보장제도(long-term care system)를 치매·중풍 등 노인성 질병 등으로 타인의 도움 없이는 혼자 살기 어려운 노인에게 간병·수발, 목욕, 간호·재활 등의 서비스를 공적으로 제공하는 제도로 규정하고 있다.

장기요양보호는 주로 만성적인 기능 제약에 대해 다양한 장에서 수행되는 광범

9) 의료와 복지는 각각의 논리와 특징을 갖고 있다. 고령자가 질병으로 인해 요양보호문제가 발생되면 요양보호대상자가 생활원조와 의료적 치료를 함께 받아야 하는 경우가 많아지게 된다. 이때 요양보호대상자의 생활보장은 의료와 사회복지 서비스가 통합적·일체적으로 제공되어야 가능해 질 수 있다.

위한 서비스를 포함한다는 것이며, 이러한 서비스는 크게 보건·의료적 서비스와 사회적 서비스를 포함한다. 보건·의료적 보호(health care)는 의료인에 의한 건강상태의 검진, 진료·치료 및 간호를 의미하고, 사회적 보호(social care)는 건강보호 이외의 심리·사회적 상담, 부축행위, 신체적 움직임에 대한 도움 등을 포함한 제반 비보건·의료적 도움을 의미한다. 따라서 노인에게만 한정된 서비스는 아니지만 일반적으로 다른 대상보다는 만성적 조건을 지닌 노인을 대상으로 한 서비스를 지칭하는 것으로, 노인계층은 대표적인 장기요양보호의 대상이다.

우리나라 노인장기요양보험법에서는 고령이나 노인성질병 등의 사유로 일상생활을 수행하기 어려운 노인 등에게 제공하는 신체활동 또는 가사활동 지원 등의 장기요양급여를 통해 노후의 건강증진 및 생활안정을 도모하고 그 가족의 부담을 덜어 줌으로써 국민의 삶의 질을 향상하도록 함을 목적으로 한다고 규정하고 있다.

따라서 노인장기요양보험제도는 고령이나 노인성질병 등으로 인하여 6개월 이상 동안 혼자서 일상생활을 수행하기 어려운 노인 등에게 신체활동 또는 가사지원 등의 장기요양급여를 사회적 연대 원리에 의해 제공하는 사회보험제도이다.

2. 노인장기요양보호의 필요성

21세기에는 노인인구가 급격하게 증가하여 고령화사회를 넘어 고령사회로 진입할 것이 예상되며, 그 중에서도 75세 이상 후기고령자가 지속적으로 증가할 것으로 예상됨에 따라 신체적, 정신적으로 허약하거나 일상생활의 기능장애를 지니고 있으면서 장기적인 요양보호가 필요한 노인이 크게 증가할 것으로 전망된다. 고령화에 필수적으로 수반되는 만성적인 질병이나 노인성 치매 때문에 장기적으로 요양보호 서비스를 필요로 하는 노인의 수가 급증될 뿐만 아니라 고령화에 따른 사회적 변화로 노인의 가치관 변화와 함께 독거 및 노부부가구가 증가하고 핵가족화 추세와 여성의 취업 증가로 가족내 노인보호인력이 감소하고 있다.

과거 노인복지법체계에서 행해졌던 노인장기요양보호의 문제점을 정리해보면 첫째, 노인장기요양보호 기반의 취약성 둘째, 노인만성질환 예방 기능의 취약성 셋째, 서비스대상자 선정상의 문제로서 대상자의 협소, 선정기준의 불합리성 넷째, 급여내용과 수준 면에서 재가 서비스의 부족과 프로그램의 단편성, 시설 서비스의 취약성 다섯째, 전달체계 면에서 전달체계의 통일성 결여 및 서비스의 중복과 지역간 불균형 등으로 나타났다.

따라서 공적 노인요양보호체계 구축의 필요성은 첫째, 핵가족화·여성의 사회참여 증가, 보호기간의 장기화 등으로 가정에 의한 요양보호에 한계가 있고, 둘째, 중산·서민층 노인이 이용할 수 있는 시설이 절대적으로 부족하고 유료시설 이용시 비용부담이 과중하며, 셋째, 노인인구 증가, 요양병원 수의 부족 등으로 노인의 의료비가 급격히 증가되어 이로 인한 건강보험재정이 압박을 받고 있으며, 넷째, 기존의 복지·의료체제하에서는 노인의 보건·의료·요양·복지 등 복합적인 욕구에 효과적으로 대응하기가 곤란하다는 점에서 찾을 수 있다.

또한 인구고령화에 따른 사회적 변화로 자녀들도 노부모 부양을 개인적인 차원이 아니라 국가·사회적 차원에서 해결하고자 하는 가치관의 변화로 이어지고 있다. 즉 재가 노부모부양 잠재력이 결여되어 사회 공동적으로 대처하는 체제 구축이 필요하게 되었다.

3. 우리나라 노인요양보험제도의 발전과정

2003.	3.	공적 노인요양보장추진기획단 설치·운영
2005.	7.	제1차 시범사업 실시(6개 시·군·구, 65세 이상 기초생활수급노인대상)
2006.	7.	제2차 시범사업 실시(8개 시·군·구, 65세 이상 노인 대상)
2007.	4.	노인장기요양보험법 제정
2007.	7.	제3차 시범사업 실시(13개 시·군·구, 65세 이상 노인 대상)
2007.	8.	노인복지법 일부 개정
2008.	7.	노인장기요양보험제도 도입

우리나라는 2000년에 들어 노인인구의 증가와 노인성질병에 따른 노인요양문제가 심각하게 대두되고, 건강보험의 노인의료비 증가추세에 대처하기 위해 노인장기요양보험의 도입 논의가 시작되었다. 즉 2001년 국민건강보험재정안정화대책에서 치매·뇌졸증·중증 정신질환 등 만성질환노인을 위한 장기요양보험 도입 및 장기요양시설 확충안을 제시했다.

노인요양 서비스는 노인복지법에 의거하여 저소득층을 대상으로 한 선별적 보호가 이루어졌을 뿐만 아니라 시설 서비스나 재가 서비스는 비체계적이고 단편적으로 일관되어 최소한의 욕구 충족에도 미흡한 수준에 머물러 왔다. 이러한 기존의 요양 서비스의 한계를 극복하기 위해 2003년에 공적 노인요양보장추진기획단을 설치하였으며, 2005년에는 65세 이상 기초생활보장수급노인을 대상으로 제1차 시범사업을 실시하였으며, 연이어 시범사업을 확대해 왔다. 2007년에는 노인장기요양보험법을 제정하였고, 노인복지법도 이에 맞게 개정하였으며 2008년 7월부터 노인장기요양보험제도를 도입 시행하게 되었다.

제2절 각국의 노인장기요양보호정책의 내용

1. 노인장기요양보호정책의 유형

1) 사회보험방식

사회보험방식은 연금보험, 산재보험, 의료보험, 고용보험 등과 마찬가지로 노인장기요양보호 서비스를 보편주의에 입각하여 국민 대다수를 장기요양보험에 강제로 가입시키고, 그 보험료의 책정은 정확한 소득통계와 사회적 위험의 총액에 대한 확률계산을 전제로 하고, 전체적 재정은 노동시장의 안정과 경제활동인구의 재생산을 통해 보험료 납부자와 수급자 사이에 형평을 달성하기 위한 방식이다.

2) 공비부담방식

공비부담방식은 노인장기요양보호 서비스를 보편적인 사회 서비스로 제공하며 그 재원을 전적으로 공비(세금)에 의존하는 것이다. 즉 노인장기요양보호에 대한 전적인 책임을 국가와 지방자치단체가 지고 그 재원조달도 전적으로 국가책임의 조세에 의해 충당되며, 공적 공급체계에 의존하는 방식이다.

북구의 덴마크나 스웨덴 등의 국가에서 고령자개호(介護)는 코뮨(한국의 시·군·읍·면에 해당)이 중심적인 역할을 맡고, 그 재원은 조세로 충당된다.

3) 민영보험방식

민영보험방식은 노인장기요양보호 위험을 사회적 위험으로 보지 않고 개인적 위험으로 간주하여 장기요양욕구 충족을 자유시장 원리에 의한 자율을 근거로 상호간의 계약에 의존하는 관계로 규정한다. 따라서 민영보험방식은 위험책임은 개인에게 있고 법적 근거는 사법(私法)에 의한 제도이며, 보험관계의 성립은 임의계약원칙을 따르고, 사기업이 관리·운영하며 가입자의 부담기준은 위험의 크기와 급여수준에 따라 수지상등의 원칙이 적용되는 방식이다. 따라서 민영보험은 소득재분배 효과를 기대할 수 없으며, 철저한 수지상등의 원칙에 의거하여 위험의 크기와 발생확률 그리고 보험금의 양에 따라 각각의 가입자에게 부담시키는 형태를 취하게 된다.

4) 혼합방식

혼합방식은 노인의 장기요양보호 욕구에 대처하는 방식을 비용부담 면에서 사회보험방식과 공비부담방식을 결합한 방식으로서, 장기요양보호 서비스 공급체계 면에서는 공적 공급체계와 민간 공급체계를 같이 운영하는 구조를 가진 방식이다. 이와 같은 방식은 사회보험방식과 공비부담방식이 가지는 단점을 보완하는 면에서 의의를 가지며, 특히 사회보험방식의 단점, 즉 보험료를 지불할 수 없는 계층에 대한 장기요양보호 욕구에 대응할 수 없다는 점을 극복하기 위해 전반적으로 사회보험방식에 입각하면서도 보험료를 지불할 수 없는 저소득층에 대해서는 공비부담방식을 적용하는 것과 같은 방식이다.

2. 주요국의 노인장기요양보호정책의 내용

노인장기요양보험정책을 제도화하고 있는 대표적인 국가는 일본, 독일, 미국, 영국 등이다. 여기에서 일본과 독일의 제도를 살펴보면 다음과 같다.

주요국의 노인장기요양보호정책 중 일본과 독일의 정책을 분석해보면 일본과 독일은 사회보험으로서의 공적 장기요양보험을 도입하여 노인장기요양보호 욕구에 대처하고 있고, 영국은 국민보건 서비스와 대인사회 서비스 방식으로 그리고 미국은 공적 서비스와 민영보험에 의한 노인장기보양보호 욕구에 대처하고 있다.

여기에서 독일의 장기요양보험과 일본의 개호보험을 비교해보면 양 제도가 공통적으로 의도하는 것은 인구구조의 고령화에 따른 노인의료비 증가문제를 사회보험방식으로 해결하고자 하는 것이다. 그러나 사회보험의 구성에 있어 상당한 차이를 보여주고 있다.

외국에서 노인장기요양보험제도를 도입하게 된 배경은 고령자의 급격한 증가와 그에 따른 보호에 필요한 비용의 급격한 상승, 기존 제도로서는 고령자 보호에 대처할 수 없다는 한계의 인식 그리고 보호에 대한 가족책임의 문제가 중첩된 것이라고 볼 수 있다. 이러한 배경은 우리나라의 경우도 다를 바 없다.

양국 제도의 성격 및 관리체계, 급여대상, 재원조달, 서비스 종류 및 급여형태를 비교해보면 <표 27>과 같다.

<표 27> 독일의 장기요양보험과 일본의 개호보험의 비교

구분	독일	일본
관리체계	사회보험방식 장기요양금고(질병금고)	사회보험방식 지방자치단체(시·정·촌)
급여대상	6개월 이상 요양이 필요한 전국민	65세 이상 노인(1호) 40~64세 : 15개의 노인성질환 대상(2호)
재원조달	보험료 100% 본인부담 : 숙박비, 식비 전액	보험료 50%, 정부지원 50% 본인부담 10%
보험료 부과	근로자 : 1.7%(노사 각 50% 분담) 자영자 : 본인 100% 연금수급자 : 본인과 연금보험자 각 50%씩 분담	근로자 0.9%(노사 각 50% 분담) 자영자 정액 본인 100% 부담
서비스 종류	현물급여 및 현금급여 시설보호 재가보호 주간보호 및 야간보호 보호기구 대여	현물급여 시설보호 재가보호 주간보호 및 야간보호 보호기구 대여
급여형태	현물 및 현금 방식 현금 80% 수준	현물방식 예외적으로 현금 인정

자료 : 공적노인요양보장추진기획단, 2004.

주요국의 장기요양보호와 관련된 주요 정책의 쟁점은 다음과 같다.

첫째, 재가 · 지역사회보호(home and community care)의 강화

둘째, 재원조달방법의 개발

셋째, 서비스의 통합

넷째, 비공식 보호에 대한 자원의 개발

다섯째, 비용억제대책 등이다(선우덕 · 석재은, 2001).

이러한 정책적 쟁점과 더불어 정책적 선택 차원의 문제가 존재한다. 결국 장기요양보호제도의 설계는 제도의 적용대상, 서비스 형태(서비스의 종류 및 제공방법), 재원조달체계, 운영주체 및 서비스 제공주체 그리고 관련 제도와의 관련성 차원에서 논의된다고 볼 수 있다.

제3절 우리나라 노인장기요양보험제도의 내용

1. 적용대상

노인장기요양보험제도의 가입자는 전국민(국민건강보험 가입자와 의료급여수급권자를 포함)이다.

그러나 수급권자(장기요양대상자)는 65세 이상 노인 또는 65세 미만의 자로서 치매・뇌혈관성질환 등 노인성질병을 가진 자이다. 즉 6개월 이상 혼자서 일상생활이 어려운 자로서 장기요양등급판정위원회의 등급판정을 받은 자이다. 따라서 수급권자는 요양등급이 1~3등급(최중증, 중증 또는 중등증)이며, 경증자는 급여대상에서 제외된다. 다만 등급외자는 본인이 비용을 부담하는 경우에 장기요양기관을 이용할 수 있으나 방문간호급여 이용은 불가하다.

2. 급여

1) 등급판정

등급판정기준은 다음과 같다.

장기요양 1등급	외상상태로서 거의 일상생활이 불가능한 상태(심신의 기능장애로 일상생활에서 전적으로 다른 사람의 도움이 필요한 자)로서 장기요양인정점수가 95점 이상인 자
장기요양 2등급	일상생활이 곤란한 중증의 상태(상당부분 다른 사람의 도움이 필요한 자)로서 장기요양인정점수가 75점 이상 95점 미만인 자
장기요양 3등급	상당한 장기요양보호가 필요한 상태(부분적으로 다른 사람의 도움이 필요한 자)로서 장기요양인정점수가 55점 이상 75점 미만인 자

장기요양인정 유효기간은 1년으로 하고, 연속하여 3회 이상 같은 등급으로 판정되는 경우 그 장기요양인정의 유효기간은 2년이다. 2010년 6월 30일 현재 65세 이상 전체 노인 5,216,000명 중 441,479명이 장기요양등급을 신청하여 312,138명

(70.7%)이 등급판정을 받았다(노인장기요양보험 홈페이지, 2010).

2) 급여의 종류

장기요양급여는 크게 재가급여, 시설급여, 특별현금급여로 구성되어 있다.

(1) 재가급여

재가급여는 가정에서 요양보호사와 간호사 등으로부터 요양 서비스를 받게 되는 것으로서 방문요양, 방문목욕, 방문간호, 주·야간보호, 단기보호, 기타 재가급여 등이 있다.

① 방문요양 : 수급자의 가정 등을 방문하여 신체활동 및 가사활동 등을 지원하는 급여(1회 4시간까지 인정)

② 방문목욕 : 목욕설비를 갖춘 장비를 이용하여 수급자의 가정 등을 방문하여 목욕을 제공하는 급여

③ 방문간호 : 간호사 등이 의사·한의사 또는 치과의사의 방문간호지시서에 따라 수급자의 가정 등을 방문하여 간호, 진료의 보조, 요양에 관한 상담 또는 구강위생 등을 제공하는 급여

④ 주·야간보호 : 수급자를 하루 중 일정한 시간 동안 장기요양기관에서 보호하여 신체활동 지원 및 심신기능의 유지· 향상을 위한 교육·훈련 등을 제공하는 급여

⑤ 단기보호 : 수급자를 일정기간 동안 장기요양기관에 보호하여 신체활동 지원 등을 제공하는 급여(1회 최장 90일간, 연간 180일 이용 가능)

⑥ 기타 재가급여(복지용구구입·대여) : 수급자의 일상생활·신체활동 지원에 필요한 용구를 제공하거나 가정을 방문하여 재활에 관한 지원 등을 제공하는 급여

(2) 시설급여

시설급여는 장기요양기관이 운영하는 노인의료복지시설(노인전문병원 제외) 등에 장기간 동안 입소시켜 신체활동 지원 및 심신기능의 유지·향상을 위한 교육·훈련 등을 제공하는 장기요양급여이다.

(3) 특별현금급여

특별현금급여는 도서・벽지지역 등 요양시설이 없어 불가피하게 가족 등으로부터 요양을 받는 경우에 지원되는 현금급여로서 가족요양비, 특례요양비, 요양병원간병비 등이 있다

① 가족요양비 : 장기요양기관이 현저히 부족한 지역(도서・벽지)에 거주하는 자, 천재지변 등으로 장기요양기관이 실시하는 장기요양급여를 이용하기가 어렵다고 인정된 자, 신체・정신・성격 등의 사유로 가족 등으로부터 장기요양을 받아야 하는 수급자에게 지급(등급에 관계없이 월 15만원을 현금으로 지급)

② 특례요양비 : 장기요양기관으로 지정되지 않은 장기요양시설 등 의 기관 또는 시설에서 재가 또는 시설급여에 상당한 장기요양급여를 받은 경우 장기요양급여비용의 일부를 지급

③ 요양병원간병비 : 노인복지법상의 노인전문병원 또는 의료법상 요양병원에 입원한 때 장기요양에 사용되는 비용의 일부를 지급

3) 급여의 제공

(1) 장기요양급여의 기본 원칙

기본원칙은 첫째, 노인 등의 심신상태・생활환경과 노인 등 그 가족의 욕구・선택을 종합적으로 고려하여 필요한 범위 안에서 이를 적정하게 제공하여야 한다. 둘째, 노인 등이 가족과 함께 생활하면서 가정에서 장기요양을 받는 재가급여를 우선적으로 제공하여야 한다. 셋째, 노인 등의 심신상태와 건강 등이 악화되지 아니하도록 의료 서비스와 연계하여 이를 제공하여야 한다는 등이다.

수급자는 재가급여, 시설급여 및 특별현금급여를 중복하여 받을 수 없다. 다만 가족요양비수급자 중 기타 재가급여를 받는 경우는 예외이다. 또한 재가급여수급자의 경우 방문요양, 방문목욕, 방문간호, 주・야간보호 또는 단기보호급여는 2가지 이상 동시에 받을 수 없다.

(2) 장기요양급여수가

장기요양급여수가는 급여의 종류에 따라 차이가 있다. 장기요양급여수가를 급여

종류별로 살펴보면 다음과 같다.

① 재가급여

<표 28 > 재가급여수가(입소시설형 재가요양급여기관) (단위 : 원/일)

구분	1등급	2등급	3등급	비고
주야간보호	41,600	37,900	31,900	8시간 이상 10시간 미만
단기보호	43,300	39,600	35,900	

자료 : 보건복지가족부, 장기요양급여비용 등에 관한 고시, 청구 · 심사 민원상담사례집, 2009

② 시설급여

<표 29> 시설급여수가 (단위 : 원/일)

구분	1등급	2등급	3등급
요양시설	38,020	34,440	30,860
전문요양시설	48,150	44,590	41,030
노인요양공동생활가정	48,150	44,590	41,030

자료 : 보건복지가족부, 장기요양급여비용 등에 관한 고시, 청구 · 심사 민원상담사례집, 2009

수급자가 의료기관에 입원하거나 시설장의 허가를 받아 외박을 한 경우에는 급여비용의 50%를 산정하되, 1회당 최대 10일(1개월에 15일)까지 산정할 수 있다.

③ 방문형 재가급여

<표 30> 방문형 재가급여기관의 재가급여수가

(단위 : 원/회당)

구분	수 가				
방문요양	30~60분	60~90분	90~120분	120~150분	150분 이상(30분당 가산액)
	10,680	16,120	21,360	26,700	3,500/3,300/3,100/2,900 (30분당 수가 체감) 1일 4시간으로 제한
방문간호	30분 미만		30~60분		60분 이상
	28,700		36,650		44,600
방문목욕	차량 이용 시(1회당)			차량 미이용 시(1회당)	
	71,290			39,590	

자료 : 보건복지가족부, 장기요양급여비용 등에 관한 고시, 청구・심사 민원상담사례집, 2009

(3) 급여의 월 한도액

장기요양급여는 월 한도액 범위 안에서 제공하며, 월 한도액은 장기요양등급 및 장기요양급여의 종류 등을 고려하여 산정하므로 차이가 있다. 재가급여 월 한도액은 방문요양, 방문목욕, 방문간호, 주・야간보호급여를 이용하는 경우에 적용하며, 방문요양의 원거리교통비, 방문간호지시서 발급비용, 단기보호와 복지용구 급여비용은 포함하지 아니한다. 한편, 복지용구 제품은 405개 제품으로 연 한도액은 1인당 160만원이다. 급여의 월 한도액은 <표 31>과 같다.

<표 31>장기요양급여 월 한도액

(단위 : 원/월)

1등급	2등급	3등급	비고
1,140,600	971,200	814,700	단기보호는 한도액 산정 제외

*주 : 서비스 4종(방문요양, 주간보호, 방문목욕, 방문간호)에 대한 한도액임

자료 : 보건복지가족부, 장기요양급여비용 등에 관한 고시, 청구・심사 민원상담사례집, 2009

(4) 급여비용의 가산 및 감산

① 급여비용의 가산

급여비용의 가산에는 등급개선 장려금과 인력추가배치 가산제도가 있다.

등급개선 장려금은 입소시설(단기보호 제외)의 180일 이상 연속된 장기요양급여로 인하여 수급자의 상태가 좋아져 장기요양등급이 변경되었다고 인정되는 경우 급여를 제공한 기관의 신청에 의하여 지급할 수 있다. 다만, 수급자의 등급개선이 거짓이나 그 밖의 부정한 방법으로 인한 것임이 확인되거나, 등급판정일로부터 90일 이내에 수급자의 상태가 악화되어 등급이 다시 변경되는 경우에는 그러하지 아니한다. 그 지급금액은 1회 50만원 범위내로 한다.

인력추가배치가산은 입소시설 및 주 ·야간보호기관이 노인장기요양보험법 시행규칙에 의한 인력배치기준에 비하여 종사자를 추가로 배치하여 운영한 경우, 그 기간 동안 수급자 전원에 대하여 공단부담금(급여비용 중 본인일부부담금을 공제한 금액을 말한다)을 가산할 수 있으며, 이 경우 가산범위는 10% 이내로 한다.

② 급여비용의 감산

급여비용의 감산에는 정원초과 감산과 인력배치기준 위반 감산, 배상책임보험 미가입 감산 등이 있다.

정원초과 감산은 입소시설이 정원을 초과하여 운영한 기간 동안 수급자 전원에 대하여 공단부담금을 감산한다. 그 기준은 정원초과비율이 5% 미만인 경우 10%를 감산하고, 5% 이상 10% 미만 초과인 경우 20%를 감산하며, 10% 이상 초과한 경우 30%를 감산한다.

인력배치기준 위반 감산은 물리(작업) 치료사 또는 사회복지사의 결원이 1명이면 공단부담금을 10% 감산하고, 2명 이상이 결원되면 20%를 감산한다. 또한 간호(조무사)의 결원비율이 15% 이하이거나 요양보호사의 결원비율이 5% 미만인 경우에는 5%를 감산하고, 간호(조무사)의 결원비율이 15%를 초과하고 20% 이하이거나 요양보호사의 결원비율이 5% 이상 10% 미만인 경우는 10%를 감산한다.

배상책임보험 미가입 감산은 장기요양기관 종사자가 급여를 제공하는 과정에서 발생할 수 있는 수급자의 상해 등에 대비하여 법률상 배상하여야 하는 손해보상보험에 가입하지 아니한 경우 가입하지 아니한 기간 동안에는 다음과 같이 공단부담금을 감산한다. 가정방문급여의 경우 배상책임보험 미가입종사자가 제공한 급여에 대하여는 해당 급여비용의 10%를 감산하고, 입소시설과 주·야간보호기관이 배상책임보험 미가입 시 수급자 전원에 대하여 해당 급여비용의 10% 감산한다.

(5) 급여의 제한

급여는 거짓이나 그 밖의 부정한 방법으로 장기요양인정을 받은 경우, 고의로 사고를 발생하도록 하거나 본인의 위법행위에 기인하여 장기요양인정을 받은 경우에 제한된다. 한편 장기요양급여의 범위에서 제외되는 비급여대상은 ①식사재료비 ②상급침실 이용에 따른 추가비용 ③이·미용비 ④일상생활에 통상 필요한 것과 관련된 비용으로 수급자에게 부담시키는 것이 적당하다고 보건복지부장관이 정하여 고시하는 비용 등이다. 이에 소요되는 비용은 본인이 전부 부담한다.

(6) 본인부담

수급자가 장기요양급여 이용 시에 재가급여는 비용의 15%, 시설급여는 20%를 수급자가 부담한다. 다만 국민기초생활보장수급자는 무료이다. 또한, 의료급여수급권자, 소득·재산 등이 보건복지부장관이 정하여 고시하는 일정금액 이하인 자, 천재지변 등 보건복지부령으로 정하는 사유로 인하여 생계가 곤란한 자(이재민, 의사상자, 입양아동, 국가유공자 등 기타 의료급여수급권자)는 본인일부부담금의 50%를 경감한다.

3. 재원조달

노인장기요양보험제도의 재원은 보험료, 국고부담 및 본인일부부담금 등으로 구성된다. 보험료는 국민건강보험료에 장기요양보험요율을 곱하여 산정한다. 2008년의 보험요율은 건강보험료의 4.05%였으나 2009년에는 4.78%, 2010에는 6.55%로 조정되었다. 장애인 또는 이와 유사한 자로서 대통령령이 정하는 자가 장기요양보험가입자 또는 그 피부양자인 경우 수급자로 결정되지 못한 때 대통령령으로 정한 바에 따라 보험료의 전부 또는 일부를 감면할 수 있다.

국고부담은 당해 연도 장기요양보험료 예상 수입액의 20/100에 해당하는 금액을 공단에 지원한다. 또한 의료급여수급권자의 장기요양급여비용, 방문간호지시서 발급비용, 의사소견서 발급비용 중 공단이 부담해야 하는 비용 및 관리운영비의 전액을 국가와 지방자치단체가 각각 분담한다. 지방자치단체간 분담비율은 특별시 · 광역시 · 도의 조례로 정한다.

단계별 소요재정 추이를 살펴보면 <표 32>에서와 같이 제도 시행 첫해인 2008년에는 중등증 이상(1~3등급)을 대상으로 급여를 제공하게 되어 급여대상 노인은 시설급여 78,000명, 재가급여 92,000명 등 170,000명으로 추정되어 노인인구의 3.4%에 해당된다.

<표 32> 연도별 장기요양대상자 및 재정소요 추계 (단위 : 천명/억원)

구분 / 연도별	대 상 자			소 요 재 정		
	시설	재가	소계	보험료	정부지원	계
2008	78	92	170	4,872	3,709	8,581
2009	82	97	179	10,568	7,358	17,926
2010	86	101	187	11,586	7,514	19,100
2011	101	95	196	12,813	8,369	21,182
2012	102	99	201	13,836	9,004	22,840

자료 : 한국보건사회연구원, 2007

이에 따른 소요재정은 2008년에는 8,581억원, 2010년에는 1조 9,100억, 2012년에는 2조 2,840억원으로 전망된다.

4. 관리운영체계

1) 관리운영체계

노인장기요양보험제도의 운영을 관장하는 기관은 보건복지부이다. 보건복지부장관은 노인 등에 대한 장기요양급여를 원활하게 제공하기 위하여 5년 단위로 장기요양계획을 수립·시행한다. 그러나 노인장기요양보험제도를 직접적으로 관리·운영하는 기관은 지방자치단체와 국민건강보험공단으로 이원화되어 있다.

한편 장기요양보험요율, 특별현금급여의 지급기준, 재가 및 시설장기요양비용 등 국민에게 영향을 미치는 장기요양사업의 중요 사항을 심의하기 위해 보건복지부 산하에 장기요양위원회를 두고 있다.

(1) 지방자치단체

지방자치단체는 장기요양보험제도 중 장기요양급여 대상인원 및 재원조달계획, 장기요양기관의 설치·운영, 장기요양 서비스의 관리·지도에 관한 업무를 관장한다.

지방자치단체의 장은 실제로 장기요양기관의 설치·운영, 장기요양 서비스의 관리·지도·감독에 관한 업무 등을 관장하고 있다.

(2) 국민건강보험공단

국민건강보험공단은 장기요양보험제도의 자격관리 및 재정에 관한 업무를 직접적으로 관리·운영하며, 장기요양보험사업의 보험자가 된다.

장기요양 인정 및 장기요양 등급판정 등을 심의하기 위하여 공단 및 시 · 군 · 구 단위로 등급판정위원회를 설치·운영하고 있다.

2) 장기요양기관의 설치·운영

(1) 장기요양기관의 종류

장기요양기관은 시설급여를 제공하는 기관과 재가급여를 제공하는 기관으로 구분된다. 시설급여기관으로는 노인복지법상 노인요양시설, 노인요양공동생활가정 등이 있으며, 재가급여기관으로는 노인복지법상 재가노인복지시설과 재가장기요양기관 등이 있으며 시장 · 군수 · 구청장의 지정을 받아 장기요양기관이 된다. 복지용구사업소는 시 · 군 · 구보건소에서 의료기기판매(대여)업 신고를 필하고, 노인장기요양사업을 위한 시설 및 인력을 확보한 후 사장 · 군수 · 구청장에게 신고하면 지정을 받게 된다.

장기요양기관의 종류 및 제공급여는 <표 33>과 같다.

<표 33> 장기요양기관의 종류 및 제공급여

<table>
<tr><th colspan="2">구 분</th><th>시 설</th><th>제공급여</th></tr>
<tr><td rowspan="2">장기
요양기관</td><td>시설급여
제공기관</td><td>노인요양시설
노인요양공동생활가정</td><td>시설급여</td></tr>
<tr><td rowspan="3">재가급여
제공기관</td><td>방문요양(구 가정봉사원파견센터)
주·야간보호
단기보호
방문목욕</td><td>방문요양
주·야간보호
단기보호
방문목욕</td></tr>
<tr><td rowspan="2">재가장기
요양기관</td><td>방문요양
주·야간보호
단기보호
방문목욕
방문간호</td><td>방문요양
주·야간보호
단기보호
방문목욕
방문간호</td></tr>
<tr><td>복지용구사업소</td><td>기타 급여</td></tr>
</table>

자료 : 보건복지가족부, 장기요양급여비용 등에 관한 고시, 청구·심사 민원상담사례집, 2009

(2) 장기요양기관의 지정 및 재가장기요양기관의 설치

장기요양기관을 설치·운영하고자 하는 자는 시장·군수·구청장으로부터 지정을 받아야 한다.

재가급여 중 어느 하나 이상에 해당하는 장기요양급여를 제공하고자 하는 자는 시설 및 인력을 갖추어 재가장기요양기관을 설치하고 시장·군수·구청장에게 이를 신고하여야 한다.

(3) 장기요양요원의 기준

장기요양요원이란 장기요양기관에 소속되어 노인 등의 신체활동 또는 가사활동 지원 등의 서비스를 제공하는 자이다. 장기요양요원의 범위를 살펴보면 방문요양의 장기요양요원은 요양보호사 1급 또는 2급, 방문목욕은 2급이며, 방문간호원은 간호사, 간호조무사, 치과위생사 등이 있다.

재가장기요양기관의 인력기준은 최소한의 서비스 인력만 규정하여 시설운영의 탄력성을 높이고, 시설의 시장진입을 용이하도록 하고 있다. 이를 구체적으로 살펴보면 다음과 같다.

첫째, 방문요양은 사회복지사와 사무원, 보조원은 필요 수이고, 요양보호사 1급은 최소 3인 이상으로 한다.

둘째, 방문목욕은 사무원, 보조원은 필요 수, 요양보호사 1급은 최소 2인 이상으로 한다.

셋째, 방문간호는 간호사 또는 간호조무사는 2인 이상, 구강위생을 제공하는 경우 치과위생사 1인 이상으로 한다.

넷째, 주·야간보호는 요양보호사를 대상자 10인당 1인에서 7인당 1인으로 하고 보조인력은 필요 수로 한다.

다섯째, 단기보호는 요양보호사 1급을 대상자 5인당 1인에서 4인당 1인으로 하고 보조인력은 필요 수로 규정하고 있다.

5장 산업재해보상보험제도

제1절 산업재해보상보험제도의 의의 및 필요성

1. 산업재해보상보험제도의 의의

현대 산업사회에서 대규모의 생산조직, 설비 및 그 작업과정에서 산업재해(industrial injuries or occupational accident)와 직업병(occupational disease)의 발생은 필연적이라 할 수 있다. 이러한 산업재해로부터 근로자를 보호하는 방법은 산업재해 발생 자체를 방지 내지 예방하는 것이 가장 바람직한 것이나 이미 발생한 산업재해로 인하여 부상 또는 사망한 경우는 물론 근로생활 중 직업병에 이환(罹患)된 경우에는 그 피재근로자(被災勤勞者)와 그 가족을 보호하기 위해 적정한 보상을 실시하는 문제도 중요한 의미를 지닌다.

근로기준법상의 재해보상제도는 근로자의 업무상 재해에 대하여 사용자의 책임 아래 이를 보상함으로써 근로자를 보호하고자 하는 제도이다. 그러나 종래의 민법상 과실책임의 원칙 혹은 불법행위의 법리로서는 근로자를 충분히 보호할 수 없게 되어 무과실손해배상 이론을 바탕으로 하여 산업재해를 입은 근로자를 구제할 목적으로 근로기준법에서 특별히 재해보상제도[10]를 마련하였다.

그러나 근로기준법상에 재해보상제도를 사용자의 의무로 규정하고 있다하더라도 실제로 근로자에게 업무상 재해가 발생하였을 경우 사용자가 근로기준법상의 재해보상을 행하지 못하는 근로기준법의 한계가 있어 사용자의 직접 보상제를 지양하

10) 근로기준법상의 재해보상제도는 근로자의 업무상 부상과 질병 등에 대한 사용자의 무과실책임주의를 바탕으로 하는 직접 보상제의 형태라고 할 수 있다.

고 이를 사회보장제도에 편입하여 사회보험의 형태로 발전시킨 것이 산업재해보상보험법에 의한 산업재해보상보험제도(이하 산재보험제도라 칭함)이다.

산업재해보상보험법에서는 산업재해보상보험사업을 시행하여 근로자의 업무상의 재해를 신속하고 공정하게 보상하며, 재해근로자의 재활 및 사회복귀를 촉진하기 위하여 이에 필요한 보험시설을 설치 · 운영하고 재해예방과 그 밖의 근로자의 복지 증진을 위한 사업을 시행하여 근로자보호에 이바지하는 것을 목적으로 한다고 규정하고 있다.

이러한 점에서 산재보험제도는 민법상의 배상제도와 다른 내용을 가지고 있다(신수식, 1984). 따라서 이는 무과실책임(liability without fault)주의를 넘어선 생존권 보장에 입각한 노동법 독자의 제도라고 할 수 있다.

2. 산업재해보상보험제도의 필요성

최근의 산업안전 · 보건제도 및 정책의 방향은 단순히 재해율의 저하 및 경제적 손실의 최소화에 국한하여 목표를 설정하는 것이 아니라 급격히 변화하는 국내 · 외 노동환경에 대응할 수 있는 국제적 기준의 확보, 산업안전 · 보건분야의 기술개발, 근로자 삶의 질 향상, 노 · 사의 산업안전 · 보건에서의 인식 전환 등 국가경쟁력 제고를 통한 전체적인 내용을 포괄하고 있다.

산업재해율은 <표 34>에 나타난 바와 같이 1998년 이후 전반적으로 증가추세를 보이다가 2004년부터 감소추세에 있으며 산업재해로 인한 사망자 수도 감소추세에 있으나 업무상 질병자 수는 2005년부터 큰 폭으로 증가하다가 2008년에 들어 감소추세로 반전하고 있다.

<표 34> 연도별 산업재해 현황 (단위 : %, 명)

구분 \ 연도별	1999	2002	2004	2006	2008
전체 재해율	0.74	0.77	0.85	0.77	0.71
300인 미만 사업장 재해율	0.99	0.92	0.96	0.91	0.84
사고성 사망만인율	1.96	1.30	1.47	1.14	1.07
사망자 수	2,291	2,605	2,825	2,453	2,422
업무상 질병자 수	2,732	5,417	9,183	10,235	9,734

자료 : 노동부, 산업재해 현황분석.

따라서 산재보험은 이와 같은 산업재해의 심각성에 대처하여 첫째, 작업관련 재해와 질병의 폭넓은 보상 둘째, 상실소득의 보전 셋째, 작업장의 산업안전 도모 등을 목적으로 하여 제도화되었다.

제2절 산업재해보상보험제도의 성립 배경

1. 산업재해보상보험제도의 성립 배경

1) 민법에 의한 산재보상의 특징

근로기준법이 제정되기 이전에 사용자에 의한 산업재해의 보상은 근로자가 사용자에게 손해배상책임을 묻는 것에 의해서만 실현되었다. 이 경우 과실책임의 원칙이 적용되었으므로 재해를 입은 근로자나 그 유족은 사용자의 과실(주의의무위반)의 존재와 그것이 산업재해와 인과관계가 있음을 입증하여야 보상을 받을 수 있었다. 또 그 재해가 동료 근로자도 포함한 제3자의 행위에 의한 경우에는 그 제3자가 사용자의 대리인의 지위에 서게 되고 그 행위가 사용자의 업무수행상 행해진 것임을 입증해야 했다. 나아가 재해를 입은 근로자 또는 유족은 실제로 입은 손해를 입증하고 그 손해액을 산정하여야 했다. 게다가 이상의 입증에 성공하여도 재해를 입은 근로자 측에 과실이 있으면 과실상계(過失相計)에 의해 배상액은 감액되었다. 또한 소송에는 엄청난 경비와 시간이 필요했으므로 피재근로자의 구제는 불충분했다.

2) 근로기준법에 의한 재해보상제도의 성립과 특징

민법에서 규정하고 있는 과실책임의 원칙은 근로자에게 불리한 것이어서 각국은 과실책임의 원칙을 포기하고 무과실책임주의에 의한 새로운 재해보상제도를 수립하기에 이르렀다. 산업재해는 기업의 영리활동에 수반되는 현상인 이상, 기업활동에 의해 이익을 얻고 있는 사용자로 하여금 당연히 손해배상을 하게 하여 근로자를 보호하여야 한다는 사고가 형성되어 재해보상제도가 근로기준법 등에 입법화되었다. 그 결과 근로관계가 계속되는 기간에 근로제공으로 인하여 생긴 사고에 의한 산업재해나 직업병에 대하여 사용자는 근로자에게 당연히 일정액의 보상을 하도록 되었다. 이러한 새로운 보상제도에서는 무과실책임과 배상액의 정액화가 중요한 특징이 되었다.

3) 산업재해보상보험법에 의한 산재보험제도의 성립과 특징

근로기준법에 의한 재해보상제도를 더욱 완전하게 하기 위하여 산재보험법에 의해 산재보험제도가 성립되었다. 즉 국가가 사회보험제도를 운영하여 사용자를 의무적으로 가입시켜 보험료를 납부하게 하고 산업재해를 입은 근로자가 그 보험에 의해 보상을 받게 하는 제도이다.

산재보험법하의 산재보상제도가 갖고 있는 사회보장적 특징은 첫째, 사용자의 무과실책임 둘째, 보상급여의 내용은 현실적으로 발생한 전손해에 대한 전보(塡補:compensation)가 아니라 법에 의한 정형화・정액화 셋째, 비용은 원칙적으로 사용자 전액부담 넷째, 산재보상의 이행을 담보하기 위하여 사용자가 가입자가 되고 국가기관이 관장하며 다섯째, 보상에 관련된 법적 분쟁을 신속하게 처리하기 위한 특별심사기구의 심사 등이다(김유성, 2000).

한편 산재보험이 부상・질병・사망을 대상사고로 하는 점에서 의료보험과 차이는 없지만 그 원인인 산업재해가 자본주의적 근로관계의 특유한 위험에서 기인된다는 점이 크게 다르다.

2. 우리나라 산업재해보상보험제도의 발전과정

산재보상에 관한 각국의 법 제도는 피재근로자와 그 가족의 생활보장이라고 하는 공통된 이념과 목적을 가지면서도 그 나라의 법률 제도나 법 사상, 노동운동의 동향 및 사회보장제도의 발전상황에 따라 독자적인 발달과정을 거쳐 왔다.

이러한 변화 추세를 종합해보면 첫째, 적용범위의 지속적인 확대가 이루어지고 있으며 둘째, 사용자들의 보험료 부담 이외에 사회보장적 성격의 강화로 인한 국가재정의 추가부담을 통해 보험급여수준이 높아지고 있고 셋째, 단순한 사후보상에 그치는 것이 아니라 신체장애인의 직장복귀를 위한 직업훈련을 포함한 재활시설의 적극적 확충을 위한 조치가 확대되고 있는 점 등을 그 변화의 특징으로 볼 수 있다.

각국의 산업재해보상제도의 유형을 살펴보면 다른 사회보장제도와는 달리 사회부조형이나 사회수당형이 없으며, 사회보험형만 있다. 산재보상제도는 관리주체에 따라 사회보험형, 민영보험형, 사회보험과 민영보험의 혼합형, 다른 사회보험과의 혼합형 등으로 나눌 수 있다. 영국과 프랑스는 사회보험방식을 취하고 있는 데 반해 스웨덴과 일본은 공영보험과의 강제계약의 방식을 취하고 있다. 미국은 주에 따라 공영 또는 민영보험과의 강제계약 또는 선택계약의 방식을 취하고 있다. 이와 같이 선진 각국의 산업재해보상보험은 무과실책임주의에 입각한 사용자책임제도로서의 사회보험방식과 공영보험 또는 민영보험과의 강제계약에 의한 국가에 의한 강제 산업재해보상보험의 방식으로 대별된다.

산재보험제도는 우리나라 사회보험제도의 중추적 제도로서 1964년 7월 1일 도입된 이래 수 차례에 걸친 법령의 개정과 제도 개선을 통해 근로자의 권익옹호와 사업주의 편익 향상에 기여하면서 양적인 면뿐만 아니라 질적으로도 많은 발전이 이루어졌다.

산업재해보상보험제도의 발전과정을 살펴보면 다음과 같다.

1963. 11 산업재해보상보험법 제정
1964. 7. 근로자 500인 이상 기업규모의 광업 및 제조업 부문의 64개 사업장 (근로자 81,000명)에 한해 실시
1965. 1. 200인 이상 사업장으로 확대
1967. 100인 이상 사업장 (근로자 336,000명)으로 확대 실시
1969. 50인 이상 사업장 (근로자 683,000명)으로 확대 실시
1971. 1. 요양 및 휴업급여 지급개시요건 완화, 장해급여수준 인상, 장해 및 유족급여를 연금방식으로 급여
1973. 7. 16인 이상 사업장 (근로자 1,517,000명)으로 확대 실시
1981. 12. 산업안전보건법 제정
1982. 7. 10인 이상 사업장 (근로자 3,464,000명)으로 확대 실시
1988. 1. 특정업종을 제외한 5인 이상의 대다수 사업장에 확대 적용
1989. 4. 휴업급여를 평균임금의 60%에서 70%로 상향 조정
1995. 7. 노동부에서 근로복지공단으로 관리체계 전환
1996. 1. 금융 및 보험업을 제외한 5인 이상의 사업장으로 확대 적용
2000. 7. 간병급여 신설, 1인 이상 사업장까지 확대 적용
2005. 7. 고용보험 및 산업재해보상보험의 보험료징수 등에 관한 법률 제정
2007. 7. 산업재해보상보험법 전면 개정
2008. 7. 개정 법령 시행

산업재해보상에 관한 우리나라의 법체계는 근로기준법과 산업안전보건법, 산업재해보상보험법이 중요한 내용을 이루고 있다. 근로기준법은 사용자의 무과실책임으로서 보상의무를 규정하고 있으며, 산재보상보험법은 업무상 재해에 대한 신속·공정한 보상을 통해 피재근로자와 그 가족을 보호함에 1차적 목적이 있다.

한편 1981년 산업안전보건법을 제정하여 산업현장에서 법정 의무고용인인 안전관리자, 보건관리자, 산업보건의를 배치함으로써 산업재해를 예방하고 쾌적한 작업환경을 조성함으로써 근로자의 안전과 보건을 도모하고 있다. 그러나 궁극적으로는 근로자의 보호, 즉 노동력 회복과 생활안정을 도모하고 사용자에게는 위험의 분산으로 경영의 안정을 기할 수 있도록 하는 한편 더 나아가 사회 경제적 안정과 복지사회 구현에 이바지하고자 하는 것이다.

2007년에 전면 개정되어 2008년 7월 1일부터 시행된 제도 개선의 주요 내용은 다음과 같다.

(1) 그동안 근로자와 사업자의 2중적인 지위로 인하여 적용에서 제외되었던 보험설계사, 레미콘기사 등 특수형태근로종사자도 적용대상에 포함되었다.

(2) 업무상의 재해인정기준을 법에 명시하고, 구체적 기준은 시행령으로 규정하고 있다.

(3) 최고·최저보상기준을 명료화하고, 요양급여절차, 전원사유, 추가상병사유를 명문화했으며, 진료계획제출제도를 도입했다.

(4) 산재보험의료기관 지정 및 관리에 있어서 종합전문요양기관을 당연지정제로 도입하고 평가 근거를 마련하였다.

(5) 휴업급여, 상병보상연금을 조정하고 직업재활급여를 보험급여로 추가하였다.

(6) 본인일부부담금에 대한 대부사업운영 근거를 마련하였다.

(7) 산재보험보험요율 최고한도를 설정하고 연간 변동폭을 조정하였다.

(8) 한국산재의료원 설립 근거를 마련하였다.

제3절 산업재해보상보험제도의 내용

1. 사업장의 적용범위와 업무상 재해

1) 적용범위

산재보험은 근로자를 사용하는 모든 사업 또는 사업장에 적용된다. 다만 사업의 위험률, 규모 및 사업장소 등을 고려하여 대통령령으로 정하는 사업은 제외된다. 산재보험의 적용사업장은 당연적용사업장과 임의적용사업장, 의제적용사업장으로 구분되는데 당연적용사업장은 2000년 7월 1일부터 1인 이상의 근로자를 사용하는 모든 사업 또는 사업장이다. 다만, 위험률 · 규모 및 장소 등을 고려하여 대통령령으로 정하는 사업에 대하여는 예외 규정을 두고 있다. 또한 농업, 임업, 어업, 수산업은 5인 이상 사업장이 된다. 이렇게 적용범위를 확대함으로써 그동안 적용대상에서 제외되었던 영세사업장 근로자를 추가로 보호하는 법적 장치를 마련하였다.

이에 따라 2007년 12월 말 현재 적용사업장 수는 1,429,885개소, 근로자 수는 12,528,879명으로 나타났으나 2009년 3월 말 현재 적용사업장 수는 1,500,284개소, 근로자 수는 13,389,954명으로 나타났다. 따라서 근로사 적용률은 57.94%로 나타나 저조한 수준에 머무르고 있다. 이를 사업종류별로 살펴보면 기타의 사업이 60.88%로 최다를 차지하고 있으며, 건설업(16.62%), 제조업(16.47%) 순으로 나타나 이들 사업이 전체 사업장의 93.98%를 차지했다.

2) 업무상 재해의 인정기준

업무란 근로자가 근로계약에 의하여 행하는 제반 행위를 뜻하며, 업무상 사유란 사업주의 지배관리하에 근로자가 작업 중, 작업준비 중 또는 작업종료 전후에 업무와 관련하여 발생하였거나 근로자가 담당하는 업무와 재해발생 사이의 상당한 인과관계가 있는 경우이다.

산재보험법의 규정에 의하면 업무상의 재해라 함은 업무상의 사유에 따른 근로자의 부상 · 질병 · 장해 또는 사망을 말한다고 규정하고 있다. 업무상 사고와 업무상 질병에 대한 구체적 기준은 산재보험법 시행령에 제시되어 있다.

(1) 업무상의 사유

업무상의 재해 여부는 업무상의 사유 유무에 따라 결정된다. 산재보험의 대상이 되려면 업무상의 이유로 부상, 질병, 장해 또는 사망해야 한다. 업무상의 재해 여부가 업무수행성(in the course of employment)과 업무기인성(out of employment)이라는 2 요건주의에 따라 정해진다. 업무수행성이란 업무수행과정에서 발생하는 재해, 업무기인성이란 업무로 인해 입은 재해여야 한다는 것이다.

우리나라 산재보험법은 1981년 법 개정 이전까지는 2 요건주위에 의거하여 업무상 재해를 인정했으나 2요건 중 업무수행성을 삭제하였지만 법 시행규칙(제4장제3절)은 여전히 2요건주의를 채택하고 있다.

(2) 업무상 사고

업무상 사고의 인정기준은 ① 근로자가 근로계약에 따른 업무나 그에 따르는 행위를 하던 중 발생한 사고 ② 사용주가 제공한 시설물 등을 이용하던 중 그 시설물 등의 결함이나 관리소홀로 발생한 사고 ③ 사업주가 제공한 교통수단이나 이에 준하여 교통수단을 이용하는 등 사업주의 지배관리하에서 출퇴근 중 발생한 사고 ④ 사업주가 주관하거나 사업주의 지시에 따라 참여한 행사나 행사준비 중에 발생한 사고 ⑤ 휴게시간 중 사업주의 지배관리하에 있다고 볼 수 있는 행위로 발생한 사고 ⑥ 그 밖에 업무와 관련하여 발생한 사고 등이다.

이러한 사고가 재해로 인정받기 위해서는 업무와 재해 사이에 상당 인과관계가 있어야 하며, 근로자의 고의, 자해행위나 범죄행위 또는 그것이 원인이 되어 발생한 사고가 아니어야 한다.

(3) 업무상 질병(직업병)

업무상 질병의 인정기준은 ① 업무수행과정에서 유해・위험요인을 취급하거나 그에 노출되어 발생한 질병 ② 업무상 부상이 원인이 되어 발생한 질병 ③ 그 밖에 업무와 관련하여 발생한 질병 등으로서, 근로자의 고의・자해행위나 범죄행위 또는 그것이 원인이 되어 발생한 부상・질병・장해 또는 사망은 업무상 재해로 인정하지 않는다.

2. 급여

1) 급여의 종류

산재보험 급여라 함은 업무상 재해를 입은 근로자와 그 가족에게 지급하는 제급여를 말하는데, 급여는 재해의 전보(塡補)라는 측면에서 피재근로자의 근로기간, 연령 등을 고려하지 아니한 당해 근로자의 소득을 기준으로 하는 정률보상제이다. 즉 보험급여는 근로자의 업무상 재해로 생긴 가득(稼得)능력의 손실을 회복시키고 그 손실에 대한 현금급여의 성격으로 보아 요양급여와 장의비는 의료보장 수단으로 볼 수 있고 휴업급여, 장해급여, 유족급여는 소득보장 수단으로 볼 수 있으므로 산재보험은 의료보장 기능과 소득보장 기능 그리고 노동력보장 기능이 통합 운영된다고 볼 수 있다.

이와 같은 산재보험 급여에 수반되고 있는 원칙으로서는 첫째, 최저보상제와 최고보상제 둘째, 임금변동순응연금(slide scale system)의 운용 셋째, 해고제한 규정 등이 있다.

먼저 최고보상기준제도와 최저보상기준제도는 산재보험급여의 성격이 과거 소득상실분의 보상을 목표로 하기보다는 생활유지를 목표로 하는 사회보장적 성격이 강하기 때문에 보험급여가 너무 많거나 너무 적을 때, 이를 조정할 필요가 있어 도입한 제도이다. 보험급여를 받는 산재근로자의 평균임금[11]이 전체 근로자 임금평균액의 1.8배를 초과한 경우에는 전체 근로자 임금평균액의 1.8배를 최고보상기준금액으로 하며, 최고보상기준금액을 그 근로자의 평균임금으로 한다. 한편 보험급여를 받는 산재근로자의 평균임금이 전체 근로자 임금평균액의 2분의 1보다 적은 경우에는 평균임금의 2분의 1을 최저보상기준금액으로 한다. 최저보상기준제도는 휴업급여와 상병보상연금에는 적용하지 않으며, 장해급여와 유족급여에만 적용된다.

---

11) 평균임금이란 이를 산정하여야 할 사유가 발생한 날 이전 3개월간에 그 근로자에게 지급된 임금의 총액을 그 기간의 총 일수로 나눈 금액으로, 보험급여의 산정기초가 된다. 3개월 미만 취업자에 대해서도 같이 적용된다. 따라서 평균임금의 내용을 어떻게 산출할 것이냐에 따라 보험급여액이 달라지게 된다.

$$\text{평균임금} = \frac{\text{산정사유 발생일 이전 3개월간의 임금총액}}{\text{산정사유 발생일 이전 3개월간의 총 일수}}$$

임금변동순응률제도는 급여수준의 적정 보상을 위해 임금증감율을 반영하기 위한 제도이다.

산재보험 급여는 산재발생에 따른 소득손실과 비용발생에 대한 보장으로 나눌 수 있고 요양급여와 같은 현물급여와 휴업급여, 장해급여 등과 같은 현금급여가 동시에 제공되는 것이 특징이다.

이와 같은 보험급여의 산정에 있어서 근로기준법상의 평균임금을 기초로 하는 것은 재해발생 직전의 근로자의 생활임금을 사실 그대로 산정하여 일정 수준으로 보상을 보장하고자 하는데 그 기본 취지가 있다. 따라서 평균임금의 보완제도로서 평균임금증감제도[12]가 있다.

산재보험의 급여종류 및 급여수준은 <표 35>와 같다.

산재보험의 급여종류는 요양급여, 휴업급여, 장해급여, 유족급여, 상병보상연금, 간병급여, 장의비 등이 있으며, 직업재활급여가 추가되었다.

(1) 요양급여는 근로자가 업무상의 사유에 의하여 부상을 당하거나 질병에 걸린 경우, 그에 따른 요양으로 인해 발생된 치료비 등에 대하여 의료기관(약국 포함)이나 재해자에게 지급되는 급여이다.

(2) 휴업급여는 업무상 사유에 의하여 부상을 당하거나 질병에 걸린 근로자가 요양을 하느라고 취업하지 못하여 임금을 받지 못한 기간에 대하여 지급되는 급여이다.

(3) 장해급여는 업무상 재해로 인하여 근로자의 신체 등에 장해가 남는 경우 그 등급에 따라 지급되는 급여로 연금과 일시금이 있다.

(4) 간병급여는 요양을 종결한 근로자가 의학적으로 상시 또는 수시로 간병이 필요하여 실제로 간병을 받는 경우에 지급되는 급여이다.

(5) 유족급여는 근로자가 업무상의 사유에 의하여 사망한 경우에 유족에게 지급되는 급여이다.

(6) 장의비는 근로자가 업무상의 사유에 의하여 사망한 경우 그 장제를 실제로 행한 자에게 지급되는 급여이다.

---

12) 평균임금증감제도란 보험급여의 산정에 있어서 그 근로자가 소속된 사업의 동일한 직종의 근로자에게 지급되는 통상임금이 변동되었거나 사업의 폐지, 휴업, 기타 부득이한 사유가 있을 때에는 그 변동된 비율에 따라 평균임금을 증감할 수 있도록 하여 피재근로자를 보호하기 위한 제도이다.

(7) 상병보상연금은 요양개시 후 2년이 경과되어도 치유가 되지 않고 그 부상 또는 질병상태가 폐질등급에 해당하는 경우 휴업급여 대신 지급되는 급여이다.

(8) 직업재활급여

직업재활급여는 업무상 재해를 입은 피재근로자의 직업재활을 위하여 그 근로자가 요양을 받는 기간이나 요양 종결 후에 심리상담, 직업재활에 필요한 정보의 제공, 그 근로자의 직업욕구나 직업능력 등을 고려한 직업평가, 직업복귀계획 수립의 지원이나 그 밖에 필요한 지원을 하는 급여이다.

<표 35> 급여종류에 따른 수급요건 및 급여수준

급여종류	수 급 요 건	급 여 수 준
요양급여	산재로 인한 부상 또는 질병으로 4일 이상 요양이 필요한 경우 지급	치유될 때까지 치료비 전액
휴업급여	산재로 인한 휴업기간 중 지급(요양급여와 같이 3일이내는 예외 규정을 둠)	1일당 평균임금의 70/100 저소득근로자(전근로자 임금평균액의 1/2미만인 근로자)의 경우 90%로 인상하고, 61세 이상 고령자에 대해서는 근로연령을 고려하여 하향조정
장해급여	산재로 인한 부상·질병의 치유 후 장해가 남아 있는 경우, 장해등급 1~3급은 연금으로, 4~7급은 연금·일시금 중 선택, 8~14급은 일시금으로 지급	일시금 : 평균임금의 1,474일분(1급)~55일분(14급) 연금 : 329일분(1급)~138일분(7급)
유족급여	피재근로자 사망 시 유가족에게 연금 또는 일시금으로 지급	평균임금의 1300일분(일시금) 기본연금 : 평균임금의 52%~67% 지급
상병보상연금	2년 이상 장기요양을 받은 피재근로자가 폐질자로 판정된 경우, 요양급여와 함께 지급(휴업급여와 병급 불가)	장해급여 1~3급과 동일
특별급여	보험가입자의 고의·과실로 인한 재해 시 재해근로자는 산재보험법에 의한 보상에 더하여 민법상 손해배상청구를 할 수 있는데, 이 민사배상에 갈음하여 유족특별급여·장해급여 지급(장해급여 1~3급)	평균임금의 1,000일분
간병급여	요양이 종결된 자가 의학적으로 상시 또는 수기로 간병이 필요하여 실제로 간병을 받는 자(상시간병급여대상과 수시간병대상), 장애등급 1,2급	상시간병급여 : 일 38,240원 수시간병급여 : 상시간병급여의 2/3인 25,490원
장의비	근로자가 업무상 사유로 사망한 경우	평균임금의 120일분 최고 : 11,983,570원 최저 : 8,674,960원
직업재활급여	장해등급 제 1~9급 직업훈련신청 당시 60세 미만 미취업상태에 있는 자 다른 직업훈련을 받고 있지 아니한 자	직업훈련 시 최대 1년간 최저임금의 100%(직업훈련수당) 사용자에게는 직장복귀지원금, 직장적응훈련비, 재활운동비 등을 지급

이와 같은 직업재활급여대상자는 (1) 장해등급 1~9급 (2) 직업훈련신청 당시 65세 미만 (3) 취업하고 있지 아니한 사람 (4) 다른 직업훈련을 받고 있지 않고 직업복귀계획을 수립하였을 것 등의 요건을 모두 갖춘 사람이다.

재활·복지사업의 기본 방향은 산재근로자가 주어진 복지혜택만을 받는 수동적인 존재가 아니라 독립적인 생산활동의 주체로서 재도약하도록 지원하는 것이며, 나아가 산재근로자가 사회에 적극 참여함으로써 이들 구성원과 통합되게 하는 것을 목적으로 한다.

재활·복지사업은 산재근로자가 직업 및 사회에 원활히 복귀할 수 있도록 그 일련의 과정에 필요한 제도 및 사업들로 구성되며, 구체적인 재활사업으로는 재활상담, 직업훈련비용 · 수당 지원, 직장복귀지원금 지원, 산재장애인 창업지원사업, 재활스포츠 지원, 의료재활 지원, 사회적응 프로그램 운영, 산재근로자 역량강화 프로그램, 후유증상관리제도 등이 있으며, 복지사업으로는 생활안정자금 대부사업, 산재장학사업, 대학학자금 대부사업 등이 시행되고 있다.

현행 재활·복지사업의 체계는 크게 심리재활, 의료재활, 사회재활, 직업재활, 복지사업의 5가지로 분류되고 있다.

2) 보험급여 지급 현황

요양 종류별 지급 현황은 <표 36>과 같다.

<표 36> 요양급여 종류별 지급 현황 (단위 : 백만원, %)

구분	수급자			지급액		
	2007년	2008년	증감률	2007년	2008년	증감률
요양급여 전체	160,067	190,119	18.8	763,003	812,279	6.5
진료비	136,216	143,030	5.0	581,496	603,410	3.8
약제비	57,716	278,456	-3.6	13,972	13,635	△2.4
요양비	89,678	271,401	35.6	167,535	195,234	16.5

자료 : 근로복지공단, 2008년도 산재보험연보.

평균임금이 낮은 피재근로자에 대한 평균임금의 산정은 개별적으로 당해 근로자의 평균임금으로 산정하지 않고 근로자의 임금상승률과 물가상승률을 참작하여 고용노동부장관이 고시하는 금액을 기준으로 보험급여를 산정할 수 있게 함으로써 저임금 근로자에 대하여 일정수준 이상의 보험급여액을 보장하는데 제도의 목적이 있다. 그러나 다양한 고용형태에 따라 직종간 근로자들의 실제적인 소득을 반영하는데 있어 몇 가지 한계를 보이고 있어, 산재보험급여 지급의 형평성에 문제점이 제기되고 있다.

이와 같은 산재보상체계는 현금급여의 경우 임금대체율이 높지만 현금급여 이외에 직업재활 서비스 수준이 매우 열악하여 경제활동을 재개할 가능성이 극히 낮을 뿐만 아니라 실질적인 심리·사회적 재활 서비스가 부재하여 본인 및 가족에 대한 사후관리가 이루어지지 못하고 있다.

3. 재원 조달 및 운영방법

1) 비용부담

산재보험사업에 소요되는 비용은 사업주가 부담하는 보험료와 정부의 재정지원으로 충당되며 근로자의 비용부담은 없다. 이는 산재보험이 사용자의 무과실책임주의를 기초로 사업주의 재해보상책임을 사회보험화하여 근로자를 보호하는 제도이기 때문이다.

산재보험 재정방식은 적립방식(충족부과방식), 부과방식(순부과방식), 수정부과방식 등이 있는데, 제도 초기에는 부과방식을 채택했으나 현재 순부과방식을 기본으로 하고 부분적으로 수정부과방식을 채택하고 있다.

부과방식은 우리나라처럼 업종별로 상이한 보험요율을 적용하며, 산업구조가 급속히 변화하는 국가에서 부과방식을 채택하면 산업재해를 발생시킨 세대와 비용을 부담하는 세대가 일치하기 않기 때문에 가입자 세대간 비용부담 형평성이 확보되지 못하는 문제가 발생하게 된다.

2) 보험료

산재보험의 보험료 책정방식은 다른 사회보험제도와는 달리 거의 대부분의 국가에서 고용주들이 위험등급에 따라 차등화된 보험요율을 적용받는 실적요율(experience rating)체계를 따르고 있다. 실적요율을 결정하는 방식은 등급요율방식, 개별실적요율, 계획요율, 소급요율방식 등이 사용된다. 사용자가 부담하는 보험료의 산정은 각 적용사업장의 임금총액에 당해 사업종류에 해당하는 보험요율을 곱한 금액으로 한다. 여기에서 보험료 산정의 중심 개념은 임금총액과 보험요율이다. 보험료의 산정기준인 임금총액은 평균임금에 기초하고 있는데, 이는 피재근로자의 소득상실을 보전함에 있어서 적정한 수준을 보장하려는 데 있다. 그러나 임금산정에 포함되는 임금의 범위가 문제된다.

보험요율은 단일보험요율제, 차등보험요율제, 혼합방식제 등이 있다. 단일보험요율제는 위험의 정도에 관계없이 동일한 요율을 부과하는 제도이며, 차등보험요율제는 보험가입장의 업종별, 개인사업장별, 직종별로 산재발생의 위험도에 비례하여 책정하는 제도이다. 또한 혼합방식제는 단일보험요율제와 차등보험요율제를 절충한 제도이다. 우리나라 산재보험은 전반적으로 업종별 차등요율제를 기본으로 하고 부분적으로 개별실적요율제를 적용하고 있다. 이와 같이 업종별 차등요율과 개별실적요율을 적용하는 이유는 재해율에 따라 보험료를 조정함으로써 산업재해 예방을 위한 사업주의 관심을 제고시키기 위해서이다.

(1) 사업종류별 보험요율(업종별 보험요율)

보험요율은 사업의 종류별로 과거 3년간의 보험급여 지급율을 기초로 하고 보험급여액, 재해예방 및 재해근로자 복지 증진 등에 소요되는 비용을 고려하여 고용노동부장관이 업종별로 구분하여 결정한다.

보험요율 구성을 산식으로 표시하면 다음과 같다.

업종별 보험요율(100%) = 순보험요율(85%) + 부가보험요율(15%)

(보험급여지급율 : 과거 3년간보험 급여총액/과거3년간 임금총액)

순보험요율은 사업연도의 보험급여 지출에 필요한 비용이고, 부가보험률은 산재예방 및 피재근로자복지와 산재보험사업 운영에 필요한 비용이므로 순보험요율에 의한 보험료 수입으로 보험급여 지출액과 연금수급자의 미래지급액을 충당할 수 있어야 한다.

보험요율은 하나의 사업 또는 사업장에 대하여 하나의 보험요율을 적용되며 동일한 사업장내에서 2가지 종류 이상의 사업이 행하여지는 경우에는 2종 이상 사업

중 근로자 수 및 임금총액 등의 비중이 큰 사업(주된 사업)에 해당되는 보험요율을 적용하고 있다.

(2) 개별실적요율

보험요율은 업종별로 보험요율이 정하여지나 같은 업종이라 할지라도 개별 사업장별로 재해율이 현격한 차이를 나타내는 경우가 있으므로 동일한 보험요율을 적용하는 경우 그 혜택에 비하여 보험료를 지나치게 많이 부담하는 사업장이 있는 반면에 그 반대의 현상도 발생할 수 있다. 따라서 이와 같은 모순을 시정하고 재해예방의 의욕을 북돋우기 위하여 1969년부터 보험요율 산정의 특례를 정하여 실시하고 있다. 개별실적요율의 산정방식은 다음과 같다.

※ 개별실적요율 = 해당사업종류의 일반요율 ± (해당사업종류의 일반요율 × 수지율에 의한 증감비율)

(수지율 : 과거 3년간의 보험급여총액 / 보험료총액)

2009년도 산재보험의 보험요율은 61개 업종의 평균이 18.0/1,000이고, 최고는 석탄광업으로 360/1,000, 최저는 전문기술 서비스업, 보건 및 사회복지사업, 금융 및 보험업으로 7/1,000였다. 이러한 업종간의 요율 차이를 해결하기 위해 업종 최고요율제를 도입하여 평균요율의 업종간 보험요율 격차를 20배 이내로 완화하고 업종별 연간보험요율 변동폭을 30% 이내로 제한하였다. 또한 천재지변, 정전 등 사업주의 책임이 없는 재해는 사업장 단위 개별실적요율제도의 보험수지율 선정기준에서 제외함으로써 사업주의 부담을 줄이게 되었다.

<표 37> 국가별 산재보험요율 비교(전산업 평균)

구 분	한 국	독 일	일 본	미 국
요 율	1.95%(2007년)	1.3%(2001년)	0.78%(2003년)	1.58%(2003년)

우리나라 산재보험요율을 국제 비교해보면 2007년 전체 산업 평균 산재보험요율은 <표 37>에서와 같이 평균 1.95%로 나타나 선진국에 비해 상당히 높은 편이다.

연도별 평균보험료는 <표 38>에서와 같이 매년 높은 비율로 인상되고 있다.

<표 38> 연도별 평균보험료 현황 (단위 : %)

구분 \ 연도별	2002	2003	2004	2005	2006	2007	2008	2009
평균보험료	1.49	1.38	1.48	1.62	1.78	1.95	1.95	1.80
증감률	△10.8	△8.7	8.8	9.5	9.9	9.6	-	△7.5

자료 : 노동부, 『산재보험사업연보』, 각 년도

3) 보험료 징수

보험료는 당해 사업장의 1년간의 임금총액에 보험요율을 곱하여 산정하며, 납부방법은 자진신고 · 자진납부제도를 채택하여 사업주가 스스로 당해 연도의 보험료를 계산하여 납부하고 있다.

개산보험료는 보험가입자가 매 보험연도마다 그 1년간에 사용할 모든 근로자에게 지급할 임금총액의 추정액에 보험요율을 곱하여 산정한 금액이다. 이 금액을 보험연도의 3월 31일까지 근로복지공단에 신고 · 납부하여야 한다.

확정보험료는 보험가입자가 보험연도의 말일 또는 보험관계가 소멸한 날까지 사용한 모든 근로자에게 지급한 총임금총액에 보험요율을 곱하여 산정한 금액으로 다음 보험연도의 3월 31일까지(보험연도 중에 보험관계가 소멸한 사업에 있어서는 보험관계가 소멸한 날의 다음날로부터 30일 이내) 신고 · 납부하여야 한다.

이 밖에도 가산금, 연체금 등의 징수금이 있다.

한편, 법정기한 내에 가입신고를 하지 않거나 보험료를 납부하지 아니한 사업장에서 업무상 재해가 발생하여 보험급여를 지급할 경우에는, 보험급여액 중 일부를 사업주로부터 징수함으로써 일정한 불이익을 주고 있는 데, 이를 급여징수제도라 한다. 이는 (당연적용 대상임에도) 산재보험에 가입하지 않거나 보험료 신고·납부의무를 불이행한 사업주에게 제재를 가하여 보험사업의 공평성 및 효율성을 도모하기 위해 1970년에 처음 도입되었다.

4) 산업재해보상보험 및 예방기금

고용노동부장관은 보험사업, 산업재해 예방사업에 필요한 재원을 확보하고, 보험급여에 충당하기 위하여 기금을 설치한다. 기금은 보험료, 기금운용수입금, 적립금, 기금의 결산상 잉여금, 정부 또는 정부 외의 자의 출연금 및 기부금, 차입금, 그 밖의 수익금을 재원으로 조성한다. 기금 중에서 회계연도마다 기금지출예산총액의 3% 범위내에서 정부의 출연금을 부담한다.

이 기금은 보험급여의 지급 및 반환금의 반환, 차입금 및 이자의 상환, 근로복지공단에의 출연, 재해근로자의 복지 증진, 한국산업안전공단에의 출연, 그 밖의 보험사업 및 기금의 관리·운용에 사용된다.

연도별 산재보험료와 보험급여 추이를 살펴보면 <표 39>와 같다.

<표 39> 연도별 산재기금 재정수지 및 적립금 현황 (단위 : 억원, %)

구분 \ 연도율		2005	2006	2007	2008	전년대비 증감률
재정수지	수입	35,038	41,084	48,120	52,987	10.1
	지출	36,752	38,612	39,823	41,846	5.1
	수지	1,714	2,472	8,297	11,141	34.3
적립금	법정책임준비금	41,181	49,649	57,826	32,423	43.9
	적립금	16,783	19,315	27,171	38,312	41.0
	적립률	40.8	38.9	47.0	118.2	151.5
	과부족	24,398	30,334	30,655	5,889	119.2

자료 : 근로복지공단, 산재보험통계연보

4. 관리운영체계

산재보험사업은 보험사업과 근로복지사업으로 구분되며, 보험사업은 사업주로부터 산재보험료를 징수하여 업무상 재해에 대하여 신속 · 공정한 보상을 행하는 사업이다. 복지사업은 보험료, 기금운용 수익금, 적립금 등의 재원으로 운용되는 보험시설의 설치 · 운영과 피재근로자의 재활 및 복지증진사업이 이에 속한다.

산재보험제도의 관리운영체계는 다음과 같다.

산재보험사업 운영을 관장하는 기관은 고용노동부이다. 고용노동부는 보험요율의 결정, 보험급여기준의 결정, 보험기금의 관리·운영 등 주요 정책결정 업무를 담당한다. 또한 재해근로자의 재활 및 사회복귀를 촉진하기 위하여 필요한 보험시설의 설치·운영, 재해예방과 근로자의 복지 증진을 위한 사업을 실시하거나 근로복지공단 또는 고용노동부장관의 지정을 받은 법인에게 위탁하여 실시하도록 할 수 있다.

(1) 근로복지공단

산재보험의 관리·운영은 과거에는 노동부가 직접 관장하는 방식을 취해 오다가 1995년 5월 1일부터 근로복지공사의 조직과 기능을 개편하여 현재의 근로복지공단이 맡고 있다. 따라서 산재보험 업무를 직접적으로 관장하는 집행기관은 근로복지공단이다. 근로복지공단은 보험가입자 및 수급권자에 관한 기록의 관리유지, 보험료징수법에 의한 징수금의 보험료, 그 밖의 징수, 보험급여의 결정 및 지급, 보험급여에 관한 심사청구의 심리결정, 산업재해보상보험시설의 설치 · 운영, 근로자의 복지 증진을 위한 시설, 기타 정부로부터 위탁받은 사업 등을 수행한다.

(2) 산업재해보상보험심의위원회, 산업재해보상보험심사위원회

보험사업에 관한 중요 사항을 심의하기 위하여 고용노동부에 산업재해보상보험심의위원회를 둔다. 위원회는 요양급여의 범위나 비용 등 요양급여의 산정기준, 산재보험요율의 결정, 산업재해보상보험 및 예방기금의 운영계획 수립, 그 밖에 고용노동부장관이 산업재해보험사업에 관하여 심의에 부치는 사항들을 심의한다. 또한 산업재해보상보험심사위원회, 산업재해보상보험재심사위원회를 설치, 운영하고 있다.

(3) 보험사무조합

보험사무조합은 사업주의 위탁을 받아 산재보험업무를 대행해주는 기관이다. 보험사무를 위임할 수 있는 사업주의 범위는 상시 근로자 300인 미만의 사업주이며, 위임대상 보험사무의 범위는 개산보험료·확정보험료 신고, 그 밖에 사업주가 지방노동관서 또는 근로복지공단에 대하여 행하여야 할 보험사무에 관한 업무 등이다.

2008년 말 현재 산재보험사무 대행기관은 427개소이며 그 중 54.8%가 경인지역에 위치하고 있다. 산재보험 적용사업장 중 15.5%가 대행기관에 위탁하고 있고 그 수납률도 전체 보험료 수납률의 15.8%를 차지하고 있다.

6장 고용보험제도

제1절 고용보험제도의 의의 및 필요성

1. 고용보험제도의 의의

실업(失業)은 해당 실업자 및 가족구성원에게 소득의 중단을 통한 경제적 불안정의 야기라는 점에서 중요한 생활상의 위기이다. 실업은 경제적 측면뿐만 아니라 심리적 측면에서도 정체성과 자신감의 상실, 스트레스 가중 및 삶의 의욕 상실, 사회적 고립 등의 문제를 야기시킨다는 점에서 심각성을 띠고 있다. 또한 개인 및 가족적 차원을 넘어 사회적 차원에서도 국민경제에 미치는 경제적 손실, 유효수요의 저하 등에 따른 경제 사회적 파급효과도 부정적으로 나타나고, 이것은 각종 비행 및 범죄, 자살율, 가족해체 등 사회병리현상을 초래한다는 점에서 심각성이 있다.

실업보험(unemployment insurance)이란 실업을 일종의 보험사고로 취급하여 보험원리에 의하여 근로자가 실직으로 말미암아 소득을 상실하였을 경우에 생활의 안정을 위하여 일정기간, 일정수준의 보험급여를 지급하는 일종의 사회보험제도이다. 즉 실업보험은 실직근로자에게 실업급여를 지급하여 그의 생계를 지원함으로써 생활의 안정을 도모하는 사후적이며 소극적인 소득보장적 사회보장제도이다.

반면 고용보험(employment insurance)은 실직근로자에게 실업급여를 지급하는 전통적 의미의 실업보험사업 외에 산업구조조정의 촉진 및 실업예방, 고용촉진 등을 위한 고용안정사업, 근로자의 생애직업능력개발을 위한 직업능력개발사업을 상호 연계하여 실시하는 사회보장제도임과 동시에 노동시장정책이다.

고용보험은 산업구조의 조정 및 경기 변동에 따른 휴업 및 전직훈련 등 고용구조의 개선을 통하여 실업을 사전에 예방할 수 있는 다양한 고용안정책과 재직근로자의 직업능력개발사업 등으로 기업의 경쟁력을 확보하도록 한다. 그러나 불가피하게 실직을 하였을 때에는 실업급여를 지급하여 근로자의 생활안정과 적극적인 구직활동의 지원을 통하여 재취업을 촉진하는 사전적이며 적극적인 차원의 인력정책적 사회보장이라고 할 수 있다.

따라서 고용보험제도는 복지, 교육, 훈련, 고용이라는 네 가지 요소를 특징으로 하는 노동시장정책과 실업급여가 상호 연계되어 있고, 전통적인 실업보험 외에 직업능력개발사업과 고용안정사업이라는 고용정책을 보험원리로 편입시킴으로써 보다 효율적으로 실업보장과 고용구조 개선을 위한 제도적 장치를 일원화시킨 제도이다.

2. 고용보험제도 도입의 필요성 및 도입 배경

19세기 중반부터 유럽의 일부 노동조합을 중심으로 실업에 대비한 근로자들의 자발적인 실업공제기금제도가 생겨났고, 20세기에 들어서면서 대량실업이 사회문제화되면서 실업구제에 대한 국가책임론이 대두되자 1905년 최초로 프랑스에서 노동조합의 공제기금에 국가재정으로 보조금을 지급하는 임의적 실업보험제도를 입법화하였고, 프랑스에 이어 노르웨이(1906), 덴마크(1907), 네덜란드(1916), 스페인(1919) 등도 이 제도를 도입하였다. 1911년 영국에서 최초로 사회보험방식의 강제적 실업보험을 실시한 이래 오스트리아(1920), 불가리아(1925), 독일(1927), 유고슬라비아(1927) 등이 강제적 실업보험제도를 도입하였다.

한편 룩셈브르크는 1921년에 저소득실업자에 대해 국가재정에서 실업수당을 지급하는 실업부조제도를 도입하였다. 특히 프랑스는 1951년 실업부조제도를 실시하고 1958년에는 이를 강제적 실업보험제도로 전환했다. 1960년대 후반기부터 산업구조조정이 본격적으로 진행되면서 적극적인 인력정책의 필요성이 대두되자 독일, 일본 등에서는 실업보험을 다양한 고용정책과 연계시킨 고용보험체제로 전환하여 적극적 인력정책 수단으로 운영하고 있다.

오늘날 실업상태에 대한 보험급여제도를 실시하고 있는 나라는 69개국에 달한다. 선진국에서도 고용보험제도는 다른 사회보험에 비하여 가장 늦게 도입되었는데 이처럼 그 도입과 정착이 늦어진 이유는 실시의 전제조건인 근대화된 노사관계의 확립과 노동시장의 조직화가 쉽게 이루어지지 않으며 또한 실업발생율의 추정이 어렵다는 점에 있다.

우리나라 고용보험제도 도입의 필요성은 다음과 같다.

첫째, 산업구조 조정에 따른 잉여인력(剩餘人力)이 새로운 산업으로 신속히 이동할 수 있도록 지원함으로써 산업구조 조정을 촉진할 필요가 있다.

둘째, 고용보험제도의 도입으로 국가의 직업안정 기능이 체계화되고 구인·구직의 풀(Pool)이 형성되어 고용정보가 정확히 파악됨으로써 구조적인 인력수급의 불균형에 대응함으로써 인력수급의 원활화를 기할 필요가 있다.

셋째, 기업의 필요에 따른 자율적인 훈련의 실시를 유도하여 산업수요에 부응하는 근로자의 직업능력개발을 활성화함으로써 기업의 경쟁력을 강화할 필요가 있다.

넷째, 실직근로자의 생활안정과 재취업을 촉진할 필요가 있다.

이와 같은 필요성에 따라 정부 차원의 고용보험제도 도입에 대한 논의가 이루어진 것은 1970년대 이후의 일이다.

고용보험제도의 발전과정을 살펴보면 다음과 같다.

1993. 12. 고용보험법 제정
1995. 4. 고용보험법 시행령 제정
1995. 7. 고용보험제도 실시
1996. 7. 실업급여 지급 실시
1997. 12. 근로자직업훈련촉진법 제정(직업훈련기본법 폐지)
1998. 1. 고용보험 적용 확대 (실업급여 30인→10인, 고용안정사업 및 직업능력개발사업 70인→50인 이상 사업장)
1998.. 3. 고용보험 적용 확대 (실업급여 10인→5인 이상 사업장)
1998. 7. 고용보험 적용 확대 (고영안정사업, 직업능력개발사업 50인→5인 이상 사업장)
1998. 10. 고용보험 적용 확대 (5인 이상에서 전사업장으로 확대)
2001. 11. 고용보험법 개정(모성보호급여관련)
2002. 12. 일용근로자 고용보험 적용 확대
2003. 1. 적용대상을 법인인 4인 이하, 농업·어업·입업 및 수산업으로 확대
2003. 12. 고용보험 및 산업재해보상보험의 보험료 징수등에 관한 법률 제정

2004. 1. 일용근로자 60세 이후 65세 미만, 월 60시간 이상 근로자 및 시간강사로 확대
2004. 12. 근로자직업훈련촉진법을 근로자직업능력개발법으로 개정
2005. 1. 고용보험 및 산업재해보상보험의 보험료징수 등에 관한 법률의 시행으로 보험료 통합 징수
2006. 1. 영세사업자(5인 미만 사업주)로 적용 확대,
고용안정사업과 직업능력개발사업의 통합운영

도입을 검토했던 제도의 내용은 현대적 의미의 고용보험이 아닌 실업보험적 성격을 가진 것이었다. 고용보험제도의 도입을 정부가 공식적으로 결정한 것은 제7차 경제사회발전 5개년 계획을 통해서 였으며, 1992년 인력정책심의위원회의 의결에 따라 고용보험연구기획단을 설치하여 고용보험제도 모형개발을 시작하였다. 그리하여 1993년 근로자복지와 노동시장의 효율성 제고라는 목표로 고용보험법이 제정되어 1995년 7월 1일부터 시행하여 산업구조조정에 따른 지원책을 제도화하였다.

제2절 고용보험제도의 유형과 기능

1. 고용보험제도의 유형

고용보험제도의 유형은 각국의 역사적 배경과 시대적 상황에 따라 다르지만 강제(의무)적 고용보험제도, 임의고용보험제도 그리고 실업부조제도의 세 가지 유형이 일반적이다.

1) 강제적 고용보험제도

강제적 고용보험제도는 사회보험방식에 의하여 일정요건에 해당하는 사업장의 근로자에 대해 포괄적으로 적용하는 형태로서 미국, 영국, 일본, 한국 등에서 채택하고 있다. 강제적 고용보험제도는 실업이 산업사회에 있어서는 누구에게나 발생할 수 있는 사회적 위험이므로 노동력을 제공하고 그 댓가인 임금소득으로 생활을 영위하는 근로자와 그 가족을 실업의 위험으로부터 보호하기 위해서는 실업의 위험이 있는 근로자를 강제적으로 보험의 적용을 받도록 해야 한다는 인식에 바탕을 둔 것으로서 1911년 영국이 최초로 실시한 이래 점진적으로 확대되어 왔다.

이 제도는 일정요건에 해당하는 근로자를 사회보험방식에 의해 의무적인 적용대상으로 하기 때문에 근로자에 대한 보호에 보다 충실할 수 있고 취업알선, 직업훈련의 실시 등 고용정책과 연계하여 운영함으로써 실업의 예방과 조기 재취업을 촉진할 수 있다는 장점이 있으나 근로자의 의사와 관계없이 강제적으로 가입해야 하므로 근로자 개개인이 가입 여부를 선택할 수 없다는 단점이 있다.

2) 임의적 고용보험제도

임의적 고용보험제도는 노동조합에 의해 자발적으로 설립된 실업기금이 인가를 받아 운영되는 형태로서 덴마크, 핀란드, 스웨덴 등이 실시하고 있다. 이 제도는 실업기금의 관리·운영은 노동조합이 담당하되 정부가 이를 정책적으로 뒷받침하여 노사가 함께 실업기금을 적립하게 하고 정부도 일부 비용을 부담한다.

이 제도는 조합원에 대해서는 노조규약에 의해 가입이 강제되므로 강제적 고용보험제도와 동일한 효과가 있으나 비조합원에 대해서는 고용보험에의 가입 여부는 근로자 개인이 선택할 수 있다는 장점이 있다. 그러나 근로자에 대한 충분한 보호가 어렵기 때문에 임의적 고용보험를 실시하는 국가들도 강제적 고용보험제도로 전환하는 추세에 있다.

3) 실업부조제도

실업부조제도는 사회보험의 형태는 아니지만 소득조사를 전제로 저소득실업자에 대하여 전액 정부부담에 의해 실업수당을 지급하는 형태로서 독일, 프랑스, 영국, 포르투칼, 호주, 뉴질랜드 등의 국가에서 강제적 보험을 보완하는 제도로 사용되기도 한다.

실업부조제도에서는 실업부조금액이 소득조사 결과 밝혀진 소득 및 재산의 정도에 의해 결정되며 대부분의 국가에서는 지급기간에 제한이 없다는 점에서 고용보험제도에 의한 실업급여의 요건을 충족시키지 못하는 실업자들이 실업부조의 혜택을 받게 된다.

4) 이원적 고용보험제도

고용보험제도의 유형은 이와 같은 세 가지로 대별할 수 있으나, 두 가지 이상의 형태가 혼재해 있는 이원적 구조를 실시하는 나라도 있다. 강제적 고용보험제도를 근간으로 하고 있는 독인, 프랑스, 영국, 포르투갈 그리고 임의적 고용보험제도를 근간으로 하고 있는 스웨덴, 핀란드 등은 급여기간이 종료되었거나 급여요건에 미달한 실업자에 대해 소득조사를 실시하여 일정기준 이하의 저소득실업자에게 전액 정부가 부담하는 실업부조제도를 병행 실시하고 있다.

이원적 고용보험제도는 실업자에 대한 보호를 충실히 하기 위한 것이지만 실업부조제도가 노동시장에 미치는 부정적인 영향 때문에 사회보장제도의 개혁이 논의될 때 실업부조제도의 개선을 둘러싼 논쟁이 발생하는 경우도 있다.

2. 고용보험제도의 기능

실업보상제도의 역할을 살펴보면 다음과 같다.

첫째, 사회보장적 측면에서 실업자 및 이들 가족에 대한 경제적 지원을 통해 사회적 빈곤증대의 완화 기능을 담당한다. 둘째, 사회적 측면에서 사회적으로 마련된 재원에 따라 경제적 보상과 재취업촉진 지원을 통해 사회적 불평등구조가 심화되는 것을 완화하고 사회연대를 성취하는 기능을 담당한다. 셋째, 경제적 측면에서 실직기간 동안의 경제적 지원을 통해 실업자의 노동력을 보존함으로써 노동력을 유지·보존하는 기능을 담당한다. 또한 불황기에는 급여를 통해 유효수요를 창출시키고 호황기에는 기여를 확대시켜 경기과열을 예방하는 등 경기조정기제로서의 기능을 담당하게 된다. 넷째, 정치적 측면에서 계층간 갈등 특히 노사간의 긴장과 갈등을 완화시켜 정치적 안정과 사회적 연대의 증진에 기여하는 기능을 담당하고 있다(이인재 외, 1999).

이와 같은 긍정적 기능과는 달리 실업보상을 통해 실업증대를 유발하기도 하고 기업에 노동비용을 증대시켜 오히려 고용감소와 임금인하 효과를 야기하기도 하는 등 부정적 효과가 수반될 수 있다.

한편 고용보험제도의 기능은 첫째, 고용조정의 원활화 및 경제적 효율성 제고 둘째, 실직근로자의 생활안정과 재취업 촉진 셋째, 직업훈련의 활성화와 경쟁력 강화 넷째, 직업안정 기능의 활성화와 인력수급의 원활화 다섯째, 경기조절의 기능수행 여섯째, 남북통일에 대비한 적극적 노동시장정책의 추진 등이 있다.

제3절 고용보험제도의 내용

1. 적용범위

국제노동기구는 「고용의 촉진 및 실업에 대한 보호에 관한 조약」에서 모든 피용자의 85% 이상이 적용되도록 규정을 설정하고 있다. 그러나 제도 도입 초기와 같은 예외적인 상황인 경우에도 잠정적으로 최소한 모든 피용자의 50% 이상이 포함되도록 규정하고 있다.

<표 40> 적용범위의 변화

보험사업별	적 용 범 위 (사 업 장)				
	'98. 1. 1 이전	'98. 1. 1~2. 28	'98. 3. 1~6. 30	'98. 7. 1	'98. 10. 1
실업급여	30인 이상	10인 이상	5인 이상	1인 이상	1인 이상
고용안정 · 직업능력개발사업	70인 이상	50인 이상	50인 이상	5인 이상	1인 이상

1995년 7월 1일에 도입된 우리나라 고용보험제도의 적용범위는 <표 40>에서와 같이 상시 근로자 30인 이상 사업장이 적용되는 실업급여와 상시 근로자 70인 이상의 사업장에 적용되는 고용안정사업과 직업능력개발사업으로 구분하였다.

또한 이를 1998년 1월부터 각각 30인 이상 사업장과 50인 이상 사업장으로 확대할 계획이었다. 그러나 IMF관리체제 이후 실업의 대량발생으로 실업급여대상자 및 고용안정사업의 대상자가 크게 증가하는 사태에 직면하게 되어 적용범위를 크게 확대하기에 이르렀다. 즉, 1998년 10월 1일부터는 근로자를 고용하는 모든 사업장으로 확대 적용하였다. 이와 같은 적용범위의 확대에 따라 이론상으로는 전체 임금근로자의 약 80%가 적용받게 되었다.

한편 2003년부터 실업급여의 지급대상이 고용기간 1개월 미만의 일용직 근로자를 포함한 전체 근로자로 확대되었고, 2004년에는 일용근로자, 60세 이상 65세 미만 근로자가 격용되었으며, 2006년 1월 1일부터는 근로자를 사용하지 아니하거나

5인 미만 근로자를 사용하는 자영업자에게도 소득 등을 고려하여 피보험자로 하여 적용을 받게 되었다. 고용보험의 적용대상은 근로자를 사용하는 모든 사업 또는 사업장이다. 그러나 사업규모를 고려하여 대통령령으로 정하는 사업 또는 사업장에 대해서는 그 예외가 인정된다. 한편 적용제외사업과 적용사업 중에서 적용제외 근로자를 규정하고 있다. 한편 가입자는 당연적용가입자, 임의적용가입자, 의제적용가입자로 구분된다.

당연적용가입자는 고용보험법의 적용을 받는 사업의 사업주와 근로자로서, 당연적용은 사업이 개시되어 적용요건을 갖추었을 때 사업주나 근로자의 의사에 관계없이 자동적으로 보험관계가 성립되는 것을 의미한다.

임의적용은 적용제외사업으로서 고용보험의 가입 여부가 사업주와 근로자의 의사에 의해 결정되는 것을 의미하며, 적용제외사업의 사업주는 근로자 과반수의 동의를 얻어 근로복지공단의 승인을 얻은 때 고용보험에 가입할 수 있고, 가입한 사업의 사업주와 근로자는 임의적용가입자가 된다.

의제적용이란 당연적용사업이 당연적용제외사업으로 된 경우 일정기간 당연적용사업이 되는 것으로 간주하는 것을 의미하며, 당연적용사업이 사업규모의 변동 등으로 적용제외사업이 된 때에 그 사업의 사업주가 근로자 과반수의 동의를 얻고 근로복지공단의 승인을 얻은 때에는 고용보험에 가입한 것으로 본다.

2008년 6월 말 현재 적용사업장 수는 1,284,185개소, 피보험자 수는 9,279,663명으로 나타났으나 2009년 3월 말 현재 적용사업장은 1,347,861개소로 이 중 건설업 25.80%, 도매 및 소매업 18.87%, 제조업 15.91% 순으로 나타났다. 한편 피보험자 현황은 9,406,207명으로 제조업 30.66%, 도매 및 소매업 10.54%, 사업시설 및 지원서비스업 7.42% 순으로 나타났다. 한편 2010년 6월 말 현재 적용사업장은 1,402,371개소, 피보험자 수는 9,987,354명으로 취업자 대비 피보험자 비중은 41.1%로 전년에 비해 1.1%p 상승했으며, 임금근로자 대비 58.1%, 상용 · 임시근로자 대비 65.5%로 나타났다.

2. 고용보험사업의 내용

고용보험사업체계를 그림으로 나타내면 <그림 5>와 같다.

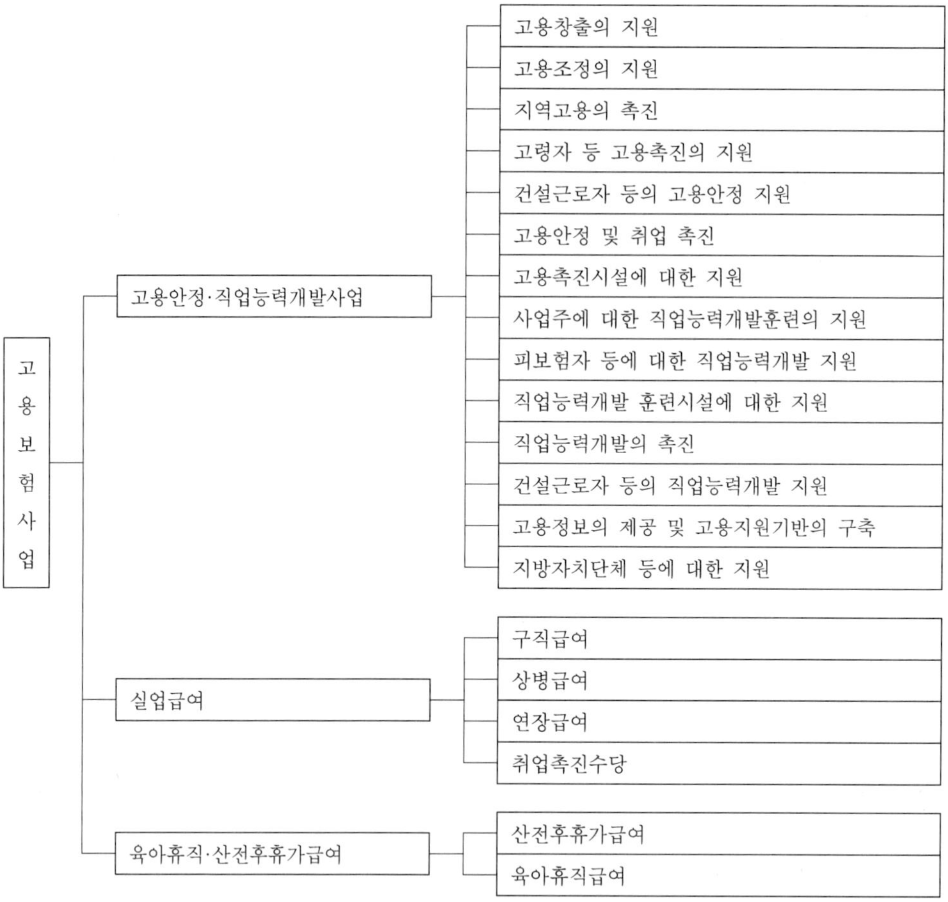

<그림 5> 고용보험사업 내용

1) 고용안정 · 직업능력개발사업

고용안정 · 직업능력개발사업은 피보험자 및 피보험자였던 자, 그 밖에 취업할 의사를 가진 자에 대한 실업의 예방, 취업의 촉진, 고용기회의 확대, 직업능력개발 · 향상의 기회 제공 및 지원, 그 밖에 고용안정과 사업주에 대한 인력 확보를 지원하기 위하여 실시하는 사업이다.

여기에는 (1) 고용창출의 지원 (2) 고용조정의 지원 (3) 지역고용의 촉진 (4) 고령자 등 고용촉진의 지원 (5) 건설근로자 등의 고용안정 지원 (6) 고용안정 및 취업촉진 (7) 고용촉진시설에 대한 지원 (8) 사업주에 대한 직업능력개발훈련의 지원 (9) 피보험자 등에 대한 직업능력개발 지원 (10) 직업능력개발훈련시설에 대한 지원 (11) 직업능력개발의 촉진 (12) 건설근로자 등의 직업능력개발 지원 (13) 고용정보의 제공 및 고용지원기반의 구축 (14) 지방자치단체 등에 대한 지원사업 등이 있다.

(1) 고용창출의 지원

고용창출의 지원은 고용환경 개선, 근무형태 변경 등으로 고용의 기회를 확대한 사업주에게 필요한 지원을 하는 사업이다. 구체적 사업 내용은 ①중소기업 근로시간단축 지원금 ②교대제 전환 지원금 ③중소기업 고용환경 개선에 대한 지원 ④중소기업 전문인력활용장려금 ⑤중소기업 신규업종진출 지원금 등이 있다.

(2) 고용조정의 지원

고용조정의 지원은 경기의 변동, 산업구조의 변화 등에 따른 사업규모의 축소, 사업의 폐업 전환으로 고용조정이 불가피하게 된 사업주가 근로자에 대한 휴업, 직업전환에 필요한 직업능력개발훈련, 인력의 재배치 등을 실시하거나 그 밖의 근로자의 고용안정을 위한 조치를 할 경우 그 사업주에게 필요한 지원을 하는 사업이다. 구체적 사업 내용은 ①고용유지지원금 ②전직지원장려금 ③재고용장려금 등이 있다.

(3) 지역고용의 촉진

지역고용의 촉진은 고용기회가 뚜렷이 부족하거나 산업구조의 변화 등으로 고용사정이 급속하게 악화되고 있는 지역으로 사업을 이전하거나 그러한 지역에서 사업을 신설 또는 증설하여 그 지역의 실업예방과 재취업촉진에 기여한 사업주, 그 밖에 그 지역의 고용기회 확대에 필요한 조치를 한 사업주에게 필요한 지원을 하는 사업이다. 지역고용촉진사업에는 지역고용촉진지원금이 있다.

(4) 고령자 등 고용촉진의 지원

고령자 등 고용촉진의 지원은 노동시장의 통상적 조건에서는 취업이 특히 곤란한 고령자 등의 고용을 촉진하기 위하여 고령자 등을 새로 고용하거나 이들의 고용안정에 필요한 조치를 하는 사업주 또는 사업주가 실시하는 고용안정조치에 해당된 근로자에게 필요한 지원을 하는 사업이다. 구체적인 사업 내용은 ①고령자 고용촉진장려금 ②신규고용촉진장려금 ③중장년훈련수료자 채용장려금 ④임금피크제 보전수당 ⑤임신·출산 후 계속고용지원금 ⑥ 육아휴직 등 장려금과 대체인력 채용 장려금 등이 있다.

(5) 건설근로자 등의 고용안정 지원

건설근로자 등의 고용안정 지원은 건설근로자 등 고용상태가 불안정한 근로자를 위하여 고용상태의 개선을 위한 사업, 계속적인 고용기회의 부여 등 고용안정을 위한 사업, 그 밖의 대통령령으로 정하는 고용안정을 위한 사업을 실시하는 사업주에게 필요한 지원을 하는 사업이다. 구체적 사업 내용은 ①건설근로자 퇴직공제부금의 지원 ②건설근로자 고용보험관리지원금의 지원 ③건설근로자 계속고용지원금 등이 있다.

(6) 고용안정 및 취업촉진

고용안정 및 취업촉진은 피보험자 등의 고용안정 및 취업을 촉진하기 위하여 고용관리 진단 등 고용개선지원사업, 피보험자 등의 창업을 촉진하기 위한 지원사업 등을 직접 실시하거나 이를 실시하는 자에게 필요한 비용을 지원 또는 대부하는 사업이다. 구체적 사업 내용은 ①고용관리 진단 등 고용개선지원사업 ②장기실업자 등에 대한 창업촉진지원사업 ③취업지원사업의 지원 ④고령자 등의 고용환경 개선 지원 ⑤고용촉진시설의 지원 등이 있다.

(7) 고용촉진시설에 대한 지원

고용촉진시설에 대한 지원은 피보험자 등의 고용안정·고용촉진 및 사업주의 인력 확보를 지원하기 위하여 상담시설, 보육시설, 그 밖의 대통령령으로 정하는 고용촉진시설을 운영하는 자에게 필요한 지원을 하는 제도이다. 구체적 사업 내용은 ①고용촉진시설 설치·운영 ②보육시설의 운영비 지원 ③보육시설 설치비용 융자 및 지원 등이 있다.

(8) 사업주에 대한 직업능력개발훈련의 지원

사업주에 대한 직업능력개발훈련의 지원은 피보험자 등의 직업능력을 개발·향상시키기 위하여 직업능력개발훈련을 실시하는 사업주에게 그 훈련에 필요한 비용을 지원하는 사업이다. 구체적 사업 내용은 ①직업능력개발훈련 ②유급휴가 직업능력개발훈련 ③비정규직 직업능력개발훈련 등이 있다.

(9) 피보험자 등에 대한 직업능력개발 지원

피보험자 등에 대한 직업능력개발 지원은 피보험자 등이 직업능력개발훈련을 받거나 그 밖에 직업능력 개발·향상을 위하여 노력하는 경우에 필요한 지원을 하는 사업이다. 구체적 사업 내용은 ①근로자 수강지원금의 지원 ②근로자능력개발카드에 따른 수강지원 ③능력개발비용의 대부 ④능력개발비용의 지원 ⑤실업자의 취업훈련 등이 있다.

(10) 직업능력개발훈련시설에 대한 지원

직업능력개발훈련시설에 대한 지원은 피보험자 등의 직업능력 개발·향상을 위하여 필요하다고 인정하는 경우 직업능력개발훈련시설의 설치 및 장비구입에 필요한 비용의 대부, 그 밖에 노동부장관이 정하는 직업능력개발훈련시설의 설치 및 장비구입·운영에 필요한 비용을 지원하는 사업이다. 구체적 사업 내용은 ①직업능력개발훈련시설 등에 대한 비용 대부 ②직업능력개발훈련시설 등의 지원 등이 있다.

(11) 직업능력개발의 촉진

직업능력개발의 촉진은 피보험자 등의 직업능력 개발·향상을 촉진하기 위하여 직업능력개발사업에 대한 기술지원 및 평가사업, 기능·기술장려사업 및 자격검정사업 등의 사업을 실시하거나 이를 실시하는 자에게 그 사업의 실시에 필요한 비용을 지원하는 사업이다. 구체적 사업 내용은 ①자격검정사업의 지원 ②직업능력개발의 촉진 ③직업능력개발훈련사업의 위탁실시 등이 있다.

(12) 건설근로자 등의 직업능력개발 지원

건설근로자 등의 직업능력개발 지원은 건설근로자 등 고용상태가 불안정한 근로자를 위하여 직업능력개발·향상을 위한 사업을 실시하는 사업주에게 그 사업의 실시에 필요한 비용을 지원하는 사업이다. 구체적 사업 내용은 건설근로자의 직업능력개발 지원 등이 있다.

(13) 고용정보의 제공 및 고용지원기반의 구축

고용정보의 제공 및 고용지원기반의 구축은 사업주 및 피보험자 등에 대한 구인·구직·훈련 등 고용정보의 제공, 직업·훈련·상담 등 직업지도, 직업소개, 고용안정·직업능력개발에 관한 기반의 구축 및 그에 필요한 전문인력 배치 등 노동부 장관이 실시하는 사업이다.

(14) 지방자치단체 등에 대한 지원

지방자치단체 등에 대한 지원은 지방자치단체 또는 대통령령으로 정하는 비영리법인·단체가 그 지역에서 피보험자 등의 고용안정·고용촉진 및 직업능력개발을 위한 사업을 실시하는 경우에 필요한 지원을 하는 사업이다.

2) 실업급여

실업급여는 근로자가 실직하였을 때, 실직자와 그 가족의 생활안정을 위해 일정기간 동안 소득상실을 보전해주는 급여이다. 실업급여는 실직기간 동안 생활안정을 위해 소득을 지원하는 소극적 노동시장정책을 추진하는 사업이라 할 수 있다.

(1) 실업급여의 기능

실업급여의 기능은 첫째, 근로자가 실직하였을 경우 일정기간 동안 실직자 및 그 가족의 생계안정을 도모한다. 둘째, 실직자에 대한 구인 · 구직정보의 체계적인 제공으로 재취업을 촉진함은 물론 인력 이동상황의 파악으로 실효성 있는 고용정책의 수립이 가능하다. 셋째, 불황 시에는 유효수요를 창출하여 고용을 증대시키고 호황 시에는 보험기금의 적립을 통해 유효수요를 억제하는 자동적인 경기조절 기능을 수행한다.

(2) 실업급여의 종류

실업급여는 구직급여와 취업촉진수당의 두 가지 종류가 있다. 구체적인 수급요건 및 급여수준은 <표 41>과 같다.

<표 41> 실업급여의 종류 및 급여수준

구분		수급요건	급여수준
구직급여		○실직 전 18개월 중 고용보험가입사업장에서 180일 이상 근무 *이직 시 퇴직금·퇴직위로금 등 1억원 이상을 지급받은 자는 실업신고일로부터 3개월 실업급여 지급유예됨. ○근로의 의사와 능력이 있음에도 불구하고 취업하지 못한 상태 *자발적 이직, 중대한 귀책사유로 해고된 경우는 제외	이직 전 평균임금의 50% 최고 : 40,000원 최저 : 시간급 최저임금의 90%
상병급여		○실업신고를 한 이후 질병·부상·출산으로 실업의 인정을 받지 못한 날 -출산의 경우는 출산일로부터 45일간 지급	구직급여일액과 동일 (7일 이상 상병)
연장급여	훈련연장급여	○실업급여수급자로서 지방노동관서의 직업능력개발 훈련지시에 따라 훈련을 수강하는 자 ※ 최대 2년까지 연장 지급	구직급여일액의 100%를 연장 지급
	개별연장급여	○고용조정지원대상업종 또는 지역에서 실직한 수급자격자 중 훈련을 받기 곤란한 사정이 있고 취직이 특히 곤란한 자	구직급여일액의 70% -60일 범위내 ※국민연금 감액 시 연금일액의 70% 감액
	특별연장급여	○실업급증 등으로 재취업이 특히 어렵다고 인정되는 경우 고용노동부장관이 고시한 기간 동안 실업급여의 수급이 종료된 자	구직급여일액의 70% -60일 범위내
취업촉진수당	조기재취직수당	○구직급여의 소정급여 일수를 1/2 이상 남긴채 재취업된 경우	구직급여 미지급분의 1/3 ~ 2/3
	직업능력개발수당	○실직기간 중 지방노동관서 소개에 의한 직업능력개발훈련을 받는 경우	훈련기간 중의 교통비, 식대 등 - 5,000원/1일
	광역구직활동비	○지방노동관서 지시에 의해 구직활동을 거주지에서 멀리 떨어진 지역(50km 이상)에서 할 경우	교통수단별 운임 숙박료 40,000원/1박
	이주비	○취업 또는 직업능력개발훈련를 받기 위해 주거를 이전할 필요가 있는 경우	실비(2.5톤 이상 실비의 80%)로 지급하되, 동반가족 수 5명 이상은 30% 증액)

구직급여는 근로자가 실직하였을 때 일정기간 생계유지에 필요한 소득을 보전해 주는 현금급여이며, 취업촉진수당은 적극적 취업활동을 조장하기 위하여 지급하는 급여이다.

(3) 구직급여의 수급요건

구직급여의 수급요건은 첫째, 이직일 이전 18개월간 피보험단위 기간이 통상 180일 이상일 것 둘째, 근로의 의사와 능력이 있음에도 불구하고 취업하지 못하는 상태에 있을 것 셋째, 이직사유가 피보험자 자신의 중대한 귀책사유로 해고된 경우이거나 정당한 사유가 없는 사정으로 인해 이직한 경우가 아닐 것 넷째, 수급자격 인정신청일 이전 1개월 동안의 근로일수가 10일 미만일 것 다섯째, 재취업을 위한 노력을 적극적으로 하여야 할 것 등이다.

한편 구직급여일액(日額)은 수급자격자의 기초일액의 50%이며, 기초일액은 수급자격에 인정과 관련된 마지막 이직 당시 근로기준법에 따라 산정된 평균임금이다. 구직급여일액에는 하한액과 상한액이 있다. 이 같은 규정은 구직급여가 과거 소득수준의 연계보다는 생계보장적 성격이 강한 급여이기 때문이다. 실업의 신고일부터 계산하여 실업의 인정을 받는 7일간은 이를 대기기간으로 하여 급여를 지급하지 아니한다. 구직급여의 소정급여 일수는 <표 42>와 같다.

<표 42> 구직급여의 소정급여 일수

피보험기간(보험가입기간) / 이직일 현재 연령별	6개월 이상 1년 미만	1년 이상 3년 미만	3년 이상 5년 미만	5년 이상 10년 미만	10년 이상
30세 미만	90일	90일	120일	150일	180일
30세 이상 50세 미만	90일	120일	150일	180일	210일
50세 이상 및 장애인	90일	150일	180일	210일	240일

한편 취업이 특히 곤란하고 생활이 어려운 경우 등 특별한 사유가 있을 때에는 구직급여를 연장하여 받을 수 있다.

(4) 타 사회보험과의 병급 조정

국민연금의 노령연금과 고용보험의 구직급여에 대하여는 병급조정이 되고 있다. 즉, 고용보험의 구직급여수급권자가 국민연금의 노령연금 또는 특례노령연금을 지급받게 되는 경우에는 국민연금의 노령연금액의 1일분에 상당하는 금액을 구직급여 일액에서 공제된다. 그러나 55세 이상 65세 미만의 노령연금수급자가 구직급여를 받는 동안에는 노령연금의 수급이 정지된다.

3) 육아휴직 및 산전후휴가급여

육아휴직 및 산전후휴가급여는 남녀고용평등과 일·가정 양립지원에 관한 법률에서 산전후휴가급여와 근로자의 육아휴직급여를 고용보험에서 지급하는 것을 규정함에 따라 2001년 11월 1일부터 도입되었다.

(1) 산전후휴가급여

산전후휴가급여는 임신, 출산 등으로 인하여 소모된 체력을 회복시키기 위하여 부여하는 제도로서, 사업주가 여성근로자가 임신하였을 경우에는 반드시 산후에 45일 이상이 되도록 하여 90일간의 산전후휴가를 부여하는 제도이다. 산전후휴가급여의 요건은 휴가가 끝난 날 이전 피보험 단위기간이 통산하여 180일 이상이어야 한다.

산전후휴가급여제도는 휴가개시일의 통상임금을 기준으로 지급하되 우선지원대상기업근로자의 통상임금이 고용보험에서 지원하는 금액보다 많을 경우 최초 60일분에 대하여는 그 차액을 사업주가 지급하여야 한다. 또한 사업주는 임신 중인 여성근로자가 임신 16주 이후 유산 또는 사산한 경우 근로자가 청구하면 모성보호휴가를 부여하여야 한다.

(2) 육아휴직급여

육아휴직급여는 1세 미만의 영아를 가진 근로자가 그 영아를 양육하기 위해 고용보험에 180일 이상 가입하고 육아휴직을 30일 이상 1년 이내를 사용할 때 그 기간 동안 급여를 지급하는 제도로서, 육아휴직기간 동안 매월 50만원씩 지급한다.

다만 2008년 1월 이후 출생자에 대하여는 3세 미만의 영유아에 대하여도 지급한다.

이와 더불어 근로자가 육아휴직을 사용하면 사업주에게 육아휴직장려금을 1인당 매월 20만원씩 지급한다. 또한 육아휴직을 사용한 근로자 대신 일할 사람을 새로 채용하면 사업주에게 대체인력채용장려금을 1인당 매월 30만원씩(우선지원대상기업)지원한다.

3. 재원조달 및 운용방법

1) 고용보험 비용부담

고용보험의 보험료는 고용보험의 사업 내용에 따라 분리 적용한다. 고용보험료는 고용보험사업에 필요한 비용을 충당하기 위하여 보험가입자인 사업주가 일괄 납부하되, 사업주와 근로자가 부담하는 수준은 다음 <표 43>과 같이 부담한다.

<표 43> 보험료의 산정 및 부담내용

<table>
<tr><th colspan="2">구 분</th><th>보험요율</th><th>보험료 부담내용</th><th>보험료 산정기준</th></tr>
<tr><td colspan="2">실업급여</td><td>0.9%</td><td>노・사 각 1/2씩 부담</td><td rowspan="5">피보험자 임금총액 (일용근로자 포함)</td></tr>
<tr><td rowspan="4">고용안정・직업능력개발사업</td><td>150인 미만 기업</td><td>0.25%</td><td rowspan="4">사업주 전액 부담</td></tr>
<tr><td>150인 이상(우선지원대상기업)</td><td>0.45%</td></tr>
<tr><td>150인 이상~1,000인 미만 기업</td><td>0.65%</td></tr>
<tr><td>1,000인 이상 기업, 국가・지방자치단체(직업훈련의무업체)</td><td>0.85%</td></tr>
</table>

※ 적용제외근로자, 기준기간 연장사유 해당근로자, 64세에 달한 피보험자는 보험료 산정 시 제외됨

실업급여의 보험료는 사업주와 근로자가 각각 50%씩 부담하고, 고용안정・직업능력개발사업의 보험료는 사업주가 전액 부담하며, 사업장 규모에 따라 차등 부담한다. 한편 실업급여의 보험료는 육아휴직급여와 산전후휴가급여 등에 드는 비용에 충당된다.

보험료 이외에 국가는 매년 보험사업에 드는 비용의 일부를 일반회계에서 부담

하고 있으며, 매년 예산의 범위에서 보험사업의 관리·운영에 드는 비용을 부담하고 있다.

2) 고용보험기금의 관리 운용

고용보험기금은 보험사업에 필요한 재원을 충당하기 위해 설치되었고, 기금은 보험료, 고용보험법에 의한 징수금, 기금운용수익금, 적립금, 기타 수익금 등으로 조성하고, 조성된 기금은 보험사업과 관리운영 등에 사용한다.

조성된 자금은 금융기관 및 재정자금에의 예탁, 투자신탁 등의 수익증권 매입 및 각종 유가증권의 매입 등을 통해 운용된다.

기금은 고용안정 · 직업능력개발사업의 필요한 경비, 육아휴직급여 및 산전후휴가급여 등의 지급, 보험료의 반환, 일시차입금의 상환금과 이자 등에 사용된다.

4. 관리운영체계

고용보험 관리운영체계의 유형은 미국 및 일본 등과 같이 정부의 일반행정조직으로 구성되는 체계와 독일 및 오스트리아 등과 같이 노 · 사 · 정의 자치적 공단으로 구성된 체계로 대별할 수 있다.

1) 고용노동부

고용보험업무를 관장하는 부처는 고용노동부이다. 고용노동부는 고용보험제도 및 운영에 관한 주요 사항의 결정이나 기획에 관한 업무를 직접 관장하고 있으며, 피보험자 관리, 고용안정·직업능력개발사업, 실업급여, 육아휴직 및 산전후휴가급여 등의 업무는 고용노동부 지방노동관서의 고용지원센터가 담당하고 있다.

2) 근로복지공단

근로복지공단은 고용보험업무 중 보험관계의 성립·소멸, 보험료의 납부·징수업무를 담당하고 있다. 2005년 1월부터 고용보험 및 산업재해보상보험의 보험료징수 등에 관한 법률에 의해 고용보험과 산재보험의 보험관계 성립·소멸, 보험료납부·징수업무를 근로복지공단이 통합해서 담당하고 있다.

3) 고용보험위원회 · 고용보험심사위원회

고용보험위원회는 보험제도 및 보험사업의 개선, 보험료 징수법에 따른 보험요율의 결정, 보험사업의 평가, 기금운용계획의 수립 및 기금의 운용결과 등에 관한 사항을 심의하기 위하여 고용노동부에 설치하며, 위원은 근로자 대표, 사용자 대표, 공익 대표, 정부를 대표하는 사람들로 구성된다.

한편 피보험자격의 취득·상실에 대한 확인, 실업급여 및 육아휴직급여와 산전후휴가급여 등에 관한 처분에 이의가 있는 사항에 대한 재심사를 하기 위해 고용노동부에 고용보험심사위원회를 두고 있다.

제Ⅲ편 공공부조 각론

1장 공공부조론

제1절 공공부조의 의미

1. 공공부조의 특성

공공부조는 사회보험과 함께 국민의 건강하고 문화적인 최저생활의 보장을 목적으로 하며, 더욱이 생활능력을 상실한 자들과 일정한 생활수준에 미달한 자들에 대하여 국가가 그들의 최저생활보장과 자립 촉진을 목적으로 하여 수립한 가장 직접적이며 최종적인 경제적 보호제도라고 정의할 수 있다. 즉 빈곤한 생활을 하는 자에 대하여 수혜자의 부담없이 국가나 지방자치단체가 그 비용을 부담하는 무기여(無寄與) 보호적 원조이며, 건강하고 문화적인 최저한도의 생활을 유지할 수 있도록 현금급여, 현물급여 등을 통해 이들의 자립·자활을 촉진하기 위한 필요한 조치를 취하거나 근로를 조건으로 원조를 제공하는 제도이다.

공공부조는 오늘날 사회보장제도의 한 축을 이루고 있는 제도이다. 사회보험은 1차적 사회안전망(primary social -safety net)으로 불리며, 공공부조는 2차적 사회안전망으로 불리는 데, 양 제도는 국민의 최저생활을 보장하기 위한 가장 기본적인 제도로 평가되고 있다.

공공부조는 일반적으로 다음과 같은 특징을 지니고 있다. 첫째, 공공부조는 프로그램의 수행주체가 국가나 지방자치단체 또는 관련 공공기관인 공적인 프로그램이다. 둘째, 자산조사와 상태조사를 거쳐 일정한 빈곤선 이하에서 자신의 능력으로 독립된 생활을 하기가 어렵고 또한 가족이나 친족의 도움을 받을 수 없는 생활곤궁자가 주 대상이 되고 있다. 셋째, 원조 프로그램이다. 넷째, 규제적인 특징을 가지고 있다. 다섯째, 혜택은 본인의 의사에 반하여 강제적으로 제공될 수 없다. 여섯째, 빈곤의 결과 발생하는 고통을 완화시키는 특징을 가지고 있다. 일곱째, 구분처우를 행하고 있다. 여덟째, 적극적인 측면을 가지고 있다. 아홉째, 빈곤의 악순환을 방지하려는 노력을 행하고 있다. 열 번째, 선별적인 프로그램이다. 열한 번째, 보충적인 제도이다. 열두 번째, 최저생활을 유지할 수 있도록 보호해주는 제도이다. 열세 번째, 빈민들의 필요에 상응하는 원조를 행한다. 열네 번째, 프로그램을 실시하기 위해 필요한 재원을 일반조세수입으로 충당한다. 열다섯 번째, 재분배 기능을 수행한다. 열여섯 번째, 사회를 안정시키는 특징을 가지고 있다. 열일곱 번째, 사회를 통제하는 특징을 가지고 있다. 열여덟 번째, 헌법에 보장된 인간다운 생활을 할 권리를 구체화하는 공적인 원조 프로그램이다. 열아홉 번째, 사회적 형평을 도모하는 특징을 가지고 있다. 스무 번째, 급여는 병합 처분된다(김기원, 2000).

이와 같은 특징을 지니고 있는 공공부조의 가장 큰 단점은 수급자들에게 낙인화(stigma)로 수치심을 불러일으켜 인간의 존엄성을 훼손할 수 있고, 수급자와 납세자 사이의 대립을 유발시켜 국민연대감을 해칠 수 있다는 점이다. 사실 이러한 프로그램에서는 급여를 하나의 권리(사회권)로 지급하는 것이 아니라, 시혜(charity)로 주기 때문에 사회보장 프로그램 가운데 가장 낙후된 형태라고 할 수 있다. 그래서 서구 복지국가들의 사회보장 발전과정을 보면 공공부조가 초기에는 중요한 역할을 담당했으나, 보편적 프로그램이나 사회보험이 성숙하면서 그것의 비중이 줄어들었다.

공공부조는 또한 사회보장 프로그램에서 나타날 수 있는 부정적인 측면들이 가장 크게 나타날 수 있다. 왜냐하면 공공부조는 일정한 소득이나 자산 이하인 사람들에게 급여가 이루어지기 때문에 근로나 저축동기를 약화시키거나, 소득을 낮게 신고하거나 탈세 및 프로그램의 오·남용 등의 문제점들이 나타날 수 있다. 이러한 점에서 볼 때, 공공부조는 사회보장 발전의 초기단계에서 어쩔 수 없이 선택된 것으로 다른 사회보장제도가 성숙되면 가능한 최소화되거나 자연적으로 점차 축소되는 제도라고 할 수 있다.

2. 공공부조의 이론적 근거

공공부조수급권(public assistane right to public assistance)이란 헌법에 규정되어 있는 인간다운 생활을 유지할 수 없는 상태에 처한 사회적 약자에게 국가가 최저한도의 인간다운 생활을 유지할 수 있도록 제도를 통해 생존권을 보장받을 수 있는 권리이다. 이와 같이 공공부조수급권은 복지권의 하나이며, 헌법에 보장된 인간다운 생활을 할 기본권을 구체적으로 실현하기 위한 권리이다.

복지권(welfare right)이란 모든 국민이 인간다운 생활을 누리는 데 필요한 복지서비스를 국가로부터 보장받을 권리를 말한다. 이와 같은 복지권은 시민권의 역사적 발달과 더불어 시민의 요구와 투쟁에 의해 획득된 권리이다. 사회복지급여가 국민이 누릴 수 있는 기본권이냐에 대한 상반된 이론이 있지만 대체로 사회복지급여가 복지권으로서 국민의 기본적 권리의 하나라는 견해는 의견의 일치를 보고 있다. 그러나 사회보험과 공공부조에 있어서 대상, 재원조달방법 등에 있어서 차이가 있기 때문에 복지권 가운데서도 공공부조와 사회보험은 기본권 측면에서 서로 다르게 나타난다.

복지권은 헌법에 규정되어 있는 국민의 복지에 관한 기본권을 말하며, 여기에는 행복추구권, 평등권, 노동권, 교육권, 생존권, 환경권 등이 있다. 헌법상의 기본권 가운데 복지권은 주로 생존권의 한 영역으로, 때로는 인간의 존엄과 가치 및 행복추구권으로 통한다. 생존권은 사회권이라고도 불리는 데, 이는 인간다운 생활을 위하여 필요한 여러 조건이 국가권력의 적극적인 관여에 의해 확보될 것을 요청할 수 있는 권리이다. 또한 복지권은 인간다운 생활을 할 권리를 구체적으로 실현하기 위한 하나의 수단이 되는 개별적 생존권이다(김철수, 1990).

3. 공공부조수급권의 법적 성격

공공부조수급권의 법적 성격에 관한 학설은 크게 프로그램 규정설과 법적 권리설로 나누어진다. 법적 권리설은 다시 추상적 권리설와 구체적 권리설로 구분된다.

1) 프로그램 규정설

프로그램 규정설은 입법방침 규정설이라고도 하는 데, 공공부조수급권은 생활능력이 없는 국민의 국가보호에 관한 헌법 규정은 구체적이고 현실적인 권리를 부여한 규정이 아니라, 입법에 의해서만 효력이 발생하는 강령규정으로서 입법자에게 입법의 방침을 지시하는 규정이라는 것이다. 즉 공공부조수급권은 입법권만을 구속하고 행정권과 사법권을 구속하지는 않는다고 보는 견해이다. 따라서 그 실시는 국가의 자유재량이며 일종의 반사적 이익에 속한다. 국민은 인간다운 생활에 필요한 급여를 구체적으로 청구할 수 없으며, 국가는 입법을 할 정치적, 도의적 책임을 지는데 불과하다. 즉 공공부조수급권은 국가의 재정적 실현 가능성(fiscal feasibility)과 행정적 실현 가능성(administrative feasibility)의 범주내에서만 실현되는 권리라는 것이다.

2) 법적 권리설

공공부조수급권에 대한 헌법 규정은 권리로서 개개 국민은 공공부조의 혜택을 누릴 권리가 법으로 보장되어 있으며, 국가는 이를 행할 의무가 있다는 학설이다.

(1) 추상적 권리설

추상적 권리설은 국가에 대해 공공부조 혜택을 받을 추상적 권리를 가지며, 국가는 입법 기타 국정상 필요한 조치를 강구할 추상적 의무를 진다고 보는 학설이다. 구체적인 입법이 없는 경우에 헌법상의 규정을 근거로 하여 소(訴)에 의해 구체적 권리를 주장할 수 없으므로 헌법상의 공공부조수급권은 구체적 권리를 직접 보장하고 있지는 않다. 구체적인 권리를 보장하고 있지 않다고 해서 수급권이 법적 권리가 아니라는 것은 아니며, 국민은 국가에 대하여 입법과 기타의 조치를 요구할 추상적 권리를 가진다는 것이다.

(2) 구체적 권리설

구체적 권리설은 공공부조수급권이 헌법에 보장된 권리이며, 헌법상의 의무이기 때문에 국민은 국가에 대해서 적극적으로 입법을 요청할 권리가 있으며 국가는 이에 대해 적극적으로 응해야 할 의무가 있다는 것이다. 만일 입법이 존재하지 않을 경우에 이는 헌법상 공공부조수급권을 침해하는 것이 되어 국민은 국가에 대해 부작위위헌확인소송을 제기하거나 의무를 구체적으로 이행하도록 요구하는 작위의무화소송을 제기할 수 있도록 함으로써 구체적인 재판 효과를 부여하는 학설이다.

4. 공공부조수급권의 보호와 제한

공공부조수급권은 기본권의 성격상 프로그램 규정적 권리로 인정되는 것이 통설이기 때문에 권리로서 취약성을 띠고 있으며 현금이나 현물급여뿐만 아니라 시설서비스, 상담 서비스 등과 같이 다양하기 때문에 이러한 내용을 구체적으로 법제화하기 어렵고 표준화하는 데도 한계가 있다. 또한 공공부조수급권은 사회내 소수 극빈계층에게 주어지는 권리이기 때문에 기본권으로서의 권리성이 상대적으로 취약성을 띠고 있다.

따라서 국가적 차원의 수급권 보호가 필요하며 이와 같은 보호조치와 더불어 수급권이 남용되거나 악용되는 것을 방지하기 위한 수급권 제한조치도 필요하다.

1) 공공부조수급권의 보호

공공부조수급권은 수급권자 및 그 가족들이 최저한도의 건강하고 문화적인 생활을 유지하는 데 목적이 있으므로 수급권은 수급권자의 일신전속권(一身專屬權)이다. 따라서 타인에게 승계할 수 없고, 양도하거나 담보로 제공할 수 없으며 수급권자의 채권자는 수급권을 압류하거나 자기의 채무와 상계(相計)할 수 없다. 또한 공공부조급여에 대해서는 조세나 공과금의 부과도 금지되며, 급여가 결정되면 수급권자에 대한 보호는 정당한 이유없이 급여종류나 급여수준을 변경하여 수급권자에게 불이익을 받지 않도록 보호규정을 두고 있다.

2) 공공부조수급권의 제한

공공부조수급권에 대한 보호규정에도 불구하고 근본 목적에 어긋날 경우 일정한 제한을 가할 수 있는 데, 이를 구체적으로 살펴보면 첫째, 헌법상 기본권을 제한하는 목적인 국가안전보장, 질서유지, 공공복지를 위해 제한할 수 있다(김철수, 1990). 둘째, 공공부조제도의 목적과 특성상 제한될 수 있다. 즉 급여의 수준이 수급권자의 자립 · 자활을 저해할 정도로 과다하거나, 중복 지급되는 경우 제한할 수 있다. 수급권자는 수급조건에 따른 의무를 성실하게 이행하여야 하며, 수급사유 및 조건을 고의 또는 악의적으로 발생시키거나, 수급사유 및 조건이 허위로 판명된 경우 또는 수급기간을 허위 또는 부당하게 연장시키는 행위를 한 경우에는 수급권을 제한하거나 금지할 수 있는 규정을 두고 있다.

제2절 공공부조제도의 기본 원리와 원칙

1. 기본 원리

빈곤상태에 있는 사람에게 기초생활보장를 행하여 이들의 최저생활을 보장하는 국민기초생활보장제도는 사후적인 구빈행정의 핵심으로서 그 법적 표현인 기초생활보장행정의 기본 원리를 명시하고 있다. 일반적으로 공통되는 공공부조의 원리로서 생존권보장, 국가책임, 무차별 평등, 최저생활보장, 보충성, 자립조장의 원리 등을 들 수 있다.

1) 생존권보장의 원리

생존권보장의 원리는 국가가 생활이 곤궁한 모든 국민에 대해 곤궁의 정도에 따라 필요한 보호를 실시하여 최저한의 생활을 보장하는 것을 의미한다. 오늘날 각국의 헌법과 법률은 모든 국민이 건강하고 문화적인 최저한도의 생활을 영위할 권리를 인정하여 생존권을 보장하고 있다. 이에 모든 국민은 생활이 어려울 때에는 국가에 대해 보호를 청구할 권리가 있고, 국가는 국민의 이러한 요구를 들어줄 의무가 있다. 즉 생존권보장의 원리는 보장의 권리성과 그 대응으로서 국가의 법적 의무주의를 기본으로 하고 있다는 것이다.

2) 국가책임의 원리

국가책임의 원리는 공공부조를 통하여 생활이 어려운 국민의 생존권을 보장하는 것을 국가의 책임으로 규정하는 원리이다. 오늘날 공공부조의 재원이 국민이 낸 세금에 의해서 충당되고 있으므로 당연히 궁극적인 책임은 국가가 지게 되는 것이다. 이에 국가는 공공부조에 필요한 비용도 부담해야 한다는 것이다. 그러나 국가책임의 원리는 근본적인 생활곤궁이라는 현상에 대한 사회책임 아래서의 보장을 전제로 하는 것이므로 개인의 빈곤에 대해 국가가 무조건적으로 또는 무제한적으로 책임을 지는 것은 아니며, 생계를 유지하기 위해 국가와 사회로부터 도움을 요구하기 전에 이를 스스로 해결하도록 충분히 노력을 해야 한다.

3) 최저생활보장의 원리

최저생활보장의 원리는 공공부조의 급여수준이 최저한도의 생활, 즉 최저한의 요구가 충족되는 정도이어야 한다는 것으로 최저한도의 생활은 단순히 최저생활이 아니라 건강하고 문화적인 생활수준을 유지할 수 있는 최저한도의 생활을 말한다. 그러나 건강하고 문화적인 생활수준은 그 자체가 각국의 사회적 · 문화적 발전정도, 국민경제력, 국민소득수준, 국민의 생활양상 등에 의해 좌우되므로 각국의 상황에 맞는 공식적 빈곤선을 기준으로 하여 그 빈곤선 이하에 있는 국민들을 공공부조의 대상으로 하며, 이 빈곤선의 기준이 최저생활보장의 기준이 된다.

4) 무차별 평등의 원리

무차별 평등의 원리는 빈곤의 원인, 인종, 신앙, 성별, 사회적 신분 등과는 관계없이 빈곤으로 인해 최저생활을 할 수 없는 국민은 누구든지 평등하게 기초생활보장를 받을 권리가 있다는 것으로서 법에 의한 보장의 청구권이 있다는 것이다. 이때 보장의 평등은 일률적 · 평균적으로 보장이 주어져야 한다는 의미가 아니라 서로 상이한 각각의 생활조건을 고려하여 실질적으로 최저생활수준이 동일하게 보장되어야 한다는 것을 의미한다.

5) 보충성의 원리

보충성(補充性)의 원리는 공공부조를 하게 될 때에는 그 대상자의 자원이나 능력을 최대한 활용하도록 해야 하고 또한 부양의무자가 있을 경우 그 의무를 충실하게 수행하도록 하고 그럼에도 불구하고 최저생활을 유지할 수 없을 경우에는 비로소 국가가 그 부족한 부분을 보충하여 주는 원리이다.

6) 자립조장의 원리

자립조장(自立助長)의 원리는 생활의 개인적인 책임을 강조하는 것으로서 경제생활 측면에 있어서 궁극적으로 수급권자가 부조를 받지 않고도 자력으로 생활을 꾸려나갈 수 있도록 하는 것을 의미한다. 즉 공공부조제도의 목적이 최저생활보장과 자활 · 자립 지원에 있는 것에서도 알 수 있듯이 국가는 수급권자들이 자립 · 자활할 수 있도록 최대한으로 서비스를 제공해야 한다는 것이다.

2. 실시상의 원칙

공공부조의 기본 원리에 입각하여 공공부조제도를 구체적으로 시행하는 과정에서 실시상의 원칙은 기본적인 준거(準據)가 되는 원칙으로 신청보호, 기준 및 정도, 필요즉응, 세대단위, 현금급여, 거택보호의 원칙을 들 수 있다.

1) 신청보호의 원칙

보호가 행정기관의 직권에 의하지 않고 요보호자나 친척 등 관계인의 신청에 의해 이루어진다는 원칙을 의미한다. 요보호자가 급박한 상황에 처했을 때에는 신청이 없더라도 필요한 보장가 이루어질 수 있도록 직권보호를 보충적으로 적용할 필요가 있으므로 이에 행정기관은 담당지역내의 거주자의 생활상태에 세심한 주의를 기울여 급박한 사정 유무에 관계없이 보장에서 누락됨이 없도록 특별한 배려가 요구된다.

2) 필요즉응(必要卽應)의 원칙

공공부조의 급여기준과 정도는 대상자의 성별, 연령, 가구구성, 지역특성 및 기타 필요한 사정을 고려하여 최저한도의 생활을 충족시키면서 이를 초과해서는 안 된다는 원칙이다.

3) 보호기준 및 정도의 원칙

보호기준 및 정도의 원칙은 전문사회사업의 기본 원칙 중의 하나인 개별화의 원리에 입각한 것으로 공공부조의 효율적인 급여를 위해 대상자의 성별, 연령, 가구구성, 거주지역, 건강상태, 생활여건 등을 고려하여 대상자의 요구를 충족시킨다는 것이다. 또한 공공부조관계법 원리로서의 무차별 평등의 원리에 대한 보충적인 성격을 갖는다. 즉 수급자 선정기준(보장기준)은 일정의 빈곤선에 의해 구분되지만 구체적인 보호는 실제의 보장의 필요에 따라 개별화되지 않는다면 유효 적절한 것이 못 된다는 것이다.

4) 세대단위의 원칙

공공부조의 대상을 세대단위로 하여 그 보장의 필요 여부 및 정도를 정하고 급여를 지급하는 원칙이다. 우리나라에서는 세대구성원 중 한 사람 또는 일부가 전체 세대구성원의 생활에 영향을 미칠 특별한 장애 요인을 가지고 있을 경우 이를 분리하여 개인단위로 신청할 수 있다.

5) 현금급여의 원칙

현금급여는 수급자로부터의 불신을 제거하며 신분을 노출시키지 않고, 자율성이 보장되고, 또한 공공부조기관의 사무상 또는 통계상의 행정절차의 간편성 등의 여러 가지 이점 때문에 많은 국가에서 공공부조법의 실천 원칙으로 채택하고 있다.

6) 거택보호의 원칙

공공부조는 대상자가 살고 있는 생활근거지인 자기의 주거에서 행하는 것을 원칙으로 한다. 그럼에도 불구하고 수급자의 주거확보가 불가능하거나 주거가 보호의 목적달성에 부적합하고, 또 수급자가 희망하는 경우에 보장시설이나 갱생시설 등에 수용하거나 또는 개인의 가정에 위탁하여 보장을 할 수도 있다.

3. 공공부조대상자 선정의 기본 요소

공공부조대상자를 선정하는 과정은 최저생계비에 미달되는 소득으로 인해 빈곤으로부터 벗어나고자 하는 욕구를 가진 자가 보호를 신청하여 자산조사를 거친 후 그 결과에 따라 공공부조대상자로 선정된다. 이와 같이 공공부조대상자를 선정함에 있어서는 공공부조대상자의 욕구파악, 자산조사의 이행 등을 기본요소로 볼 수 있다.

(1) 공공부조대상자의 욕구파악

사회복지정책의 1차적인 대상은 빈민의 욕구이다. 그러나 욕구는 연령, 성별, 지역에 따라서 각기 고정된 것이 아니기 때문에 철저하게 파악할 필요가 있다. 공공부조대상자들은 교육수준이 여타 계층보다 낮아 저임금, 불안정한 직업, 높은 실업율 등으로 인한 저소득으로 삶의 수준이 저하되어 있는 상태이다. 따라서 그들의 가장 두드러진 욕구는 주택, 의료, 소득 및 교육 등으로서, 이것은 공공부조대상자들의 빈곤의 원인이 되는 고액의 주거비, 보건의료비, 교육비 및 생업자금 등을 지원하는 공공부조사업의 내용과 수준이 충분하지 못하다는 것을 의미한다.

(2) 자산조사

공공부조의 재원은 세금에 의해 충당되고 국가가 빈민층이라고 공식적으로 인정해야만 그 수혜자격을 얻게 되므로 자산조사(資産調査:means-test)라는 선정과정과 행정적 판별을 거쳐야만 한다. 자산조사는 공공부조에 있어서 필수적인 요소로 수급자와 급여기준을 결정하기 위해 신청자가 가지고 있는 자산을 조사, 확인, 평가하는 과정이다.

자산조사는 수급자 및 무갹출연금 등에서 수급자가 사회보장제도를 악용하지 않도록 그들의 수입, 재산, 다른 저축수단, 친척 또는 우인의 도움 여부를 조사하는 것이다. 그러나 자산조사를 실시해 온 과정에서 이 제도에 대한 찬반론과 장단점에 대한 논란이 제기되었다. 자산조사의 목적은 법에서 규정한 니드의 존재와 필요로 하는 급여액을 확인하는 데 있지만 인권경시를 주된 이유로 반대하고 있으나 제도의 악용 내지 남용을 방지하여 재정의 안정을 기하기 위해서는 불가피한 제도이다.

자산조사의 장점은 첫째, 공공비용의 절약 둘째, 개인의 욕구 파악 셋째, 공공부조의 보완적 성격의 충족이라는 측면에서 찾을 수 있으며, 반면 단점으로는 첫째, 개인의 존엄성 침해, 낙인감 둘째, 욕구결정의 어려움 셋째, 많은 행정비용의 소요 등을 들 수 있다.

제3절 우리나라 공공부조제도의 발전과정

1. 우리나라 공공부조제도의 연혁

1961. 생활보호법 제정(생계보호 실시)
1974. 취로구호사업 실시
1977. 의료생활보호대상자 등에 대하여 의료보호 실시
1978. 의료보호법 제정(실질적인 의료보호 실시)
1982. 생활보호사업에 교육보호·자활보호 추가, 대상자를 거택보호·시설보호·자활보호자로 구분, 생활보호대상자의 자활기반을 조성하기 위해 생업자금융자제도 시행, 대도시 영세민 지방이주사업 실시
1984. 직원보호주의에서 신청보호주의로 변경
1985. 취로구호사업을 취로사업으로 명칭 변경
1986. 자활보호대상자를 의료부조자로 분류하여 의료보호 실시
1987. 사회복지전문요원 배치 시작
1989. 저소득층의 주거문제 해소를 위해 영구임대주택 200만호 건설계획 발표
1990. 이주사업 시행 중단
1991. 노령수당제도 도입
1993. 직업훈련관리업무 노동부로 이관
1994. 의료보호자 분류에서 의료부조 분류 폐지
1996. 차등급여제 도입, 자활지원센터 시범사업 실시
1997. 인문고 학생 전원에게 교육보호 확대,
생활보호법에 자활후견기관 관련규정 신설
1998. 한시적 생활보호사업 시행, 노령수당을 경로연금으로 변경
1999. 국민기초생활보장법 제정(생활보호법 폐지)
사회복지전담공무원을 사회복지직공무원으로 전환
2000. 국민기초생활보장법 시행, 자활사업 실시
2001. 의료급여법 제정(의료보호법 폐지) 및 시행
2002. 전산연계를 통한 소득 및 재산조사 범위 확대
2003. 기초생활보장 사각지대 해소를 위한 일제조사 실시
2004. 국민기초생활보장법 개정(부양의무자 범위 축소)
2005. 긴급복지지원법 제정(2006년 3월 24일 시행), 부양의무자 범위 축소 - 생계를 같이 하는 2촌 이내 혈족 제외(2007년 1월 1일 시행)
2007. 국민기초생활보장법 일부 개정, 기초노령연금법 제정
2008. 개정된 국민기초생활보장법 시행, 기초노령연금제도 도입.

우리나라의 근대적 공공부조제도는 1961년 생활보호법의 제정에서부터 출발하였다. 당시 타 사회복지법에 우선하여 생활보호법이 제정된 배경은 한국전쟁 이후 극심한 경제난으로 절대적 빈곤층이 양산되었기 때문이다. 그러나 본격적인 생활보호사업은 1980년대 이후의 일로서 1987년에는 사회복지전문요원이 배치되기 시작하여 전문적이고, 효율적인 사업이 이루어지기 시작하였다.

IMF관리체제 이후 한시적 생활보호사업이 추가되었으나 대량실업에 대한 사회안전망으로서의 역할을 다하지 못해 1999년 생활보호법을 국민기초생활보장법으로 개정하고, 2001년에는 의료보호법을 의료급여법으로 개정 · 시행하였다.

이와 같은 공공부조제도의 획기적인 개선에도 불구하고 제도의 한계점이 나타나게 되어 후속적인 보완조치가 이루어졌으며, 2005년에는 긴급복지지원법을 재정하여 한시적 사업을 시작하였으며, 부양자 범위의 축소, 차상위계층에 대한 적용범위의 확대가 이루어지는 등 지속적인 보완조치를 통해 공공부조제도의 내실화를 기해가고 있다.

2. 우리나라 공공부조제도의 발전과정

우리나라에서 생활보호제도가 공공부조의 근간이 되는 빈곤정책으로 제도적 사업으로 발전된 것은 1960년 이후이다. 공공부조제도의 발전과정을 1960년대 이전과 이후로 연도별로 정리해 보면 다음과 같다.

1) 전근대적 민생구휼

우리나라 공공부조는 왕조시대를 거치면서 궁핍한 백성을 국가가 돌보아 주는 궁민구휼(窮民救恤)의 구빈사업과 천연재해 등으로 인해 빈곤해진 이재민을 구제하는 재해구호사업 그리고 의료구제사업이 주종을 이루었다.

이 때의 주 대상은 환(鰥) · 과(寡) · 고(孤) · 독(獨), 노(老) · 병(病) · 빈핍자(貧乏者)들이었으며, 구제사업의 종류는 비황(備荒)제도로서 상평창, 의창, 사창 등의 창(倉)제도가 있었고, 구황(救荒)제도로서 진휼(賑恤), 진대(賑貸), 시식(施食), 사궁(四窮)보호 등의 방법이 있었으며, 의료구제로서 대비원, 제위보, 혜민국, 활인서, 제생원, 혜민서 등의 의료시설을 운영해 왔다.

2) 1960년대 이전

일제시대에는 왕조 중심의 민생구휼이 막을 내리고 일본의 식민지정책에 따라 각종 구호사업이 전개되었으나 구호정책은 빈민의 기본적인 욕구 해결에 중점을 두었다기보다는 식민지 지배 질서의 안정에 주안점을 둔 정치적 성격이 강했다(김태진, 2001).

미군정시대에는 정치적, 경제적 혼란과 더불어 빈궁민과 실직자가 속출하여 민간단체와 외국민간원조단체들이 이재민 구호에 나섰으나 구호사업의 행정적 혼란, 전문성 결여 등으로 남구(濫救) 또는 누구(漏救) 등의 결과를 낳기도 했다. 미군정시대의 구호시책은 구호의 내용 및 대상자를 기준으로 볼 때 시설구호, 공공구호 및 이재구호로 나눌 수 있으며, 구호행정의 법적, 제도적 근거는 형식적으로는 일제시대의 관계법을 계승하고 있으나 그 외에도 군정법령, 처무준칙 등에 따라 행해졌다.

정부수립 후 제헌헌법 제19조에는 "노령, 질병, 기타 노동능력 상실로 인해 생활유지의 능력이 없는 자는 법률이 정하는 바에 의해 국가의 보호를 받는다"고 규정하고 있다. 정부조직은 보건후생부와 노동부를 합쳐 사회부로 개칭하였고 1955년에는 보건사회부로 개칭하였다.

미군정시대와 정부수립 및 한국전쟁을 거치는 동안 공공부조에 관한 별다른 입법조치가 없어 종전의 조선구호령이 형식적으로 그대로 시행되었으나 급증하는 사회적 요구와 시대적 변천에 따라 국가재원으로서는 감당하지 못하고 대부분 외국민간원조단체와 민간시설에 의존한 수용보호 중심으로 노약자, 유아, 임산부 등을 우선적으로 한 응급구호에 치중하였다.

이 시대의 공공부조정책의 주 내용은 첫째, 난민정착사업 둘째, 주택복구 및 건설사업 셋째, 조선구호령에 의한 생활보호사업 넷째, 천재지변에 대한 응급구호사업 그리고 한국전쟁으로 인한 요보호자의 시설보호사업에 대한 지도 · 감독 · 통제 등이었다.

3) 1960년대

1961년 생활보호법의 제정·공포로 공공부조의 법적 근거가 마련되고 생활보호제도의 형태가 확립되었으나, 정부의 재정형편에 의해 전면적으로는 실시되지 못하고 생계보호만 시행되었다. 1960년대 후반에는 경제성장 우선정책으로 별다른 변화는 없었으나 1968년 자활지도에 관한 임시조치법의 제정으로 노동능력이 있는 생활보호대상자의 취로사업이 실시되었다.

4) 1970년대

1970년대에는 구빈을 위한 직접적인 사업보다는 국민경제의 전반적인 고도성장에 의해 절대적인 빈곤을 상당수준 해소하는 방향으로 추진되었다. 1978년 의료보호법의 제정으로 생활보호대상자에 대한 의료보호가 본격적으로 실시되었고, 1979년부터는 생활보호대상자에게 중학교과정 수업료 지원규정이 제정되어 생활보호대상자 자녀에게 수업료가 지원되었다.

5) 1980년대

"복지사회의 건설"을 제5공화국의 정책지표로 내세운 1980년대는 생활보호대상자에 대한 국가의 적극적인 지원방안이 수립된 시기이다. 1981년 빈곤대책의 일환으로 생활보호대상자에 대해 직업훈련사업을 실시하여 취업·자활할 수 있도록 지원했고 1982년 2월에는 영세민 종합대책이 수립 실시되었다. 이와 함께 1982년 12월 31일에는 생활보호법을 전면 개정하여 생활보호대상자의 범위를 일부 확대하여 생활이 어려운 자로서 보호기관이 이 법에 의한 보호를 필요로 한다고 인정되는 자를 추가하였다. 즉 영세민을 법적 보호대상 범위에 포함시켰고 보호대상자가 생활유지·향상을 위하여 그 자산, 근로능력 등을 최대한 활용할 것을 전제하고, 친족부양우선주의를 명백히 하였으며 보호수준은 건강하고 문화적인 최저생활을 유지하는 수준이며, 보호의 종류에 자활보호와 교육보호를 추가하였다. 이것은 저소득층에 대한 새로운 인식의 전환으로 향후 절대빈곤층을 위한 대책의 골격과 방향을 설정하는 데 큰 의의가 있다.

1987년 7월부터는 공공부조전달체계의 체계화 및 전문화를 기한다는 관점에서 공공부조 업무담당을 위해 사회복지전문요원을 대도시 저소득밀집지역 동사무소에

배치하기 시작했다.

6) 1990년대 이후

1990년대는 초기부터 생활보호제도에 대한 변화가 가장 많은 시기였고, IMF의 관리를 받게 된 1997년 11월 이후에는 최소한의 사회안전망으로서의 생활보호제도의 역할을 기대하게 됨으로써 생활보호제도 전반에 대한 변화를 요구받게 된 시기였다.

1991년부터 생활보호제도가 신청보호로 전환되고 추정소득제도의 도입으로 대상자 선정의 객관성을 기하고자 하였으며, 사회복지전문요원의 직무 및 관리운영에 관한 규정을 제정하였다. 1992년 12월에는 사회복지사업법을 개정하여 사회복지전담공무원 규정 및 사회복지직렬 규정을 신설했으며, 1994년 의료부조제도의 폐지와 1990년 이후 생활보호대상자 책정기준의 상향조정으로 생활보호대상자 선정기준이 대폭 상향되었다.

1996년 삶의 질 세계화를 위한 국민복지기본구상을 제시하여 빈곤의 악순환을 단절할 생산적, 예방적 복지프로그램의 확충에 중점을 두어 자활지원 프로그램과 연계하고 최저생계비를 보장하기 위해 단계적으로 급여수준을 상향 조정하여 1998년에는 완전한 최저생계비가 되도록 보장하고 균일하게 지급되는 생계비를 지역별, 가구별 최저생계비에 미달하는 부족분만 지원해 주는 보충급여제로 전환하고 이를 위해 과학적 자산조사방법을 개발하며, 의료보호사업 확대, 저소득층 자립유도를 위해 자립지원센터를 설치하는 등 제도적 노력을 기울였다.

1997년에는 부양의무자 및 생활보호대상자의 범위를 조정하였으며 자활후견기관의 지정, 자활공동체의 설립·운영 등의 제도를 신설하였다. 1997년 11월 IMF관리체제로 인해 대량실업사태를 맞음으로써 정부는 생활보호제도를 근간으로 하는 한시적 생활보호사업을 1998년 4월부터 도입 실시하게 되었다.

1999년에 들어와서 생활보호사업의 한계점을 극복하기 위해 국민기초생활보장법을 제정하여 2000년 10월 1일부터 시행하게 이르렀으며, 2001년 10월 1일부터는 의료보호법을 개정한 의료급여법이 시행되었다. 국민기초생활보장법의 제정은 우리나라 사회보장의 역사에 있어서 중요한 전기를 마련하였으며, 이 법이 시행됨에 따라 기존의 공공부조와 사회복지 서비스의 대상과 급여내용 및 수준, 전달체계 등에 큰 변화를 가져왔다.

국민기초생활보장제도의 시행에도 불구하고 경제의 양극화, 가족해체 등 사회변화 속에서 갑작스러운 위기상황이 발생하여 이들에게 필요한 지원을 제공하는 긴급복지지원제도가 필요하게 됨에 따라 2005년에 긴급복지지원법을 제정하여 2006년 3월부터 5년간 한시적으로 시행하게 되었으며, 국민연금의 사각지대에 놓여 있는 저소득 노인에게 제공되던 경로연금을 폐지하고 2008년 1월부터 기초노령연금제도를 도입하였으며, 2010년 7월부터 장애인연금제도가 도입되었다.

2장 국민기초생활보장제도

제1절 국민기초생활보장제도의 의의와 필요성

1. 생활보호제도의 개관

2000년 10월 이전까지 우리나라에서 실시된 공공부조제도는 크게 생활보호제도와 의료보호제도로 나눌 수 있는데, 모든 빈곤계층을 대상으로 하여 최저생활보장을 목적으로 하는 생활보호제도가 우리나라의 대표적인 공공부조제도였다. 생활보호제도는 1961년에 제정된 생활보호법에 근거하여 노령, 질병, 기타 생활능력의 상실 등으로 인해 생활유지의 능력이 없는 자에 대해 거택보호, 시설보호, 자활보호 등을 통하여 건강하고 문화적인 최저생활을 유지할 수 있도록 보장하여 사회복지의 향상에 기여하고자 국가와 지방자치단체가 운영, 실시하는 보호제도였다.

생활보호제도를 개괄적으로 살펴보면 보호대상자는 거택보호, 시설보호, 자활보호대상자로 구분되며, 생활보호사업의 보호내용은 생계보호, 의료보호, 자활보호, 교육보호, 해산보호, 장제보호 등 6가지였으며, 보호방법에는 거택보호, 시설보호, 위탁보호 등이 있으나 거택보호를 원칙으로 하였다. 급여방식은 생계보호와 장제보호는 현금급여를 원칙으로 하며, 의료보호와 해산보호는 현물급여를 원칙으로 하고 있었다.

2000년 9월말 현재 생활보호대상자는 거택보호 315,185명(240,611세대), 시설보호 81,049명, 자활보호 763,368명(298,191세대) 등 1,159,602명(502,852세대)이었으며 이외에도 한시적 생활보호대상자 540,000명(202,520세대)을 합쳐 1,699,602명(705,372

세대)이었다.

이와 같이 빈곤계층에 대한 소극적이고 단순한 생계지원에 국한되었던 생활보호사업은 1998년 IMF 외환위기로 인해 수많은 절대빈곤계층이 양산됨에 따라 사회안전망의 역할을 제대로 못했음을 입증하게 되었고, 수많은 저소득층이 사회보장의 혜택에서 배제되는 사각지대가 발생하여 최저생활을 보장하고 이들이 빈곤에서 벗어날 수 있도록 자립과 자활을 촉진하는 종합대책이 필요하게 되었다.

2. 국민기초생활보장제도의 필요성

1961년 제정된 생활보호법에 의한 생활보호제도는 경제사회 여건의 변화에 따른 빈곤문제 양상의 변화에 적절히 대처하지 못했으며, 특히 경제성장의 결과 삶의 질 향상에 대한 관심이 높아지고 저소득층을 위한 국민최저수준의 보장과 함께 자활지원에 대한 정책적 요구가 제기되었다. 국민기초생활보장의 필요성은 기존 생활보호제도의 한계점이 나타나 생활보호제도의 개선 차원에서 그 필요성을 찾을 수 있다.

첫째, 경제위기와 이에 따른 대량실업의 문제는 우리 사회의 근간을 위협할 정도로 심각하게 진행되고 있다.

둘째, 사회적 위험에 대비한 공적 소득보장제도가 낙후되어 실업, 교육, 의료, 노후생활 등에 대한 대처를 거의 전적으로 시장임금으로 의존하는 우리나라에서 실업자들이 받는 생활상의 곤란은 가족의 생계를 위협하는 상황으로 발전될 가능성이 있다.

셋째, 우리나라 실업가구의 생계비 조달은 주로 사적인 자산에 의존하고 있어 전체 실업가구 중 실업급여와 생활보호에 의한 정부의 보조금 등으로 생계를 꾸려가는 가구의 비중은 각각 7.4%와 2.3%에 지나지 않아 국가의 공적인 프로그램의 역할이 매우 미미한 것으로 나타났고, 그 결과로 현재 소득이 최저생계비에 미치지 못하는 빈곤 실업가구의 비율은 61.0%로 나타났다.

넷째, 이러한 생활상의 곤란으로 인한 가족해체현상이 가속화되어 결식아동과 노숙자의 수가 급증하고 있으며, 생계형 범죄가 증가 추세에 있다는 점 등이다.

공공부조 및 기타 사회복지 서비스의 내용은 무엇보다도 대상자의 기본적인 욕구를 충족시켜 그들이 가지고 있는 문제를 해결하고 자활의 길을 찾아주는 방향으로 전개되어야 할 것이다. 그러나 생활보호제도의 내용은 그 범주에 있어서 한정적으로 계측되어 건강하고 문화적인 최저생활을 유지할 수 있는 수준과는 거리가 멀 뿐만 아니라 지원액 책정이나 조정에 있어서도 합리성이 결여되어 있다는 점 등이다.

국민기초생활보장법은 빈곤문제와 실업문제의 해결이라는 2중적인 동기에서 입법화되었고, 생활보호법의 급여조건과 수준의 개선이라는 차원에서 경제불황과 외환위기로 인한 실업자 생활안정의 문제가 사회적 현안으로 부각된 시점에서 구체화되었다.

3. 국민기초생활보장제도의 의의

생활보호제도의 문제점은 제도 자체의 문제라기보다는 예산 및 인력의 부족으로 인한 축소행정 내지 집행의 문제이기도 하기 때문에 국민기초생활보장법의 시행과정에서 생활보호제도 운영상 제기되었던 문제점이 재발되지 않도록 하는 행정적 조치의 강화가 요청된다고 볼 수 있다.

국민기초생활보장법이 제정됨에 따라 기존의 생활보호법에 의해 생존에 관한 개인 무한책임주의에서 탈피하여 시민의 사회적 권리와 국가의 의무를 명백히 한 획기적인 계기를 이루었으며, 헌법의 생존권보장 규정을 실체적으로 입법화한 것으로 볼 수 있다. 또한 생활보호법에서의 생활보호는 추상적 권리로서의 성격이 강했으나 이제 구체적 권리로서의 수급권을 인정했다는 점과 생활보호제도의 단순 생계지원에서 자립 · 자활을 촉진하는 종합적 빈곤대책으로 전환했다는 점에서 그 의의를 찾을 수 있다.

그러나 저소득자 중 근로능력이 있는 계층에 대한 무제한적인 급여 제공으로 근로의욕의 감소가 예상되므로 기초적인 생계유지를 위한 급여의 제공과 함께 근로의욕을 유발할 수 있는 자활지원 프로그램과 심리 · 사회적 지원이 통합적으로 운영되어야 할 것이 요구되어졌다.

이와 같은 국민기초생활보장제도가 갖는 성격은 첫째, 실업부조로서의 성격을 갖고 있다. 실업부조제도는 고용보험에 의한 급여가 중단되었거나 수급자격이 없는 계층을 대상으로 일정한 자산조사를 거쳐서 구직활동을 요건으로 현금급여를 제공하는 제도로서, 근로능력이 있는 노동시장 미참여자들에게 적극적 구직활동을 비롯한 자활사업에 참여할 것을 조건으로 급여를 제공한다는 점에서 일종의 실업부조의 기능을 수행하고 있다.

둘째, 근로연계복지로서의 성격을 갖고 있다. 근로연계복지를 근로능력이 있는 공공부조수급자에게 근로관련 활동에 대한 참여를 의무화하는 것으로 볼 수 있으므로 조건부수급자에 대한 급여는 근로연계복지의 성격을 갖고 있다.

셋째, 일정한 요건을 충족하는 경우 저소득근로자에게도 현금급여를 제공한다는 점에서 빈곤근로계층에 대한 보호제도로서의 성격을 갖고 있다(황덕순, 2001). 이와 같은 복합적 성격 때문에 사회보장과 관련된 여러 제도들과 관련을 맺고 있다.

제2절 국민기초생활보장제도의 내용

국민기초생활보장제도는 취약계층에 대한 사회적 보호를 통한 사회안전망의 구축에 초점을 맞추어 기존의 생활보호제도의 대안으로 제도화되었다.

여기에서 국민생활기초보장제도의 내용을 살펴보면 다음과 같다.

1. 국민기초생활보장수급자

1) 수급권자 수급자격 결정

국민기초생활보장사업의 수급권자 범위는 부양의무자가 없거나 부양의무자가 있어도 부양능력이 없거나 또는 부양받을 수 없는 자로서 소득인정액이 최저생계비 이하인 자이다. 또한 국민기초생활보장사업의 수급자는 소득과 재산의 소득환산액을 합산한 평가금액인 소득인정액이 최저생계비 이하인 자이다.

수급권자는 국민기초생활보장법에 의한 급여를 받을 수 있는 자격을 가진 자를 말한다. 또한 수급자라 함은 국민기초생활보장법에 의한 급여를 받는 자이다.

소득인정액은 개별가구의 소득평가액과 재산의 소득환산액을 합산한 금액을 말한다. 이것은 자산, 근로능력 등 활용의 원칙을 구체화한 것이다. 개별가구의 소득평가액은 개별가구의 실제소득에도 불구하고 보장기관이 급여의 결정 및 실시 등에 사용하기 위하여 산출한 금액이다. 이 경우 소득평가액의 구체적인 산정방식은 보건복지부령으로 정하되, 가구 특성에 따른 지출요인과 근로를 유인하기 위한 요소 등을 반영하고 있다.

재산의 소득환산액은 보장기관이 급여의 결정 및 실시 등에 사용하기 위하여 개별가구의 재산가액에 소득환산율을 곱하여 산출한 금액이다. 이 경우 개별가구의 재산범위 · 재산가액의 산정기준 및 소득환산율, 기타 필요한 사항에 관하여는 보건복지부령으로 정한다. 수급자의 재산에서 기초재산과 부채를 공제하고 남은 금액에 대해 소득환산율을 곱하여 계산한다. 기초재산공제액은 가구규모에 관계 없이 지역에 따라 차이가 난다.

최저생계비는 국민이 건강하고 문화적인 생활을 유지하기 위하여 소요되는 최소한의 비용으로서 보건복지부장관이 매년 공표하는 금액이다. 최저생계비는 전물량방식으로 국민의 소득·지출수준과 가구유형 등 생활실태, 가구규모, 물가상승률 등을 고려하여 3년마다 계측되지만 국민기초생활보장제도는 지역별 편차를 무시하고 가구규모별 차등만 인정한 최저생계비를 사용하며, 비계측연도 최저생계비를 기준으로 물가변동과 생활실태 변화 등을 감안하여 매년 재조정하여 사용한다.

부양의무자는 수급권자를 부양할 책임이 있는 자로서, 수급권자의 배우자, 수급권자의 1촌의 직계혈족(부모, 아들, 딸 등), 수급권자의 1촌의 직계혈족의 배우자(며느리, 사위 등)이다.

부양의무자는 실제소득이 부양의무자가구의 최저생계비의 120% 미만에 해당하며, 재산기준은 부양의무자가구의 재산의 소득환산액이 수급권자 및 당해 부양의무자가구 각각의 최저생계비 합의 42% 미만인 경우 부양능력이 없는 것으로 인정한다.

2) 기초생활보장수급자 선정기준

모든 국민은 빈곤하기만 하면 연령 등의 인구학적 특성을 배제한 채 그 원인을 불문하고 급여를 제공하고 있다. 따라서 수급자로 선정되기 위해서는 소득인정액 기준, 부양의무자 기준을 동시에 충족시켜야 한다.

기초생활보장제도의 수급자 선정기준은 수급권자 범위의 확대와 선정기준의 합리화로 종전 생활보호제도의 거택, 자활보호의 구분을 없애고 근로능력 여부 및 연령 등에 관계없이 국가의 보호를 필요로 하는 최저생계비 이하의 모든 가구에 대하여 최저생계비를 지급하는 것을 원칙으로 하고 있다.

보장기관은 가구를 단위로 하여 급여를 하되, 특히 필요하다고 인정하는 경우에는 개인을 단위로 하여 급여할 수 있다. 즉 보장단위는 가구단위 보장과 개인단위 보장으로 구분된다. 개인단위 보장은 가구 전체가 수급자로 선정될 수 없는 저소득가구에 대하여 의료급여, 교육급여 등 특정급여를 필요로 하는 특정가구원에 대해 급여를 제공함으로써 해당 가구가 최저생계비 이상의 생활을 유지할 수 있도록 지원하는 것이다.

연도별 수급자 선정기준은 <표 44>와 같다.

<표 44> 연도별, 가구별 최저생계비 (단위 : 원)

연도별 \ 가구규모	1인	2인	3인	4인	5인	6인
2010(원/월)	504,344	858,747	1,110,919	1,363,091	1,615,263	1,867,435
2009(원/월)	490,845	835,763	1,081,186	1,326,609	1,572,031	1,817,454
2008(원/월)	463,047	784,319	1,026,603	1,265,848	1,487,878	1,712,186
2007(원/월)	435,921	734,412	972,866	1,205,535	1,405,412	1,609,630
2006(원/월)	418,309	700,849	939,849	1,170,422	1,353,242	1,542,382

※ 2010년의 경우, 7인 이상 가구는 1인 증가 시마다 252,172원씩 증가(7인 가구 2,119,607원)

3) 생활보장대상자 구분

기초생활보장수급자는 생활보장급여가 행해지는 장소에 따라 일반수급자와 보장시설수급자로 나뉘어진다. 기초생활보장수급자는 다음과 같다.

(1) 일반수급자

수급권자 거주지의 주거에서 생활보장급여를 받는 자

(2) 보장시설수급자

주거가 없거나 주거가 있어도 그 곳에서 보호를 행할 수 없어 보장시설에 수용된 자

(3) 차상위계층

수급자가 아닌 자 중 소득이 최저생계비의 100분의 120 이하에 해당하는 가구

(4) 조건부수급자

조건부수급자는 근로능력이 있는 수급자 중 자활에 필요한 사업에 참가할 것을 조건으로 생계급여를 받는 수급자이다. 조건부수급자는 조건으로 제시된 자활사업에 참여하지 않으면 생계급여가 중지되나, 일반수급자는 자활사업에 참여하지 않더라도 생계급여에 영향을 미치지 않는다.

조건부수급자 선정기준은 근로능력자 판정기준에 의해 이루어지는데, 근로능력자는 18세 이상 64세 이하의 수급자로서, 장애인고용촉진 및 직업재활법 규정에 의한 중증장애인, 보건복지부장관이 정하는 질병 또는 부상에 해당하지 아니하는 질병·부상 또는 그 후유증으로 치료 또는 요양이 필요한 자 중에서 근로능력 평가를 통해 시장·군수·구청장이 근로능력이 없다고 판정한 자, 임신 중에 있거나 분만 후 6개월 미만의 여자, 공익근무요원 등 법률상 의무를 이행 중인 자, 기타 근로가 곤란하다고 보건복지부장관이 정하는 자 등은 근로무능력자로 판정된다.

시장·군수·구청장은 근로능력 판정결과에 대하여 보다 정밀한 심사가 필요하다고 인정하는 경우 중앙근로능력심사위원회에 심사 의뢰할 수 있다.

<표 45> 연도별 수급자 등 비율

구분	수급자 가구 수	수급자 수 (천명)	총인구 (천명)	전체인구 대비비율
2000년	688,354	1,539	47,008	3.27
2004년	753,681	1,424	48,039	2.96
2008년	854,205	1,530	48,607	3.15

자료 : 보건복지가족부, 사회복지정책분야 주요업무 참고자료, 2009

2008년도 수급자 현황은 <표 45>에 나타난 바와 같이 시설수급자 8만 6,000명, 일반수급자 144만명 등 153만명으로 전체 인구 대비 3.15%로 나타났다. 이를 구체적으로 살펴보면 세대유형별 현황은 노인 28.5%, 일반 34.1%, 장애인 19.0%, 모·부자 12.0%, 소년소녀가장 1.7%, 기타 4.7% 등 일반수급자는 85만 4,205세대로 나타났다.

(5) 수급권자 범위의 특례

수급권자 특례규정을 살펴보면 첫째, 수급권자 재산범위는 노인, 중증장애인 등 근로능력이 없는 자로만 구성된 근로무능력가구(재산가액이 대도시 8,500만원, 중소도시 6,500만원, 농어촌 6,000만원 이내로, 금융재산이 지역별 기본재산액 이하이고 소득환산율이 100% 적용되는 승용차가 없는 경우)는 소득환산대상에서 제외되며, 재산처분곤란가구는 해당재산을 소득환산대상에서 제외된다. 기타 가구특성이나 생활실태 등으로 보아 생계유지가 어려운 경우로서 보장기관이 소득환산의 대상으로 하기가 곤란하다고 판단한 가구의 재산에 대해서는 생활보장위원회의 심의 · 의결을 거쳐 해당재산을 소득환산대상에서 제외할 수 있다.

둘째, 부양의무자 재산기준특례는 소득기준은 부양의무자가구의 실제소득이 부양의무자가구의 최저생계비의 50% 이하, 재산의 소득환산액이 수급권자 및 부양의무자가구의 각각의 최저생계비 합의 42% 이상 100% 미만인 자이고, 근로능력이 있는 가구원이 없거나 또는 재산이 주택에 한정되어 있는 경우이다.

셋째, 의료급여특례는 실제소득이 6개월 이상 지속적으로 지출되는 의료비를 공제하면 수급자선정요건에 해당하나 수급자 선정 이후에는 공제대상 지출이 발생하지 않아 소득인정액이 최저생계비를 초과하는 가구이다. 이 경우 의료급여는 지속적인 의료비지출을 요하는 가구원 개인에 대해서만 지급하며, 1종은 희귀난치성질환자, 2종은 희귀난치성질환을 제외한 기타 질환자이고 해산급여, 장제급여는 특례수급자가 출산 또는 사망 시 지급된다.

넷째, 교육급여특례는 실제소득에서 고등학교 학비로 지출되는 비용을 공제하면 수급자 선정 요건에 해당하나 수급자 선정 후에도 공제대상 지출이 발생하지 않아 소득인정액이 최저생계비를 초과하는 가구이다.

다섯째, 자활급여특례는 수급자가 자활근로, 자활공동체, 자활인턴, 성과관리형자활시범사업 등 자활사업 및 취업성공패키지(노동부)의 디딤돌 일자리사업에 참가하여 발생한 소득으로 인하여 소득인정액이 최저생계비를 초과하는 경우이다.

이 외에도 타 법률에 의한 수급자 범위의 특례는 북한이탈주민, 일본군위안부, 인간면역결핍바이러스감염자, 농어민가구 등에 대한 특례규정이 있으며, 영주귀국사할인한인, 한센병정착촌 거주자 및 국립소록도병원 입원자, 보장시설생활자에 대한 수급권자 범위 특례규정도 있다.

2008년 12월 말 현재 특례수급자는 전체 12,398가구이며, 이 중 부양의무자 재산기준 특례는 271가구(2.2%), 의료급여특례 205가구(1.7%), 교육급여특례 50가구(0.4%), 자활급여특례 4,566가구(36.85), 중복특례 25가구(0.2%), 기타 7,281가구(58.7%)로 나타났다(보건복지가족부, 2009).

2. 급여

1) 급여의 기본 원칙 및 기준

기초생활보장제도 급여의 기본 원칙은 (1) 최저생활보장의 원칙 (2) 보충급여의 원칙 (3) 자립자원의 원칙 (4) 개별성의 원칙 (5) 가족부양 우선의 원칙 (6) 타 급여우선의 원칙 (7) 보편성의 원칙 등이 있다. 즉 수급자가 자신의 생활의 유지 · 향상을 위하여 그 소득 · 재산 · 근로능력 등을 활용하여 최대한 노력하는 것을 전제로 이를 보충 · 발전시키는 것을 기본 원칙으로 한다. 부양의무자의 부양과 기타 다른 법령에 의한 보호는 국민기초생활보장법에 의한 급여에 우선하여 행하여지는 것으로 한다. 다만 다른 법령에 의한 보호의 수준이 이 법에서 정하는 수준에 이르지 아니 하는 경우에는 나머지 부분에 관하여 이 법에 의한 급여를 받을 권리를 잃지 아니 한다.

급여기준을 살펴보면, 급여는 건강하고 문화적인 최저생활을 유지할 수 있는 것이어야 한다. 급여기준은 보건복지부장관이 수급자의 연령 · 가구규모 · 거주지역 기타 생활여건 등을 고려하여 급여의 종류별로 정한다. 보장기관은 이 법에 의한 급여를 세대를 단위로 하여 행하되, 특히 필요하다고 인정하는 경우에는 개인을 단위로 하여 행할 수 있다. 즉 가구 전체가 수급자로 선정될 수 없는 저소득 가구에 대하여 의료급여, 교육급여 등 특정급여를 필요로 하는 특정 가구원에 대해 급여를 제공함으로써 해당 가구가 최저생계비 이상의 생활을 유지할 수 있도록 지원하고 있다.

생계급여는 모든 대상자에게 지급하되, 근로능력자는 자활관련사업과 연계하는 조건부로 지급하며 시장 · 군수 · 구청장은 보장의 여부가 결정되기 전이라 할지라도 수급권자에게 급여를 하여야 할 긴급한 필요가 있다고 인정될 때에는 우선적으로 급여의 일부를 행한다.

한편 모든 사회복지보조금사업은 반드시 수급자 명의로 되어 있는 금융기관 또는 체신관서의 계좌로 입금하는 것을 원칙으로 한다.

이와 같은 급여기준은 보건복지부장관이 국민의 소득 · 지출수준과 수급권자의 생활실태, 물가상승률 등을 고려한 최저생계비 결정수준에 기초하고 있다.

2) 급여의 종류

급여의 종류는 생계급여, 주거급여, 의료급여, 교육급여, 해산급여, 장제급여, 자활급여 등이 있다. 생계급여는 기본급여로 모든 기초생활보장수급자에게 적용된다. 반면 주거급여, 의료급여, 교육급여, 해산급여, 장제급여, 자활급여는 수급권자의 필요에 따라 생계급여와 함께 행함으로써 필요즉응의 원칙 내지 개별성의 원칙을 원용하고 있다.

수급품은 국민기초생활보장법에 의하여 수급자에게 급여하거나 대여하는 금전 또는 물품이다.

(1) 생계급여

① 생계급여 방법

생계급여는 모든 대상자에게 행해지는 기본급여이다. 다만 의료급여특례자, 교육급여특례자, 자활급여특례자, 에이쉼터거주자, 노숙자쉼터 또는 한국법무보호공단 시설거주자 등 국가 또는 지방자치단체로부터 생계를 보장받는 자는 제외된다. 생계급여는 의복, 음식물, 연료비, 기타 일상생활에 기본적으로 필요한 금품을 지급하여 최저생계를 유지하게 하는 것으로서 수급자의 생계유지 능력을 감안하여 차등급여를 할 수 있다. 생계급여액은 현금급여기준에서 가구의 소득인정액을 차감하여 산정한 금액 중 주거급여액을 제외한 금액이다.

생계급여는 수급자의 소득평가액과 가구별 최저생계비의 차액을 각종 급여로 지원하는 보충급여제를 실시하며, 가구 전체의 소득평가액을 기준으로 2만원 간격 61등급으로 구분하여 지급한다. 따라서 생계급여는 현금급여기준에서 주거급여와 가구소득을 제외한 금액을 지급하며, 현금급여기준은 최저생계비에서 현물로 지급되는 의료비·교육비 및 타법 지원액을 차감한 금액으로서, 소득이 없는 수급자가 받는 현금급여(생계·주거급여)수준을 의미한다.

보충급여방식이란 저소득 가구의 소득인정액이 국가가 정한 최저기준인 법적 최저생계비에 미달될 경우, 미달부분을 보전해 줌으로써 최저생계를 유지할 수 있도록 급여하는 방식이다. 이 제도를 실시함에 있어서 중요한 것은 최저생계비와 소득인정액이다. 보충급여방식은 최저생계비 수준을 획일적으로 보장해주는 획일적 보충급여방식(uniform supplementary benefit system)과 근로능력이 있는 근로자의 근로유인책을 포함하는 근로유인적 보충급여방식(work-incentive supplementary benefit system)이 있다.

획일적 보충급여방식이란 획일적으로 모두에게 균등한 최저생계비를 법으로 설정하고 소득인정액이 최저생계비에 미달될 때, 이들을 기초생활보장수급권자로 선정한 후 최저생계비와 소득인정액의 차액을 보충해주는 급여방식이다. 따라서 기초생활보장수급권자는 모두 같은 수준의 최저생활급여를 받게 된다. 이 방식의 문제는 근로의욕 저해를 오히려 조장할 가능성이 있다는 것이다. 결과적으로 일하지 않는 사람과 열심히 일한 사람 모두가 똑같은 수준의 삶을 영위하게 되는 결과의 평등을 보장하기 때문에 근로에 대해 매력이 없게 된다.

근로유인적 보충급여방식은 획일적 보충급여방식이 갖고 있는 문제를 해결하기 위한 것으로 대표적인 것은 부(負)의 소득세(negative income tax)이다. 부의 소득세란 모든 소득가득(稼得)자에게 소득을 신고시키고 그 신고액이 과세최저한도를 넘으면 그 초과분에 대해서는 정(正)의 소득세로서 누진세를 부과하고, 과세최저한도 이하의 경우에는 그 부족분의 일정비율을 곱한 금액을 조세의 환급과 같은 방법으로 즉, 부의 소득세로서 급여하는 제도이다. 이 때에 지급되는 부의 소득은 일종의 이전소득(transfer income)이다.

보충급여제도를 실시함에 따른 기대효과는 첫째, 사회적 형평을 실현할 수 있다. 즉, 분배적 정의를 실현하여 사회적 형평을 이룩할 수 있다. 둘째, 비용 효율적이다. 셋째, 공공부조정책의 순응성을 제고시킬 수 있다. 사회적 형평과 비용 효율성을 제고시킴으로써 국민의 공감을 얻게 되고 시민적 저항을 예방할 수 있다. 또한 국민의 필요정도에 따라 급여액이 결정됨으로 수혜자들의 총체적 만족감이 향상될 수 있다. 따라서 수혜자 전체의 효용의 크기가 증가된다. 넷째, 근로유인적 보충급여의 경우 빈곤계층의 자립자활을 기할 수 있다(김기원, 2000).

이와 같은 보충급여제도는 설계 과정에서 몇 가지 기본 원칙이 적용되어야 하는데, 그것은 첫째, 생존권 보장의 원칙 둘째, 보충성의 원칙 셋째, 최소극대화의 원칙 넷째, 근로유인 제고의 원칙 다섯째, 열등처우의 원칙 여섯째, 현실성의 원칙 등이다(김기원, 2000).

2010년도 생계급여기준은 <표 46>과 같다.

<표 46> 2010년도 최저생계비 및 현금급여기준

구 분	1인가구	2인가구	3인가구	4인가구	5인가구	6인가구
최저생계비(A)	504,344	858,747	1,110,919	1,363,091	1,615,263	1,867,435
타 지원액(B)	82,164	139,901	180,983	222,065	263,147	304,229
현금급여기준 (C=A-B)	422,180	718,846	929,936	1,141,026	1,352,116	1,563,206
주거급여액(D)	86,982	148,104	191,595	235,085	278,576	322,067
생계급여액 (E=C-D)	335,198	570,742	738,341	905,941	1,073,540	1,241,139

※ 7인 이상 가구의 최저생계비 : 1인 가구 증가 시마다 252,172원씩 증가(7인 가구 : 2,119,607원)
※ 7인 이상 가구의 현금급여기준 : 1인 증가 시마다 211,090원씩 증가(7인 가구 : 1,774,296원)
자료 : 보건복지가족부, 2010년도 국민기초생활보장사업 안내, 2010

또한 근로능력이 있다고 인정되는 수급자에게는 조건부로 급여를 행할 수 있도록 함으로써 생계급여 수급자에게 구직활동이나 직업훈련 이수를 조건으로 급여를 행하는 근로조건부복지 또는 근로연계복지(workfare)를 규정하고 있다.

조건부수급자로 결정된 자에게는 자활지원계획에 따라 자활에 필요한 사업에 참가할 것을 조건으로 생계급여를 실시하는데, 자활사업에 참가한 달의 다음 달부터 매 3월마다 조건이행 여부를 정기적으로 확인하여 지급 여부를 결정한다. 조건부수급자가 조건을 이행하지 아니한 것이 명백한 경우 또는 직업안정기관의 장 및 자활사업실시기관의 장으로부터 조건불이행 통지를 받은 경우에는 지체없이 생계급여 중지 여부를 결정한다.

② 보장시설수급자에 대한 급여

보장시설수급자에게는 주식비(쌀, 보리쌀), 부식비, 연료비, 피복비, 장의비 등을 현금으로 급여하며, 국가나 지방자치단체로부터 인건비 등 운영비를 지원받고 있거나, 노인장기요양보험법의 장기요양급여 비용을 지급받고 있는 시설의 경우에는 시설생계비를 지급한다. 2010년도 지원기준은 <표 47>과 같다.

<표 47> 2010년도 보장시설수급자 1인당 급여기준

구 분		정부양곡 미구입 시설	정부양곡 구입 시설
○주 · 부식비 *백미, 정맥 부식비, 취사 연료비 등	- 100인 미만 시설	116,555 원/월	103,489 원/월
	- 100~300인 시설	116,426 원/월	103.359 원/월
	- 300인 이상 시설	116,361 원/월	103,295 원/월
	- 월동대책 (100~300인 기준)	23,050 원/1인	23,050 원/1인
	- (생일파티준비금)	-	(32,990 원/년)
○ 피복 · 신발비	- 피 복 비	11,845 원/일	11,845 원/월
	- 동 내 의	17,490 원/년	17,490 원/년
	- (신발비)	-	(43,790 원/년)
○위로금 등	- (송년위로금)	-	(38,490 원/년)
	- (생일축하금)	-	
	- 특별위로금	24,230원/연2회	24,230원/년2회

자료 : 보건복지가족부, 2010년도 국민기초생활보장사업 안내, 2010

보장시설에서 퇴소한 이후 3개월 이내의 자는 근로능력이 있는 경우에도 환경변화로 적응기간이 필요하다고 인정되어 조건부과 제외자로 관리한다.

이와 같은 급여 외에 보장시설수급자의 자립촉진지원방안으로 자립적립금제도를 도입하고 있다. 이는 보장시설수급자가 근로소득의 일부를 적립하는 경우 이를 자립적립금으로 인정하여 근로소득에서 공제함으로써 근로의욕을 제고하여 향후 경제적 자립기반을 마련할 수 있도록 하는 제도이다.

③ 긴급생계급여

긴급생계급여는 수급자가 급여신청 이후 급여실시 여부 결정 전에 긴급히 생계급여를 하여야 할 필요가 있는 경우 시장 · 군수 · 구청장의 직권에 의해 실시하는 생계급여이다. 이 조치는 긴급복지지원법에 근거하고 있는 데, 2006년 3월 24일부터 시행하여 5년간 한시적으로 시행된다. 이 제도는 경제양극화 및 이혼증가 등 사회변화 속에서 소득상실. 질병과 같이 생계곤란 등 갑작스러운 위기상황이 발생할 경우 등 누구든지 손쉽게 도움을 청하고 필요한 지원을 받을 수 있는 한시적 제도이다.

긴급급여대상자는 주 소득원의 사망, 질병, 부상, 사고, 사업부도, 파산 등으로 갑자기 생계유지가 어려운 경우, 부 또는 모의 가출, 행방불명 등으로 갑자기 생계유지가 어려운 경우, 기타 시장·군수·구청장이 긴급생계급여가 필요하다고 인정하다고 인정하는 경우 등이다. 급여수준은 2008년부터는 최저생계비 중 식료품비를 37.6%로 산정하여 현금으로 지급하며 다만 적합하지 않다고 인정되는 경우에는 물품으로 지급한다.

긴급급여 실시 후 기간(신청일로부터 14일, 부득이한 경우 30일) 이내에 급여 여부를 결정하고, 급여액과 실제 급여액에 차액이 발생할 경우 그 차액을 추가 지급한다. 긴급생계급여기간은 1개월로 하되 필요 시 1월에 한하여 연장 가능하다.

연도별 긴급생계급여수준은 <표 48>과 같다.

<표 48> 연도별 긴급생계급여수준 (단위 : 원)

가구규모 / 연도별	1인가구	2인가구	3인가구	4인가구	5인가구	6인가구
2010	189,518	322,691	417,451	512,210	606,969	701,728
2009	184,558	314,247	406,526	498,805	591,084	683,363
2008	175,240	295,234	391,902	484,625	564,976	647,071
2007	174,000	294,724	385,768	475,669	559,101	643,390

※2010년의 경우, 7인 이상 가구는 가구원 1인 추가 시 94,4759원 추가 지급

자료 : 보건복지가족부, 2010년도 국민기초생활보장사업 안내, 2010

(2) 주거급여

주거급여는 수급자의 주거안정을 위하여 필요한 수급품을 지급함으로써 건강하고 문화적인 최저한의 주거를 실현하려는 것이다.

주거급여대상자는 보장시설수급자와 의료·교육·자활급여특례자, 보장시설수급자, 국가 및 지방자치단체 및 공공기관이 주거(운영비 포함)를 제공하는 공동생활가정, 노숙자쉼터, 한국갱생보호공단시설 및 에이즈쉼터 등에 거주하는 수급자, 의료기관에 3개월 이상 입원한 1인 가구로서 무료임차자 또는 주거가 없는 자 등을 제외한 모든 수급자이며, 가구유형별 소득등급이 최상위 2개 구간에 해당되어 생계급여를 지급받지 않는 수급자에 대하여도 주거비를 지급하며, 전세자금대여가구에게도 지급할 수 있다.

주거급여의 내용으로는 주택전세금 융자제도, 임대주택 보조금제도, 공공임대주

택제도, 주거환경 개선사업 등이 있다. 급여내용은 주거유형에 관계없이 일정금액으로 하는데, 다만 현금지급 대신 주거에 대한 점검·수선의 현물서비스 제공이 이루어진 경우에는 현물서비스 제공도 주거급여로 간주한다.

주거급여는 최저생계비 중 최저주거비를 분리하여 지급한다.

2010년도 최저주거비 현황은 <표 49>와 같다.

<표 49> 2010년도 주거급여 한도액

구분 \ 가구규모	1인	2인	3인	4인	5인	6인
최저생계비	504,344	858,747	1,110,919	1,363,091	1,615,263	1,867,435
주거급여 한도액	86,982	148,104	191,595	235,085	278,576	322,067

※ 주거급여 한도액은 가구별 최저주거비(최저생계비의 17.2465%)

자료 : 보건복지가족부, 2010년도 국민기초생활보장사업 안내, 2010

(3) 교육급여

교육급여는 수급자 중 중·고등학교에 입학 또는 재학하는 자 및 이와 동등한 학력이 인정되는 각종 학교, 평생교육법에 의한 평생교육시설의 학습에 참가하는 자와 의사상자예우에 관한 법률에 의한 의사상자의 자녀에게 사회가 요구하는 최소한의 교육기회를 제공하여 줌으로써 빈곤이 세대간에 세습되는 빈곤의 악순환을 방지하고 저소득층의 자립·자활 기반을 조성하기 위한 목적으로 행해지는 급여이다.

교육급여는 학비(입학금, 수업료) 교과서대(부교재비 포함), 학용품비 등을 수급자 또는 수급자의 친권자나 후견인에게 지급된다. 교육급여의 내용에는 저소득층 자녀 취학전 교육지원(영유아보육사업, 취학전 아동교육사업), 저소득층 중·고등학교 재학생 학비지원 등이 있다.

2009년의 지원내용 및 지원기준은 학비(입학금, 수업료), 교과서대(1인당 10만9천원), 부교재비(의무교육대상 중학생은 1인당 33,000원), 학용품비 (중·고등학생 수급자 전원에게 1인당 45,000원) 등이었으나, 2010년에는 교과서대 11만 2천3백원, 부교재비 34,000원, 학용품비 46,600원으로 조정되었다.

(4) 해산급여

해산급여는 수급자(의료, 교육, 자활급여특례자 등을 포함한 모든 수급자)에게 조산(助産), 분만 전과 분만 후의 필요한 조치와 보호를 행하는 것으로, 보장기관이 지정하는 의료기관에 위탁하여 행할 수 있다.

급여액은 출산영아 1인당 50만원(쌍둥이 100만원)을 현금으로 지급한다.

(5) 장제급여

장제(葬祭)급여는 수급자 또는 차상위 의료급여수급권자가 사망한 경우 사체의 검안, 운반, 화장 또는 매장, 기타 장제조치를 행하는데 필요한 금품을 지급하는 것으로, 장제급여는 실제로 장제를 행하는 자에게 지급하는 것을 원칙으로 하며 단독가구주의 사망 등 기타 불가피한 경우에는 시장 · 군수 · 구청장이 직접 장제를 행하도록 지정한 자에게 지급한다.

급여액은 근로능력 유무에 관계없이 1구당 50만원을 현금으로 지급한다.

(6) 사회취약계층 특별보호

사회취약계층에 대한 특별보호사업은 1) 주거가 일정하지 않은 취약계층에 대한 특별보호 2) 교정시설 출소예정자 등에 대한 특별연계보호 3) 지역사회 자원활용을 통한 민관 연계보호체계 운영 등이 있다.

① 주거가 일정하지 않은 취약계층에 대한 특별보호

주거가 일정하지 않은 취약계층의 범위는 주민등록이 말소 또는 거주소불명등록이 되었거나 확인이 불가능한 자 또는 주민등록지와 실제 거주지가 다른 자 등과 같이 주민등록상의 문제로 신원확인이나 소득 · 재산조사가 곤란하고, 잦은 이동성 등의 사유로 최소한의 관리수단이 미흡하여 기초생활보장에서 제외된 자(비닐하우스, 판자촌, 쪽방 등에 거주하는 자, 노숙자 등으로서 주민등록상의 문제로 인하여 기초생활보장수급자가 될 수 없는 자) 등이다.

이들에 대한 보장기관은 실제 거주하는 지역을 관할하는 시장 · 군수 · 구청장이며, 수급자의 자립 · 자활을 지원하기 위하여 필요한 경우 직접 또는 민간후원단체 등을 자활후견인으로 지정하여 실제 거주 사실 확인, 정기적인 상담, 생활지도 등의 역할을 수행한다.

수급자는 급여를 받고 있는 기간 중에 실제 거주지 내에서 최소거주기간(1개월 이상) 지속적으로 거주하고 있어야 하며, 지속거주로 인정되지 않는 경우는 급여의 일부 또는 전부를 중지할 수 있다.

급여의 범위는 대상자의 유형에 따라 급여의 전부 또는 필요한 일부로 한다.

② 교정시설 출소예정자에 대한 특별 연계보호방안

교정시설 출소예정자 중 생활이 어려운 자를 기초생활보장사업과의 연계를 통해 출소 즉시 기초생활보장제도에 의해 보호받을 수 있도록 특별 연계보호체계를 구축한다. 이들에 대한 보호는 가구보호, 보장시설 등 위탁보호 등이 있다.

③ 지역사회자원 활용을 통한 민관 연계보호체계 운영방안

지역사회의 민간 사회복지사, 유관 공공기관 등의 협조를 받아 노령, 장애, 질환, 실직 등으로 생활이 어렵지만 기초생활보장제도에 대한 이해 부족 등으로 국가의 보호를 받지 못하고 있는 저소득주민을 적극적으로 발굴하는 것으로, 보장기관은 해당 주민의 생활실태 및 소득·재산조사를 실시한 조사결과에 따라 일반수급자, 특례수급자 및 차상위계층 등으로 구분 관리한다. 이들에 대해서는 민간사회복지사에게 저소득주민 보호의뢰권한 부여, 보건소 등 공공기관과 상호협력체계 구축, 혼자 사는 저소득가구 등에 대한 방문보호제 실시 등이 있다.

3. 자활사업

1) 자활급여의 의의

자활급여는 근로능력이 있는 계층에 대해 최저생계를 보장함으로써 안정된 취업을 위한 직업훈련과 창업 등의 노력이 이루어지도록 수급자의 자활을 조성하기 위하여 행하는 급여로서 생산적 복지와 밀접하게 관련되어 있다.

국민기초생활보장사업의 자활사업은 전통적인 의미의 공공부조 개념보다 그 기능과 영역이 확장된 빈곤정책이라고 할 수 있다. 그 이유는 적극적으로 빈곤자의

자활을 목표로 하고 있으며, 제 3섹터의 역할을 강조하고 있고, 공공부문으로부터의 일방적 급여를 받기보다는 참여 혹은 노동이라는 일종의 비화폐적 기여를 하고 있고 생계 중심의 소득보장으로부터 취업지원과 같은 노동정책과 자활과 같은 서비스정책 등이 혼재한 종합적인 빈곤대책의 의미를 갖고 있기 때문이다(전재문, 2001).

국민기초생활보장제도에서 근로능력이 있는 빈곤계층에 대해 자활능력을 제고시키고자 근로연계복지적인 자활사업을 공공부조의 주요 내용으로 설정한 것은 빈곤정책으로서의 공공부조가 단순 생계보장 기능에서 벗어나 자활능력의 제고 기능을 수행하고자 했다는 점에서 의의가 있다.

자활사업은 근로능력이 있는 미취업 조건부수급자에게 근로관련 활동에 대한 참여를 의무화한다는 점에서 강제성을 띠고 있으며, 복지수혜자에게 다양한 노동시장정책 프로그램을 제공함으로써 취업을 촉진하는 서비스로서의 이중적 성격을 지니고 있다. 이러한 두 가지 성격은 자활사업에 통합되어 있지만 어떤 측면을 강조하는가에 따라 구체적인 자활사업의 시행방안이나 내용이 달라질 수 있다(황덕순, 2001).

2) 자활사업대상자

자활사업대상자는 다음과 같다. 첫째, 수급자로서 조건부수급자(근로능력이 있는 수급자 중 자활사업 참여를 조건으로 생계급여를 지급받는 수급자), 둘째, 일반수급자(근로능력이 있으나 가구여건, 환경적응, 근로참여 등으로 조건부과는 제외된 자) 셋째, 급여특례수급가구의 가구원(의료급여특례, 교육급여특례가구의 근로능력이 있는 가구원 중) 차상위계층으로 가구소득이 최저생계비의 120% 이하인 자로서, 18세 이상 64세 이하의 수급자 중 근로능력자이다. 이들 대상자의 자활사업 참여 우선순위는 조건부수급자, 자활급여특례자, 일반수급자, 급여특례가구원, 차상위계층이다.

3) 가구별 자활지원계획

가구별 자활지원계획은 수급자 및 자활사업참여 차상위계층의 자활을 체계적으로 지원하기 위해 수급자의 근로역량을 평가하고, 자활욕구 · 참여조건, 지역여건 등을 감안하여 적합한 사업배치 및 자활서비스를 지원하기 위한 것이다. 이는 협의로는 조건부수급자에 대한 생계급여 조건부과이며, 광의로는 수급자가구 전체 및 자활사업 참여 차상위계층에 대한 자활지원서비스 제공 계획이다.

가구별 자활지원계획의 대상은 수급자가구 및 자활사업 참여 차상위계층이며, 이 계획에는 자활프로그램 제시, 자활을 위한 관련서비스 연계 등이 포함된다.

4) 자활사업 프로그램

자활사업 프로그램은 디딤돌사업(사회적응 프로그램), 자활근로사업(주거현물급여 집수리사업, 자활사업 수익금 관리, 광역자활사업), 자활공동체 지원사업, 창업지원사업, 자활소득공제(자활장려금)사업 등이 있다.

(1) 디딤돌사업(사회적응 프로그램)

디딤돌사업(사회적응 프로그램)은 근로능력은 있으나 근로의욕이 낮은 조건부수급자에게 사회적응 프로그램 운영기관을 통하여 전문적인 상담 및 치료 등 사회적응에 필요한 서비스를 제공하여 자활의욕을 회복하게 하기 위한 목적으로 추진되며, 사회적응 프로그램대상자는 의무참여자와 지정참여자로 구분된다. 주요 프로그램 내용은 사례관리, 집단프로그램, 근로의욕 고취 및 사회적응 교육, 지역연계활동 등이 있다.

(2) 자활근로사업

자활근로사업은 국민기초생활보장법에 의한 저소득층에게 자활을 위한 근로의 기회를 제공하여 자활기반을 조성하는 사업으로서 기존 공공근로사업처럼 한시적인 일자리 제공이 아닌 저소득층의 자립촉진을 위한 공동체 창업 등을 위한 기초능력배양에 중점을 두고 있다. 사업유형은 참여자의 자활능력과 사업유형에 따라 근로유지형, 사회적 서비스 일자리형, 인턴형, 시장진입형 자활근로사업으로 구분된다.

(3) 자활공동체 지원사업

자활공동체 지원사업은 수급자 등 저소득계층의 자활공동체사업 참여를 통한 탈

빈곤을 목적으로 하며, 보장기관은 지역자활센터 등 자활사업실시기관을 통해 개인신용이나 담보력이 부족한 자활공동체 참여자들이 공동창업의 형식을 통해 시장에 진입할 수 있도록 지원하여야 하며, 자활공동체사업의 원활한 수행을 위하여 차상위 등 저소득취약계층의 참여자는 관할 시·군·구 지역거주자에 국한하지 않으며, 사업실시지역은 관할지역을 원칙으로 하나 부득이한 경우 관할지역을 벗어날 수도 있다.

이 사업은 자활공동체가 중심이 되는 데, 자활공동체란 2인 이상의 수급자 또는 저소득층이 상호 협력하여 조합 또는 공동사업장의 형태로 탈빈곤을 위한 자활사업을 운영하는 업체이다.

(4) 창업지원사업

창업지원사업은 수급자 등 저소득층의 자활을 위한 사업의 창업·운영 등에 필요한 자금을 장기저리로 대여하여 자립을 유도하고 생활안정을 도모하기 위한 것으로서, 저소득층 생업자금 융자, 자활기금 조성, 자활공동체창업자금 지원사업 등을 주 내용으로 하고 있다.

(5) 자활소득공제(자활장려금)사업

자활소득공제(자활장려금)사업은 보충급여를 기본원리로 하고 있는 국민기초생활보장제도가 야기할 수 있는 수급자의 근로의욕 감퇴를 예방하는 차원에서 근로소득의 일정비율을 산정하여 자활장려금의 형태로 구분 지원하는 제도이다.

이 사업은 빈곤층의 실질적인 자활·자립을 도모하는 일을 통한 복지(workfare) 실현의 중요한 전재이다.

5) 자활사업 추진체계 및 지원체계

(1) 추진체계

자활사업 추진체계는 <표 50>에서와 같이 보건복지부와 고용노동부가 2원적으로 추진하고 있다. 보건복지부는 국민기초생활보장제도를 총괄하며 종합자활계획을 수립하고 자활 프로그램을 개발·추진하며, 지역자활센터를 지정·관리한다.

고용노동부는 종합취업지원계획을 수립하며, 취업지원 프로그램을 개발・추진한다.

<표 50> 자활사업 추진체계

구 분	기 능·역 할	비 고
보건복지부	· 국민기초생활보장제도 총관 · 종합자활지원계획 수립(매년 12월) · 자활프로그램 개발・추진 · 지역자활센터 지정・관리	자활정책・사업 총괄관리
시・도 시・군・구	· 지역자활지원계획 수립(매년 1,2월) · 자활기금의 설치・운영 · 급여 실시 여부 및 내용결정, 지급 · 자활기관협의체 운영 · 조건부수급자 책정 및 생계급여중지 여부 결정 · 참여자 자활지원계획 수립・관리	자활사업 총괄시행
읍・면・동	· 조건부수급자 확인조사(자산조사 제외)	조건부수급자 관리
고용노동부	· 종합취업지원계획 수립(매년 12월) · 취업지원프로그램 개발・추진	취업대상자 총괄관리
고용지원센터	· 개인별 취업지원계획 수립・관리 · 취업알선 등 취업지원 프로그램 시행 · 취업대상자의 조건이행 여부 확인	취업지원 시행

(2) 지원체계

자활사업지원체계는 지역자활센터, 청소년자활지원관, 광역자활센터, 중앙자활센터, 자활기관협의체 등이 있다.

지역자활센터는 근로능력이 있는 저소득층에게 집중적・체계적인 자활지원 서비스를 제공함으로써 자활의욕 고취 및 자립능력 향상을 지원하고, 기초수급자 및 차상위계층의 자활촉진에 필요한 사업을 수행하는 핵심 인프라로서의 역할을 수행토록 하는 데 목적을 두고 설치되었다.

지역자활센터의 주요 사업은 자활공동체의 설립・운영을 적극 지원하고 근로사업의 운영을 통하여 자활의욕 고취를 위한 교육, 자활을 위한 정보제공・상담・직업교육 및 취업알선, 생업을 위한 자금융자 알선, 자영창업 지원 및 기술・경영지도, 자활공동체의 설립・운영지원, 사회서비스 지원사업, 기타 자활을 위한 각종 사업 등이다.

보장기관은 수급자와 이와 생활수준이 유사한 자의 자활의 촉진에 필요한 사업을 수행하게 하기 위하여 사회복지법인 등 비영리법인과 단체 또는 개인 등의 신청을 받아 지역자활센터를 지정할 수 있다. 이 경우 보장기관은 법인 등의 지역사회복지사업 및 자활지원사업의 수행능력 · 경험 등을 고려하여야 한다. 이러한 지역자활센터의 운영비용의 전부 또는 일부를 지원하고 있는 데, 이러한 지원은 자활사업추진실적 및 성과 등을 평가하여 규모, 유형별로 운영비를 차등 지원한다.

2009년 현재 지역자활센터는 242개소가 지정 · 운영 중에 있다.

6) 자활사업 예산

2010년도 자활사업 예산은 <표 51>에서와 같이 3.983억 7,600만원으로 2009년의 3.359억 3,300만원에 비해 18% 증가되었다. 이 중 자활근로사업비는 자활사업대상자 65,000명에 대한 3,601억 5,500만원이 책정되어 있고, 지역자활센터 운영비로 327억 3,000만원이 책정되어 있다.

<표 51> 자활사업별 예산 현황 (단위: 백만원)

구분	2009년	2010년	증감
자활지원	394,470	463,756	135,315
-자활사업	335,933	398,376	62,443
-자활근로	306,482	364,619	58,137
-디딤돌 사업	936	964	28
-지역사활센터 등 운영	28,515	32,793	4,278
-자활지원센터 운영지원	3,334	3,629	295
-자활사업관리	121	151	30
-저소득층창업자금 지원	33,000	-	△33,000
-생업자금 이차 및 손실 보존금	1,472	1,471	2
-자활장려금	20,610	20,988	378
-근로능력있는 수급자의 적극적 탈수급지원(희망키움통장)	-	24,887	24,887
-가사간병방문서비스	-	14,251	14,251
생업자금융자(공공자금관리기금)	7,200	7,200	-

자료 : 보건복지가족부, 2010년도 자활사업안내

<표 52>연도별 고용노동부 소관 자활사업예산 현황 (단위 : 백만원)

구분	2009년	2010년	증감	주요내역
취업성공패키지 지원	12,395	19,712	7,317	· 2만명(취업성공수당, 위탁비,참여수당 등)

자료 : 보건복지가족부, 2010년도 자활사업안내

한편, 고용노동부 소관 자활사업예산 현황은 <표 52>에 나타난 바와 같이 2009년에는 전체 75억원으로 2008년에 비해 11.9% 감소되었으나 2010년에는 197억원으로 2009년에 비해 59% 증액되었다.

7) 성과관리형 자활시범사업

자활사업은 근로능력이 취약한 참여자 특성(중등 이하 저학력 70%, 45세 이상 69%, 여성 75%) 일과 서비스 연계 부족, 사업기관의 비효율적 사업 운영 등으로 재활성과가 낮다는 지적을 받아왔다. 즉 탈수급율은 2001년 9.5%, 2003년 6.8%, 2005년 5.5%, 2007년 6.3%, 2008년 6.7% 등으로 나타났으며, 취 · 창업률은 2007년 14%에서 2008년 15%로 증가되었다(보건복지가족부, 2009).

이러한 실정을 감안하여 2009년 4월부터 3년 계획으로 지금까지의 지역자활센터에 대한 일률적인 기관운영비 지원에서 자활사업참여자의 취업 및 탈수급실적에 따른 성과급지급방식으로 전환하는 시범사업이 시작되었다.

이에 따른 서비스는 기존의 자활근로사업, 사회적응 프로그램, 자활공동체, 창업지원 등을 내용으로 하였으나 맞춤형 복지-고용 서비스로 통합된 단계별 프로그램을 제공하게 된다.

4. 국민기초생활보장관련 기관

1) 보장기관

보장기관은 국민기초생활보장법에 의한 급여를 행하는 보건복지부장관, 특별시장 · 광역시장 · 도지사, 시장 · 군수 · 구청장이다.

국민기초생활보장사업은 일선 행정기관의 전문인력에 의한 전달체계의 확립을 통해 전문가 조직의 결속력 강화와 업무의 전문성・연속성・효율성을 높혀 나가도록 하고 있다.

또한 생활보장사업의 기획・조사・실시 등에 관한 사항을 심의・의결하기 위하여 보건복지부・특별시・광역시・도 및 시・군・구에 생활보장위원회를 두고 있다.

2) 보장시설

보장시설은 국민기초생활보장법에서 규정된 급여를 행하는 사회복지사업법에 의한 사회복지시설로서 대통령령이 정하는 시설이다. 여기에는 장애인복지법에 의한 장애인복지시설, 노인복지법에 의한 노인복지시설, 아동복지법에 의한 아동복지시설, 정신보건법에 의한 정신질환자사회복귀시설 및 정신요양시설, 한부모가족지원법에 의한 여성복지시설, 성매매방지 및 피해자보호등에 관한 법률에 의한 여성보호시설, 성폭력범죄의 처벌 및 피해자보호등에 관한 법률에 의한 성폭력피해자보호시설, 가정폭력방지 및 피해자보호등에 관한 법률에 의한 가정폭력피해자보호시설, 사회복지시설로서 한센시설, 결핵요양시설, 기타 사회복지사업법에 의하여 신고한 사회복지시설 중 수용보호시설이 있다.

보장시설에 위탁하여 급여를 행할 수 있는 구체적인 경우로는 수급자가 주거가 없거나 주거가 있어도 그곳에서는 급여의 목적을 달성할 수 없거나 수급자가 희망하는 경우 등이다.

보장시설의 장은 보장기관으로부터 수급자에 대한 급여를 위탁받을 때에는 정당한 이유 없이 이를 거부할 수 없다. 이를 위반하면 300만원 이하의 벌금, 구류 또는 과료에 처하는 규정이 있다. 또한 보건복지부장관이 정하는 최저기준 이상의 급여를 행하여야 하며, 성별, 신앙 또는 사회적 신분 등을 이유로 차별대우해서는 안 되며, 강제노동의 금지 등 수급자의 자유로운 생활을 보장하여야 한다.

5. 국민기초생활보장사업의 비용

1) 보장비용의 부담주체 및 부담률

보장비용이라 함은 보장업무에 소요되는 인건비와 사무비, 생활보장위원회 운영에 소요되는 비용, 급여실시비용, 기타 보장업무에 소요되는 비용을 말한다.

보장비용의 부담은 다음과 같은 구분에 의해 이루어진다.

(1) 국가 또는 시・도가 직접 행하는 보장업무에 소요되는 비용은 국가 또는 당해 시・도가 부담한다.

(2) 급여의 실시비용은 국가 또는 당해 시・도가 부담한다.

(3) 시・군・구가 행하는 보장업무에 소요되는 비용은 당해 시・군・구가 부담한다.

(4) 시・군・구가 행하는 보장업무에 소요되는 비용 중 법 제42조 제3호 및 제4호의 비용은 시・군・구의 재정여건, 사회보장비지출 등을 고려하여 국가, 시・도 및 시・군・구가 다음과 같이 차등하여 분담한다.

2007년까지는 시・군・구별 재정여건에 관계없이 서울특별시에는 국고 50%, 시비 25%, 구비 25%, 광역시 및 도에는 국비 80%, 시・도 및 시・군・구 각각 10%로 부담하던 것을 2008년부터는 <표 53>에 나타난 바와 같이 시・군・구별 재정여건에 따라 6가지 유형으로 국고보조비율이 차등 지원되고 있다.

<표 53> 기초생활보장급여 부담비율 (단위 : %)

지방비 부담률	서울특별시			광역시 및 도		
	국비	시비	구비	국비	시・도비	시・군・구비
경감	60	28	12	90	7	3
유지	50	25	25	80	10	10
증가	40	18	42	70	9	21

자료 : 보건복지가족부, 사회복지정책복지분야 주요업무참고자료, 2009

2) 비용의 징수, 반환 및 벌칙

(1) 비용의 징수

사위(詐僞), 기타 부정한 방법에 의하여 급여를 받거나 타인으로 하여금 급여를 받게 한 자 (부정수급자), 수급권자의 최저생활을 보장하기 위하여 부양능력이 있는 부양의무자가 있음에도 선보호조치를 한 경우의 부양의무자 등에 대해서 보장비용을 지급한 보장기관은 일정한 절차를 거쳐 그 비용의 전부 또는 일부를 그 급여를 받은 자 또는 급여를 받게 한 자로부터 징수하여야 한다.

(2) 급여의 반환

보장기관은 급여의 변경 또는 급여의 정지·중지에 따라 수급자에게 이미 지급한 수급품 중 보장기관의 착오 및 적용누락으로 과잉지급분이 발생한 경우에는 즉시 수급자에 대하여 그 전부 또는 일부의 반환을 명하여야 한다. 다만 보장기관의 장이 수급자의 생활실태, 가구특성, 급여내용, 지역실정 등을 고려하여 필요하다고 인정하는 경우 또는 천재지변, 화재, 부도 등으로 사실상 반환이 불가능한 경우에는 지방생활보장위원회 심의·의결을 거쳐 반환을 감액하거나 면제할 수 있다.

(3) 벌칙

사위, 기타 부정한 방법에 의하여 급여를 받거나 또는 타인으로 하여금 급여를 받게한 자는 1년 이하의 지역, 500만원 이하의 벌금, 구류 또는 과료에 처하며, 보장시설의 장이 수급자의 급여위탁을 정당한 사유없이 거부한 자나 종교상의 행위를 강제한 자는 300만원 이하의 벌금, 구류 또는 과료에 처한다.

3) 기초생활보장기금의 운용

국민기초생활보장법에 규정되어 있는 자활지원사업을 원활하게 추진하기 위한 재원으로서 지방자치단체는 국민기초생활보장기금을 조성·운용하고 있다.

(1) 기금의 설치 및 운용주체

시·도지사 및 시장·군수·구청장 책임하에 기금을 조성·운용하게 되는 데,

기금은 일정한 규모 이상 적립되어야 하며 기금의 운용을 통한 이자수입 등으로 자활지원사업 등을 위한 보장비용의 재원을 충당할 수 있다.

(2) 기금의 재원

기금조성 재원은 ① 지방자치단체 또는 지방자치단체 외의 자로부터의 출연금 ② 다른 기금으로부터의 출연금 ③ 금융기관 또는 다른 기금으로부터의 장기차입금 ④ 생업자금의 대여에 따른 이자수입 ⑤ 공공근로 및 자활근로 실시결과 발생하는 수익금 ⑥ 기금의 운용수익 ⑦ 국고보조금 등이나 현재 기금으로 조성된 재원은 국가와 지방자치단체의 출연금이 대부분이다.

(3) 기금의 용도

기금의 용도는 ① 자활공동체가 금융기관 등으로부터 대여받은 자금의 이자보전 ② 자활공동체에 대한 사업자금 대여 ③ 지역자활지원계획의 집행을 위하여 필요한 비용 ④ 자활공동체 또는 저소득층의 생업자금 채무를 신용보증하는 데 소요되는 비용 ⑤ 수급자 및 차상위계층의 복지 증진을 위한 사업(기금 지출의 20% 이하) 등이다.

(4) 기금의 운용

기금은 매년 기금을 통한 자활지원사업을 안정적으로 수행하기 위하여 수익성과 안정성을 고려한 금융상품 투자 등으로 운용하며, 지방자치단체 또는 지방자치단체 외의 자 등으로부터 출연된 거액의 출연금인 경우에는 당해 연도 기금의 세출예산에 계상하여 전액 지출하는 것이 아니라 기금의 조성을 위하여 적립하는 방향으로 운용한다.

4) 국민기초생활보장사업 예산

2010년도 국민기초생활보장사업 예산 현황은 <표 54>와 같다.

<표 54> 국민기초생활보장급여 등 예산 현황

(단위 : 백만원)

구분	2009예산 (B)	2010예산 (A)	증감 (B-A)	%
기초생활보장급여 지원	3,336,886	3,271,960	△64,926	△1.9
생계급여	2,446,001	2,449,192	3,191	0.1
주거급여	654,880	562,824	△92,056	△14.1
교육급여	110,475	120,406	9,931	9.0
해산・장제급여	13,475	15,350	1,875	13.9
저소득층 에너지 보조금 지원	90,291	-	90,291	순감
차상위계층 양곡할인 지원	16,343	110,766	94,423	577.8
사회복지통합서비스전문요원지원	-	10,804	△10,804	순증
기초보장관리단 확대 운영	-	1,550	1,550	순증
기초생활보장관리	5,421	631	△4,790	△88.4
긴급복지 지원	51,532	57,912	6,380	12.4

자료 : 보건복지가족부, 사회복지정책분야 주요업무 참고자료 2010

2010년도 국민기초생활보장급여 등 예산 현황은 <표 54>에 나타난 바와 같이 3조 2,719억 6,000만원으로 2009년 대비 19% 감소되었으며, 생계급여는 163만 2천명에 대해 2조 4,491억 9200만원이 책정되어 있으며, 저소득층 난방비 지원은 한시적 사업으로 유지해 오다가 2009년부터 전액 삭감되었다. 한편 사회복지통합 서비스전문요원 지원비 및 기초보장관리단 확대 운영비가 신설되었다. 긴급복지 지원은 5만 9천명에 대해 579억 1, 200만원으로 2009년 대비 12.4% 증액되었다.

3장 기초노령연금제도와 장애인연금제도

제1절 기초노령연금제도의 의의

1. 기초노령연금제도의 의의

기초연금제도에 대한 논의가 표면화된 것은 국민연금제도의 도시지역 적용확대를 앞두고 제도 시행 이래 제기되어 왔던 주요 현황 과제들에 대한 해결방안을 모색하려는 차원에서 였다.

기초연금제도와 관련하여 집중적인 관심사는 기초연금제도가 도입되면 공적연금의 사각지대가 해소할 수 있느냐 하는 점이다. 공적연금의 사각지대는 세 가지 의미를 지니는 것으로 정의할 수 있다. 첫째, 가입으로부터의 배제이다. 이는 연금제도에 가입되어 있지 않거나 가입이 되어 있더라도 수급권이 발생하지 않아 실질적으로 미가입과 유사한 상태를 의미한다. 둘째, 수급으로부터의 배제이다. 이는 연금수급에 필요한 자격요건을 채우지 못함으로써 연금수급권을 획득하지 못한 상태를 의미한다. 셋째, 적절한 최저급여로부터의 배제이다. 이는 수급자격을 갖추지 못해 연금수급권을 획득하지 못했거나 연금수급권을 획득했지만 그 급여수준이 낮아 최저한의 적절성을 충족하지 있는 수준에도 못 미치는 상태를 의미한다.

연금제도를 운영하고 있는 OECD국가들의 사례들을 분석해보면 기초연금제도는 여러 가지 측면에서 공통점을 찾을 수 있다. 첫째, 연금수급권의 형태 면에서 남성-가계부양자, 여성-피부양자라는 전통적인 가족모델에 입각한 소득비례의 공적연금제도와는 달리 주로 개별수급권에 기초하고 있다. 둘째, 사회적 위험의 유형 또는 급여유형에 관계없이 연금급여는 누구에게나 동일한 금액으로 제공되는 경향이 있다. 셋째, 급여지출에 필요한 재원은 전적으로 또는 상당부분 국고에 의존한다. 넷째, 직역 또는 지위에 관계없이 전국민 모두에게 적용된다는 점 등이다.

기초연금제도를 수급자격, 급여지급방식, 권리성, 재원 등의 차원에서 비교해보면 세 가지 유형으로 구분할 수 있다. 첫째, 과거의 직업, 소득, 노동이력, 성 등에 관계 없이 누구에게나 거주 또는 시민권에 기초하여 최저한의 적절성을 보장해주는 보편적 연금 둘째, 완전연금 수급에 필요한 기여 내지 노동기간을 충족한 자에 대해서는 동일한 금액을 지급하지만 그 기간에 미치지 못하면 미달된 기간에 비례하여 급여액을 삭감하는 기여기간 비례의 기초연금 셋째, 욕구조사 내지 자산조사에 기반하여 다른 소득원이 전혀 없는 경우에는 최저한의 적절성을 보장하는 수준의 일정액의 급여를 전부 지급하지만 다른 소득원이 있는 경우에는 그 소득금액에 비례하여 연금액을 감액하는 형태의 공공부조방식의 기초연금 등이 있다.

우리나라 기초노령연금은 소득과 재산을 기준으로 선정된 저소득노인을 대상으로 수급자의 부담없이 재원이 국고로 조달된다는 점에서 공공부조적 성격을 지니고 있으며, 선별주의적인 국민기초생활보장수급자가 아닌 전체 노인을 대상으로 한다는 점에서 보편주의적 제도라고 볼 수 있으나 한편으로 중하위 소득계층 노인만을 대상으로 한다는 점에서 보면 선별주의적 제도에 가깝다고 할 수 있다.

2. 기초노령연금제도의 도입 배경

국민연금제도 도입과 확대 당시 이미 노령에 이르러 국민연금 적용대상에서 제외된 노인은 연금혜택의 사각지대에 놓이게 되었다. 우리나라의 저소득층 노인에 대한 소득보장제도는 공공부조제도로서 국민기초생활보장제도가 시행되고 있으며 이에 부과하여 1991년부터 65세 이상의 생활보호대상 노인에게 지급하여 오던 노령수당이 1998년에는 경로연금으로 바뀌었다.

노인복지법에 의한 경로연금은 공공부조 수급노인계층에 대한 노령수당의 성격과 노령으로 공적연금 가입 기회를 갖지 못한 노령계층을 위한 공적연금의 보완적인 무갹출연금제도의 성격을 복합적으로 갖는 제도였다.

경로연금은 2007년 현재 80세 이상 기초생활보장수급 노인에게 월 5만원, 65세에서 79세인 경우에는 월 4만5천원, 일반 저소득노인에게 월 3만5천원이 지급되었으며, 경로연금수급자 중 기초생활보장수급자 비율은 2005년에는 57.4%로 전체 노인 중 14.4%가 수급자였다. 그러나 월 3~5만원 수준의 경로연금에만 의존하여 생활하기에는 급여수준이 낮은 편이었다. 이러한 저소득 노인층의 기초생활을 보장하기 위해 국민연금의 연금혜택 사각지대에 놓여 있는 노인들에 대한 소득보장책이 절실히 필요하게 되었다.

이러한 상황에 대처하여 기초노령연금제도는 노인이 후손의 양육과 국가 및 사회의 발전에 이바지하여 온 점을 고려하여 생활이 어려운 노인에게 기초노령연금을 지급함으로써 노인의 생활안정을 지원하고 복지를 증진함을 목적으로 2007년 4월에 기초노령연금법이 제정되고, 7월에는 기초노령연금법의 일부 개정을 통해 2008년 1월 1일부터 시행하게 되었다.

제2절 기초노령연금제도의 내용

1. 적용대상

1) 적용대상

기초노령연금의 연금수급희망자는 65세 이상 노인으로 기초노령연금 수급을 희망하는 자이다. 기초노령연금의 지급대상은 65세 이상인 자로서 소득인정액이 대통령령으로 정하는 금액 이하인 자이다.

2) 수급자 요건

수급자 선정기준의 소득은 소득인정액을 의미하며, 소득평가액은 실제소득에서 가구특성별 지출비용, 근로소득공제금액을 차감하여 남은 금액이다.

소득인정액이란 월 소득평가액과 재산의 월 소득환산액을 합한 금액이다. 연금을 지급해야 하는 대상자의 범위는 보건복지부장관이 전년도 9월 1일까지 결정·고시하는 선정기준액 이하인 자로 하고, 배우자가 있는 자는 배우자가 없는 자의 선정기준액의 100분의 160을 곱한 금액으로 한다.

소득인정액 산정을 위한 자산조사는 소득조사와 재산조사로 구분된다. 자산조사의 대상 및 범위는 신청자(수급자) 본인과 그 배우자 명의의 소득·재산이며, 가구단위로 조사한다. 그러나 자녀 등 부양의무자의 소득·재산은 조사대상에 포함되지 않는다. 소득산정기준은 조사일로부터 최근 3개월간 평균소득액을 기준으로 산정하는 것을 원칙으로 한다. 소득조사의 범위는 근로소득, 사업소득, 재산소득(임대, 이자, 연금), 공적이전소득 등이며, 소득평가액 산정은 소득산정에 포함되는 종류별 소득금액을 합산하여 평균한 금액이다. 재산조사의 개념은 순재산을 말하며, 재산의 종류별 가액을 합산(총재산)하여 부채 및 기초공제액(주거공제, 금융재산공제)를 차감한 값이다.

연도별 수급자 선정기준액은 <표 55>와 같다.

<표 55>연도별 기초노령연금 수급자 선정기준액

구분	연도별	2008	2009	2010
노인 단독 가구	선정기준액 (소득인정액 기준)	월 40만원	월 68만원	월 70만원
	소득기준	월 40만원 이하	월 68만원 이하	월 70만원 이하
	재산기준	9,600만원 이하	16,320만원 이하	대도시 :2억7,600만원 이하 중소도시 :2억3,600만원 이하 농어촌 :2억2,600만원 이하
노인 부부 가구	선정기준액 (소득인정액 기준)	월 64만원	월 108.8만원	월 112만원
	소득기준	월 64만원 이하	월 108.8만원 이하	월 112만원 이하
	재산기준	15,360만원	26,112만원 이하	- 대도시 :3억7,680만원 이하 중소도시 :3억3,680만원 이하 농어촌 :3억2,680만원 이하
비 고		노인의 60%	노인의 70%	노인의 70%

2008년도 수급자 선정기준은 노인단독가구는 월소득인정액이 40만원, 노인부부가구는 64만원 이하였다. 이 기준에 따르면 2008년도에는 전체 노인의 60%가 적용대상이며, 2009년에는 적용대상을 70%로 확대하기 위해 선정기준을 노인단독가구는 68만원, 노인부부가구는 108만 8천원으로 조정하였다. 그리고 2010년에는 노인단독가구는 70만원, 노인부부가구는 112만원으로 조정되었다.

한편 기초노령연금은 제도 시행 첫 해인 2008년 1월부터는 70세 이상, 2008년 7월부터는 65세 이상으로 확대되었다. 따라서 수급자는 2008년 1단계에는 1,942,267명, 2단계에는 2,884,348명으로 나타나 65세 이상 노인의 56.9%에 이르렀다.

2. 급여

1) 급여수준

연금액은 국민연금 수급 전 3년간의 평균소득월액의 평균액(A값)의 100분의 5에 해당하는 액수이며, 2009년부터 단계적으로 상향 조정하여 2028년까지 100분의 10으로 조정한다. 연금의 적용기간은 당해 연도 4월부터 다음 연도 3월까지이다.

연도별 연금액은 <표 56>과 같다.

<표 56> 연도별 기초노령연금액 (단위 : 원)

연도별	2008 1월 ~ 2009년 3월		2009년 4월 ~ 2010년 3월		2010년 4월 ~ 현재	
가구별	단독가구	부부가구	단독가구	부부가구	단독가구	부부가구
1인당연금액	84,000	134,000	88,000	140,800	90,000	144,000

연금액은 소득인정액과 연금액을 합한 금액이 선정기준액을 초과하는 경우 연금액은 선정기준액에 소득인정액을 차감한 금액의 일부를 감액하여 지급할 수 있다.

또한 노인단독과 노인부부의 생활비 차이를 인정하여 부부가 동시 수급하는 경우에는 각각의 연금액에 대하여 100분의 20을 감액한다. 따라서 2008년에는 노인단독가구는 8만 4천원, 노인부부는 13만 4천 160원이었던 것이 2009년 4월부터는 노인단독가구는 8만 8천원, 노인부부는 14만 8천원으로 조정되었으며, 2010년에는 각각 9만1천원, 14만 5천 6백원으로 조정되었다.

즉 약간의 소득인정액의 차이로 기초노령연금을 받는 사람과 받지 못하는 사람간의 연금수급으로 인해 발생할 수 있는 소득역진을 최소화하기 위하여 연금액의 일부를 단계적으로 감액 지급하게 되는 데, <표 57>에 나타난 바와 같이 1인 수급의 경우 소득인정액과 연금액을 합산한 금액이 선정기준을 초과하는 경우 기초노령연금액은 선정기준액과 소득인정액의 차액에 따라 2만원 단위로 절상하여 지급하며, 2인 수급의 경우 4만원 단위로 절상하여 지급한다.

<표 57> 노인단독가구 연금액 초과분 감액 내역

소득인정액		60만원 미만	60만원 이상 ~62만원 미만	62만원 이상 ~64만원 미만	64만원 이상 ~66만원 미만	66만원 이상 ~68만원 미만
선정기준액 차액		8만원 초과	6만원 초과 ~8만원 이하	4만원 초과 ~6만원 이하	2만원 초과 ~4만원 이하	2만원 이하
연금액	2009.1~3월	84,000원	80,000원	60,000원	40,000원	20,000원
	2009.4~2010.3월	88,000원	80,000원	60,000원	40,000원	20,000원
	2010.4~현재	91,000원	80,000원	60,000원	40,000원	20,000원

자료 : 보건복지부, 2010년 기초노령연금사업 안내.

2) 급여와 관련된 조치

(1) 수급권의 보호

수급권은 이를 양도 · 압류하거나 담보에 제공할 수 없으며, 연금으로 지급받은 금품을 이를 압류할 수 없다.

(2) 조세 및 공과금의 감면

지급받은 연금에 대하여는 조세특례제한법, 그 밖의 법률 또는 지방자치단체의 조례로 정하는 바에 따라 조세와 그 밖의 공과금을 감면한다.

(3) 부당이득의 환수 및 벌칙

부당이득의 범위는 수급자의 허위 · 지연신고, 신고의무불이행 등으로 지급되어야 할 연금보다 더 많은 연금이 지급되었거나 수급권이 없는 자가 연금을 지급받은 경우 해당 연금 전액이다.

시 · 도지사, 시장 · 군수 · 구청장은 수급권이 없는 자가 연금으로 지급받은 경우에는 부당이득사실, 부당이익금액 등을 명시하여 고시하고, 통지를 받은 자는 부당이득금을 납부하여야 한다. 또한 거짓이나 그 밖의 부정한 방법으로 연금을 지급받은 자는 1년 이하의 징역 또는 500만원 이하의 벌금에 처한다. 또한 거짓이나 그 밖의 부정한 방법으로 연금을 지급받은 경우 부정수급기간이 6개월 60만원 이상인 경우에는 고발 조치한다.

3. 관리운영체계

기초노령연금제도 관리운영체계를 살펴보면 보건복지부장관은 기초노령연금제도에 관한 기본방향과 정책 수립에 관한 사항, 수급자 선정기준에 관한 사항, 비용부담에 관한 사항, 그 밖의 위원장이 회의에 부치는 사항에 관하여 자문하기 위해 기초노령연금정책위원회를 둔다. 그러나 실제 업무에 있어서는 수급자에 대한 조사 · 수급자 관리는 지방자치단체가, 연금지급은 국민연금공단이 행한다.

또한 연금신청접수, 소속공무원이 행하는 조사·질문에 관한 업무지원, 이의신청의 접수, 수급권 상실사유 신고의 접수, 기초노령연금정보시스템의 운영에 관한 사항 등을 국민연금공단에 위탁하고 있다.

4. 비용부담

기초노령연금의 비용은 국가와 지방자치단체가 부담한다. 국가는 시·군·구·특별자치도의 노인인구 비율과 재정자주도에 따라 40~90%를 부담하고 나머지는 시·도 조례로 정하는 바에 따라 분담한다. 기초노령연금의 재정지원비율은 <표 58>과 같이 재정자주도가 80% 이상인 경우에는 40%를, 80% 미만인 경우에는 70%를 국가가 부담하되, 노인인구 비율이 14% 이상인 고령지역에는 10%를, 노인인구 비율이 20% 이상인 초고령지역에는 20%를 추가로 부담한다.

<표 58> 기초노령연금의 재정지원 비율

구분		특별자치도, 시·군·구 노인인구비율		
		14% 미만	14% 이상~20% 미만	20% 이상
재정 자주도	90% 이상	40%	50%	60%
	80% 이상~90% 미만	50%	60%	70%
	90% 미만	70%	80%	90%

<표 59> 연도별 기초노령연금 소요예산 (단위 : 조원/경상가)

연도별	2008	2009	2010	2011	2012	2013	2014	2015
소요예산	2.3	3.0	3.2	3.4	3.9	4.2	4.7	5.1

자료 : 국민연금공단, 국민연금20년사, 2008.

연도별 소요예산 추이는 <표 59>에서와 같이 2008년에는 (1단계 192만명, 2단계 300만명) 2조 3천억원, 2009년 (312만명) 3조원, 2010년 (312만명) 3조 2천억원으로 추계되었다.

제3절 장애인연금제도의 의의

1. 장애인연금제도의 의의

장애인은 정치·경제·사회·문화·교육 등 대부분의 생활영역에 있어서 소외받고 있는 대표적인 사회적 취약계층의 하나이다. 우리 사회가 과거에 비해 장애인에 대한 관심과 그에 대한 복지정책이 개선되고 있다고는 하나 빈곤한 중증장애인의 삶은 아직도 소득의 사각지대에 방치되어 있는 것이 현실이다.

현행 국민기초생활보장제도나 국민연금제도 및 여러 가지 장애인복지제도 등을 통해서도 장애인의 최소한 삶의 유지가 보장되지 않는 상태에서 이에 대한 대책수립은 절실한 상황이다. 이와 같이 장애인의 사회적 안전망이 허술한 현실에서 장애인연금제도의 필요성을 살펴보면 다음과 같다.

첫째, 현행 국민연금제도에 장애연금이 있으나 현행 국민연금법상의 장애연금으로는 보호되지 않는 장애의 문제가 존재하기 때문이다. 현행 국민연금제도에는 보호되지 않는 장애영역이 존재함으로써 이들 장애인들은 국민연금 가입자로서 가입기간 중에 발생한 장애인 경우에만 가능하기 때문이다. 그러므로 국민연금 미가입자가 장애를 입게 되는 경우 또는 국민연금 가입자가 되기 이전에 입은 장애의 경우에는 장애연금의 지급대상이 되지 않는다.

둘째, 현행 장애수당제도로서는 소득보장의 기능을 수행할 수 없다는 점이다. 장애인은 장애라는 특성으로 인하여 일반적으로 추가적 비용의 발생과 소득활동의 감소를 수반하게 되는 데, 우리나라의 경우 이를 보전해 줄 보편적인 수당제도가 마련되어 있지 않다. 현행 장애인복지법에는 장애수당 등이 규정되어 있기는 하나, 그 대상을 장애인 일반이 아닌 국민기초생활보장수급자 내지 차상위계층으로 제한함으로써 진정한 의미의 사회수당이 아닌 공공부조의 하나로 볼 수 있기 때문이다. 즉 장애수당이 사회수당으로서의 의미를 가지려면 자산조사나 소득조사없이 장애라는 사회적 위험이 발생한 모든 국민(즉 모든 장애인)에게 제공되어야 하지만, 현행 장애수당제도는 장애인 모두에게 적용되는 보편적인 수당제도로 볼 수 없다.

셋째, 현재의 장애인들의 소득현황이 매우 열악한 상황에 있어 이에 대한 대책이 필요하다는 점이다. 2005년도 장애인 실태조사에 따르면 장애인가구의 월평균 소득은 157만2천원으로 도시근로자 가구소득(2005년도 2/4분기 301만9천원)의 52.1%에 불과한 것으로 나타났다(한국보건사회연구원, 2005). 이것은 2000년도 당시 도시근로자 가구소득 대비 장애인 가구소득 비율인 46.4%에 비하여 5.7% 증가한 수치이지만 여전히 장애인의 소득수준이 한국 사회의 평균적인 도시근로자에 비해 매우 열악한 수준이라는 것을 나타내며, 사실상 장애인 대부분의 경제활동이 저조하거나 비경제활동자인 것을 의미하는 것이다. 특히 중증장애인에 속한다고 볼 수 있는 뇌병변장애인, 정신장애인, 지적장애인의 경우 실업률이 46~60%에 달하고 있다. 2008년 기준 18세 이상 60세 미만의 1~2급 장애인(29만 8천명) 중 국민연금 가입자는 32.6%(9만 7천명)이며, 국민연금제도의 장애연금수급자는 8.4%(2만 5천명)에 그치고 있어 중증장애인이 국민연금의 사각지대에 놓여 있다.

장애관련수당에는 장애수당, 장애아동부양수당, 보호수당 등이 있다.

우리나라에서 2010년 7월 1일부터 실시한 장애인연금제도는 장애로 인하여 생활이 어려운 중증장애인에게 근로능력의 상실 또는 현저한 감소로 인하여 줄어드는 소득과 장애로 인하여 추가로 드는 비용을 보전하기 위하여 매월 일정액의 연금을 지급하는 사회보장제도로서, 장애로 인하여 생활이 어려운 중증장애인의 생활안정 지원과 복지증진 및 사회통합을 도모하는 데 이바지함을 목적으로 하고 있다.

2. 장애인연금제도의 도입 배경

2005년 장애인실태조사에 의하면 장애인이 장애로 인하여 소요되는 추가비용은 월평균 15만5천원으로 2000년의 15만8천원에 비해 다소 감소하였으나 이것은 철도· 고속도로 통행료 감면 확대, 재활보조기구 지원 및 건강보험료 감면 등으로 전체 추가비용이 증가하지 않은 것으로 추정할 수 있다. 그렇지만 이 추가비용은 장애인이 가지는 특성으로서 비장애인과 비교하여 일상적인 생활에서 꼭 필요한 추가적인 필수비용에 해당하는 것이다. 따라서 장애인의 경우에는 소득발생 여부와 관계없이 이러한 추가비용 발생이 상존하고 있으므로 이를 보편적인 장애수당으로서 보전해주는 것이 복지국가의 원리에 합당한 것이다. 그러나 우리나라의 경우에는 이러한 추가비용의 발생을 온전하게 보전해주는 보편적인 사회수당이 시행되지 않고 있다.

한편 현행 장애인복지법이 규정하고 있는 장애수당제도는 2가지 점에서 문제가 있다. 첫째는 장애수당임에도 불구하고 그 지급대상자가 장애인 일반이 아닌 제한된 장애인에게만 지급하는 것이어서 사회수당으로서의 장애수당이 아닌 자산조사 급여형식의 사회부조형태의 하나로 운용되고 있다. 결국 이것은 국민기초생활보장제도의 한 내용으로서 절대빈곤상태에 있는 중증장애인에게 약간의 보충적인 혜택을 주는 것에 불과하다.

둘째는 장애수당 지급내용의 문제이다. 장애인에게 있어 장애수당의 의미는 장애로 인한 추가비용의 발생과 소득감소를 보전해주는 취지인 데, 실제 지급내용은 월 12~13만원(중증장애인)과 3만원(경증장애인)에 불과하여 조사된 장애인의 월평균 추가비용인 15만5천원의 절반에도 못 미치는 것이다. 이렇게 볼 때, 현행 장애인복지법상의 수당제도는 대부분의 장애인에게는 별 의미가 없는 명목상의 제도라고 밖에 볼 수 없다. 따라서 장애수당으로 실질화하든지 아니면 장애수당과 별도로 장애인연금제를 도입할 필요가 있다. 이 경우에도 선택적 또는 병행적 도입방안이 있는 데, 여기서는 기존의 장애수당은 추가비용 보전급여로서의 기능을 하게하고 장애인연금은 소득보전급여로서 병행적 실시를 위한 도입방안이 모색될 수 있다.

장애인연금제도의 연혁은 다음과 같다.

- 2003. 9. 장애인복지법 개정 (국민기초생활보장법상의 생계급여수급자인 장애인에게 장애수당 지급)
- 2005. 1. 장애수당 지급대상을 기초생활보장 생계급여수급자 중 중증장애인에서 일반수급자인 전체 장애인으로 확대
- 2006. 9. 장애수당, 장애아동부양수당을 인상
- 2007. 1. 장애수당대상자 확대 및 지급액 인상 (기초생활보장수급자에서 차상위계층으로까지 확대, 중증 7만원, 경증 2만원에서 기초생활보장수급자 중증 13만원, 차상위계층 중증 12만원, 기초 및 차상위계층 경증 3만원, 장애아동 부양수당 대상자를 기초생활보장수급자에서 차상위계층으로 확대, 기초수급 1급 중증 7만원에서 20만원, 차상위 중증 15만원, 기초 및 차상위계층 경증 10만원)
- 2007. 4. 장애인활동보조지원사업 시행 (1급장애인 중 만 6세 이상 만65세 미만)
- 2010. 4. 장애인연금법 제정
- 2010. 7. 장애인연금제도 시행 (장애인연금, 경증장애수당, 장애아동수당으로 구분하여 대상자 선정 · 지급

제4절 장애인연금제도의 내용

1. 적용대상

1) 적용대상

장애인연금의 수급대상자는 18세 이상의 중증장애인 중 본인과 배우자의 소득인정액이 선정기준액 이하인 자이다. 연령은 장애인연금 신청 월 당시 18세 이상인 자이며, 다만 20세 이하로서 초, 중등교육법에 따른 학교에 재학 중인 자는 제외한다. 여기서 중증장애인은 장애인복지법상 장애등급이 1급과 2급 및 3급 중복장애인이다.

2) 수급자요건

수급자의 소득・재산기준은 소득인정액이 선정기준액 이하인 자이다. 수급자 선정기준의 소득은 소득인정액을 의미하며, 중증장애인 본인과 배우자의 소득평가액과 재산의 소득환산액을 합산한 금액이다. 소득평가액은 각종 소득항목(근로소득, 사업소득, 재산소득, 공적이전소득, 사전이전소득)의 합계이며, 재산의 소득환산액은 재산의 종류별 합산가액에서 기본재산액과 부채를 공제한 금액에 소득환산율(연5%)를 곱하여 12로 나눈 금액이다〔(재산-기본재산액-부채)×소득환산율(연5%)÷12개월〕.

종전 장애수당수급 중증장애인은 당연대상자에 포함되며, 국민기초생활보장수급자는 장애인연금제도의 선정기준액을 당연 충족하는 것으로 본다. 다만 소득만 있는 경우와 재산만 있는 경우의 값은 상시근로소득공제, 금융재산공제, 기본재산액공제가 적용되기 전의 금액에 해당된다.

소득인정액 산정을 위한 자산조사의 범위는 중증장애인 본인과 배우자의 소득과 재산이며, 부가급여 대상자 조사는 종전 장애수당수급중증장애인, 국민기초생활보장수급자(일반재가), 차상위계층 등으로 부양의무자기준은 적용하지 않는다.

장애등급 심사는 국민연금공단이 심사기관이며, 장애인연금을 신청하는 등록한 중증장애인이 심사대상자이다.

2010년도 장애인연금수급자 선정기준액은 <표 60>과 같다.

<표 60> 2010년도 장애인연금수급자 선정기준액

단독 가구(무 배우자 가구)			부부 가구(배우자가 있는 가구)		
선정기준액	소득만 있는 경우	재산만 있는 경우	선정기준액	소득만 있는 경우	재산만 있는 경우
50만원	50만원	1억2천만원	80만원	80만원	1억9천2백만원

자료 : 보건복지부, 2010년 장애인연금사업 안내.

이러한 기준에 따른 2010년도 수급자는 32만 5천여명으로 추산되며, 이는 전체 장애인의 13% 수준이다.

2. 급여

1) 급여의 종류

장애인연금은 기초급여와 부가급여로 구분된다.

(1) 기초급여(18세~64세)

근로능력의 상실 또는 현저한 감소로 인하여 줄어드는 소득을 보전해주기 위하여 지급하는 급여이다. 급여액은 국민연금 가입자 최근 3년간 월 평균소득(A값)의 5%을 지급한다. 또한 65세 이상 동일한 성격의 급여인 기초노령연금을 받으므로 기초급여는 미지급하고, 부부감액의 경우 단독가구와 부부가구의 생활비 차이를 감안하여 부부가 모두 기초급여를 받는 경우 각각의 기초급여액에 20%를 감액하여 지급한다. 또한 초과분 감액의 경우 약간의 소득인정액 차이로 기초급여를 받는 자와 못 받는 자의 소득역진을 최소화하기 위해 기초급여액의 일부를 단계별로 감액하여 지급한다. 65세 이상의 자는 동일한 성격의 급여인 기초노령연금으로 전환하여 지급하고, 장애인연금 기초급여는 지급하지 아니한다.

기초급여대상자의 급여액은 <표 61>과 같다.

<표 61> 기초급여대상자 및 급여액

구분	차액(선정기준액 - 소득인정액)				
1인 수급 시 기초급여액	8만원 초과	6~8만원	4~6만원	2~4만원	2만원 이하
	90,000원	80,000원	60,000원	40,000원	20,000원
2인 수급 시 기초급여액	12만원 초과	8~12만원	4~8만원	4만원 이하	
	144,000원	120,000원	80,000원	40,000원	

자료 : 보건복지부, 2010년 장애인연금사업 안내.

- 종전 장애수당수급자는 부부감액은 적용, 초과분감액은 미적용
- 국민기초생활보장수급자(일반)는 부부감액은 적용, 초과분감액은 미적용

기초급여액은 2028년까지 국민연금 가입자가 최근 3년간 평균소득월액(A값)의 100분의 10에 해당하는 금액으로 단계적으로 인상한다.

(2) 부가급여(18세 이상)

부가급여대상자는 기초생활보장수급자와 차상위계층 (재가수급자에 한하며, 보장시설수급자는 제외)이며, 장애로 인하여 추가로 드는 비용의 전부 또는 일부를 보전해주기 위하여 지급하는 급여이다. 부가급여대상자의 급여액은 <표 62>와 같다.

<표 62> 부가급여대상자 및 급여액

구분	18~64세	65세
국민기초생활보장수급자(일반)	6만원	15만원
차상위계층	5만원	5만원(12만원)

자료 : 보건복지부, 2010년 장애인연금사업 안내.

부가급여는 65세 이상 노인이 기초생활보장수급자인 경우, 기초노령연금액이 생계급여에서 차감됨에 따른 소득감소를 막기 위해 부가급여 15만원을 지급하며, 2010년 7월 1일 이전에 만 65세(1945년 6월 30일 이전 출생자)로서 차상위계층 장애수당을 받던 자는 종전 차상위계층 장애수당으로 받던 금액인 12만원을 지급하고, 2010년 7월 1일 이전에 만 65세(1945년 6월 30일 이전 출생자)로서 보장시설 장애수당을 받던 자에 한하여 7만원을 지급한다.

(3) 부당이득의 환수 및 벌칙

부당이득의 범위는 거짓이나 그 밖의 부정한 방법으로 장애인연금을 받은 경우 또는 장애인연금을 받은 후 그 장애인연금을 받게 된 사유가 소급하여 소멸한 경우나 잘못 지급된 경우에 해당된다.

거짓이나 그 밖의 부정한 방법으로 장애인연금을 받거나 다른 사람으로 하여금 장애인연금을 받게 된 자는 1년 이하의 징역 또는 500만원 이하의 벌금에 처한다.

3. 관리운영체계

장애인연금제도의 주무부처는 보건복지부이다. 그러나 실제 업무에 있어서는 신청 접수, 수급자에 대한 자산조사, 지급결정 및 지급은 특별자치도 · 시 · 군 · 구가 행하며, 장애등급 심사는 국민연금공단이 수행하고 있다.

4. 비용의 부담

장애인연금은 지방자치단체의 재정 여건 등을 고려하여 대통령령으로 정하는 방에 따라 국가, 특별시 · 광역시 · 도 또는 특별자치도 · 시 · 군 · 구가 부담한다.

국가가 자치단체별로 부담하는 장애인연금 비용의 비율은 특별시의 경우 100분의 50, 광역시 · 도 · 특별자치도는 100분의 70을 부담하며, 국가가 부담한 금액을 뺀 금액에 대해서는 특별시 · 광역시 · 도 · 특별자치도 및 시 · 군 · 구가 상호 분담하되, 그 부담비율은 특별시 · 광역시 · 도의 조례로 정한다.

2010년의 6개월분 예산 추계액은 2,200억원(국비 1,474억원)이다.

4장 의료급여제도

제1절 의료급여제도의 의의와 발전과정

1. 의료급여제도의 의의

의료급여제도(medicaid)는 저소득층과 특수집단의 의료궁핍을 해결함으로써 의료의 사회화를 이루려는 공공부조적 노력이라고 할 수 있다. 즉 일정수준 이하의 저소득층을 대상으로 그들이 자력으로 의료문제를 해결할 수 없는 경우 국가재정으로 의료혜택을 주는 공공부조제도이다. 우리나라에서는 생활유지 능력이 없거나 생활이 어려운 자에게 질병, 부상, 출산 등에 대해 의료급여를 실시함으로써 국민보건의 향상과 사회복지 증진에 이바지함을 목적으로 제도화되었다.

이는 국민건강보험제도와 더불어 국민의 건강한 생활을 보장하기 위한 중요한 수단이 되는 공공부조제도로서 국민기초생활보호제도의 시행에 따라 의료급여제도도 이 제도와 일관성을 유지하기 위한 제도적 개선이 이루어지고 있다.

2. 의료급여제도의 발전과정

우리나라의 의료보호는 1961년 12월에 제정된 생활보호법에 따라 65세 이상의 노령자, 18세 미만의 아동, 임산부, 심신장애로 인하여 노동능력이 없는 자 등을 대상으로 하여 보건소, 국·공립병원 및 그 밖의 비영리의료기관을 중심으로 영세민에게 무료로 진료를 실시해 왔다. 그러다가 1977년 의료보호에 관한 규칙을 제정하였고 동년 12월 31일에 의료보호법을 제정하여 1979년 1월 1일부터 본격적인 의료보호사업을 실시하게 되었다.

1961.12. 생활보호법 제정 (보호내용에 의료보호 명기)
1977.12. 의료보호법 제정
1978. 5. 의료보호법 시행령 제정
1979. 1. 본격적인 의료보호사업 실시
1986. 1. 의료부조제도 실시 (1차 진료 시 진료비의 1/3, 2차 진료 시 진료비의 40~60% 지원)
1991. 1. 의료보호수가를 의료보험과 일치시킴
1993. 1. 한방의료보호 실시
1994. 1. 의료부조제도 폐지 (대상자를 2종 보호대상자에 포함)
1997. 1. 진료기관의 종별가산율 적용, 등록장애인의 보장구 급여 실시
1998. 9. 진료지역 폐지
2001. 5. 의료보호법이 의료급여법으로 개정(2001년 10월 1일 시행)
2002. 1. 연간 의료급여일수 365일 상한제 도입 (만성질환자 30일 추가, 1종 수급권자 식사 일부 본인부담제 실시)
2003. 1. 본인부담보상금제 실시 (2종 수급권자 입원 시 매 30일간 30만원 초과금액의 50%)
2004. 1. 차상위계층 의료급여 실시 (희귀난치성, 만성질환자의 진료비를 의료급여기금에서 부담, 의료급여 본인부담상한제 실시)
2006. 2. 차상위계층 의료급여 지원대상을 12세에서 18세 미만으로 확대, 급여일수 연장승인제도를 사전승인제로 변경
6세 미만 아동의 입원진료 시 본인부담금 면제
2007. 7. 1종 수급권자 의료진료 시 본인부담제 및 선택병의원제 도입 1종 수급권자 본인부담상한제 도입, 의료급여관리사 증원
2008. 11. 차상위수급권자 중 희귀난치성질환자를 건강보험가입자로 전환, 출산 전 진료비 20만원 지원
2009. 2. 차상위수급권자 중 만성질환자, 18세미만 아동 건강보험가입자로 전환
2009. 6. 사회복지시설에서의 촉탁의 처방 허용 의료급여 2종 수급권자의 입원 시 본인부담률 15%에서 10%로 인하
2010, 1. 중증환자의 본인부담률 10%에서 5%로 인하

생활보호법에 의한 종래의 의료보호와 의료보호법에 의한 의료보호의 차이점으로는 (1) 보호내용의 확대 (2) 제1차 진료와 제2차 진료의 구분 (3) 보호지구의 설정 (4) 의료보호기금제도의 설치 (5) 제2차 진료에 있어 비용 중 일부의 대불조건

(代拂條件) 등이 있다. 따라서 생활보호법에 근거하여 저소득계층에 대하여 실시해 오던 구료사업(救療事業)적 성격의 의료보호사업이 의료보호법의 시행으로 1979년부터는 사회보장정책의 한 영역으로서 본격적으로 실시되는 계기가 되었다.

1986년에는 의료부조제도를 실시하였다가 1994년에는 의료부조제도를 폐지하고, 그들을 2종 보호대상자에 통합시켰다. 1997년에는 진료기관의 종별가산율을 적용하였고, 타 진료지역 진료승인제를 폐지하였으며, 등록장애인의 보장구급여가 실시되었고, 1998년에는 진료지역을 폐지하는 등 제도 개선을 해왔다.

한편 국민기초생활보장법의 시행에 맞추어 의료보호법을 의료급여법으로 개정하여 2001년 10월 1일부터 시행하였다. 의료급여법은 생활이 어려운 저소득 국민의 건강을 증진하기 위하여 의료급여 수급기간의 제한을 폐지하여 연중 기간 제한 없이 의료급여를 받을 수 있도록 하고, 예방·재활 등에 대하여도 의료급여를 행하도록 하며, 국가와 지방자치단체가 기금운영에 필요한 충분한 예산을 확보하도록 하고, 수급권자의 진료편의를 도모하기 위하여 의료급여기관에 대한 업무정지처분에 갈음하여 과징금을 부과할 수 있도록 하는 등 의료보호제도의 운영상 나타난 미비점을 전반적으로 개선·보완하려는 목적으로 개정되었다.

그 후 2002년에는 연간 의료급여일수 365일 상한제를 도입하고 2003년에는 본인부담보상제를 실시하였으며, 2004년에는 차상위계층 중 희귀난치성, 만성질환자를, 2005년에는 차상위계층 중 12세에서 18세 미만까지 적용대상을 확대하였다. 또한 2007년에는 1종 수급권자의 본인부담제와 함께 선택병의원제를 도입하였으며, 2008년에는 차상위수급권자 중 희귀난치성질환자를 건강보험가입자로 전환, 출산 전 진료비를 20만원씩 지원하였으며, 2009년에는 차상위수급권자 중 만성질환자, 18세미만 아동을 건강보험가입자로 전환하였고, 사회복지시설내에서도 촉탁의 처방 허용, 의료급여 2종 수급권자의 입원 시 본인부담율과 중증환자 본인부담금도 인하되었다.

제2절 의료급여제도의 내용

1. 의료급여수급권자

1) 급여수급권자 선정기준

수급권자라 함은 의료급여법에 따라 의료급여를 받을 자격을 가진 자이다. 의료급여수급권자는 1종 수급권자와 2종 수급권자로 구분된다.

(1) 1종 수급권자

① 국민기초생활보장법에 의한 수급자로서 근로능력이 있는 수급자에 해당되지 않는 자(근로무능력세대)

② 재해구호법에 의한 이재민(罹災民) : 한해, 풍해, 수해, 화재 기타의 재해로 인하여 동일지역내에서 다수의 이재자가 발생하여 응급적인 구호의 필요가 있을 때 재해구호의 대상이 되는 자

③ 의사상자 등 예우 및 지원에 관한 법률에 의한 의상자 및 의사자의 유족

④ 입양촉진 및 절차에 관한 특례법에 의하여 국내에 입양된 18세 미만의 입양아동

⑤ 국가유공자 등 예우 및 지원에 관한 법률과 독립유공자예우에 관한 법률에서 정하는 국가유공자 및 그 가족

⑥ 문화재보호법에 의한 중요무형문화재 보유자 및 그 가족

⑦ 북한이탈주민의 보호 및 정착지원에 관한 법률의 적용을 받고 있는 북한이탈주민(새터민)과 그 가족

⑧ 5.18 민주화운동관련자 보상 등에 관한 법률에 의한 5.18 민주화운동관련자 및 그 유족

⑨ 기타 생활유지의 능력이 없거나 생활이 어려운 자로서 대통령령이 정하는 자(행려환자, 차상위 의료급여수급권자 중 107개 희귀난치성 질환자) 등이다.

(2) 2종 수급권자

국민기초생활보장법에 의한 수급자 중 1종 급여수급권자에 해당되지 않는 자(근로능력세대)와 차상위 의료급여수급권자(만성질환자, 18세 미만 아동)

2) 급여수급권자 선정방법

의료급여는 세대(가구)단위 급여와 개인단위 급여로 구분된다. 즉 의료급여는 주민등록상 세대를 단위로 급여를 하는 것이 원칙이나 첫째, 국민기초생활보장법 제5조 제 2항의 규정에 의한 개인단위 급여자(의료급여 특례) 둘째, 보장시설에서 의료급여를 받고 있는 자 셋째, 입양촉진 및 절차에 관한 특례법에 의하여 국내에 입양된 18세 미만의 아동 넷째, 차상위 의료급여수급권자 다섯째, 행려병자 등은 개인단위로 급여를 할 수 있다.

(1) 국민기초생활보장법에 의한 수급자

의료급여수급권자 가운데 기초생활보장수급자에 해당하는 자는 보건복지부장관이 정한 기준에 따라 시장·군수·구청장이 의료급여신청자의 소득·재산 등을 조사하여 1종, 2종으로 구분하여 매년 책정한다.

1종 급여수급권자는 근로능력이 없는 자로만 구성된 세대, 보장시설에서 급여를 받고 있는 수급자, 의료급여특혜수급자 및 2종 수급권자 중 희귀난치성질환으로 6개월 이상 장기치료를 받고 있는 환자 또는 6개월 이상의 장기치료가 요하는 환자에 대하여는 진료담당의사의 소견서를 제출받아 1종 수급권자로 책정한다.

2종 급여수급권자는 1종 급여수급권자에 해당되지 않는 수급자이다.

(2) 이재민

모든 이재민은 연초에 배정한 인원을 초과하여 발생할 경우에는 즉시 1종 급여수급권자로 책정하며, 의료급여기간은 6월 이내로 하되 생계구호기간과 동일하다.

(3) 국가유공자와 그 가족 및 중요무형문화재 보유자와 그 가족

국가유공자(독립유공자)는 국가보훈처장, 중요무형문화재의 보유자는 문화재청장으로부터 명단을 통보받아 시·도별 배정인원 범위내에서 세대별로 책정한다. 시장·군수·구청장은 국가유공자 및 중요무형문화재 보유자에 대하여 해당대상자의 소득등급, 소년·소녀가장 세대, 모자세대, 65세 이상으로만 구성된 세대, 장기질환자 포함 세대 등 관련 자료를 통보받아 '소득계층등급기준표'에 의거 9등급 이하로 분류된 세대 및 8등급으로 분류되었으나 소년·소녀가정 세대, 모·부자세대, 65세 이상으로 구성된 세대는 별도의 소득조사 없이 책정하고 3등급 내지 8등급으로 분류하였으나 만성·장기질환자가 있는 세대에 대해서는 보장기관 자체 소득조사를 실시하여 책정기준 적합 여부를 판단한다.

(4) 행려병자

의료급여수급권자로서 행려병자(行旅病者)라 함은 일정한 거처가 없는 자로서 경찰관서로부터 무연고자임을 확인받아 행려환자가 발생한 시장·군수·구청장이 의료급여대상자로 인정한 자이며, 행려환자로 결정된 자에 대하여는 진료개시일로 소급하여 의료급여를 실시한다.

이와 같은 책정기준에 따른 연도별 의료급여수급권자 적용 현황은 <표 63>과 같다.

<표 63> 연도별 의료급여수급권자 적용현황 (단위 : 천명)

구분	2001년	2003년	2005년	2006년	2008년	2009년
계	1,503	1,454	1,761	1,828,627	1,841,339	1,677,237
1종	832	867	996	1,028,536	1,024,848	1,036,291
2종	671	587	765	800,091	816,491	640,946

자료: 보건복지가족부, 2010년 의료급여사업안내

2009년도 의료급여수급권자는 1,677,237명으로 이 중 1종은 1,036,291명, 2종은 640,946명이다. 한편 1종 수급권자 중 국민기초생활보장수급자는 920,198명으로 76.4%를 차지하고 있으며, 2종 수급권자 중 국민기초생활보장수급자는 632,754명으로 98,7%를 차지하고 있다.

시장·군수·구청장은 급여수급권자의 소득·재산상황·근로능력 등에 변동이 있는 경우 직권으로 재조사하여 의료급여대상자의 종별을 변경시키거나 대상자에서 제외시킨다. 또한 의료급여수급자에서 제외될 경우 즉시 제외된 사유를 명시하여 대상자에게 통보하여 건강보험에 가입할 수 있도록 안내한다.

2. 급여

1) 급여의 범위

(1) 지원 내용

의료급여수급권자는 모든 질병이나 부상, 출산 등에 대하여 진찰 · 검사, 약제 · 치료재료의 지급, 처치 · 수술과 그 밖의 치료, 예방 · 재활, 입원, 간호, 이송과 그 밖의 의료목적 달성을 위한 조치 등의 의료급여를 받는다.

다만 다음의 경우는 급여의 범위에서 제외한다. 첫째, 다른 법령에 의하여 국가로부터 보호를 받고 있는 경우 둘째, 지정진료, 보조기, 의수족, 의치, 의안, 보청기, 각종 진단서 및 제 증명서 발급 등, 기타 의료급여법에서 정하는 진료 셋째, 자동차손해보상보험법, 민법 등에 의하여 가해자가 있어 진료보상이 가능한 경우 넷째, 질병 · 부상의 치료목적이 아니거나 업무 또는 일상생활에 지장이 없는 질환, 기타 의료급여의 원칙에 부합되지 아니하는 진료 등이다.

(2) 요양비 지급

긴급하거나 그 밖의 부득이한 사유로 인하여 수급권자가 질병 · 부상 · 출산 등에 대하여 의료급여기관과 동일한 기능을 수행하는 기관에서 의료급여를 받거나 의료기관 이외의 장소에서 출산한 경우 요양비를 지급한다. 요양비지급금액은 의료급여기금부담액에 상당한 금액(본인부담액을 제외한 금액)이며, 의료급여기관 외의 장소에서 출산한 경우(사산의 경우로서 임신 6주 이상인 경우를 포함) 출산한 자녀 당 25만원이다.

(3) 출산전 진료비 지원

임산부와 태아의 건강상태 확인 및 안전한 출산을 위한 초음파검사 등에 소요되는 진료비 부담을 경감시켜 출산친화적 환경을 조성하기 위해 출산 전 진료비지원 제도가 시행되고 있다. 지원대상은 의료급여수급권자 중 임신이 확인된 자로서 1,2종 구분없이 20만원씩이다.

2) 급여기간

수급권자가 의료급여기금의 부담으로 의료급여를 받을 수 있는 상한일수는 107개 희귀난치성질환 각 질환별, 11개 만성 고시질환 각 질환별 연간 365일, 107개 희귀난치성질환 및 11개 만성질환에 해당하지 않는 질환은 모두 합산하여 연간 365일이다. 급여일수가 상한일수를 초과하는 때에는 그 초과하는 일수에 해당하는 비용을 본인이 전액 부담하게 되며 조건부승인, 연장불승인을 받을 수 있다.

연장승인신청자는 연장승인신청서 외에 선택의료급여기관 신청서에 본인이 이용하고자 하는 선택의료급여기관을 정해서 읍・면・동에 제출하는 데 희귀난치성질환 또는 11개 고시질환은 1차 연장신청 시, 기타 질환은 2차 연장신청 시 제출한다. 연장승인대상은 의료급여상한일수 365일을 초과하여 의료급여를 받고자 하는 자이며, 보장기관은 의료급여심의위원회의 심의를 거쳐 희귀난치성질환 11개 고시질환 및 기타 질환 등으로 구분하여 90일 이내의 범위에서 연장승인을 할 수 있다. 이 제도는 2007년 7월 1일부터 건강생활유지비지원제도와 함께 시행되고 있다.

3. 의료급여기금

1) 의료급여기금의 설치

의료급여사업 재원을 충당하기 위하여 각 시・도에 의료급여기금을 설치 운영하고 있다. 의료급여비의 부담방법은 국가의 일반회계에서 부담하지 않고 특별회계로 별도로 운영하고 있는 데, 의료급여기금의 재원은 (1)국고보조금 (2)지방자치단체의 출연금 (3)의료급여법에 의한 상환받은 대불금 (4)징수한 부당이익금 (5)징수한 과징금 (6)당해 기금의 결산상 잉여금 및 그 밖의 수익금 등이다.

의료급여기금의 지방자치단체별 국고보조비율은 <표 64>와 같다.

<표 64> 의료급여기금의 국고보조비율

구분	서울특별시		광역시		도		
	시	자치구	시	자치구	도	시	군
지방비	50%	없음	20%	없음	14~16%	6%	4%
국 비	50%		80%		80%		
합 계	100%		100%		100%		

자료 : 보건복지가족부, 2009년 의료급여사업안내

2) 의료급여기금의 관리 및 운용

의료급여기금의 용도는 급여비용, 대불금, 업무위탁 시 소요경비, 행정경비에 한한다. 시・도지사는 조례가 정하는 바에 따라 의료급여기금계정에 예비비를 계상할 수 있으며, 기금의 여유자금이 있는 경우에 금융기관 또는 재산관서에의 예치, 국・공채의 매입 등의 방법으로 운용할 수 있다.

연도별 의료급여예산 현황은 <표 65>와 같다.

<표 65> 연도별 의료급여예산 현황 (단위 : 백만원)

구분	2008예산	2009예산	2010예산	주요 내역
의료급여 계	3,516,107	3,510,6311	3,500,225	
○ 의료급여경상보조	3,515,434	3,509,884	3,499,540	
기본진료비	3,088,057	3,381,841	3,752,594	○ 지원대상: 1,745천명 - 기초수급자 : 1,632 - 타법 113천명
출산 전 진료비	-	-	1,951	
신고보상금	-	-	40	- 의료급여관리에서 변경
의료급여 관리사	8,584	9,780	11,509	○ 지원대상 570명 - 인건비 : 10,730백만원(2,037천원/월) - 시간외수당 : 779백만원(20시간/월)
위탁수수료	7,767	8,198	8,444	○ 심사수수로 : 4,114백만원 ○ 위탁수수료 : 4,330백만원
본인부담금 보상금 및 상한제	4,981	2,153	4,611	○ 2종 상한제 확대 (6개월간 120만원->60만원)
영유아건강검진비	902	922	-	○ <건강증진과>
건강생활유지비	15,519	14,873	14,288	
2009년 보장성 확대		-	9,189	○ 암환자 본인부담 완화 및 치아 홈메우기, 한방물리요법 의료급여 적용

재정절감		-	△303,900	
자격관리 시스템 운영		116	40	
추 경		92,000		
○의료급여관리	673	747	685	○ 일반수용비 178백만원 ○ 연구개발비 140백만원 ○ 우수지자체 공무원 포상 및 의료급여관리사 성과금 290백만원

자료: 보건복지가족부, 2010년 의료급여사업안내

의료급여예산 추이를 살펴보면 수급자 수 및 예산액 면에서 매년 증가 추세에 있었으나 <표 66>에 나타난 바와 같이 2009부터 수급자 수 및 예산 면에서 감소 추세에 있다.

<표 66> 의료급여 예산 추이 (단위 : 천명, 억원, %)

연도별	2003년	2004년	2005년	2006년	2007년	2008년	2009년
수급권자 수	1,454	1,540	1,762	1,829	1,842	1,841	1,678
전국민 대비 수급권자 비율	3.0%	3.2%	3.6%	3.8%	3.8%	3.8%	3,7%
예산액(국고)	17,617	18,810	22,148	26,623	35,771	37,908	35,099
전년 대비 증가율	4.2%	6.8%	17.5%	20.2%	34.4%	6.0%	△7.4

자료 : 보건복지가족부, 2010년 의료급여사업안내

3) 의료급여비용의 예탁

시장 · 군수 · 구청장의 업무 중 급여비용의 지급, 수급권자의 자격, 개인별 진료내역의 관리, 의료급여의 제한에 필요한 실태조사 및 자료수집의 업무를 건강보험공단에 의탁하며, 시 · 도지사는 기금에서 보건복지부령이 정하는 바에 따라 추정 급여비용을 급여비용지급기관(국민건강보험공단)에 예탁하고 있다.

4. 의료급여관련 기관

1) 보장기관

의료급여는 급여수급권자의 거주지를 관할하는 시장, 군수 및 자치구의 구청장이 행한다. 의료급여수급권자가 거주하는 일선행정기관이 의료급여업무를 수행함으로써 의료급여제도의 효과성과 효율성을 증진시킬 수 있다.

한편 의료급여사업에 관하여 필요한 사항을 심의하기 위하여 중앙의료급여심의위원회, 광역자치단체 및 기초자치단체에 의료급여심의위원회를 두어 운영하고 있다.

의료보장기관인 시장 · 군수 · 구청장은 수급권자의 관리, 급여비용의 심사 · 조정 및 지급업무 등 의료급여에 관한 업무 중 그 일부를 관계전문기관에 위탁할 수 있는데, 현재로는 의료비용의 심사 의료급여의 적정성 평가, 심사 및 평가기준의 설정 등의 업무는 건강보험심사평가원에, 급여비용의 지급, 급여비용지급과 관련된 전산기기에 의한 수급권자의 자격, 개인별 진료내역의 관리, 의료급여의 제한에 필요한 실태조사 및 자료수집 등의 업무는 국민건강보험공단에 업무위탁하고 있다.

2) 의료급여기관

의료급여기관은 의료급여수급권자에 대한 진료 · 조제 또는 투약 등을 담당하는 의료기관 및 약국 등이다.

의료급여기관은 제1차(통원에 의한 진료를 담당) · 제2차(입원에 의한 진료를 담당) · 제3차(대통령이 정하는 바에 의하여 특수진료를 담당) 기관으로 단계적으로 지정하며, 제1차 의료급여기관과 제2차 의료급여기관은 시 · 도지사가 정한 진료지구별로 지정하되 제1차 의료급여기관은 시장 · 군수 · 구청장이, 제2차 의료급여기관은 시 · 도지사가 지정하며, 제3차 의료급여기관은 보건복지부장관이 지정한다.

3) 진료절차

시장 · 군수 · 구청장은 의료급여수급권자에 대하여 보건복지부령이 정하는 바에 따라 의료급여증을 발급한다.

의료급여는 의료전달체계에 따른 지정된 의료급여기관에 따라 단계적으로 실시한다. 의료급여수급권자는 우선 제1차 의료급여기관에 의료급여를 신청하고, 제1차 의료급여기관장이 진찰한 결과 필요하다고 진단한 경우 제2차 의료급여기관이 진료를 행하고, 제2차 의료급여기관장이 특수진료가 필요하다고 진단한 경우 제3차 의료급여기관의 진료를 받는다.

응급의료에 관한 법률에 해당하는 응급환자, 분만의 경우, 성병에 감염되어 입원진료를 받은 자, 107개 희귀성난치성질환자, 장애인이 장애인보장구를 지급받고자 하는 경우, 전염병의 확산 등 긴급한 사유가 있어 보건복지부장관이 정하여 고시하는 기준에 따라 의료급여를 받고자 하는 경우, 재활치료가 필요하다고 인정되는 자가 재활의학과에서 의료급여를 받고자 하는 경우, 등록장애인, 한센병환자가 의료급여를 받고자 하는 경우, 국가유공자 등 예우 및 지원에 관한 범률에 의한 상이등급을 받은 자 등은 이와 같은 전달체계에서 제외된다.

4) 의료급여 진료비 부담방법

(1) 1종 수급권자 외래진료 시 진료비 본인부담

의료급여수급권자 본인부담금은 <표 67>과 같다.

<표 67> 의료급여수급권자 본인부담

대상자	의료급여기관	구분	본인부담금
-본인부담금 면제자, -선택의료급여기관 이용자 외	제1차 의료급여기관 (의원, 보건의료원)	원내 직접 조제	1,500원
		그 외의 경우	1,000원
	제2차 의료급여기관	특수장비촬영 (CT, MRI, PET)	특수장비총액의 5/100
	제3차 의료급여기관	원내 직접 조제	2,000원
		그 이외의 경우	1,500원
		특수장비촬영 (CT, MRI, PET)	특수장비총액의 5/100
		원내 직접 조제	2,500원
		그 외의 경우	2,000원
		특수장비촬영 (CT, MRI, PET)	특수장비총액의 5/100

<table>
<tr><td>본인부담 면제자</td><td>제1차 · 2차 · 3차
의료급여기관</td><td colspan="2">0
(본인부담 없음)</td></tr>
<tr><td>선택의료급여기관
이용자</td><td>제1~3차
의료급여기관</td><td colspan="2">0
(본인부담 없음)</td></tr>
<tr><td rowspan="10">선택의료급여기관에서
의뢰된 자</td><td rowspan="3">제1차
의료급여기관
(의원, 보건의료원)</td><td>원내 직접 조제</td><td>1,500원</td></tr>
<tr><td>제2차
의료급여기관</td><td>1,000원</td></tr>
<tr><td>제3차
의료급여기관</td><td>특수장비총액의
5/100</td></tr>
<tr><td rowspan="3">제2차
의료급여기관</td><td>원내 직접 조제</td><td>2,000원</td></tr>
<tr><td>그 외의 경우</td><td>1,500원</td></tr>
<tr><td>특수장비촬영
(CT, MRI, PET)</td><td>특수장비총액의
5/100</td></tr>
<tr><td rowspan="3">제3차
의료급여기관</td><td>원내 직접 조제</td><td>2,500원</td></tr>
<tr><td>그 외의 경우</td><td>2,000원</td></tr>
<tr><td>특수장비촬영
(CT, MRI, PET)</td><td>특수장비총액의
5/100</td></tr>
</table>

자료: 보건복지가족부, 2010년 의료급여사업안내

의료급여에 소요되는 비용은 그 전부 또는 일부를 의료급여기금에서 부담한다. 1종 급여수급권자는 외래 · 입원치료 구분없이 전액을 정부(의료급여기금)에서 부담하고 다만 입원식대비용 1식당 식사종류에 따라 본인이 부담하던 것을 2007년 7월 1일부터는 건강생활유지비지원제도의 도입으로 외래진료 시 식대의 100분의 20을 본인부담하게 된다.

(2) 1종 수급권자 본인부담금 면제

1종 수급권자 본인부담금 면제자는 임산부, 18세 미만인 자 (중 · 고등학교 재학생의 경우 20세 미만), 107개 희귀난치성질환자, 신장 · 간장, 심장, 췌장 장기이식자, 가정간호대상자, 선택의료급여기관 이용자 등이다.

(3) 2종 수급권자 본인부담금

2종 수급권자 입원 시 본인부담금은 급여비용 총액의 10%이며, 암 등 중증환자 본인부담금은 15%로 하향 조정되었다. 또한 의료급여수급권자의 보건기관 이용 시 본인부담금은 없으며, 식대는 100분의 20을 본인이 부담한다.

5) 장애인 의료급여대상자에 대한 지원

(1) 보장구 지원

장애인보장구는 재질, 형태, 기능 및 종류를 불문하고 장애종별 및 보장구 유형별로 1인당 내구연한의 기간내에 1회만 의료급여로 인정한다. 보장구 지원비용은 유형별 상한액 이내로 한다.

보장구 구입비용에 대한 의료급여기금의 부담비율은 <표 68>과 같다.

<표 68> 보장구 구입비용에 대한 의료급여기금의 부담비율

구 분	의료급여기금 부담비율	본인 부담
1종 급여수급권자	기준액의 범위내에서 실구입가의 전부, 기준액을 초과하는 경우 기준액의 해당하는 금액	기금에서 부담하는 금액 외
2종 급여수급권자	기준액의 범위내에서 실구입가의 85%	기준액의 범위에서 실구입가격의 15%, 구입비용이 기준액을 초과하는 보장구를 구입하는 경우에는 기준액의 85/100에 해당하는 금액

(2) 장애인 의료비 지원

장애인 의료비 지원은 국민기초생활보장법의 수급자로서 장애인 본인에게만 해당된다. 지원내용은 제1차 의료급여기관 진료 시 본인부담금의 1,500원 중 50%를 지원하고, 제2차, 제3차 의료급여기관 및 국・공립결핵병원 진료 시 의료급여수가 적용 본인부담진료비 20% 전액을 지원한다.

6) 의료급여수급권자 본인부담 완화

(1) 본인부담보상금제도

본인부담보상금제도는 수급권자의 급여대상 본인부담금이 대통령령에서 정하는 기준을 초과한 경우, 그 초과금액의 50%에 해당하는 금액을 보상하는 제도로서 지급금액은 1종 수급권자는 법정 급여범위내 진료를 받은 후 매 30일간 2만원을 초과한 경우 초과금액의 50%를 보상하고, 2종 수급권자는 매 30일간 본인부담액이 20만원을 초과한 경우 초과액의 50%를 보상하며, 입원진료비 외에 외래진료비, 약제비도 포함된다.

(2) 본인부담금 상한제

수급권자의 진료 시 법정 급여범위내 진료를 받은 후 본인부담금이 대통령령에서 정하는 금액을 초과한 경우 그 초과금액의 전액에 해당하는 금액을 보상하는 제도로서 1종 수급권자는 매 30일간 5만원을 초과한 경우 초과금액 전액을, 2종 수급권자는 매 6개월간 본인부담액이 60만원을 초과한 경우 그 초과금액 전액을 사후 보상하며, 입원진료비 외에 외래진료비, 약제비도 포함된다.

(3) 의료급여 대불금제도

2종 수급권자가 의료급여기관에 입원하여 발생한 급여비용 중 본인부담금이 20만원을 초과한 경우, 초과한 금액 중 수급권자 본인 또는 부양의무자의 신청에 의해 보장기관이 승인한 금액을 대불하는 제도이다. 대불상환의무자는 거주지를 관할하는 시장・군수・구청장에게 대불금을 3개월마다 균등분할하여 무이자 상환한다.

(4) 건강생활유지비지원제도

건강생활유지비지원제도는 1종 수급권자 외래진료 시 의료 접근성을 보장하기 위해 의료비를 사전에 지원하는 제도로서, 지원대상자는 1종 수급권자 전체이나 본인부담면제자와 급여제한자는 제외된다. 본인부담면제자는 18세 미만자, 희귀난치성질환자, 장기이식환자, 임산부, 가정간호대상자, 행려환자, 선택병의원 이용자 등이다.

지원금액은 1인당 매월 6천원씩을 공단에서 수급권자별로 가상계좌에 적립・관리하며 지급발생유형에 따라 의료급여기관과 수급권자에게 지급한다. 지원받은 1종 수급권자는 외래진료 시 본인부담금을 건강생활유지비 잔액 또는 현금으로 납부하고 잔액이 모자라거나 없는 경우에는 현금으로 본인부담금 전부 또는 일부를 납부한다. 재원은 의료급여기금을 활용한다.

(5) 선택병의원제(선택의료급여기관 적용제도)

선택병의원제는 여러 의료급여기관 이용에 따른 병용금기 및 중복투약으로 위해 발생 가능성이 높은 자를 대상으로 본인이 선택한 1~ 2개의 의료급여기관을 이용하는 것을 조건으로 차기년도말까지 급여일수를 연장 승인해주는 제도이다. 연장승인은 107개 희귀난치성질환 및 11개 고시질환 중 하나의 질환으로 각각 급여일수 455일(1차 연장 승인 90일)을 초과하여 의료급여를 받고자 하는 자와 희귀난치성질환자 또는 11개 고시질환 이외의 질환으로 급여일수 545일(90일 1차, 90일 2차 연장승인)을 초과하여 의료급여를 받고자 하는 자가 대상이다. 이 경우 제1차 의료급여기관 중 한 곳을 원칙으로 하며 조건부연장승인을 받은 자는 본인이 선택한 의료급여기관을 이용하되 본인부담금 없이 이용하지만 조건부연장승인자가 의료급여의뢰서를 발급받아 선택의료급여기관 외의 다른 의료급여기관을 이용할 경우 기금부담금 외에는 본인부담이 있다. 다만 응급상황이 발생하거나 장애인 보장구를 지급받고자 하는 경우에는 제2차 또는 제3차 의료급여기관을 이용할 수 있으며, 이 경우 본인부담금은 면제된다.

7) 수급권의 보호 및 행정처분

(1) 수급권의 보호

의료급여를 받을 권리는 양도 또는 압류할 수 없다.

(2) 의료급여의 제한

의료급여가 제한되는 경우는 첫째, 수급권자가 자신의 고의 또는 중대한 과실로 인한 범죄행위에 기인하거나 고의로 사고를 발생시킨 경우 둘째, 수급권자가 정당한 이유 없이 의료급여의 규정이나 의료급여기관의 진료에 관한 지시에 따르지 않는 경우 등이다. 그러나 의료급여제한사유 통보에 의하여 보장기관이 조사한 결과 수급권자 본인 또는 부양의무자가 급여비용을 부담할 능력이 전혀 없거나 일부만 부담할 능력이 있다고 판단되어 전부 또는 일부의 의료급여를 인정한 경우에는 예외가 된다.

(3) 구상권 청구

시장 · 군수 · 구청장은 제3자의 행위로 인하여 수급권자에게 의료급여를 한 때에는 그 급여비용의 범위 안에서 제3자에 대한 손해배상청구의 권리를 가지며, 의료급여를 받은 자가 제3자로부터 이미 손해배상을 받은 때에는 시장 · 군수 · 구청장은 그 배상액의 한도안에서 의료급여를 행하지 아니한다.

(4) 부당이득금 징수 및 손해배상 청구

시장 · 군수 · 구청장은 속임수, 그 밖의 부당한 방법으로 의료급여를 받은 자 또는 급여비용을 받은 의료급여기관에 대하여 그 급여 또는 급여비용에 상당하는 금액의 전부 또는 일부를 부당이득금으로 징수한다.

(5) 행정처분 및 의료급여 부정청구신고보상금제도

행정처분에는 의료급여기관의 업무정지, 과징금 징수 등이 있다.

업무정지는 속임수, 그 밖의 부당한 방법으로 수급권자 및 그 부양의무자 또는 시장 · 군수 · 구청장에게 급여비용을 부담하게 한 때 등의 경우 의료기관으로서 업무를 수행하는 사법적 지위를 일정기간 박탈하는 처분이다.

과징금은 의료급여기관에 대한 업무정지처분을 해야 하는 경우로서 그 업무정지가 수급권자에게 심한 불편을 주거나 그 밖의 특별한 사유가 있다고 인정되는 때에는 업무정지처분에 갈음하여 과징금을 부과한다. 과징금의 행정처분의 기준은 업무정지기간이 10일인 경우 총 부당금액의 2배, 10일 초과 30일까지 3배, 30일 초과 50일까지 4배, 50일을 초과하는 경우에는 5배를 부과한다.

한편 병 · 의원 및 약국 등에서 진료(조제)받은 내용이 건강보험공단에서 통보한 진료내역과 다른 경우 보장기관, 국민보험공단, 건강보험심사평가원, 보건소 등에 이를 신고하여 허위 · 부당청구로 확인된 때에는 일정금액을 보상금으로 지급하는 의료급여 부정청구신고보상금제도가 있는 데, 보상금의 최고한도는 300만원이다.

제Ⅳ편 사회보장제도의 전망과 과제

1장 사회보장제도의 전망

1. 21세기의 사회변화와 사회보장 욕구

오늘날의 사회보장은 과거 사회보장 전성시대에 이은 위기와 개혁의 시대를 거쳐 새로운 제3의 시대로 진입하고 있다고 볼 수 있다. 따라서 우리나라는 복지국가의 위기에 대한 반성과 대응책으로서 제기되고 있는 사회복지의 내용과 정책의 변화를 우리의 고유한 입장에서 어떻게 수용할 것인가 하는 이른바 사회복지의 보편적 추세와 구체적 변화의 융합점을 찾아야 할 전환기에 처해 있다.

앞으로의 사회는 인구의 고령화, 가족구조의 변화 및 경제·사회구조의 급격한 변화, 외국인 근로자의 증가 등 외적 환경 변화에 따라 다양한 복지욕구가 표출되고 저소득계층 등 사회소외계층의 사회보장 욕구도 크게 증가될 것으로 예상된다.

국제노동기구의 비판처럼 사회보장은 지금까지 치료관련 의료 서비스와 특정상황에서 현금급여를 제공하는 것에만 관심을 가져왔고, 어려운 상황이 발생하지 않게 하거나 또는 어려운 상황이 발생하는 횟수를 줄이기 위해 그간 여러 국가에서 노력해 왔지만 예방 측면에는 크게 주목하지 않았다.

따라서 앞으로의 사회보장제도는 생활상의 사고와 기복이 발생한 후에 대응할 것이 아니라 이러한 사회적 위험이 발생하는 것을 미리 예방하는데 초점이 모아져야 할 것이다. 왜냐하면 예방·재활은 삶의 질과 아주 밀접한 관계를 맺고 있기 때문이다. 특히 사회적 위험을 예방하는 것은 그 자체가 개인적 보장과 집단적 보장에 도움을 주는 것이다. 따라서 예방 측면은 사회보장에서 보편주의적 접근을 강조하는 것이다.

이와 같은 관점에서 볼 때 사회보험, 공공부조, 사회복지 서비스 등 사회보장 구성체계 모두는 산업사회의 조정기구의 중심인 시장과의 관련 및 의존관계가 매우 깊다는 것은 분명하다.

또한 사회보험은 보험으로서 위험분산 기능(보험원리)과 사회보험으로서의 소득재분배 기능(부조원리)과의 균형조정문제, 공적 보험과 민영보험과의 공·사역할분담문제 그리고 인센티브를 부여하는 일과 복지 목적과의 양립화 등의 문제도 결국 보편화와 연동화의 시점에서 연구 검토되어야 할 것이다.

우리나라 사회보장수준이 향상되기 위해서는 외국과 같이 노동조합이나 저소득계층의 사회운동이나 법적 투쟁 등의 개별적 대응요법도 한 가지 방법이 될 수 있을 것이다. 오늘날의 사회정의는 복지정책의 발전과 개선을 통해 가능한 것인데 전국민에게 최저생활보장을 제도화하고, 이를 공평하고 효과적으로 운용함으로써 가능한 것이다.

사회보장은 복지 이데올로기의 산물이다. 사회보장을 어떤 모델로 하느냐에 대해서는 여러 가지 사회보장 이데올로기가 있는데, 그 중에서도 신보수주의는 사회복지를 잔여모델로 축소시키려 하고 있다. 그러나 신보수주의의 이와 같은 도전에도 불구하고 사회복지는 이미 보편화된 현실이 되고 말았다. 연금이나 의료보장은 앞으로도 달라지지 않을 것이며, 도리어 복지혼합경제 혹은 복지다원주의라는 새로운 이념으로 지향하고 있다. 이들 이념의 특징은 정부가 민간부문으로 하여금 사회복지를 생산·전달·실천토록 동기부여를 하고 유도하는 데 있다. 물론 국가는 복지재원을 조달하고 사회복지를 생산·전달하는 최종적인 권한과 책임을 갖는 것은 말할 나위도 없다.

2. 외국의 사회보장제도 개혁 방향

사회보장에 대한 비판의 주된 내용은 첫째, 정부의 재정악화 측면으로서, 사회보장이 정부재정을 고갈시키고 있다. 둘째, 사회보장이 노인 이익을 대변하는 역할을 하고 있다. 셋째, 사회보장 운영이 비효율적이며, 낭비적이다. 넷째, 사회보장은 경제성장에 부정적인 영향을 미친다. 다섯째, 사회보장은 공적 원조의 필요성이 거의 없는 사람들에게 부족한 자원을 재분배하고 있다(Midgley, 1996, 노병일, 2009, 재인용)는 점 등이 지적되고 있다.

국제노동기구는 보수주의자와 진보주의자들의 의견을 종합하여 사회보장에 대해 첫째, 보수주의자들은 사회보장 때문에 저축과 투자가 줄어들고 인플레이션이 생기고, 실업이 증가하고 근로의욕이 감소하게 되며, 빈곤문제를 해결하지 못하고, 여성차별을 철폐하지 못하고, 동일한 욕구를 가진 사람을 같이 취급하지 못하고 사회적 우선 순위를 왜곡했다고 비판한다.

최근 제기되고 있는 사회보장 이슈들을 살펴보면 첫째, 사회보장체계내의 여성의 불공평성에 대한 논의가 활발할 것으로 전망된다. 앞으로의 사회는 여성노동의 증가, 가사노동에 대한 재평가 등이 이러한 논의를 증가시키는 배경으로 작용하고 있다. 여성처우의 불공평이 문제가 되는 제도로는 노령연금으로서 가사노동에 참여하는 여성의 연금수급권은 보통 남편의 급여에 의존하고 있다는 점이다. 둘째, 노인에 대한 복지급여와 아동에 대한 복지급여 사이의 불균형문제이다. 즉 인구구성비의 변화에 따른 사회보장제도의 변화가 중요한 이슈가 되고 있다. 셋째, 인구의 고령화와 한계계층의 증가에 따른 사회보장지출의 계속적인 증대와 그에 따른 비용문제가 중요한 이슈가 될 것이다.

심각한 재정난이나 인구의 고령화에 수반한 정부지출의 증대 속에서도 구미 각국은 과감한 사회보장제도의 개혁이 진행 중이다. 지금까지 각국은 사회보장에 관한 상이한 모델들을 발전시켜 왔지만 현재는 경제의 구조적인 저성장과 고령화의 점진적인 진전이라는 공통적인 상황에 처해 있고, 사회보장에 대해서도 재정 제약 속에서 효율화라는 과제에 함께 직면하고 있다.

각국이 추진하고 있는 개혁의 기본적인 방향은 첫째, 연금제도는 공적인 급여범위의 과감한 축소(급여수준의 하향화 또는 사적 연금으로의 이관) 둘째, 의료제도는 공적인 급여범위는 일정 이상 유지하며, 특히 시장원리 · 경제원리의 도입을 통한 효율화 셋째, 사회복지제도는 고령자 요양 중심의 「의료→복지」, 「시설→재가」로의 전환 등이다.

한편 유럽위원회(EU)가 1997년 발표한 「사회보장에 관한 보고서」에 의하면 현재의 사회보장에 관련된 중요한 상황의 변화로서 첫째, 고용형태의 변화(시간제 노동자나 비정규 노동자의 증가) 둘째, 인구의 고령화 셋째, 성(gender) 밸런스의 변화(여성의 사회진출) 넷째, 국가 차원에서 사회보장을 상호 조정할 필요성 등 네 가지를 지적하였다. 국제노동기구는 사회보장의 발전과 관련하여 주요 정책이슈로 첫째, 비정규직근로자, 자영자 등을 포괄하는 사회보장 적용범위의 확대문제 둘째, 사회보장체계의 적합성 및 제도적 장치, 효율적인 운용 등 사회보장 행정체계의 개편문제 셋째, 사회보장체계와 여성문제간의 연계문제 넷째, 사회보장체계의 비용부담 가능성 및 경제적 효율화문제 다섯째, 복지비용에 대한 지불의사와 참여, 지지의 문제 등을 제시하고 있다(ILO, 2000).

이와 같은 외국의 사회보장 동향에 비추어 볼 때 사회보장 욕구는 증대될 것이나 재원 확보는 한계에 부딪치게 될 것이므로 현행 사회보장제도의 정비를 통해 비용 효과적이면서도 사회보장의 목적을 달성할 수 있는 패러다임의 구축이 시급함을 알 수 있다.

2장 사회보장제도의 과제

제1절 우리나라 사회보장제도의 과제

오늘날 사회보장제도가 전국민의 생존권 내지는 생활권의 보장을 그 궁극적인 목적으로 하고 있다면 빈곤에 대한 대처(對處)로서의 소득보장과 아울러 질병에 대한 대처로서의 의료보장은 현대 사회보장제도의 양대 지주라 할 수 있다.

오늘날 각국의 사회보장제도는 역사적인 형성체로서 각국 특유의 사회·경제적 배경하에 성립·발전해 왔기 때문에 각국의 사회보장제도의 구성 내지 범위에 있어서도 다소의 차이가 있기는 하지만 사회보장은 결국 소득보장과 의료보장을 그 양대 지주(支柱)로 하여 구성되어 있다고 할 수 있다.

선진국들이 공통적으로 직면하고 있는 사회보장의 문제들은 경제적 요인과 재원조달의 한계, 불안정한 인구추세, 사회적 형태의 변화 그리고 사회보장제도 자체가 안고 있는 취약점 등에 기인하고 있는 것으로 분석되고 있다.

우리나라는 사회보장제도의 도입에 있어서 종합적이고 통일된 이념에 기초하여 수립된 사회보장 종합계획하에 체계적으로 제도화된 것이 아니라 개별·분립제도로 도입되어 자연히 사무관장도 각 부처별로 분장됨으로써 제도간의 정합성(整合性)이 결여됨은 물론 전국민을 통일적으로 포괄 관장하는 복지지향적 제도, 즉 사회보장을 통합 관장하는 독립부처 운영제도를 확립하지 않고 운영되고 있어 결과적으로 인력과 재원의 낭비를 면치 못하고 있을 뿐만 아니라 사회복지의 전문화와 능률화를 기대하기 어렵게 되었다.

한편 국가의 개발전략은 고도성장과 고용증대에 역점을 두어 왔다. 이러한 개발전략으로 추구해 온 경제성장은 소득증가와 생활수준 향상을 위한 충분조건이 될 수 없다는 것이 역사적 경험이며, 오히려 상대적 소득격차가 심해졌다. 또한 제도의 도입·정비과정에서 분배보다는 성장을, 사회보장보다는 고용기회의 확대, 재정지원에 의한 사회보험보다는 갹출주의에 입각한 사회보험의 성격을 지니게 되었고, 따라서 사회보장문제는 경제성장 과정에서 소외되었다.

우리나라는 사회보험제도의 도입 역사가 짧은 편이나 국민연금, 국민건강보험, 산재보험, 고용보험 등 4대 사회보험체계를 구축하여 전국민 사회보험시대를 열었으며, 그 동안 적용대상별로 분립체계를 유지해 오던 의료보험이 국민건강보험으로 통합·일원화되고, 피용자만을 당연적용대상으로 하던 국민연금이 농·어민에 이어 도시자영자까지 포괄하게 되었다. 뿐만 아니라 산재보험, 고용보험의 당연적용대상에서 제외되었던 5인 미만의 영세사업장 근로자, 시간제·임시직 근로자를 포함하여 모든 사업장근로자까지 적용받는 전국민 사회보험체계를 확립하여 외형상으로는 선진화된 구조를 형성하고 있다. 또 노인인구의 증가에 따른 노인성질병에 대처하는 노인장기요양보험제도가 도입되었으며, 퇴직금제도의 노후 소득보장의 미흡함을 보완하기 위해 퇴직연금제도도 도입하였다. 그러나 아직 제도가 성숙되지 않아 사회적 위험에 실질적으로 대처할 수 있는 1차 사회안전망으로서의 역할을 다하지 못하고 있다.

공공부조제도는 생활보호제도를 국민기초생활보장제도로 전환하여 획기적인 변화가 이루어지고, 기초노령연금제도와 장애인연금제도가 연이어 도입·시행되어 제도 정착을 위한 제반 여건은 조성되고 있으나 아직도 상당수 저소득계층이 사회안전망의 사각지대에 놓여 있다. 즉 사회보험제도에 비해 그 역할이 상대적으로 미비한 수준이며, 제도 자체의 속성 때문에 여러 가지 부작용이 발생하고 있다. 따라서 비용낭비적인 요소의 제거, 근로의욕 저하 등 부작용의 최소화를 위해 타 사회복지제도 및 관련 제도와의 형평성을 고려한 발전방안이 모색되어야 할 시점에 와 있다.

우리나라 사회보장의 현대적 발전은 비약적인 경제성장, 소득수준의 향상과 니드의 증가, 선성장·후분배정책에 따른 계층간의 갈등을 해소하기 위한 소득재분배정책, 핵가족화와 고령사회에 대비한 노후대책의 필요성, 제2, 3차 산업의 취업인구 증가에 따른 사회보장 적용대상 종류 및 범위의 확대 등을 기반으로 하여 발전해 왔다. 그러나 도입단계에서 나타난 경제성장의 수단화 및 정치의 도구적인 역할이 중첩되면서 우리나라 사화보장의 성격이 규정되어졌다. 우리나라의 사회보장의 특징을 살펴보면 다음과 같다.

첫째, 정치의 정당화와 자본축적의 기능적 필요에 따른 실시 배경을 발생론적 특성으로 가지고 있다. 이의 발현(發顯) 형태로써 나타난 문제점으로는 적용대상의 편협성(偏狹性), 국고부담과 급여수준의 저위성, 소득재분배 기능의 왜곡 등으로 제도의 불합리성과 비효율성이 노출될 수밖에 없었다. 제도적 문제점으로는 제도의 복잡다기성(複雜多技性) 등을 특징으로 한 행정체계 및 관리운영의 복잡화, 관 주도적인 정책 수립으로 인한 국민의 정책 수요 및 지지에 대한 투입 기능의 미약, 제도 수립의 개별화, 국고부담 및 비용부담의 불균형 등이다.

둘째, 특수한 정치·경제적 요인에 의한 급속한 사회보장의 도입으로 분립적 사회보장체계(separate social security system)로 형성되어 왔다. 따라서 국가종합개발계획의 종합적인 한 부문으로 도입 발전된 것이 아니라 정치·경제·사회적 요인들이 작용하여 직종별, 기업규모별, 기타 범주별 사회보험이 도입되는 불균형성을 결과케 하였다.

셋째, 소득역진적인 성격과 불평등성이다.

넷째, 복지철학의 부재로 사회보장이 단기적, 임시방편적 성격으로 귀결되었다(원용찬, 1998).

우리나라 사회보장제도의 특성은 국가의 재정적 책임을 최소화하기 위한 사회보험 위주의 사회보장제도, 국가의 직접적 개입은 최소화하는 대신 민간영역을 최대한 활용하는 것 그리고 일차적인 복지공급원으로서 가족의 책임에 대한 강조였다.

2000년까지 사회보장제도의 중추를 이루고 있던 4대 사회보험의 경우 제도적으로는 보편주의를 거의 달성하게 되었으나 1989년 개보험화된 국민건강보험을 제외하면 국민연금, 산재보험, 고용보험의 실질 적용률은 여전히 낮은 수준에 머물러 있다. 이와 같이 제도 외형상의 보편주의 확립에도 불구하고 사회보험의 실질 적용률이 낮은 이유는 열악한 노동시장 여건에 기인하고 있다.

공공부조 개혁과 사회복지 서비스 확충에도 불구하고 절대 빈곤률은 2004년 9.6%에서 2008년 11.4%로 늘어났고, 빈곤층의 공공부조수급률도 여전히 낮은 수준이고 사회복지 서비스의 기본적 성격이 저소득층 위주의 잔여적 특성을 탈피하지 못한 상태에 있다.

정부는 늦게나마 「제1차 사회보장장기발전 계획(1999~2003년)」을 수립하여 성장과 복지의 조화를 통하여 국민 개개인의 삶을 풍요롭게 하는 성장과 복지가 균형된 사회인 균형적 복지국가(balanced welfare state)의 달성에 향후 복지정책의 이념적 목표를 두고, 그 실천적 목표로서 첫째, 사회적 권리로서의 국민복지기본선 보장 둘째, 생산적 복지 이념의 추구 셋째, 복지제도에 있어서의 세계적 보편성과 한국적 특수성의 조화 등 세 가지로 설정하였다.

이와 같은 목표를 실현하기 위한 추진전략으로는 첫째, 사회보험과 공공부조제도의 상호연계체계 확립을 통한 사회안전망 구축 둘째, 저소득 취약계층에 대한 국민기초생활의 보장 및 생산적 복지의 강화 셋째, 보편적이고 질 높은 복지 서비스의 제공 넷째, 정부와 민간이 함께 하는 선진형 복지지원체계의 확립 다섯째, 사회보장관리체계의 효율화 등을 제시하였다.

「제2차 사회보장장기발전 계획(2004~2008년)」은 저출산, 고령화, 세계화 등 사회경제적 변화에 대응한 종합적이고 보편적인 복지정책을 추진하고 민간에 의견을 충분히 반영하고자 계획되었다. 이 계획은 전국민에 대한 보편적 복지 서비스 제공, 상대빈곤 완화, 풍요로운 삶의 질 구현을 위한 참여복지공동체 구축을 정책 목표로 제시하고, 정책영역으로는 사회보장제도의 내실화, 복지인프라 구축, 복지서비스 확대 등을 명시하고 있다. 이러한 정책의 추진원리로서 첫째, 국가의 복지역할 강화 둘째, 국민의 복지활동 및 복지정책과정 참여 확대 셋째, 경제와 복지의 선순환관계 구축 넷째, 지방정부 및 지역사회의 복지역할 강화 등이다.

한편 「제3차 사회보장장기발전계획(2009~2013년)」은 향후 정책여건의 전개과정에서 나타날 변화에 대한 전망과 지난 1·2차 사회보장장기발전 방향의 미비점을 중심으로 기본 방향을 설정하였다. 정책방향은 사회통합과 경제성장을 함께 이뤄가는 능동적 복지 구현에 두고 미래세대가 꿈을 키우는 복지, 다양한 계층이 더불어 사는 복지, 일하는 사람이 행복한 복지, 위기대응 촘촘한 사회안전망 구축, 효율적이고 지속가능한 복지로 정책비전을 정하고 (1)예방형 복지 (2)보편형 복지 (3)맞춤형 복지를 정책적 지향으로 설정하였다.

제3차 장기발전 방향의 기본 이념과 철학은 능동적 복지(active welfare)에 근거하여 (1) 복지국가체제 유지 (2) 능동적 국민 (3) 능동적 공동체 (4) 현명하게 능동적인 국가를 4대 핵심 요소로 삼았다.

우리나라 사회보장제도는 전문인력에 의한 직접적 서비스, 전체 국민을 대상으로 하는 보편적 서비스, 체계적이고 효율적인 서비스 전달체계 그리고 국민의 권리와 정부의 책임들이 확립되지 못한 것이 현실이며 따라서 이러한 문제점들을 극복하는 것이 중요한 과제, 즉 발전 방향이 될 것이다.

따라서 인구의 고령화, 가족 기능의 약화 등에 따르는 사회보장제도 확충의 필요성에 대비하여 제도의 효과적인 실시를 통한 국민생활의 안정을 도모해 나가야 하는 과제를 안고 있다. 이와 같은 과제를 해결하기 위해서는 정책과 제도의 효율화를 도모하는 한편 수익과 부담의 명확화, 중앙정부와 지방자치단체간 및 공공부문과 민간부문간의 역할분담, 급여수준의 재평가 그리고 제도의 통합 등이 모색되어야 할 것이다.

우리나라는 선진복지국가의 건설을 향해 그 동안 누적된 사회문제를 해결하고 새로운 사회복지 수요에 대응하여 현재 미성숙상태의 사회복지를 성숙단계로 발전시켜 나가야 하는 과제를 안고 있으며, 이를 위해 선진국의 경험을 기초로 복지국가의 병폐를 되풀이 하지 않도록 정책적 구상과 제도적 구축의 과제를 안고 있다.

이러한 과제를 해결하기 위한 방안을 제시하면 다음과 같다.

첫째, 사회복지의 가치 정립과 사회복지정책의 방향 설정.

기존의 사회보험체계와 공공부조, 사회복지 서비스체계간의 공통적 목표와 기본원리의 정립이 이루어져야 할 것이다. 현행 5대 사회보험체계는 적용대상의 범위, 급여체계, 보험료 부과기준, 관리운영기구 등 기본적인 요소들간에 위험 부문별로 차이가 있다. 이와 같은 문제는 사회보험의 원칙 부재에서 오는 결과로 볼 수 있다. 뿐만 아니라 사회보장기본법에서는 사회보장의 구성체계에 대한 언급이 있을 뿐 구성체계 상호간의 관계에 대한 규정이 설정되지 않아 구성체계간의 영역과 역할이 혼동되거나 중복되고 있다.

둘째, 사회보장재정에 있어서 국가책임의 강화.

사회보장비 지출수준에서 나타난 바와 같이 우리나라는 OECD 국가들에 비해 매우 낮은 재정지출이 이루어지고 있다. 이와 같은 사회보장비 수준은 헌법에서 규정하고 있는 생존권 보장의 국가책임이 이루어지지 않는 것으로 볼 수 있으며 급여재원의 부담형태에 있어서 공공부문이 민간부문에 비해 역할이 미흡하다.

따라서 사회보장을 통해 전체 국민의 생활안정이라는 목표를 달성하기 위해서는 사회보장재정의 안정적 확보가 선행되어야 하므로 사회보장세의 신설 등 세제개혁을 통한 재원 확보와 더불어 동원 가능한 민간재원의 유인책을 갖추어 급여대상의 확대와 급여수준의 상향 조정을 통한 사회보장의 목적 달성이 가능하도록 보완하여야 할 것이다.

셋째, 경제성장과 사회복지의 병행 발전.

복지사회는 경제의 지속적인 성장을 통한 고용기회의 확대와 소득원천의 창출 없이는 이룩될 수 없는 것이다. 21세기는 고령화, 여성화, 정보화 및 국제화라는 사회·경제적 환경의 시대가 될 것이다. 이에 대비하여 사회복지정책과 경제정책의 조정과 연계가 필요하며 더욱이 사회복지정책의 창조적 개혁이 요구된다. 따라서 경제성장의 중요성은 인정하되 궁극적으로는 복지가 성장보다 상위의 가치임을 인정하는 국민적 합의를 통한 정책수립이 있어야 할 것이다. 이와 같은 맥락에서 경제의 성장과 사회복지를 병행 발전시켜 나가는 방안이 모색되어야 할 것이다.

넷째, 사회보장제도의 통합적 기능 강화.

기존의 5대 사회보험제도는 다원화된 분립체계로 동일한 대상자를 관리하면서도 제도별로 별개의 관리운영체계로 유지하고 있어 관리의 효율성, 가입자의 편의성, 보험료 부과체계의 상이, 급여의 중복·상충현상이 나타나고 있다. 또한 사회보험과 공공부조가 대상자에 대한 구분에 불과할 뿐 제도간의 상호 연계가 이루어지지 않아 사회안전망의 중복·누락현상이 생기고 있다. 이와 같이 분립적으로는 체계화되어 있는 사회보장제도를 전체적 맥락에서 국민생활의 안정이라는 과제를 해결해 나가는 사회안전망의 역할을 수립할 수 있도록 조정되어야 할 것이다.

다섯째, 전달체계의 합리화·전문인력의 확보.

사회보장전달체계는 사회보장의 효과성과 능률성을 제고하는 데 매우 중요한 요소이다. 사회보장기본법에서는 지역적·기능적 균형배치, 사회보장관련 업무의 조정, 접근용이성 등을 전달체계의 원칙으로 제시하고 있다. 그러나 현행 사회보장전달체계는 이와 같은 원칙이 확립되지 않은 상태에서 수립된 사회보장정책이 대상자에게 제대로 전달되지 못하고 있다. 또한 사회복지전문인력이 적정 배치되지 않아 수급대상자의 욕구 충족이 이루어지지 않고 있으므로 사회보장의 효과성을 제고시켜 나가기 위해서는 사회보장전달체계의 확립과 더불어 사회복지전문인력의 적정 배치를 통해 사회보장의 전문성과 효율성을 높여 나가야 할 것이다.

제2절 사회보험제도의 발전방향

1. 사회보험체계의 현황

사회보험은 산업화의 진전과 자본주의의 발전에 따라 부수적으로 발생되는 문제점과 불균형적 발전에 따른 한계성으로 인한 사회문제를 해결하기 위하여 도입되어 확대・발전되어 왔다. 우리나라는 1960년 공무원연금이 처음으로 도입되었으나 근로자를 대상으로 한 제도는 1964년의 산업재해보상보험이 최초이다. 또한 1995년 고용보험이 도입되어 4대 사회보험과 특수직역연금제도가 외형적 체계를 갖추게 되었고 고령화사회로 접어들어 노인성질병에 대처하는 노인장기요양보험제도가 2008년 7월부터 도입되었다. 또한 장애인요양보장제도 도입을 위한 준비단계로 2009년 8월에 제1차 시범사업이 시행되기도 했다.

우리나라는 현재 1차 사회안전망과 2차 사회안전망을 엄격하게 분리하여 관리운영하는 방식을 취하고 있다. 그러나 이러한 분리 관리방식은 2차 사회안전망을 운영하는 외국에서는 거의 찾아보기 어렵다. 다만 분리 관리방식은 재원과 급여방식이 서로 다른 두 급여제도를 명확하게 구분함으로써 제도 운영의 복합성을 피할 수 있는 장점이 있다. 그러나 장기적으로 볼 때 사회안전망의 통합관리는 급여간의 연계성 및 급여의 효과성을 극대화할 수 있다는 점이다. 또한 지방자치단체에 속해 있는 사회복지사의 과중한 업무로 인해 발생하는 사회복지전달체계의 병목현상을 크게 완화시킬 수 있게 될 것이다.

따라서 기초노령연금과 장애인연금을 국민연금과 통합관리하는 방안이 적극 모색되어야 할 것이다. 이미 노인장기요양보험에서 가입대상자를 통합하고 있으며, 의료급여제도에서는 국민건강보험공단에게 업무를 상당부분을 위탁하고 있는 사례를 찾을 수 있다.

우리나라 사회보험체계 및 현황을 정리해보면 <표 69>와 같다.

<표 69> 우리나라 사회보험 체계 및 현황

제도명		대상위험	보장형태	가입대상	관리운영기구	관장부처
공적 연금	국민연금	노령, 장해 사망에 대한 소득손실	소득보장	1인 이상 사업장, 농어민, 도시자영자	국민연금공단	보건복지부
	공무원연금	〃 산재보험	〃	공무원	공무원연금공단	행정안전부
	군인연금	〃	〃	장기하사관 이상	국방부 연금국	국방부
	사립교원연금	〃	〃	사립학교 교직원	사립학교 교직원연금공단	교육과학기술부
국민건강보험		질병에 의한 비용 손실	의료보장	원칙적으로 모든 국민	건강보험공단	보건복지부
노인장기요양보험		심신의 기능상태 장애	요양보장	국민건강보험가입자와 의료급여수급권자	건강보험공단	보건복지부
산재보험		업무상 재해로 인한 소득손실 및 비용손실	소득보장 및 의료보장	모든 근로자	근로복지공단	고용노동부
고용보험		실업에 의한 소득손실, 실업	소득보장 비용보전	모든 근로자	고용노동부	고용노동부

우리나라의 사회보험제도는 관련부처가 5개(보건복지부, 교육과학기술부, 행정안전부, 국방부, 고용노동부), 관리공단도 5개(국민연금공단, 공무원연금공단, 사립학교교직원연금공단, 국민건강보험공단, 근로복지공단)에 이르는 등 보험별로 근거법령, 목표, 대상집단, 보험운영의 형태, 집행기관이 다원화되어 있다.

이와 같은 다원화된 분립체계로 동일한 대상자를 관리하면서도 제도별로 각기 별도의 시스템을 갖추고 있어 관리의 효율성이나 가입자의 편의성 면에서 모두 낮게 나타나고 있다. 특히 보험료 부과기준소득이 제도별로 상이하고 자격관리와 징수가 개별적으로 이루어짐에 따라 기능 중복, 급여의 중복 및 상충현상이 생겨나고 있다. 즉 사회보장제도는 제도의 확대과정, 사회보장의 형태, 급여의 수준 등 여러 측면에서 직업집단을 분리, 차별화시키는 계층화 효과를 가져오게 되었으며, 계층화의 구체적 특수성에 따라 매우 다양하게 나타났다.

사회보험 관리운영체계는 가입대상이 유사하거나 운영방법이 같은 성격인 제도간에 행정의 연계를 통하여 비용 효과적인 체계로 발전하는 것이 바람직할 것이다. 사회보험관리운영체계의 관리효율성이 극대화되기 위해서는 관련 법령체계의 조정 등 상당한 조정과 합의과정이 필요하나, 각 제도가 오랜 세월을 거치는 동안에 독자적인 뿌리를 내리고 있어서 이에 대한 조정은 극히 힘든 과제이다.

사회보험관리운영체계는 국가별로 제도 도입 당시의 정치·사회적 배경과 확대·발전과정에서의 복지 이념과 관련이 있다. 영국은 국민보험제도라는 단일 사회보험제도하에서 관리 운영되고 있는 반면 독일은 직역(職域)별 조합으로 다원화된 사회보험제도로 운영되고 있는 것이 특징이다.

우리나라는 각 사회보험이 분립체계로 발전하여 독일과 유사한 것처럼 보이기도 하지만 조합주의 사회보험은 아니고 각각의 제도마다 다른 관리운영체계를 가지고 있다. 이러한 문제점을 해결하기 위한 방안으로서 4대 사회보험의 통합방안이 논의되어 왔다.

2. 사회보험제도의 과제

1) 4대 사회보험의 통합방안

사회보험제도의 관리운영체계의 조정문제는 오래 전부터 제도간 통합조정 논의가 있어 왔던 선진 외국에서도 이해관계의 상위(相違)로 실현되지 못하고 있는 어려운 과제이다. 따라서 우리나라 사회보험운영체계의 효율성 제고를 위해서는 이러한 현실적인 한계에 대한 인식 위에 관련 당사자간의 양보와 협조가 필요하고, 기능분담, 조정의 발전단계를 거쳐 점진적이고 민주적인 절차를 통한 통합 체계화와 제도 개선을 통하여 경제·사회적 충격을 최소화하여야 할 것이다.

현재 상·하 조직기구의 전면적인 통합은 상당한 어려움이 예상된다. 따라서 통합방안으로서 김용하 등(1997)은 적용·징수·급여 등 대민 서비스 업무를 중심으로 일선 서비스 업무를 단일화하는 사회보험사무소 설립방안을 제시하였다. 이때 하부서비스 전달체계의 단일화는 통합징수, 징수기준의 통합, 행정조직 및 지리적 집중화, 일선행정기구의 통합 순으로 단계적으로 이루어져야 한다고 제안한 바 있다.

사회보험관리 기능간의 연계방안, 즉 노령, 장애, 질병, 사망, 산업재해, 실업 등의 사회적 위험에 대처하는 국민연금, 국민건강보험, 노인장기요양보험, 산재보험, 고용보험 관리운영기구의 기능 분담을 체계화하면 자원의 비용효과를 극대화하고 사회보험의 합리적 발전을 도모하여 국민복지를 증진시킬 수 있는 방안을 모색하기 위해서는 다음과 같은 전제가 제기된다.

민재성 등(1995)은 사회보험제도간 연계·통합에는 첫째, 기능분담, 조정, 통합의 발전단계를 거쳐 점차적으로 체계화함으로써 제도 개선으로 인한 경제·사회적 충격을 최소화하여야 한다. 둘째, 사회보험정책의 일관성 및 정합성(整合性)을 유지시키기 위한 사회보장심의기구를 설립하여야 한다. 셋째, 사회보장정책 수립 및 감독기관을 중심으로 관련 부처와의 연계체제를 구축하여야 한다. 넷째, 유사 기능간의 행정체계 연계, 조정, 통합으로 사회보험행정제도를 재조정하여야 한다는 등을 제시하고 있다.

이와 같이 통합의 방법은 1) 개별 사회보험법 테두리내에서의 개선 및 개별법들간의 조정과 조화 2) 부과기준의 분원화 3) 관리운영기구의 통합 등의 순서로 점진적인 접근을 모색하는 방법도 있다(나병균, 2001).

사회보험제도의 통합 논의에 대해 4대 사회보험제도의 통합방안과는 달리 대상별 통합, 즉 근로자를 대상으로 하는 사회보험제도의 통합이 제기된 바 있다. 이러한 논의의 배경은 근로자 사회보험제도의 제도적 모순을 해결하기 위해 체계화, 제도의 균형적 발전, 보험업무의 능률적 관리 및 비용절감 효과의 제고 등을 고려하여 결국 다기화(多岐化)되어 있는 사회보험체계를 개별 제도의 차원이 아닌 통합적인 차원에서 통합과 더불어 내용의 확충 및 조정이 이루어져야 한다는 것이다(김태진, 1988).

통합 조정의 필요성은 동일대상자에 대한 제도의 다기화에 따른 급여의 중복·상충, 관리운영상의 복잡성과 비용낭비 등을 들 수 있다. 이러한 배경과 필요성에 따라서 근로자 사회보험제도를 통합함으로써 기대되는 효과는 첫째, 소득재분배 효과의 광역화 둘째, 보험재정 안정, 위험분산의 확대 셋째, 제도간의 보험요율 및 급여의 중복·상충의 시정 넷째, 관리 운영비의 절감 및 효율화 등이 있다.

사회보장에 의한 국민생활의 안정이라는 과제는 개별적인 제도의 개선 내지 충실에 의하여 달성되는 것이 아니라 경제·사회 전체의 동향에 따라 종합적으로 해결해 나가야 한다. 따라서 사회보험의 통합 논의와 함께 공공부조, 사회복지 서비스체계 그리고 관련 복지제도와의 상호관계를 고려한 사회보장 패러다임의 전환이 필요하다.

현행 4대 사회보험제도의 관리 운영의 비효율성 제거, 공급자 편의 중심에서 수급자 중심으로 전환, 제도와 기구의 분립에 따른 급여의 중복과 누락의 방지, 제도별·정부부처별 독립조직 운영을 통합관리 운영으로 전환함으로써 관리운영비 절감을 기할 수 있는 방안을 모색하는 연구로서 (한국보건사회연구원, 1997), 사회보험제도의 기능과 특성에 따른 장단점과 운영상의 문제점을 비교 분석하여 업무 유형별 통합방안을 제시하고 있다. 이 방안은 (1) 적용·부과징수업무 통합방안 (2) 부과·징수, 자격관리, 급여업무의 통합방안 (3) 부과·부과징수·급여업무 통합방안 (4) 4대 사회보험 완전통합방안 등이다.

이러한 논의와 함께 2009년에는 사회보험료 통합징수와 관련하여 국민건강보험법을 개정하여 국민연금법, 고용보험 및 산업재해보상보험의 보험료징수 등에 관한 법률 및 임금채권보장법에 따라 위임받은 사회보험료 징수업무를 국민건강보험공단의 업무에 추가하여 2011년 1월 1일부터 사회보험료 징수업무를 국민건강보험공단으로 일원화하게 된다. 또한 국민연금과 직역연금의 연계에 관한 법률의 시행으로 2009년 8월7일 이후 연금간 이동자에 대한 공적연금 연계제도가 도입되었다.

2) 급여의 적정선 확보

현행 사회보험제도는 제도마다 차이가 있지만 비용부담과 급여수준의 불균형 구조를 이루고 있어 가입자의 불만 요인이 되고 있다. 따라서 개별 사회보험제도는 그 제도의 기본 원리와 목적수준에 따라 급여가 보장되어야 한다. 급여수준의 적정선 확보방안을 제시하면 다음과 같다.

첫째, 국민연금의 적절한 급여수준의 설정이 필요하다. 따라서 절대적인 기초생활수준(최저생계비)을 설정하고 그 수준 이하의 국민에게 정부가 공공부조제도를 실시하듯, 국민연금에서도 그 수준 이상인 국민을 가입대상으로 그 수준 이상의 소득을 보장하여야 할 것이다.

둘째, 건강보험급여의 확대가 필요하다. 우리나라 건강보험제도는 총 진료비 중 본인부담률이 낮아지고 있으나 아직도 약 40% 수준에 육박하고 있고, 보험급여에서 제외되는 비급여부분이 많아 국민의 불만이 크다. 그동안 건강보험은 급여기간의 철폐, 만성질환자의 의료비 부담의 경감과 산전진찰에 대한 보험급여의 실시,

장애인 보장구의 지원 등 여러 부문에서 급여 확대를 꾸준히 해왔다. 최근 보험재정이 악화될 조짐이 나타나고 있긴 하지만 각종 보험급여에서 제외되어 있는 비급여부분을 보험급여에 포함하는 일 등은 시급히 추진되어야 할 과제이다.

셋째, 산재보험 급여의 향상이 필요하다. 휴업급여의 경우 OECD국가들은 임금의 전액이나 80% 수준인 데 비하여 우리나라는 70%이고, 장해급여의 판정도 정신적 또는 육체적 훼손 상태만 고려하고 근로자의 연령, 직종, 지위 등 제반조건이 고려되지 않는다는 것은 상식과 배치된다. 따라서 이에 대한 조정이 요청되며 더불어 직업병의 인정범위 확대와 통근재해 인정기준의 확대 등의 조치가 필요하다.

넷째, 역진적인 효과발생에 따른 고용보험율 조정이 필요하다. 고용보험제도의 문제점으로 사업장 규모별 역진적인 효과가 발생하고 있다. 그리고 실업급여의 경우 납부한 보험료에 비해 지급된 실업급여의 비율이 영세사업장이 훨씬 낮아 역진성 문제를 나타내고 있다. 따라서 이 같은 역진성문제를 해결하기 위해 보험요율의 재조정 등 다각적 방안을 모색해야 할 필요가 있다.

3) 재정안정

사회보장의 내용은 경기변동과 사회구조의 변화로부터 제약을 받는다. 구체적으로 경제성장과 산업구조의 변화, 정치역학, 인구동태와 고용구조의 변화, 가족구조의 변화, 사회적 관습과 니드의 변화, 기술의 변화 등 여러 가지 요인에 의해 변화된다. 결국 이러한 요인들의 영향은 사회보장의 팽창을 야기시키는 방향으로 나타났다. 이러한 변화는 사회보장제도 자체가 안고 있는 취약점뿐만 아니라 사회보험이 수지상등의 지배를 받기 때문에 재정적자의 요인을 내포하고 있다.

사회보장비 팽창 요인을 살펴보면 첫째, 총체적으로는 사회보장제도의 역사적인 발전과 확대과정에서 보편주의(universalism)를 주요 배경으로 하고 있어 경제성장에 따른 혜택과 소득배분, 국민의 생활욕구의 상승, 권리의 신장, 선거공약 등에 따라 사회보장의 점증주의(incrementalism)로 귀결되었다. 둘째, 사회보장제도 자체가 제어할 수 없는 경제·사회적 여건 등 주변구조의 변화로 인해 야기된 것이 있다. 셋째, 인구의 고령화 등 인구구조의 변화에 따른 급여의 증가이다.

사회보험제도의 재정안정문제는 제도 발전의 가장 핵심적인 과제이다. 이러한 과제는 개별 제도 차원에서 논의될 것이 아니라 사회보험 전체의 맥락에서 논의되어져야 한다. 특히 국민연금과 국민건강보험의 경우 비용부담에 있어서 근로자와 자영자간의 갈등이 발생하고 있으며, 재정 확보의 장애 요인으로 작용하고 있으므로 자영자의 소득파악이 우선과제가 된다. 그러나 여기에서는 개별 제도의 재정안정방안을 살펴보면 다음과 같다.

첫째, 국민연금재정의 장기적 안정화가 필요하다. 앞에서 논의한 바와 같이 국민연금재정은 장기적 관점에서 재정위기가 예상되며 단기적으로는 재정확보방안의 문제가 노출되고 있다. 따라서 국민연금이 보편적인 소득보장제도로서 국민연금제도가 보장하는 적정급여수준이 설정되고 이러한 급여수준을 유지하기 위한 재원조달방안이 강구되어야 할 것이다.

둘째, 국민건강보험재정 안정을 위해서는 재정지출을 줄이는 제도 개선, 즉 수가체계의 개편, 약가의 조정, 의료시장의 구조 개선이 이루어져야 할 것이다.

제3절 공공부조제도의 발전방향

1. 공공부조제도의 특징

1980년대 외환위기 이후 빈곤과 대량실업의 발생으로 사회안전망 기능의 허술함이 드러났다. 우리나라는 이때까지만 해도 공공부조에 의한 절대빈곤의 해결이라는 지극히 잔여적이고 소극적인 대안 제시의 수준으로 일관해 왔다.

우리나라 국민복지기본선 설정에 관한 연구보고서(변재관 외, 1998)에서는 국민복지기본선을 국민복지최저선과 국민복지적정선의 두 가지로 개념화, 유형화하고 있다. 소득보장 차원에서는 전자는 공공부조급여로서, 후자는 사회보험 중심의 급여로 구성되어 있다. 국가가 반드시 보장해 주어야 할 부분은 전자로서 이것이 우리나라 사회보장의 기초보장선이 되어야 한다는 논리이다.

우리나라 공공부조제도는 크게 국민기초생활보장제도, 의료급여제도, 자활사업 그리고 기초노령연금제도로 구분해 볼 수 있다. 이러한 개별 제도의 시행은 그 추진과정에서 여러 가지 문제점이 나타나고 있다.

공공부조제도는 절대적 빈곤의 해소나 완화에 목적이 있는 것이기 때문에 급여수준의 개선 또는 대상자 범위의 확대에 한계가 있다. 또한 사회보험급여에 비해 권리의 확실성 보장도 어렵다(나병균, 2001). 국민기초생활보장법에 의한 급여는 사회보장권리 실현이라는 측면에서 여러 가지 한계가 있다. 실업자는 공공부조의 급여대상자인 전통적 빈곤층과는 차이가 있다. 이들에게 절실한 것은 노동자 권리로서 제공되는 기초생활보장급여이다.

우리나라 공공부조제도의 특징을 살펴보면 첫째, 전국민에 대해 포괄적인 소득보장 기능을 담당해야 할 국민연금제도가 아직 성숙되지 않은 상태에서 노령, 장애, 사망에 의한 소득중단의 위험으로부터 일반국민들을 보호할 기초생활보장 기제가 미진한 상태이다. 즉 적어도 향후 당분간 연금제도에 의한 기초소득보장 기능은 미진한 수준에 머무를 수밖에 없으며, 연금제도가 담당하는 노령, 장애, 사망 등의 위험으로부터 일반국민을 보호하는 기초생활보장 기능이 제한적일 수밖에 없다.

둘째, 전국민에 대해 기초생활을 보장하는 기초생활보장제도가 전면적으로 시행되고 있음에도 기초생활이 온전하게 보장되지 못하고 있다는 점이다. 국민기초생활보장제도는 대상국민의 범위와 급여내용이 매우 포괄적이다. 따라서 연금제도를 비롯한 사회보험제도에 의한 기초생활보장이 미진하더라도 기초생활보장제도가 온전히 시행되면 전국민에 대한 기초생활보장이 완벽하게 이루어질 수 있는 제도적 장치를 가지고 있다.

우리나라 사회보장제도는 근로능력이 없는 사회적 취약계층에 대한 기초생활보장은 가장 마지막 단계로서 가장 낮은 급여수준을 유지하고 있으며, 현업 근로자, 근로능력이 있는 취약계층, 근로능력이 없는 취약계층 순으로 기초생활보장 권리성과 보장수준이 단계화되어 있다. 따라서 근로능력이 없는 취약계층에게까지 최소한의 기초생활이 보장되면 이는 전국민에 대한 기초생활보장이 달성됨을 의미한다.

공공부조제도는 제도적으로 전국민에 대해 포괄적으로 기초생활을 보장하는 장치는 갖추고 있으나 제도의 실효성 확보가 동시에 이루어져야 한다. 또한 선진 복지국가들이 최저생활보장에 치중한 나머지 수급자들의 근로의욕 고취에는 등한시한 결과 기초생활보장제도 자체가 크게 훼손된 역사적 경험을 고려하여(박능후, 2002) 최저생활보장과 근로의욕 고취를 병행 추구해 나갈 수 있는 새로운 형태의 공공부조 프로그램을 개발해야 하는 과제를 안고 있다.

취업하고 있는 근로자계층, 취업에서 밀려난 실업자계층, 근로능력이 없는 취약계층을 모두 망라하여 이들에게 최저생활이 실질적으로 보장되기 위해서는 하나의 제도만으로 부족했다는 것이 역사적 경험이다.

2. 공공부조제도의 발전방안

공공부조제도의 발전방안은 크게 제도의 역할 및 기능 확보와 효율성 및 합리성 확보를 발전방향으로 하여 구체적 방안을 모색할 수 있을 것이다. 먼저 역할의 한계성을 극복하기 위한 방안에는 급여대상의 보편성 확보와 급여수준의 상향 조정, 급여수준에 있어서 최저생계비 기준과 함께 공적연금과의 관계를 고려한 수준의 합리화, 전달체계의 합리화와 효율성 제고를 위해 소득파악체계의 개편, 전담공무원의 확충 및 전문화, 자활사업의 내실화 등이 고려되어야 할 것이다.

이러한 방안은 사회보장에 대한 국가 책임의 강화에서 출발되어야 한다. 산업사회에서는 노동력이 유일한 삶의 수단이기 때문에 많은 사람들은 질병·장애·실업·퇴직·부양자의 사망, 가족해체 등 생활상의 사고와 기복의 위험에 직면하게 된다. 따라서 사회적 위험에 직면한 개인에 대한 최저한의 생활은 사회유지의 마지막 보루인 국가의 책임일 수밖에 없다.

공공부조 차원의 소득보장 프로그램은 국민기초생활보장제도, 기초노령연금, 장애인연금, 저소득 한부모가족 양육비지원, 소년소녀가장세대보호 등이 있으나 공공부조 차원의 소득보장 프로그램 대상자 선정기준 설정에 대한 논리적 근거가 분명하지 않다. 따라서 대상자 선정기준을 최저생계비에 기초하고 있는 국민기초생활보장수급자 선정기준과 연동되게 재설정할 필요가 있다. 즉 공공부조와 사회보험 선정기준간 연동체계가 구축되지 않고 있으므로 이를 적정선으로 조정할 필요가 있다.

공공부조의 제도적 개선은 공공부조제도 자체의 개선이 아니라 사회보장 구성체계와 관련 제도간의 관련하에 이루어져야 한다. 국민기초생활보장제도와 의료급여제도의 통합 내지 국민건강보험과 의료급여제도의 통합, 국민연금과 기초노령연금, 장애인연금의 통합, 공공부조와 사회복지 서비스의 연계 그리고 4층 보장체계로서 모든 사회구성원에 대한 기초생활보장 등 다원적 차원의 제도적 개선이 요구된다. 또한 공공부조는 여태까지 경제적 지원에 중점을 두어 왔으나 경제적 빈곤으로 파생되는 개인적 좌절, 무기력, 일탈, 가족해체 등의 비경제적 문제의 해결과 생산적 복지의 정착을 위해서는 공·사전달체계의 확립과 더불어 전문적 서비스를 제공할 수 있는 공공전달체계의 인력 확보와 민간전달체계의 지역적 배치 및 프로그램의 전문화를 통해 공공부조의 목적을 달성할 수 있어야 한다.

참고문헌 Reference

강희갑 · 이상주 · 김상조., 2010, 사회보장론, 양서원

고경환 · 계훈방, 1998, OECD기준에 따른 우리나라의 사회보장비 산출에 관한 연구, 한국보건사회연구원.

KYOBO, 2003, 노후간병, 어떻게 준비해야 하는가?, 헬스케어 심포지움 자료집.

국민연금공단, 2008, 국민연금 20년사

건강보험심사평가원 · 국민건강보험공단, 2005, 건강보험통계연보.

권문일, 2005, "기초연금제 도입의 타당성에 관한 시론적 고찰", 한국사회복지연구회, 사회복지연구, 제 28호.

근로복지공단, 2008, 2008년도 산재보험사업연보.

김근홍, 1999, "독일 장기요양(Plege)보험에 관한 연구", 강남대학교 사회복지대학 편, 21세기 한국사회복지 전망, 서울 : 홍익제.

김근홍 · 박자숙, 1999, "독일수발보험(Plege-Versicherung)의 정치적 배경", 21세기의 복지환경과 사회복지주체의 역할, 한국사회복지학회, '99 추계학술대회 자료집.

김기원, 2000, 공공부조론, 학지사.

김동희, 1980, 프랑스의 사회보장제도, 서울대학교 출판부.

김미혜, 1996, "노인 장기요양보호정책의 개발을 위한 기초적 연구, 미국 · 일본 · 스웨덴의 장기요양 보호정책의 분석과 한국노인 및 가족의 장기요양보호의 욕구조사", 한국사회복지학회, 한국사 회복지학 통권 제28호.

_____, 1998, "재가노인복지를 위한 사례관리 실천모형", 재가노인복지 서비스의 현황과 과제, 한국 노인문제연구소, 노인복지연구 통권 제10호.

김상균, 2010, 낙타와 국민연금, 학지사.

김성숙, 2000, "사회보장협정의 현황 및 과제", 한국사회복지정책학회, 2000년 춘계학술대회 자료집.

김성옥 외, 2008, 사회보장론, 창지사.

김영모 외, 1998, "한국 사회보장제도의 불평등구조에 관한 연구 : 사회보험제도가 계

층화에 미치는 효과", 한국사회복지정책학회, 사회복지정책 제6집.
김용하 외, 1996, 사회보험 관리효율성 개선방안, 한국보건사회연구원.
김용하 · 석재은, 1997, "산재보험의 민영화에 대한 비용 · 편익분석", 한국사회정책학회, 한국사회정책 제4집 제2호.
__________, 1999, "국민연금제도 전개의 한국적 특징과 지속가능성". 한국사회복지학회, 한국사회복지학 제 37호.
김진수, 1997, "사회보험과 민영보험 관계정립에 관한 연구", 한국사회정책학회, 한국사회정책 제4집 제1호.
_____, 1999, "산재보험 급여체제 개선 및 발전방안", 한국노동연구원, 한국노동연구원 부설 산업복지연구센터 개소기념 심포지엄 자료집.
_____, 2001, "공공부조의 제도적 변화와 재정", 한국사회보장학회, 2001 춘계학술회의 자료집.
김유성, 2000, 한국사회보장법총론, 박영사.
김원식, 2001, "국민연금의 제도적 변화와 재정", 한국사회보장학회, 2001 춘계학술회의 자료집.
김진욱, 2010, "한국사회보장제도의 확장과 한계: 그 성과와 사각지대의 제조명," 한국사회정책학회, 한국사회정책 제17집1호
김찬우, 2009, "장애인장기요양제도와 노인장기요양제도간의 관계 설정에 관한 연구 - 서비스내용과 수요추계를 중심으로," 한국사회정책학회, 한국사회정책 제16집2호
김창엽, 2001, "진료보수 지불제도의 개선방안", 한국사회복지정책학회, 사회복지정책 제12집.
김철수, 1989, 신헌법학개론, 박영사
김태진, 1989, "한국 근로자 사회보험제도의 통합방안", 미간행, 박사학위논문, 대구대학교 대학원.
_____, 1995, "사회보장의 충실화에 관한 기초적 연구", 대구대학교 사회복지연구소, 사회복지연구 제13집.
_____, 2002, "자활사업의 활성화방안", 사회복지개발연구 통권 제 34호, 사회복지개발연구원.
_____, 2008, 사회복지의 역사와 사상, 대구대학교 출판부.
나병균, 2005, 사회보장론, 나눔의 집
노병일, 2009, 사회보장론, 공동체.

남찬섭 역, Karl de Schweinitz, 2001, 영국사회복지발달사, 인간과 복지.
류길상, 1997, 실업급여 수급요건의 국제비교, 한국노동연구원.
_____, 2000, "고용보험제도시행 5년의 평가와 발전방향", 한국노동연구원, 고용보험사업 5주년 기념 정책토론회 자료집.
류길상 외, 1998, 실업자 사회안전망의 국제비교, 한국노동연구원.
류상렬, 1998, "일본 공적 개호보험제도 도입과정과 실천과제에 관한 연구", 한국사회복지학회, 한국사회복지학 통권 제36호.
모지환 외, 2006, 사회보장론(개정판), 학지사.
문옥륜, 1994, 한국사회와 의료보장정책, 도서출판 명경.
문형표, 2001, "우리나라 복지위상에 대한 평가와 개선과제", 한국사회보장학회, 2001 춘계학술회의 자료집.
민재성 · 김용하, 1995, 한국사회보험제도의 연계방안, 한국개발연구원.
박광준, 1998, "인구고령화와 고령자 사회정책의 과제", 한국사회정책학회, 한국사회정책 제5집 제2호.
박능후, 2001, 근로연계복지(Workfare) 프로그램 운영모델 연구, 한국보건사회연구원, 연구보고서 2001-31.
박능후 외 4인, 2002, 기초보장체계 비교연구, 한국보건사회연구원 연구보고서 2002-11.
박능후 외 5인, 2003, 탈빈곤정책 현황과 발전방안연구-소득보장정책을 중심으로, 한국보건사회연구원 연구보고서 2003-11.
박동운, 1986, "저임금 해소와 고용증대정책", 산업연구 제9집, 단국대학교 부설 산업연구소.
박석돈, 2010, 사회보장론, 양서원
박순일, 1994, 한국의 빈곤현실과 사회보장, 일신사.
박승희, 1997, "산재보험 민영화의 문제점", 한국사회학회, '97 학술발표대회 자료집.
박영범, 1992, 미국의 실업보험제도, 한국노동연구원 · 고용보험연구기획단.
박용찬, 1998, 사회보장발전 목표설정과 정책과제, 한국보건사회연구원.
박재용, 2001, "건강보험의 제도적 변화와 재정 안정화", 한국사회보장학회, 2001 춘계학술회의 자료집
박정호, 2001, 사회복지정책론, 학지사.
박찬용 · 김연명 · 김태완, 2000, 사회안전망 확충을 위한 소득보장체계 개편방안, 한국보건사회연구원, 정책보고서 2000-13.

박태룡, 2001, “재가노인의 보호시설 문제와 대책”, 한국사회복지학회 · 사회복지개발연구원, 대구복지포럼 자료집.
박홍규 · 권기홍, 1998, 사회정책 · 사회보장법, 삼영사.
박화종 · 김수영, 2001, 국민연금의 경제적 파급효과(Ⅰ), -거시계량모형 시뮬레이션-, 한국보건사회연구원, 연구보고서 2001-18
방하남, 1999, “고용보험 시행 4년의 평가와 과제”, 한국사회복지정책학회, 사회복지정책 제9집.
변재관, 1998, 한국의 사회보장과 국민복지기본선, 한국보건사회연구원, 연구보고서 98-03.
보건복지가족부, 2010, 2010년도 국민기초생활보장사업안내.
_____________, 2010, 2010년도 기초노령연금사업안내.
_____________, 2010, 2010년도 긴급지원사업안내.
_____________, 2010, 2010년도 의료급여사업안내.
_____________, 2010, 2010년도 자활사업안내.
_____________, 2010, 2010년도 장애인연금사업안내
_____________, 2009, 사회복지정책분야 주요업무참고자료.
석재은 · 김용하, 2001, 공적연금제도의 소득보장효과분석, 한국보건사회연구원, 연구보고서 2001-12.
선우덕, 석재은, 2001, “인구 고령화의 장기요양보호의 정책방향”, 한국사회복지학회, 2001 한국사회복지학회 춘계학술대회 자료집.
신복기, 1999, “한국의 노인 장기요양보호정책 모형”, 미간행, 박사학위논문, 대구대학교 대학원.
신섭중, 2003, 사회보장정책론, 대학출판사.
신섭중 외, 1999, 한국사회복지법제개설, 대학출판사.
신수식, 2002, 사회보장론, 박영사.
신종각 외, 1997, 국민의료비 및 의료기관별 의료비 추계, 한국보건사회연구원.
심재호, 2001, “노인요양보험제도 도입에 대한 비판적 검토”. 한국사회복지정책학회, 사회복지정책 제12집.
안홍순, 1999, “독일의 고령화와 사회요양보험의 과제”, 고령화사회와 노인복지, 세종출판사.
양정하 외, 2008, 사회보장론, 공동체
엄기옥 · 박인아, 2005, “일본 개호보험제도 시행 4년간의 평가와 시사점”, 한국사회복

지정책학회, 사회복지정책 제21집
오근식, 2000, "국민연금의 조기정착을 위한 정책방향", 한국사회복지정책학회, 사회복지정책 제11집.
원석조, 2008, 사회보장론, 양서원
원용찬, 1998, 사회보장발달사, 신아출판사.
원종욱 · 이연희, 2000, 공사연금제도의 역할정립과 연계강화를 위한 정책방안, 한국보건사회연구원, 연구보고서 2000-02.
윤병식 외 4인, 2000, 외국의 연금제도 개혁 사례 비교연구(Ⅰ), 한국보건사회연구원, 연구보고서 2000-05
윤석명 · 김원식 · 박상현, 1999, 공적연금과 사적연금의 균형적 발전방안, 한국보건사회연구원, 연구보고서 99-29.
윤조덕 외, 2000, "산재보험 재정 · 효율제도 운용현황 및 개선방안에 관한 기초연구", 한국사회복지정책학회 · 한국노동연구원, 의료보장과 산재보험에 관한 학술토론회 자료집.
이광찬, 1999, "한국 산재보험의 문제점과 개혁방안", 한국사회복지정책학회, 사회복지정책 제9집.
_____, 2001, "국민건강보험 관리운영의 효율화 방안", 한국사회복지정책학회, 사회복지정책 제12집.
이기영 외, 1998, 산재보험제도 운영주체의 다원화방안에 관한 연구, 한국조세연구원.
이두호 외, 1991, 빈곤론, 나남.
________, 1992, 국민의료보장론, 나남.
이명현, 2000, "빈곤개념의 재검토: 「힘의 박탈」로서의 빈곤", 한국사회정책학회, 한국사회정책 제7집 제1호.
이상국, 1995, 산재보험법, 법경출판사.
이성기, 1997, "장기요양급여에 관한 고찰", 한국사회복지정책학회, 사회복지정책 제4집.
_____, 1998, OECD국가의 사회보장제도 비교연구, 한국보건사회연구원.
_____, 2002, " 자활복지의 과제와 전망", 2002 춘계학술대회자료집, 한국사회복지학회.
이용갑, 1998, "독일의 사회보험 통합시도와 그 실태 : 한국사회보험 통합논의의 시사점", 한국사회 정책학회, 한국사회정책 제5집 제2호.
_____, 2000. "독일의 장기요양보험과 일본의 개호보험", 한국사회정책학회, 한국사회

정책 제7집 제1호.
_____, 2001, “의료보험의 재정안정과 방안 : 총액예산제와 포괄수가제”, 한국사회보장학회, 2001 춘계학술회의 자료집.
이원식, 1990, 외국의 고용보험제도, 한국노동연구원.
이인재 외, 2004, 사회보장론(개정판), 나남출판.
이정우, 2000, “국민연금의 재정방식과 노후소득보장”, 한국사회정책학회, 의료보장과 산재보험에 관한 학술토론회 자료집.
_____, 2001, “의료보험 재정위기의 원인과 해결방안”, 한국사회보장학회, 2001 춘계학술회의 자료집.
이준영, 2008, 사회보장론 - 원리와 실제, 학지사.
장인협 역, 히로이 요시노리 지음, 일본의 사회보장, 小花.
장 훈, 1984, 사회보장법총론, 대구대학교 출판부.
전광석, 1997, 한국사회보장법론, 법문사.
전재문, 2001, “새로운 빈곤정책으로서의 자활사업 : 기능성과 한계”, 한국사회복지학회, 2001 춘계 학술대회 자료집.
전재일 외, 2005. 사회복지개론, 형설출판사.
정경배 외 5인, 2001, 공적연금제도 개선방안 연구, 한국보건사회연구원 연구보고서 2001-23.
정경희 외, 2001, “장기요양보호노인의 수발실태 및 복지욕구-2001년도 전국 노인장기요양 보호 서비스 욕구조사-”, 한국보건사회연구원, 연구보고서 2001-27.
정명채, 1998, “산업구조 조정과 사회보장”, 한국사회복지정책학회, 사회복지정책 제6집.
조영훈, 1997, “사회보장제도 민영화의 문제점: 칠레 연금개혁사례분석을 통한 신보수주의 비판”, 한국사회학회, ‘97 학술발표대회 자료집.
조홍준, 2000, “우리나라 의료제도의 문제점과 건강수준”, 한국사회정책학회 · 한국노동연구원, 의료보장과 산재보험에 관한 학술토론회 자료집.
채구묵, 2009, 사회보장론, 학현사.
최병호, 2001, “의료보장을 위한 공보험과 민영보험의 바람직한 역할분담 모색”, 보건복지포럼, 2001년 2월.
_____, 2002, “노인장기요양보험제도의 도입방안 검토”, 한국보건사회연구원, 보건복지포럼(35).

최성재, 2001, “재가노인의 여가 및 보호 무엇이 문제인가?”, 한국사회복지학회 · 사회복지개발연구원, 대구복지포럼 자료집.

탁희준, 1986, “우리 최저임금제도가 지녀야 할 기본적 성격”, 경영논총, 성균관대학교 경영문제연구소, 창간 20주년기념 제2호.

한국노동연구원, 1998, 고실업시대의 실업대책.

한국사회복지학연구회 노동복지연구부, 1994, 고용보험제도연구, 한울아카데미.

허선, 2008, 한국최저생계비 결정의 쟁점과 과제; 한국사회복지정책학회, 한국사회복지정책 제 11집 제 2호.

현택수 옮김, Jean-Pierre Dumont, 1997, 유럽통합과 사회복지제도, 한울아카데미.

홍석표 외 3인, 2001, 건강보험 통합관리운영체계의 효율화방안, 한국보건사회연구원, 연구보고서 2001-09.

황덕순, 2001, “국민기초생활보장제도 도입에 따른 사회보장제도 개선방안”, 한국사회보장학회, 2001 춘계학술회의 자료집.

황숙연, 2001, “장기보호서비스에 대한 사회복지실천 체계와 전략”, 한국사회복지학회, 2001한국사회복지학회 춘계학술대회 자료집.

Andrew, W.D., 2003, Social Welfare-Policy and Analysis, third ed., Brooks/cole.

Barker, R., 1995, The Social Work Dictionary, Washington D.C. : NASW Press.

Beveridge, W., 1958, Social Insurance and Allied Services, London, Her Majesty's Stationary Office.

Burns, E. M., "Where Welfare falls Short.", The Public Interest Ⅰ(Fall, 1965).

Clarke, J., et al., 1987, Ideologies of Welfare : From Dream to Disillusion, London : Hutchinson.

Deleeck, H., Bosch, and Lathouwer, 1992, Poverty and Adequacy of Social Security in the EC, Hampshire, UK : Avebury.

Derthick, M., 1979, Policymaking for Social Security, Washington : The Brookings Institution.

Dinitto, D. M., 2000, Social Welfare ; Politics and Public Policy, fifth ed., Boston : Allyn and Bacon.

Dolgoff, R., & Feldstein, D., 2000, Understanding Social Welfare, fifth ed, Boston : Allyn and Bacon.

Esping -Anderson, G., (ed.), 1996, Welfare States in Transition, London : Sage.

European Commission, 1997, Modernising and Improving Social Protection in the European Union.

Fraser, D., 1984, The Evolution of the British Welfare State, 2nd, ed., London : Macmillan Publishers.

Gilbert, N., & Specht, H, & Terrell,P 1993, Dimensions of Social Welfare Policy, New Jersey : Prentice -Hall, Englewood Cliffs.

Gordon, M., [1988] 1994, Social Security Polices in Industrial Countries, New York : Cambridge Univ. Press.

Haveman, R.H., 1987, Poverty Policy and Poverty Research : The Great Society and the Social Sciences, Madison, WI : Univ. of Wisconsin Press.

ILO, 2000, World Labor Report, 2000.

Marshall, T. H., 1960, Sociology at the Crossroads, London : Heineman.

Munnell, A. H., 1977, The Future of Social Security, Washington : The Brookings Institution.

Myrdal, A., 1941, Nation and Family, New York : Harper & Brothers.

Rejda, George. E., 1994, Social Insurance and Economic Security 5th, ed., Englewood Cliffis; Prentice Hall.

Rimlinger, G. V., 1971, Welfare Policy and Industrialization in Europe, America and Russia, New York and London : John Wiley and Sons.

Stack, M., 1948, "The Meaning of Social Security", Reading in Social Security, Englewood Cliffs, New Jersey : Prentice-Hall, Inc.

Taylor-Gooby, P., 1985, Public Opinion, Ideology and State Welfare, New York : Longman.

World Bank, 1994, Averting the Old Age Crisis, A World Bank Policy Norwell, Research Report, Oxford : Oxford Univ. Press.

찾아보기 Index

아

자기보장 115